집합적 행동논리와 사회적 자본 담론

박 종 화

도서출판 대영문화사

서 문

지난 20~30년 사이에, 사회적 자본이 사회과학에서 가장 논란이 된 개념들 중 하나이다. 사회적 자본은 사회적 관계에서 얻어지는 것으로 자본과 같이 사용될 수 있는 것이다. 사회적 자본이 건강한 노령화, 보다 나은 지역사회 거버넌스, 시장실패의 극복, 형평성의 개선, 외부성의 관리, 그리고 근린지구 노후화와 도시재생 등에 이르는, 아주 다양한 사회적 및 정치·행정적 이슈를 다룰 수 있는 중요 대안으로 검토되고 있다. 이 책은 사회적 자본이 많은 학자들이 주장하듯이, 우리를 더 스마트하게 하고, 건강하게 하고, 안전하게 하고, 부유하게 하고, 그리고 정의롭고 안정적인 민주주의를 보다 잘 꾸려 나갈 수 있도록 하는지에 대해 기본 개념적 논의, 공공정책적 측면, 측정 문제 등을 중심으로 이론과 실제 양 측면에서 깊이 있게 논의한다. 특히, 사회적 자본의 개념화 과정에서 '집합적 행동의 딜레마'와 '집합적 행동의 논리'를 전통적 논의, 제1세대 집합적 행동 이론, 그리고 제2세대 집합적 행동 이론으로 구분하여 검토한다.

몇 년 전 한 식혜회사는 '으리(의리)'를 외치는 배우 김보성을 CF 모델로 등장시켜 전년대비 매출액 35% 증가라는 히트를 쳤다. 그가 등장하는 다소 우스꽝스런 광고동영상은 유튜브 조회 300만 건을 훌쩍 넘었다. 어떻게 '한물 간' 배우와 '별반 특별하지 않은 상품'에 사람들이 열광적으로 반응하는 이변이 나타난 것일까? 일부 경영학자들은 "배우의 이미지와 광고 내용이 딱 맞아 떨어져서" 내지 "의리를 외쳐왔던 김보성의 진정성에 사람들이 감동해서" 등의 진단을 내어 놓았지만, 오히려 사람들은 "내가 제대로 지키지 못하지만 중요한 그 무엇(의리)을 누군가가 부르짖는 모습에서 반가움"을 느꼈을 수 있다(조선일보, 2014.11.1−2: C2).

각박하기로 따지면 우리나라 중소기업 생태계는 뒷줄에 서지 않는다. 대기업의 '갑'질에 사업을 접는 경우가 부지기수다. 그러나 대기업과 중소기업이 신뢰관계를 구축해 함께 성장하는 나라도 있다. 대표적인 곳이 독일이다. 독일은 지멘스나 BMW 등 대기업이 협력업체의 연구·개발(R&D) 비용을 대신 부담하기도 하고, 가격 후려치기와 같은 불공정 사례도 찾아보기 어렵다. 독일 공기청정기 회사인 '벤타 에어워셔(Venta Airwasher)'의 알프레드 히츨러(A. Hitzler) 사장도 믿음과 관계를 강조했다(조선일보, 2014.11.1－2: C2). "저희 성공의 핵심 원천은 협력업체와의 끈끈한 관계입니다. 이 관계는 오랜 세월에 걸쳐 쌓아 왔습니다. 저희에게 협력업체는 가족과도 같아요. 따라서 그들의 수익을 보장해 주고 일거리를 지켜주는 것은 철칙입니다." 벤타 에어워셔는 부품 전부를 40여 중소기업 공급사에 위탁 생산하며, 본사는 조립하고 검수하는 일만 한다. 본사는 R&D에 특화한다. 벤타의 모든 제품은 독일에서 만들어진다. 협력업체도 모두 벤타 본사 주변에 모여 있다. 히츨러 사장은 "중국에서 만들면 더 저렴한 가격으로 더 많은 제품을 만들 수 있을지도 모릅니다. 그러나 우리는 이곳에서 협력업체와 함께 일하는 게 더 중요합니다. 그들과 함께 쌓은 노하우가 있거든요. 오랜 관계를 통해 저희는 서로 최대한의 성과를 내는 방법을 잘 알고 있습니다."

2014년 초에는 이탈리아 나폴리 마피아 조직 카모라(Camorra)가 주도하는 유해폐기물의 불법적 소각에 따른 대기오염과 지하수원 오염 등에 대해 '불타는 쓰레기 도시 나폴리'라는 이색보도가 있었다(Marchetti, 2014.1.27: 22－23). 환경오염과 농산물 오염문제의 심각성에 대해 아체라의 시장 라파엘레 레티에리는 "이탈리아 농산물의 세계적 평판을 깎아 내리고 지역경제뿐 아니라 이탈리아의 세계적 이미지에도 큰 타격을 입히고 있다. 해외에 사는 내 친구들은 요즘 이탈리아 농산물을 사지 않는다"고 탄식한다.

왜 벤타 독일의 히츨러 사장은 협력업체를 존중하고 그들의 자율성을 보장해 줄까? 왜 독일기업들은 제품개발 초기부터 협력업체와 머리를 맞대는데, 우리 대기업은 흔히 자체적으로 개발 계획을 세운 다음, 목표하는 원가와 납기를 협력업체에 요구하면서 왜 그런 계획을 세웠는지를 미리 [ESI(Early Supplier Invovlement)] 가르쳐 주지 않을까? 벤타 독일의 히츨러 사장은 협력업체가 투자계획을 늘리도록 적정이익의 보장을 우선시하는데, 왜 우리 대기업은 협력업체가 받는 가격을 후려쳐서 관계도 나빠지고 협력업체의 경쟁력도 훼손될까? 왜 '갑'질하는 대기업의 임원과 협력업체 간에 납품을 전제로 또는 황금시간대에 홈쇼핑 방영 시간 배정을 전제로 '부패사슬'이 존재하는 것일까? 왜 우리는 사람들 간에 의리 내지 신뢰관계에 목말라하면서 동종업계 사람들끼리 동업자 정신을 가지고 있지 못할까? 왜 이탈리아 남부 휴양도시로 명성이 높은 나폴리는 경제적 자원의 왜곡된 분포가 강화되고 있고, 민주주의가 손상되고 있고, 그리고 공모와 부패가 만연하게 된 것일까?

몇 가지 흥미로운 주변 예를 들었지만, 곰곰이 생각해 보면 그에 대한 의문점들이 여러 다른 정책적 이슈에도 유사하게 적용될 수 있을 것이라는 쉽게 짐작할 수 있다. 이와 같은 기본적인 의문점들에 대해 후쿠야마(Fukuyama, 1996)는 '신뢰'의 결여문제라고 간명하게 답한다. 독일, 일본, 미국 등 선진산업사회는 신뢰수준이 높은 사회임에 반해, 한국 · 중국 등은 신뢰수준이 낮은 사회라는 것이다. 물론, 여기서의 신뢰는 포괄적 호혜성을 전제로 한 신뢰이다. 따라서 특정적 호혜성에 주로 의존하는 한국과 중국 등은 혈연 등 가족에 집착하고 기업경영에도 그와 같은 요인이 강하게 작동한다는 것이다. 퍼트넘 외(Putnam et al., 2000)는 이탈리아 남 · 북 간의 성장역량과 민주주의, 시민적 전통 차이 등에 대한 지역연구에서 주로 '역사적 우연'에 토대한 지역적 문화와 규범의 차이는 정치구조와 관행, 제반 거래관계, 그리고 경제적 성취에도 영향을 미치고 있음을 지적한다. 보다 최근에 이루어진, 미국사회의 커뮤니티 붕괴와 재생 현상에 대한 퍼트넘(Putnam, 2009)의 연구결과에 의하면, 특정 시점을 전후하여 미국 커뮤니티의 사회적 자본 수준이 전반적으로 쇠퇴하고 있고, 그 사회적 자본 수준이 지역의 경제성장, 안전, 교육적 성취, 보건 등 여러 측면에서 중요한 요인으로 작동하고 있다.

따라서 우리가 직면하고 있는 여러 문제들의 답은 바로 사회적 자본의 초석이라 할 수 있는 '포괄적 호혜성'이 높은 사회를 만들어가는 데 있음을 알 수 있다. 포괄적 호혜성이 높은 사회는 그 정의상 부정부패가 발을 붙이기 어렵고, 거래에 대한 감시 및 점검비용이 낮아지므로 경제적 효율성이 높고, 뿐만 아니라 요즘 사회적으로 문제가 되고 있는 사회적 한계집단에 대한 배려 역시 용이하다. 즉, 포괄적 호혜성이 높은 사회가 '좋은 사회(A Good Society)'인 것이다. 그런데 이런 포괄적 호혜성이 높은 사회를 만들어가는 것은 동·서양을 막론하고 오래전부터 정치사상가 등의 학자들, 정치가, 관료들의 주요 관심사였다. 예컨대, 맹자(孟子)는 이(利)에 따른 결정보다 의(義)에 따른 결정을 강조했다. 인간은 원래 측은지심, 수오지심, 시비지심, 사양지심 등을 가진 선한 존재이기 때문에 의(義)에 따른 결정이 가능하다고 보았다. 다만, 의(義)에 따른 결정은 저절로 되는 것은 아니고, 인, 의, 예, 지 등의 덕(德)을 끊임없이 닦음으로서 가능한 것으로 보았다. 그런데 맹자의 주장은 규범적으로 옳지만, 실제 제대로 구현되지는 못했다. 역설적으로, 성리학의 전통이 강했던 한국과 중국 등에서 오히려 서구사회에 비해 포괄적 호혜성이 제대로 작동하지 않고 특정적 호혜성이 지배적으로 작동해 왔다는 비판을 받을 수 있다.

관련 논의 맥락을 서구 사회과학 논의에서 오래전부터 주목해 왔던 '집합적 행동의 딜레마'에서 살펴볼 수 있다. '죄수의 딜레마(the prisoner's dilemma)' 논의나 흄(D. Hume)이 『인간본성론(*A Treatise of Human nature*)』에서 언급한 농부들의 품앗이에서 상호신뢰와 믿음의 부족으로 인한 수확상실의 경우처럼, 참여자 모두가 모두에게 도움이 되는 방향으로 움직이면, 모두에게 가장 큰 이익이 주어질 것임에도 불구하고, 일부 무임승차자나 기회주의적인 행동 등으로 인해 공동체 전체는 수확량 감소, 거래량 감소, 감시비용 증가와 편익 감소 등의 부정적인 효과를 얻게 된다. "포괄적 호혜성은 공동체의 자산이지만, 공동체 구성원들이 멍청하게 잘 속아 넘어가는 것은 그렇지 않다"(퍼트넘, 2009: 220). 단순한 믿음이나 믿어야 한다는 것이 중요한 것이 아니고 신뢰성이 핵심요소이다.

이와 같은 문제점에 대해, 올슨(Olson, 1965)은 벌써 반세기 전에 『집합적 행동의 논리: 공공재와 집단이론(*The Logic of Collective Action: Public Goods and the Theory of Groups*)』 저서에서 전통적인 집단행동 이론가들인 벤틀리(Bentley, 1949)와 트루먼(Truman, 1958) 등의 지나치게 규범적이고 순진한 믿음(공통이익을 가진 개인들은 그 공통이익을 성취하기 위하여 자발적으로 행동할 것이다)을 비판하며, 집합적 행동 이론을 전개하고 있다. 올슨(Olson, 1965)과 하딘(Hardin, 1968) 등은 개인들은 그들이 따로 남겨지게 되면 결합적 편익(joint benefits)을 성취할 수 없음을 지적하고, 이들 문제점을 해결하기 위해 개인들의 가정된 무능력(the supposed inability of individuals)을 극복하는 방식으로 외부당국에 의한 규제, 선택적 인센티브의 제공, 또는 사유화 등을 제시하고 있다. 그런데 최근에 오스트롬(Ostrom, 2005), 오스트롬과 안(Ostrom and Ahn, 2007) 등은 올슨(Olson, 1965)과 하딘(Hardin, 1968) 등의 집합적 행동 이론을 제1세대 집합적 행동 이론으로 규정하고, 제2세대 집합적 행동 이론을 제시한다. 제1세대 이론들이, 전적으로 잘못된 것은 아니지만, 집합적 행동 상황들이 구조화되는 방식, 그리고 개인들이 어떻게 그 상황들에 대처해 나가는가에 대한 제한적인 경우만을 나타낸다는 것이다. 제2세대 집합적 행동 이론은 제1세대 이론에서의 원자화된, 이기적인, 그리고 완전히 합리적인 개인들의 존재를 비판한다. 보편적인 이기심의 가정을 비판하고, 다양한 유형의 개인들의 존재를 인정한다. 제1세대 이론의 핵심적인 모델링 도구였던 '표준적 비협력 게임이론'에 더하여 제2세대 이론은 행태적 이론과 진화적 게임이론을 이용한다. 행태적 이론에서 사회적 동기 문제, 그리고 진화적 게임이론에서 내생적 선호 문제 등을 다룬다.

따라서 이 책은 사회적 자본의 형태들이 어떻게 사람들 간에 신뢰를 증진하는지, 그래서 집합적 행동 상황에서 협력을 키워가는지를 제시한다. 집합적 행동의 다양한 측면은 사회적 자본의 개념에 의탁함이 없이 연구될 수 있다. 그러나 일부 상황에서는, 사회적 자본의 개념이 관련 퍼즐을 푸는 데 도움이 될 수 있다. 사회적 자본은 어떻게 다양한 규모의 커뮤니티들의 문화적, 사회적, 그리고 제도적 측면들이 집합적 행동 문제점을 다루는 그들의 역량에 결합적으로 영향을 미치는지에 대한 어떤 종합적인 접근방식을 제공할 수 있기 때문이다. 뿐만 아니라, 사회적 자본 접근방식에 핵심적인 아이디어로 볼 수 있는 조건적 협력과 진정한 신뢰성에 대한 인식 등은 제1세대 집합적 행동 이론의 토대로서는 제대로 포착하기가 어려울 것으로 보인다. 왜냐하면, 제1세대 집합적 행동 이론에서는 사회적 자본의 형태로 볼 수 있는 신뢰성, 규범, 신뢰 등을 사회적 상호작용 구조에 착근된 인센티브로 분류하고 있기 때문이다.

핵심은, 왜 일부 커뮤니티는 집합적 행동을 성취하는 데 반해, 여타 커뮤니티는 그렇지 못한가이다. 왜 이탈리아 나폴리 등 남부지역은 부패신뢰구조가 나타나고 북부지역은 그렇지 않은가이다. 왜 루비오(Rubio, 1997)의 사례연구 결과처럼, 콜롬비아 안티오키아의 코카인 수출과 준정치적 폭력사태가 나타나는지, 왜 델라 포르타와 바누치(Della Porta and Vannucci, 1999)의 연구결과처럼 이탈리아에서 정당을 중개로 정치부패시스템이 나타나는가이다. 어떻게 하면, 강력한 경쟁력을 가진 협력업체와 돈독한 신뢰관계를 쌓을 수 있으며, 기술을 빼돌리거나 납기일을 미루지 않는 믿음관계를 형성하는가이다.

이 책은 크게 세 가지 부분에 집중하고자 한다. 첫 번째는 사회적 자본의 개념화 부분이고, 두 번째는 공공정책 적용 측면이고, 세 번째는 측정 문제이다. 제1부는 서론 부분으로 사회적 자본의 개념화를 다룬다. 제1장 공공정책과 사회적 자본, 제2장 사회적 자본의 의미, 제3장 집합적 행동의 논리 등을 검토한다. 제2부는 사회적 자본의 정책 적용 부분으로서, 제4장 사회적 자본의 기능, 제5장 사회적 자본의 역기능성, 제6장 사회적 자본의 분포 불균등성, 제7장 사적 도시공간의 공적이용 등을 제시한다. 제3부는 사회적 자본의 측정 이론과 경험 부분으로서, 제8장 사회적 자본의 측정 및 제9장 사회적 자본 측정의 실제 등을 살펴본다. 끝으로, 제4부는 미래의 과제와 비전 측면에서, 제10장 한국사회에서의 사회적 자본을 논의한다. 총 4부 10장으로 구성된다.

이 책은 집필과정에서 2015년부터 3년 간 한국연구재단의 저술출판지원을 받았다. 한국연구재단에 깊은 감사를 표한다. 이 책은 일반교양서는 아니고 학술적인 연구결과에 해당한다. 하지만 '관계 담론'이라는 주제의 성격상 가능한 한 일반 독자들에게도 다가가기 위해 노력했다. 시사성이 있는 내용이나 참고가 될 만한 내용들을 가능한 많이 인용 형태로 본문에 삽입함으로써 가독성(可讀性)을 높이고자 했다. 처음에 손에 쉽게 잡힐 수 있는 두께인 300페이지 정도의 책을 생각했는데, 작업 도중에 점점 살이 붙어 400페이지가 넘는 두꺼운 책이 되었다. 분량만큼 독자들에게 도움이 되어야 하는데, 그렇지 못한 것 같아 걱정이 앞선다. 독자들의 질책을 거울삼아 기회가 되면 보완해 나갈 것임을 약속드린다.

2018년 여름
저자 씀

차 례

서 문 / 3

제 1 부 사회적 자본의 개념화

제1장 공공정책과 사회적 자본 ········· 19

제1절 머리말 ········· 19

제2절 정책자원으로서의 사회적 자본 ········· 22

1. 사회적 배제의 위험성을 배려하는 정책 / 24
2. 인생–행로 전이를 지원하는 정책 / 25
3. 커뮤니티 개발정책 / 26

제3절 정책결과로서의 사회적 자본 ········· 29

1. 수명기회의 향상 / 30
2. 보다 나은 거버넌스 / 30
3. 시장실패의 극복 / 32
4. 형평성의 개선 / 33
5. 외부성(externalities)의 관리 / 34
6. 쇠퇴의 저지 / 35

제4절 맺음말과 공공정책상의 함의 36

제2장 사회적 자본의 의미 42

제1절 머리말 42
제2절 사회적 자본의 형태와 정의 43
1. 사회적 자본의 형태 / 44
2. 사회적 자본의 개념화 / 45

제3절 집합적 행동의 딜레마 47
1. 파당의 해악 / 47
2. 집합적 행동 딜레마의 원인 / 49

제4절 사회적 자본의 원천, 유형, 영향 51
1. 사회적 자본의 원천 / 52
2. 사회적 자본의 유형 / 53
3. 사회적 자본의 영향 / 54

제5절 호혜성의 규범과 네트워크 56
1. 호혜성의 규범 / 57
2. 집합적 행동 문제 / 58
3. 네트워크 / 60

제6절 맺음말 63

제3장 집합적 행동의 논리 69

제1절 머리말 69
제2절 전통적 집합적 행동 이론 71
1. 전통적 집합적 행동 이론의 전제 / 72
2. 공통이익과 개별이익 / 73
3. 무임승차의 유혹 / 74

제3절 제1세대 집합적 행동 이론 75
1. 제1세대 집합적 행동 이론의 전제 / 76
2. 공통이익과 개별 인센티브 / 77

3. 제1세대 집합적 행동 이론의 한계 / 78

제4절 제2세대 집합적 행동 이론 80
1. 집합적 행동의 편익과 한계 / 80
2. 집합적 행동에서 사회적 자본의 역할 / 82
3. 가상적 집합적 행동 상황 / 83

제5절 죄수의 딜레마 게임과 정책적 처방 90
1. 죄수의 딜레마 게임 / 91
2. 정책적 처방 / 96

제6절 맺음말 100

제 2 부 사회적 자본의 정책 적용

제4장 사회적 자본의 기능 109

제1절 머리말 109
제2절 사회적 자본의 긍정적 기능 111
1. 교육과 어린이 행복 / 111
2. 안전한 동네 / 113
3. 경제적 번영 / 116
4. 건강과 행복 / 121
5. 민주주의 / 127

제3절 사회적 자본의 부정적 기능 130
1. 정치적 부패 / 131
2. 네트워크 폐쇄 / 133
3. 집단사고 / 135

제4절 맺음말 138

제5장 사회적 자본의 역기능성-RIS 차원의 해부 ······ 144

제1절 머리말 ······ 144
제2절 사회적 자본과 지역혁신체계(RIS) ······ 146
1. 사회적 자본 / 147
2. 지역혁신체계 / 149
3. 사회적 자본과 지역혁신체계의 관계 / 151

제3절 지역혁신체계에서 사회적 자본의 역기능성 ······ 154
1. 네트워크 폐쇄 / 154
2. 집단사고 / 157
3. 과잉동조 / 160

제4절 정책적 함의 ······ 162
1. 구조적 차원 / 163
2. 관계적 차원 / 165
3. 인식적 차원 / 167

제5절 맺음말 ······ 169

제6장 사회적 자본의 분포 불균등성 ······ 176

제1절 머리말 ······ 176
제2절 이론적 고찰 ······ 177
1. 사회적 자본의 정의 / 178
2. 사회적 자본의 종류 / 180
3. 호혜성과 집합적 행동 / 181

제3절 사회적 자본의 잠재적 편익과 한계:
기존 분석결과의 요약 ······ 183
1. 잠재적 편익 / 184
2. 잠재적 한계 / 185

제4절 사회적 자본의 분포 불균등성의 의미와 문제점 ······ 187
1. 분포 불균등성의 의미 / 187
2. 분포 불균등성의 문제점 / 188

제5절 처방적 정책논리 194
1. 참여적 거버넌스 / 194
2. 자발적 협력형 내적 조건의 창출 / 196
3. 공공재적 속성 고려 / 198
4. 새 형태의 공동체 역동성 / 200

제6절 맺음말 203

제7장 사적 도시공간의 공적이용-사회적 근접성의 영향 209

제1절 머리말 209
제2절 이론적 · 제도적 고찰 212
1. 도시재생 패러다임의 변화와 생활인프라 / 213
2. 근접성 개념의 다의성과 사회적 근접성 / 215
3. 생활밀착형 공공공간에서 사회적 근접성의 의미 / 217

제3절 사례의 분석 219
1. 사례의 개요 / 220
2. 사례의 내용분석 / 223
3. 사회적 근접성의 영향과 그 한계 / 236

제4절 정책적 함의 239
1. 조직 구조적 차원 / 239
2. 실행 관계적 차원 / 241
3. 성과 확산적 차원 / 244

제5절 맺음말 247

제3부 사회적 자본의 측정 이론과 경험

제8장 사회적 자본의 측정 257

제1절 머리말 257

제2절 사회적 자본의 정의와 형태 …… 258
1. 사회적 자본의 정의 / 259
2. 사회적 자본의 형태 / 263

제3절 사회적 자본의 측정상의 유의점과 지표 …… 270
1. 사회적 자본의 측정상의 유의점 / 271
2. 사회적 자본의 지표 / 273

제4절 맺음말 …… 277

제9장 사회적 자본 측정의 실제 …… 282

제1절 머리말 …… 282
제2절 사회적 자본의 측정사례 …… 284
1. 사회적 자본과 도시경쟁력 / 285
2. 벤처기업 연계협력과 사회적 자본 / 295
3. 역사문화 콘텐츠 활용과 사회적 자본 형성 / 300

제3절 사회적 자본 측정 경험의 분석결과 …… 305
1. 사회적 자본과 도시경쟁력 간의 분석결과 / 306
2. 벤처기업 연계협력, 신뢰, 성과 간의 분석결과 / 308
3. 역사문화 콘텐츠 활용과 사회적 자본 형성 간의 분석결과 / 322

제4절 사회적 자본 측정 결과의 정책적 함의 …… 329
1. 사회적 자본과 도시경쟁력 간의 분석결과의 정책적 함의 / 329
2. 벤처기업 연계협력, 신뢰, 성과 간의 분석결과의 정책적 함의 / 332
3. 역사문화 콘텐츠 활용과 사회적 자본 형성 분석결과의 정책적 함의 / 334

제5절 맺음말 …… 336

제4부 미래의 과제와 비전

제10장 한국사회에서의 사회적 자본 ······ 345

제1절 머리말 ······ 345

제2절 한국사회와 신뢰 ······ 350

1. 일제 강점기와 6·25 전쟁의 경험 / 352
2. 압축성장과 제로섬 기업문화 / 356

제3절 사회적 자본과 개발정책 ······ 360

1. 뉴 노멀 현상 / 361
2. 사회적 분열과 사회적 배제 / 363
3. 포용적 성장과 사회적 자본 / 369

제4절 국외의 경험에서 얻는 교훈 ······ 373

1. 불타는 나폴리 / 373
2. 협력과정과 정직의 눈 / 377
3. 터키 알라니아 어장 / 379
4. 공유경제 / 382

제5절 한국의 사회적 자본 확충을 위한 3대 방향 ······ 386

1. 공적신뢰의 회복 / 387
2. 열린 네트워크로의 이행 / 391
3. 공동체 정신의 함양 / 393

제6절 맺음말 ······ 398

후 기 / 405

찾아보기 / 411

제 1 부

사회적 자본의 개념화

제 1 장 공공정책과 사회적 자본
제 2 장 사회적 자본의 의미
제 3 장 집합적 행동의 논리

제 1 장

공공정책과 사회적 자본

제 1 절 머리말

정부는 불가피하게 수많은 방식으로 사회적 자본 개발에 영향을 미친다(Nash, 2004). 이것은 크게 두 가지 측면에서 가능하다(PRI, 2005). 첫째, 공공정책이 사회적 관계 형성에 간접적이지만 광범위한 효과를 가지고 있는 경우이다. 대중교통이나 주택정책, 양육 및 교육정책, 레크리에이션이나 각종 사회보호시설 입지결정 등은 사람들의 사회적 연계 형태에 간접적이지만 적지 않은 영향을 미치게 된다. 둘째, 공공정책이 내재적으로 사회적 자본 형성 활동을 통합하거나 촉진하는 경우이다. 다양한 공공프로그램들(예컨대, 지역 기술협력 파트너십의 중개 등)은 이미 그 안에 사회적 자본 요소들을 포함하고 있다. 특히, 사회적 배제와 고립효과를 줄이는 프로그램들은 개인과 커뮤니티의 역량제고를 통해 자기통제와 자기존중의 느낌을 강화할 수 있다(Cannuscio et al., 2003). 사회학자인 기든스(A. Giddens)의 사회적 투자국가(the social investment state) 개념 역시 사람들이 인생의 여러 도전에 대처할 수 있는 자원과 기술을 갖추는 데 있어서 보완적인 전략으로서의 사회적 자본의 잠재적인 역할을 강조하고 있다. 사회적 자본과 공공정책 간의 관계에서 사회적 자본은 그 자체로 목적이라기보다는 오히려 목적달성 과정에서 얻어지는 부수적인 효과 또는 목적에 이르는 하나의 수단으로서의 역할이 강조되고 있다.

> 전통적인 빈곤 프로그램들은 커뮤니티에 초점을 맞추는 방식으로 대체될 필요가 있다. 그것이 보다 효과적이고 보다 민주적인 참여를 허용하는 방식이다. 커뮤니티 형성은 저소득 근린지구에서 경제적 재생을 창출하는 수단으로서 지원네트워크, 자기조력, 그리고 사회적 자본의 양성 등을 강조한다. 빈곤과 싸우는 것은 경제적 자원의 주입을 필요로 한다. 그러나 그것은 지역커뮤니티 주도를 지원하는 식으로 적용되어야 한다. 사람들을 편익의 수령 속에 빠져 있도록 하는 것은 그들을 보다 큰 사회로부터 배제하는 경향이 있다. (그렇다고 해서) 사람들이 일을 하게끔 편익을 줄여나가는 것은 그들을 이미 만원이 된 저임금 노동시장 쪽으로 밀어 넣는 것이 될 것이다. 커뮤니티 형성 방안은 예컨대, 일자리의 질적 수준, 보건 및 아이들 돌봄, 교육 및 교통과 같은 것들을 포함하여 개인과 커뮤니티가 직면하고 있는 여러 문제점들에 집중하게 하는 것이다(Giddens, 1998: 110－111).

2000년대 초반 캐나다 공공정책연구소(PRI)는 공공정책 도구로서의 사회적 자본의 관련성과 유용성에 대해 다음 다섯 가지 측면을 강조했다(PRI, 2005).

- 한 개인 또는 집단이 자원과 지원을 요청할 수 있는 사회적 연계 네트워크가 그들의 사회적 자본을 구성한다. 이 사회적 자본은 개인이나 집단의 웰빙과 참여에서, 그리고 그들 커뮤니티의 사회적, 정치적, 경제적 삶에서 중요하면서도 과소평가된 요소일지 모른다.
- 사회적 자본에 대한 연구는 개인과 집단 간의 연계를 형성하는, 그리고 지역커뮤니티 수준에서 조직들과의 연계를 형성하는 개인과 집단의 역량에 대한 보다 근접한 검토를 가능하게 한다.
- 사회적 자본 관점은 다음 세 가지 정책영역에서 특히 성과가 있을 것이다. 사회적

배제의 위험에 있는 사람들에게 도움을 주는 것, 핵심적인 인생행로 전이를 지원하는 것, 그리고 커뮤니티 개발노력을 촉진하는 것 등이다.

• 정부는 불가피하게 사회적 자본 개발의 패턴에 영향을 미친다. 공공프로그램의 설계, 이행, 그리고 평가에서 보다 체계적인 방식으로 사회적 자본의 역할(그리고 사회적 관계성과 정책 간의 상호작용)을 고려하는 것은 정책목적의 성취과정에서 잠재적으로 중요한 변화를 만들어 낼 수 있다.
• 사회적 자본을 정부 정책 및 프로그램 속에 통합하는 최상의 사례(the best practices)에 대한 보다 구체적이고 상황 특정적인 경험적인 증거가 필요하다.

올바른 종류의 사회적 네트워크에 대한 접근성을 가지는 것, 그리고 그 네트워크를 활용하는 능력 등은 가치 있는 결과를 성취하기 위하여 흔히 필요한 것이다. 개인이나 조직에 있어서, 우리가 아는 누군가가 '삶을 꾸려가거나(getting by)' 또는 '앞질러 나가는데(getting ahead)' 중요할 수 있다. 핵심 아이디어는, 우리의 사회적 접촉 네트워크가 물리적 및 인적 자본을 넘어서서 투자에 대한 중요한 잠재적 수익을 만들어 낼 수 있는 또 다른 형태의 자본 자원일 수 있다는 것이다. 연구자들이 비록 사회적 관계성의 성격과 중요성에 대해 오랫동안 관심이 있었지만, 자본 자산의 한 형태로서 이들 사회적 연계(social ties)를 생각하는 것은 어떻게 이들 연계가 개인이나 집단에 이용 가능한 다른 자본 자산을 보완하는 방식으로 투자될 수 있고 인출될 수 있는지에 대해 검토하는 새로운 렌즈를 제공하기 때문이다(PRI, 2005: 9).

여기서 사회적 자본은 인적 자본(기술, 지식 등), 물리적 자본(건물, 도로, 장비 등) 등과 같이 정책형성 및 이행과정에서 투입물로 작동할 수 있는 정책자원으로 간주될 수 있다. 부르디외(Bourdieu, 1986)는 사회적 자본을 상호이해와 협조의 제도적 관계를 증진시키기 위한 네트워크를 포함하는 사회적 자원(social resources)의 합계로 정의한다. 따라서 사회적 자본은 바람직한 사회적 관계(이해와 협조)를 형성하는 자원이자, 사회적 네트워크와 기타로 구성되는 자원으로 볼 수 있다. 그라노베터(Granovetter, 1973, 1985)는 사회적 자본을 느슨하게 연결된 사회적 네트워크로서 사회 전체의 거시적인 성과를 증진시키는 집합적 자원(collective resources)으로 파악하고 있다. 동일 맥락에서, 린(Lin, 2001)은 사회적 자본을 각 개인보다는 사회적 네트워크 관계에 내재된 자원으로 파악한다. 동시에, 사회적 자본은 특정 정책에 의해 커뮤니티 내에서 또는 커뮤니티(시장 또는 정부에 대조되는 것으로서)에 의해 생성된 정책결과(policy outcome)로 간주될 수 있다(Newton, 1999: 3).

정책자원이든 또는 정책결과이든, 사회적 자본은 정책결정자들이 다루기 쉬운 개념은 아니다. 사회적 자본은 정의적 차원에서도 애매모호함과 부정확한 채로 남아 있을 뿐만 아니라, 사회적 자본이 정책결과에 영향을 미치는 엄밀한 메커니즘은 흔히 불명료하고 구체화되어 있지 않기 때문이다. 더욱이 사회적 자본을 높이거나 재분배하기 위한 정책적 개입의 편익 역시 상황 의존적이고 불확실하다(PRI, 2005). 그럼에도 불구하고, 공공정책 영역에서 집합적 행동에 대한 촉진제 또는 윤활제로서의 사회적 자본의 매력은 광범위하게 확산되고 있다. 사회적 자본의 약점에도 불구하고, 사회적 자본은 공공정책의 형성·집행·평가 과정에서 유용한 개념이라고 판단된다. 왜냐하면, 사회적 자본은 공공정책에 영향을 미치는 '소프트'하지만 보다 복합적인 요인 쪽으로 우리의 관심을 집중시키기 때문이다. 그렇지 않았다면 무시되었을 수 있는 관련 이슈를 밝혀 나가는 데 기여한다. 특히, 정책개입 과정에서 커뮤니티 연계 접근의 기회를 밝히는 데 기여한다(Lowndes and Pratchett, 2008: 677－679).

제 2 절 정책자원으로서의 사회적 자본

공공정책 영역에서 네트워크의 부정적인 측면이 없는 것은 아니지만, 현재 네트워크는 대개 혁신적, 포괄적, 능률적인 제도적 장치로서 받아들여지고 있다.[1] 영국 지방정부의 미래에 대한 전 영국수상 토니 블레어(Tony Blair)의 저술

1) 로드스와 마시(Rhodes and Marsh, 1992: 200)는 네트워크를 통한 정책형성의 부정적인 측면으로, "정책 네트워크는 일반 대중을 차단시킴으로써 정치적 책임성을 파괴한다; 특권화된 과두지배체제를 창조한다; 그리고 예컨대, 게임의 규칙이 …… 기득이익을 선호하기 때문에 그 영향에서 보수적이다." 네트워크의 이런 부정적인 측면은 공공정책 영역에서의 자원인 사회적 자본의 이용과정에서 우리가 유의해야 할 부분들이다. 로드스와 마시(Rhodes and Marsh, 1992:

은 이 점을 분명하게 나타내고 있다.

> 모든 것을 계획하고 전달했던 모든 목적의 지방정부의 시절은 지나갔다. 그 시절은 끝났다. 지방정부의 미래는 바로 다른 실체와의 파트너십 관계에 놓여 있다. 다른 실체들로는 여타 공공기관들, 민간회사들, 커뮤니티 그룹들 및 자발적 조직체들이 가능하다. 지방의 공공부문들이 일부 서비스를 전달할 것이다. 그러나 그들의 분명한 리더십 역할은 다양한 지역 이해관계자들의 기여를 함께 짜고 깁는 것이 될 것이다(Blair, 1998; Lowndes and Pratchett, 2008: 681 재인용).

톰프슨 외(Thompson et al., 1991: 15)는 네트워크의 특성을 다음과 같이 규정한다. "만일 시장의 중심적인 조정 메커니즘이 가격경쟁이라면, 계층제의 중심적인 조정 메커니즘은 행정적 명령이다. 그리고 네트워크를 중심적으로 규정하는 것은 바로 신뢰와 협력이다." 세계은행(World Bank, 2002)은 네트워크와 파트너십은 그 부분들의 합계 이상을 성취하는 잠재성을 가지고 있음을 강조한다. 빈번한 상호작용은 행위자들이 기꺼이 서로서로 도와주고자 하는 자세 및 유인을 강화시켜 호혜성을 키운다. 개선된 조정과 의사전달은 상호신뢰를 증진하는 정보공유를 촉진하고, 성공적인 협력은 새로운 영역에서 장래의 협력적 노력을 자극한다는 것이다. 다만, 강요된 파트너십(imposed partnerships)은 기존의 사회적 자본을 이용한다기보다는 오히려 손상시킬 수 있는 실질적인 위험을 내재하고 있다(Lowndes and Pratchett, 2008).

공생산(co-production)은 공공 서비스 전달에서 자원조달에 기인한 것이든 또는 부적절한 설계에 기인한 것이든 기존 문제점을 극복하는 데 시민들에게 도움이 될 수 있다. 전통적인 이용자/제공자 분별을 희석하고 전문가 대 시민의 역할을 재정립하는 신뢰와 상호성의 새로운 관계성에 기인해서 보다 나은 질의 서비스가 나타날 수 있다(Lowndes and Pratchett, 2008). 참여예산제 등의 공동거버넌스(co-governance)는 시민이 공공당국의 제안에 단순히 반응한다기보다는 오히려 그 과정에서 그들의 참여범위와 정책영역의 우선순위를 형성하게 된다. 공동거버넌스는 시민들에게 의사결정 권위 또는 최종 결정에 대한 높은 정도의 영

23)는 정책 네트워크의 특성으로 "많은 참여자, 빈번한 상호작용, 계속성, 가치 컨센서스, 자원의존성, 포지티브섬 파워게임, 그리고 멤버들의 규제" 등을 지적한다.

향력을 허용하기 때문이다(Smith, 2005: 55-57). 헬러(Heller, 2001: 133)는 참여적 거버넌스를 "권위적 자원 할당에 있어서 하위집단의 참여"를 언급하는 것으로 사용하고 있다. 참여적 거버넌스와 공생산의 모형들은 의사결정과 서비스 전달에 있어서 한계집단의 포함에 초점을 둔다(Lowndes and Pratchett, 2008: 685 재인용).

정책자원으로서 사회적 자본의 관점을 적용하기 위한 핵심적 영역으로서 캐나다 공공정책연구소(PRI, 2005: 15-17)는 다음 세 가지의 사회정책 영역을 강조하고 있다.

- 사회적 배제의 위험성에 있는 사람들을 도와주는 것
- 핵심적인 인생-행로 전이를 지원하는 것
- 커뮤니티 개발 노력을 촉진하는 것

1 사회적 배제의 위험성을 배려하는 정책

물리적 자본과는 대조적으로 사회적 자본은 이용을 통하여 고갈되는 것이 아니라 오히려 확장된다. 신뢰는 의사소통과 관계형성의 비용을 줄인다. 네트워크는 신뢰의 새로운 패턴이 발전하는 새로운 협력채널을 개방시킴으로써 정책형성 내부에서 사회적 자본을 팽창시키는 잠재성을 가지고 있다(Lipnack and Stamp, 1994: 199).

사회적 네트워크는 흔히 사회적으로 배제된 사람들이 '삶을 꾸려가기 위한' 어떤 필수적인 자원을 구성한다. 특히, 다른 형태의 자본 수준이 낮은 사람들에게 그렇다. 그런데 교량적 연계(bridging ties)가 결여되어 있으면, 그들은 장애극복 및 새로운 기회에 접근하는 과정에서 필요한 네트워크를 강화하는 역량을 결여할 수 있다. 그들이 접근 가능한 네트워크 대상 집단들 또한 일자리 상실 등 유사한 어려움에 직면하고 있을 가능성이 있고, 따라서 그들로부터 지원을 받는다 하더라도 단기 보조 정도에 그치거나 이미 취약한 자원을 끌어내는 것에서 끝날 수 있기 때문이다. 결과적으로, 교량적 연계가 결여된 사회적 네트워크는 해당자를 더 고립시킬 수 있다(PRI, 2005: 15－16).

공동체의 결속과 사회관계망은 건강, 행복, 교육적 성공, 경제적 성공, 공공안전, 그리고 (특히) 아동복지에 상당한 영향력을 미치고 있다. 그러나 재정자본이나 인적 자본과 마찬가지로 사회적 자본은 고르게 분포되어 있지 않다. 많은 연구결과들은 교육을 더 잘 받은 미국인들이 보다 깊고 넓은 사회관계망을 가지고 있다는 것을 보여준다. 바로 그들의 가장 가까운 친족과 친구들 안에서, 그리고 보다 넓은 사회 내 모두에서 그렇다. 이와 대조적으로 교육을 덜 받은 미국인들은 보다 희박하고 중복된 사회관계망을 가지고 있고, 그것도 주로 그들의 가족 내에 집중되어 있다(퍼트넘, 2016: 299).

2 인생–행로 전이를 지원하는 정책

캐나다 공공정책연구소(PRI, 2005: 16)는 핵심적인 인생－행로 전이의 예로서 다음 네 가지를 지적하고 올바른 사회적 연계의 중요성을 강조한다.

- 학교에서 노동시장으로의 이동
- 자신의 가족 상황에서의 근본적인 변화(부모, 결혼, 이혼, 사망)
- 은퇴
- 자립성 또는 자기 자신을 돌볼 수 있는 능력의 상실

이들 인생－행로 전이기는 특히 양호한 사회적 네트워크의 중요성이 빛을 발하는 시기이다. 그 어느 시기보다 필요한 지원과 조력이 절실한 시기로 가용 가능한 사회적 자본의 양과 수준에 따라 그 결과가 크게 달라질 수 있기 때문이다. 세계은행(World Bank, 2002)은 가난한 사람들에게 사회적 자본이 인적 자본이나 물적 자본의 대체물로 이용될 수 있다는 점을 강조하고 있다.

3 커뮤니티 개발정책

커뮤니티 개발을 통한 도시재생과 저소득층의 삶의 질적 수준 제고가 새롭게 주목받고 있다. 커뮤니티 개발의 핵심 부문 중의 하나로 사회적 일자리와 사회적 경제(social economy)에 대한 최근의 강조는 이와 같은 관심사항을 나타내는 것이다. 수익성은 낮지만 사회적인 유용성이 큰 경우 정부예산이나 비영리단체의 지원을 통해 일자리를 창출할 필요가 있다. 실직계층에게 근로기회를 창출하고 취약계층에게는 필수적인 사회 서비스를 제공하는 복합적인 효과를 기대하는 것이다. 저소득 근로자 및 맞벌이 부부 자녀들의 방과 후 프로그램에 대한 보조원, 저소득 독거노인 · 장애인 · 소년소녀가장 등을 위한 가사 · 간병 도우미, 방문간호 보조원, 장애인 이동지원 보조원 등이 이에 해당한다.

여기서 정부역할의 핵심은 기존 지역역할 주체들의 협력네트워크 활동을 간접적으로 지원하는 것이다. 기존 지역역할 주체들(민간부문, 공공부문, 제3섹터부문, 비영리부문) 간의 협력네트워크의 조성 및 작동 과정에서 필수적인 예산을

그림 1-1 공공정책에서 사회적 자본의 이용: 직접적 영향에서 간접적 영향까지

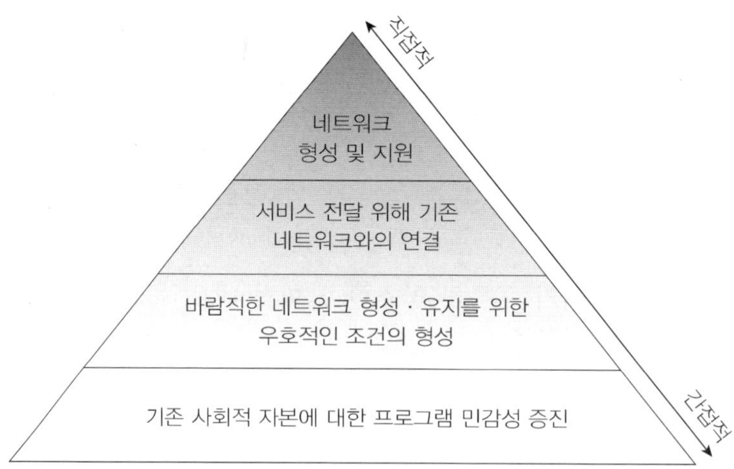

자료: 캐나다 공공정책연구소(PRI, 2005: 17).

지원하고, 새로운 자원의 창출 및 이용과정에서 필요한 촉매자(catalysts)나 중개자(network brokers)로 기능할 수 있다. 협력네트워크의 강점과 약점 양 측면에서 사회적 자본 관점을 적용할 수 있다. 협력네트워크의 형성뿐만 아니라 작동과정에서 사회적 자본이 어떤 방향으로든 힘을 발휘할 수 있기 때문이다(PRI, 2005: 16－17).

1) 특정 프로그램 네트워크의 형성 및 지원

다양한 유형의 사회적 정책 프로그램들은 그 목적달성 과정에서 핵심적인 방안으로서 관계자들 간의 연계형성에 주목하고 있다(PRI, 2005: 17－19). 예컨대, 키팅 외(Keating et al., 2005)는 정부프로그램들이 시니어 돌봄 네트워크를 어떻게 보다 잘 지원할 수 있는지를 탐구해 왔다. 정부는 기본적으로 원만한 노령화라는 일반적인 목적을 지원한다. 원만한 노령화는 긍정적인 감정을 유지하는 데 도움이 되는 동거인과의 적극적인 상호작용을 유지하는 것을 포함한다.

긍정적인 감정들, 가령 기쁨, 희망, 낙관주의, 사랑, 만족, 그리고 감사 등은 우리가 긍정적인 활동을 하는 에너지를 부여하고 문제점들을 풀어 가는 데 기여한다. 그런데 도움이 필요한 시니어들이 점차 대안이 없게 되고, 가까운 친구나 가족들의 네트워크에 의존할 수밖에 없게 된다. 하지만 돌봄을 제공하는 가족 또는 가까운 친구들은 흔히 다른 광범위한 일과 가족 책임성을 가지고 있다. 돌봄 수혜자를 보살피는 데 그들이 지게 되는 비용은 상당할 수 있다. 그리고 이들 비용 때문에 그들 관계성과 연계된 긍정적인 감정이 상당히 손상될 수 있다. 그와 같은 흐름은 원만한 노령화의 길에 장애가 되는 것이다.

여기서 키팅 외(Keating et al., 2005)는 적어도 다음 두 가지 접근방법을 통하여 이들 돌봄 네트워크에 부과된 부담을 줄여갈 수 있다고 주장한다. 첫째, 가정돌봄(home care) 형태를 통하여 돌봄 수혜자를 직접적으로 지원하는 것이다. 이 방식은 가까운 친구나 가족 구성원들의 돌봄 네트워크에 부과된 부담을 완화한다. 둘째, 일시적 간호위탁(respite care)이나 온정적 돌봄 휴가(compassionate care leave) 등을 통하여 돌봄 제공자의 네트워크를 직접적으로 지원하는 것이다.

레비스큐(Levesque, 2005)는 정부 프로그램과 사회적 네트워크의 형성 활동

간의 연계성에 대한 흥미로운 연구결과를 발표했다. 그는 사회적 지원을 장기적으로 받던 지원 수혜자의 노동시장 재진입 과정에서 사회적 네트워크의 접촉을 촉진하는 것이 중요하다는 것을 보여주었다. 약하지만 다양한 사회적 네트워크를 가지고 있는 것이, 강하지만 동질적인 사회적 네트워크에 비해 노동시장 재진입 기회 모색과정에서 도움이 컸다. 동일 맥락에서, 커뮤니티 내부 연계형성에 초점을 맞춘 커뮤니티 개발 프로그램들의 한계점을 생각해 볼 수 있다.

여기서 사회적 자본 관점을 채택하는 것은 해당 네트워크에 이용 가능한 자원의 다양성을 증진하기 위하여 다양한 집단들 간에 보다 큰 상호작용의 기회를 제공하고, 그리고 커뮤니티 외부와의 접촉기회를 제공하는 프로그램 전달의 중요성을 강조하는 것이다(PRI, 2005: 17－19).

2) 기존의 사회적 네트워크와의 연결

기존 사회적 네트워크 내부에 영향력 있는 인물을 활용하여 해당 네트워크 관계자들의 행태에 유효한 영향을 미칠 수 있다(PRI, 2005: 19). 켈리 외(Kelly et al., 1997)의 AIDS/HIV 위험감소 프로그램 연구에서 인기 있는 여론 선도자(popular opinion leader: POL)가 제공한 대화적 메시지는 해당 사회적 네트워크에 있는 다른 사람들의 성적(性的) 위험 행태에 성공적인 영향을 미친 것으로 분석되었다.

청소년 흡연문제에 대처하기 위한 영국 학교금연훈련(A Stop Smoking in Schools Trial: ASSIST) 프로그램에서 12~13세 동료지원자 활용방식 역시 동일한 맥락에 있는 것이다(Holliday et al., 2005).

3) 우호적인 조건의 형성

공공프로그램들은 개별 사적프로그램들이 직접적으로 사회적 네트워크의 개발을 형성하기 위한 시도를 할 때보다, 오히려 사회적 자본의 창출에 도움이 되는 다양한 우호적인 상황 내지 조건을 만들어가는 과정에서 효과적일 수 있다. 예컨대, 사회적 상호작용을 위한 기회의 지원/조성이나 네트워크와 파트너십의 중개와 촉진 등에서 그렇다(PRI, 2005: 19-22).

첫째, 사회적 상호작용을 위한 기회의 지원/조성 측면

- 개별화된 관계적 기술과 커뮤니티 역량의 개발을 지원함에 의해서 그렇다. 특히, 가족 붕괴, 사회적 고립 등 형편이 아주 나쁜 사람들의 경우, 흔히 새롭고 보다 다양한 사회적 관계를 형성하고 유지하기 위해 필요한 신뢰나 관계적 기술의 형태를 개발하는 것이 매우 어렵기 때문이다.
- 공공인프라 조성을 고려할 수 있다. 정부는 또한 공공인프라에 투자함으로써 사회적 자본의 자원을 개발하기 위한 우호적인 조건을 키워갈 수 있다. 사회적 상호작용을 위한 지원기회의 수단으로서의 공공 공간(public spaces) 및 여타 인프라의 촉진, 적당한 가격의 공공 레크리에이션 시설, 커뮤니티 센터, 그리고 혼합적 주거개발 등은 모두 잠재적으로 사회적 자본 창출 투자의 예들이다.

둘째, 네트워크와 파트너십의 중개와 촉진 측면

커뮤니티 빈곤감축, 범죄예방, 또는 노인 돌봄 등의 여러 정책목적들은 다양한 부문 접근을 요구하는 복합적인 역동성을 가지고 있다. 여기서 사회적 연계나 연합의 숨을 누가 불어 넣어 주고 살아 움직이게 만드는가가 중요한데, 정책사례별 분석이 필요한 것이지만 흔히 지역리더들과 시민운동가(NGO)의 역량이 주목받고 있다(Park, 2016).

제 3 절 정책결과로서의 사회적 자본

사회적 자본은 정책형성 과정에서 자원으로 이용되어 왔다. 그런데 사회적 자본은 다른 형태의 자본들처럼 그 분포에 있어서 불균등성이 존재하고 있다. 이에 더하여, 사회적 자본은 재정자본과 달리 용도의 비대체성이 있다. 사회적 자본은 변하기 쉽게 분포되어 있고, 그리고 그 축적과정이 복잡하다. 사회적 자본은 분포 불균등성이 존재하는 것이 사실이고 역기능성도 나타나고 있지만(박종화, 2011; 박종화, 2015), 보다 중요한 사실은 사회적 자본의 증가를 통해 광범위한 편익을 향유할 수 있다는 점이다. 이하에서는 적극적 정부개입의 사례를 검토한다(Lowndes and Pratchett, 2008: 686－692).

1 수명기회의 향상

사회적 자본 보유량이 많아지게 되면 수명기회가 높아질까? 울콕(Woolcock, 2001)은 잘 연결되어 있는 것들은 보다 수용하기 좋고, 건강하고, 고용관계에 있고, 행복할 것 같다는 점을 강조한다. 전 영국수상 토니 블레어(Tony Blair)의 자문관인 할페른(Halpern, 2005: 285)은 “사회적 자본은 이제 현대사회와 정부의 거의 모든 핵심적 정책목적에 관련된 것으로 보인다”고 주장한다. 경제협력개발기구(OECD, 2001)에 따르면, 사회적 자본과 광범위한 정책편익 간에 일관성 있는 연계성이 나타나고 있다. 보건 수준의 개선, 아동학대의 감소, 범죄율 하락 등이 정책적 편익으로 언급되고 있다. 세계은행(World Bank, 2002)은 교량적 사회적 자본(bridging social capital)의 육성이 삶의 표준의 개선에 최상의 전망을 제공하는 것임을 강조하고 있다.

2 보다 나은 거버넌스

사회적 자본이 건강한 민주주의의 토대가 되는가? 영국 내각의 성과혁신팀(PIU, 2002)에 따르면, 다른 사람과 연계된 시민들은 투표나 기타 참여 형태 등에 의해 보다 나은 정책 쪽으로 정부를 움직여 가고, 무임승차를 자제하고, 세금을 납부하고, 법과 친사회적 전통을 준수하고, 그리고 집합적 행동의 문제점 해결책 모색에 보다 적극적일 가능성이 있다.

남과 북, 두 이탈리아 지역에 대한 20년 간의 비교연구를 토대로, 퍼트넘 외

(Putnam et al., 2000: 120)는 “좋은 정부를 설명하는 데 가장 중요한 요인은 지역에서 사회적 생활과 정치적 생활이 시민 커뮤니티의 이상에 근접하는 정도이다”라고 주장한다. 그들은 시민연계와 좋은 정부 간의 선순환(virtuous circle)이나, 불신과 무질서, 그리고 서투른 정부의 악순환(vicious circle)은 모두 자기 강화적(self-reinforcing)인 경향을 보여 준다고 한다. 예컨대, 사람들이 회합이나 비공식적인 사회적 네트워크에서의 대면적 접촉을 통해 서로 서로 신뢰하는 것을 배우게 되면, 신뢰와 일반적 호혜성의 규범이 전체 사회 속으로 확산되게 된다. 공동목표의 추구과정에서 집합적 행동을 위한 역량이 창조되고, 시민과 정부 간에는 역할기대-적극적 부응이라는 선순환적 관계가 형성되는 것이다(Putnam, 1995: 67). 동일 맥락에서, 세계은행(World Bank, 2002) 역시 사회적 자본이 정부 책임성과 정당성을 촉진하고 효과적인 관료제에 기여한다고 보고 있다.

결과적으로, 사회적 자본과 거버넌스 간의 선순환 또는 악순환의 경로의존 내지 자기 강화적 성격은 퍼트넘 외(Putnam et al., 2000)의 언급처럼 북부 이탈리아에 비해, 남부 이탈리아의 만성적 지체현상, 노스(North, 1990)의 지적과 같이 북아메리카에 비해, 남아메리카의 지속적 낙후성과 연계되어 있는 것으로 보인다.

> 노스(D. C. North)는 비록 제도적 양태가 사회적으로 비효율적일지라도 자기 강화적인 속성을 지니고 있다고 지적하고 있다. 첫 번째 이유로, 개인의 입장에서는 기존의 규칙을 바꾸려는 노력보다는 적응하는 것이 쉽기 때문이다. 제도의 비효율성으로부터 혜택을 받는 집단과 조직이 생겨나게 된다. 두 번째 이유로, 특정한 경로를 따라 발전하기 시작하면 조직적 학습, 문화적 관습과 사회의 인식의 형태가 그 경로를 강화하기 때문이다. 협력할 것인지 아니면 배반과 착취를 할 것인지가 이미 각인되는 것이다. 비공식적 규범과 문화는 공식적 규칙보다 느리게 변화하고, 공식적 규칙을 주조하는 경향이 있기 때문에 외부에서 공식적 규칙을 강제하는 것은 이 괴리를 더 크게 만든다(퍼트넘 외, 2000: 300).

경로의존성이 의미하는 것은 역사가 중요하다는 점이다. 오늘의 선택을 이해하는 데 제도의 점진적 진화과정을 추적하는 것은 필수적이라고 할 수 있다. 비공식적 제약 또한 중요하다. 우리는 문화적으로 도출되는 행동의 규범과 그것이 어떻게 공식적 규칙과 상호작용하는지에 대하여 이해하여야 한다. 제도에 대한 진지한 연구는 이제 막 시작되었을 뿐이다(North, 1990: 100, 140; 퍼트넘 외, 2000: 302 재인용).

3 시장실패의 극복

콜먼(Coleman, 1994: 313)은 사회적 자본의 공공재적 특성으로 인하여 합리적 경제인은 무임승차 유혹에 빠질 수 있고 체계적인 과소투자가 빚어질 수 있음을 지적하고 있다.[2] 따라서 개별 행위자의 무임승차 문제를 해소하기 위해서 정부개입이 필요하게 된다. 다시 말하면, 특정 수준의 사회적 자본량을 확보하기 위하여 일정 수준의 정부개입이 필요하다는 것이므로, 여기서 특정 수준의 사회적 자본량은 정책의 목표 또는 결과로 간주되는 것이다(Field, 2003: 121).

> 우리는 빈곤한 사람들은 일종의 보험 메커니즘으로 사회적 자본—신뢰와 호혜성의 네트워크—을 이용하고 있음을 알고 있다. 그 보험은 그들이 개별적으로는 할 수 없는 일상의 생존을 가능하게 해 준다: 건기 동안에 자녀를 먹이고; 학교 등록금을 지불하고; 그들의 소규모 기업이 필요한 공식적 크레디트 서비스에 접근하고; 그들의 이웃을 순찰하고; 또는 동네 우물을 유지하는 것 등이다(World Bank, 2002; Lowndes and Pratchett, 2008: 689 재인용).

국가개입을 통해 보건, 환경, 교육 등에 대한 개인적 행태와 사회적 관계성을

---

2) 콜먼(Coleman, 1994)은 동시에 개인의 자발적이고 유기적인 노력을 구축(crowding out)하는 국가주도의 가능성 또한 염려했다. 후쿠야마(Fukuyama, 2001: 18) 또한 과도한 국가개입은 "사회적 자본에 대해 심각한 부정적 영향을 미칠 수 있다"라고 주장한다. 만일 국가가 긍정적인 사회적 자본을 형성하기 위해 인센티브를 제공한다면(자원봉사자들에 대한 지원 등), 전통적으로 이들 행위의 배후에 있던 이타적인 동기와 이기적인 이익을 대체하는 위험을 초래할 수 있기 때문이다. 우리가 지향하는 사회적 관계의 질적 수준과 지속성 양자 모두에 부정적인 영향을 미칠 수 있다고 보는 것이다.

변화시키게 되면, 국가에 대한 의존을 궁극적으로 줄일 수 있다(Halpern, 2005: 70).

공공재로서 사회적 자본에 투자하는 것은 열위의 결핍모형(a deficit-model of disadvantage)으로부터 벗어나고자 하는 것이다. 따라서 그 방식은 파트너십 형태 등으로 커뮤니티가 기존에 가지고 있는 자원을 토대로 부족한 것을 보충해 가는 상호작용 형태로 대개 나타날 것이다(Field, 2003: 123). 예컨대, 경제적인 측면에서 사회적 자본에 대한 투자는 정보흐름을 개선하고, 거래비용을 줄이며, 그래서 보다 효과적인 경쟁촉진에 기여하는 것으로 알려져 있다(PIU, 2002).

4 형평성의 개선

사회적 자본은 누구나 아무 때나 비용 없이 접근·이용할 수 있는 '자유재'가 아니다. 특정 개인 또는 집단이 특정 사회적 자본에 접근성을 가지고 있고, 그 접근성을 가진 특정 개인 또는 집단이 편익을 향유하는 '클럽재(club good)'의 특성을 가진다. 아르네일(Arneil, 2006) 역시 전통적인 회합 형태의 배타적이고 분할적인 사회적 자본의 속성을 지적하고 있다. 자발적 단체 활동은 수평적 관계를 통해 개인 간의 신뢰를 증진할 수 있으나, 단체 내부의 결속이 배타적인 경우 사회신뢰와 협력을 오히려 감소시킬 수 있다. 한 집단의 결속력이 다른 집단에 카르텔(cartel)로 작용할 수 있고, 이익단체 회원들이 자신들의 사회적 네트워크를 악용할 경우 사회협력을 저해할 수 있기 때문이다(이동원·정갑영 외, 2009: 53-54).[3]

---

3) 단체모임의 결성동기와 성격에 따라 다음과 같은 세 가지 분류가 가능하다(이동원·정갑영 외, 2009: 53-60).

- 퍼트넘(R. D. Putnam) 그룹: 단체모임이 호혜성 규범 증진에 기여
- 중간그룹: 단체모임이 사회적 협력과 갈등 동시에 초래
- 올슨(M. L. Olson) 그룹: 단체모임이 자기의 이익을 보전하기 위해 다른 집단과 경쟁하는 구도 형성

자원봉사와 친목활동 등 단체의 목적이 모임자체에 있는 경우에는 퍼트넘(R. D. Putnam)의 주장처럼 멤버 간의 교류가 호혜성의 규범(norm of reciprocity)으로 귀결될 수 있다. 그러나 단체

따라서 사회적 자본의 분포문제가 중요한데, 홀(Hall, 1999)은 사회적 자본의 전반적인 수준은 쇠퇴하고 있지 않지만, 그 왜곡된 사회적 분포는 보다 더 극단적으로 되고 있다고 우려하고 있다. 사회적 자본의 분포 불균등성과 불균등 접근성은 현대사회의 심각한 고민거리인 사회적 배제(social exclusion) 이슈와 직·간접적으로 연결되어 있다. 경제협력개발기구(OECD, 2001: 5)는 사회적 자본에 영향을 미치는 모든 정책은 그 분포 불균등성에 대한 우려와 별개로 존재하는 것이 아니므로, 사회적 배제나 사회적 형평성 고려의 필요성을 강조하고 있다. 즉, 정부개입은 사회적 자본 수준이 보다 적은 집단들을 지원하고, 기존의 사회적 자본 분포 불균등성을 더 악화시키지 않아야 한다(Halpern, 2005: 285).

5 외부성(externalities)의 관리

다양한 공공정책은 그것이 의도했건 아니건 사회적 자본의 수준과 분포에 영향을 미칠 것으로 보인다. 논의의 초점은 정책적 개입이 기존의 사회적 자본 수준을 훼손하지 않도록 유의할 필요가 있다는 것이다. 왜냐하면, 겉으로 보기에는 관련성이 없는 정부개입(예: 주택, 교통 등)이 실질적으로는 다른 프로그램이 의존하고 있는 바로 그 사회적 자본 자원을 손상할 수 있기 때문이다(Frank, 2004: 5).

예컨대, 필드(Field, 2003: 122)의 지적처럼 전후 영국의 주택정책과 도시재개발은 다수의 근로계층 근린지구의 사회적 자본의 파괴를 초래했던 것으로 알려져 있다. 새로 만들어진 환상형 도로는 기존 자연적 커뮤니티를 절반으로 자르고, 고층 주택은 서로서로가 연계되는 전원울타리와 도로모퉁이가 없는 낯선 이웃들을 탄생시킨 것이다. 동일 맥락에서, 퍼트넘(Putnam, 2009: 413)은 정책개입에서 '사회적 자본 영향평가(social capital impact assessment)'를 제안한다.

모임의 목적이 구성원들의 이익을 직·간접적으로 대변하기 위해서인 경우 올슨(M. L. Olson)의 주장대로 다른 집단과의 경쟁구도가 형성되게 된다. 중간그룹의 경우는 단체결성 동기는 전체사회의 이익대변을 목적으로 하고 있다. 하지만, 그 목적달성 과정에서 사회적 갈등을 심화시키는 경우 등이다.

6 쇠퇴의 저지

사회적 자본 수준이 쇠퇴하고 있다는 다양한 경험적 검증결과들이 제시되고 있다(Putnam, 2009). 사회적 자본 수준의 쇠퇴의 증거는 새로운 사회경제적 조건들이 과거 사회적 자본을 지탱해온 소위 할페른(Halpern, 2005: 286)의 '미묘한 균형(delicate equilibrium)'을 깨뜨렸기 때문인지 모른다. 미국 공동체의 붕괴에 대한 연구에서, 퍼트넘(Putnam, 2009)은 사회적 자본의 손상이 늘어난 TV 시청, 맞벌이 가족, 세대교체(제2차 세계대전 세대의 죽음) 때문임을 지적하고 있다.[4)]

> 맞벌이 가족이 받는 압박을 포함해서 시간과 돈의 압박은 …… 우리의 사회적 참여와 지역사회 참여율의 감소에 상당한 정도로 영향을 미쳤다. …… 교외지역의 도시화, 장거리 출퇴근, 도시의 팽창 역시 보조역할을 했다. …… 시간을 혼자서 소비하게 만드는 전자화된 오락수단, 특히 텔레비전의 영향이 상당히 컸다. …… 세대교체가 가장 강력한 요소로 밝혀졌다. 세대교체의 영향은 시민적 참여의 형태에 따라 상당히 다르게 나타난다. 공적인 형태의 참여에서는 크게 나타났고, 개인의 사적인 사교활동에서는 그 영향이 작았다. 그러나 어림잡아 이 요소는 전체 (사회적 참여와 지역사회 참여율) 하락의 약 절반 정도를 설명할 수 있을 것 같다(퍼트넘, 2009: 469).

사회적 자본 분석은 부유한 국가만의 문제는 아니고, 개발도상국가들에 있어서 빈곤한 사람들 간에서도 발생하는 문제이다. 개발도상국가에서는 급속한 도시화 추세가 빈곤한 사람들의 '사회적 망의 결여 …… 결과적인 공포의 분위기'를 수반했음을 필드(Field, 2003: 123)는 강조하고 있다. 한국의 경우에는 1990년대 후반 외환위기를 전후로 지속적으로 악화되는 소득 양극화가 계층 간 갈등을 심화시켜 사회적 신뢰의 형성을 저해하고 감소시켜 왔던 것으로 보인다(이동원 ·

4) 브렘과 란(Brehm and Rahn, 1997)은 미국의 종합사회조사(General Social Survey) 결과를 이용해 개인 단위의 사회적 자본을 분석하고, 단체참여는 기회비용에 민감하게 반응함을 밝혔다. 집에서 TV 시청이 길어지고 돌봐야 할 미취학 자녀 수가 많을수록 각종 단체참여의 기회비용이 높아지게 되고 네트워크 활동에 소극적 참여 행태를 보여주었다. 그 외, 코스타와 칸(Costa and Kahn, 2003)의 분석 자료는 미국 커뮤니티의 사회적 자본 감소는 여성의 노동시장 참여와 함께 소득불균형과 민족 다양성 등에 기인하고 있음을 나타내고 있다.

정갑영 외, 2009: 48). 퍼트넘(Putnam, 2009: 403)은 시민참여 기회의 공급(커뮤니티 서비스 프로그램, 근린 거버넌스의 구조화)과 그와 같은 기회의 수요(예: 시민교육, 시간제 일 등)를 대상으로 하는 정책의 중요성을 언급하고 있다. 사회적 자본 형성을 제도적인 측면에서 접근한 연구(Rothstein, 2000; Knack and Keefer, 1997)는 국가가 법과 계약 등 공적제도를 효율적으로 집행함으로써 사회적 자본 형성에 긍정적인 영향을 끼칠 수 있음을 강조한다(이동원 · 정갑영 외, 2009: 49).

제 4 절 맺음말과 공공정책상의 함의

사회적 자본은 부정적인 결과가 없는 것은 아니지만 긍정적인 결과가 훨씬 더 많고 풍부한 사안임은 분명하다. 개인이나 집단의 웰빙에 있어서 사회적 자본 렌즈의 채택은 새로운 통찰력을 제공할 수 있다. 공공정책 형성 및 평가과정에서 사회적 자본 항목을 포함하게 되면, 그 잠재적 영향관계에 대해 보다 큰 그림을 그리는 데 도움을 준다. 더욱이 정책개입을 통해서 부정적인 결과를 피하거나 줄이고 긍정적인 결과를 확대할 수 있으므로 적절한 정책대상 목표가 된다. 할페른(Halpern, 2005: 286)은 정책형성의 세계에서 해결책이 없는 문제는 실제적으로 정책 사안이 될 수 없음을 강조하고 있다.

사회적 자본 형성은 크게 자발적 네트워크 활동 형태의 사회적 상호작용(social interaction)과 법 · 제도 등의 공적제도(formal institution)의 두 가지 접근방법으로 설명된다. 사회적 상호작용 이론에서 사회적 자본은 자발적 단체(voluntary association) 활동을 통해서 사람들이 서로 신뢰하고 협동하는 것을 배우게 되는 과정에서 만들어진다. 공적제도 이론에서는 국가가 법 · 제도 등 공적제도를 효율적으로 집행하는 과정에서 사회적 자본 형성에 긍정적인 영향을 미치게 된다. 만약 공적제도가 미비하고 유효성이 떨어지면 이를 대체하는 이탈리아의 마피아(Mafia), 중국의 관시(關係) 같은 민간조직 형태가 발현될 수 있다. 제도적 접근방법에서는 사회적 자본의 공급을 개인의 선택에만 맡길 경우 외부효과로 인해 사회가 필요로 하는 양보다 사회적 자본의 공급부족이 발생할 수 있으므로, 정부의 투자와 개입의 필요성을 강조한다(이동원·정갑영 외, 2009: 43-60).

사회적 자본과 보건 간의 관계는 여성에게 있어 더 밀접한 관계를 보여주고 있다. 반면에, 사회적 자본과 공식적인 정치적 참여 간의 관계는 여성보다 남성이 더 밀접한 관계를 보여준다(Lowndes, 2004). 공공정책에 있어 사회적 자본의 가장 큰 잠재력은 그 자체로서 목적이라기보다는 오히려 목적에 이르는 하나의 수단(예: 교육이나 보건의 증진, 이민자 통합, 경제적 참여 등)으로서의 역할이다(Frank, 2004: 4). 하딘(Hardin, 2006: 92)은 중부 유럽, 중국, 인도에서의 친시장적인 개혁정책이 어떻게 사회적 자본의 잠재성을 발현시키고 기업 활동을 촉매하고 지원했는지를 설명하고 있다. 물론 정부정책이 사회적 신뢰를 제고하기 위해서는 정부가 국민의 신뢰를 받아야만 한다. 예컨대, 낵과 키퍼(Knack and Keefer, 1997)는 이자율이나 세율 등에 대한 정부약속을 시장이 신뢰할 경우 장기적으로 투자환경이 안정되고 성장률 제고에 기여할 수 있음을 강조한다.

요약하면, 사회적 자본은 게임 참여자, 게임의 규칙, 그리고 받아들일 수 있는 결과를 지배하는 공공정책 프레임워크(framework)의 맥락 내에서 번성하거나 쇠락한다(Foley and Edwards, 1996: 47). 다만, 사회적 자본 회의론이 지적하듯이, 정부가 사회적 자본의 저량(stock)의 규모나 분포에 영향을 미치기가 어렵다. 왜냐하면, 사회적 자본의 저량은 수세기에 걸쳐 쌓여진 것이고, 가족이나 커뮤니티의 친근한 영역 내에 그 뿌리를 가지고 있기 때문이다. 불공정하고 예측하기 어려운 정부제도와 법체계는 일반 시민생활과 거래관계를 어렵게 하며 사람 간 협력을 기피하게 하는 주요 원인이 된다. 사회적 자본과 정치적 관여(political involvement) 간의 직접적인 인과관계는 없다. 사회적 자본이 정치적 자원으로서 동원되느냐의 여부는 사회적 자본 그 자체의 수준이나 강도와는 다른 다양한 요인에 의존한다. 따라서 정책결정 과정의 참여자들은 사회적 자본이 민주주의의 실질적인 자원이 되는 상황을 이해할 필요가 있다(Lowndes and Pratchett, 2008).

사회적 자본 분포 불균등성은 삶의 불평등성(inequality)의 원천일 수 있다. 따라서 사회적 자본의 재분포는 사회적 자본의 창조만큼 중요할지 모른다. 이 과정에서 무엇이 사회적 자본으로 고려되느냐 하는 것이 중요할 것으로 보인다. 사회적 자본의 형태나 구성요소를 잘못 설정하면, 측정과정에서 불필요한 오류를 과잉 생성할 수 있기 때문이다. 정책결정 과정에서 사회적 자본의 어두운 측면(dark side)에 대한 고려 또한 중요하다. 이 부분을 소홀히 하면 정책결정 과정에서 역(逆)의 결과(perverse outcomes)를 생성할 수 있기 때문이다.

참고문헌

박종화(2011). 지역혁신체계에서 사회적 자본의 역기능성. 『국토연구』, 69: 63–82.

______(2015). 사회적 자본의 분포 불균등성: 처방적 정책논리의 탐색. 『한국행정논집』, 27(1): 1–22.

이동원·정갑영 외(2009). 『제3의 자본』. 삼성경제연구소.

퍼트넘, 로버트 D.(2009). 『나 홀로 볼링–사회적 커뮤니티의 붕괴와 소생(정승현 역. 원저 *Bowling Alone: The Collapse and Revival of American Community* by R. D. Putnam. 2000)』. 페이퍼로드.

______(2016). 『우리 아이들–빈부격차는 어떻게 미래 세대를 파괴하는가(정태식 역. 원저 *Our Kids–The American Dream in Crisis* by R. D. Putnam. 2015)』. 페이퍼로드.

퍼트넘, 로버트 D. 외(2000). 『사회적 자본과 민주주의(안청시 외 역. 원저 *Making Democracy Work–Civic Traditions in Modern Italy* by R. D. Putnam et al. 1993)』. 박영사.

Arneil, B.(2006). *Diverse Communities: The Problem with Social Capital*. Cambridge: Cambridge University Press.

Blair, T.(1998). *Leading the Way: A New Vision for Local Government*. London: IPPR.

Bourdieu, P.(1986). The Forms of Capital. In J. G. Richardson(ed.). *Handbook of Theory and Research for the Sociology of Education*. Westport, CT: Greenwood Press.

Brehm, J. and Rahn, W.(1997). Individual–Level Evidence for the Causes and Consequences of Social Capital. *The American Journal of Political Science*, 41(3): 999–1023.

Canuuscio, C., Block, J., and Kawachi, I.(2003). Social Capital and Successful Aging: The Role of Senior Housing. *Annals of Internal Medicine*, 139(5)(Part 2): 395–399.

Coleman, J. S.(1994). *Foundations of Social Theory*. Cambridge, Mass.: Belknap Press.

Costa, D. and Kahn, M.(2003). Cowards and Heroes: Group Loyalty in the American Civil War. *The Quarterly Journal of Economics*, 118(2): 519–548.

Field, J.(2003). *Social Capital*. London: Routledge.

Foley, M. and Edwards, B.(1996). The Paradox of Civil Society. *Journal of Democracy*, 7(3): 38–52.

Frank, J.(2004). Making Social Capital Work for Public Policy. *Policy Research Initiative*, 6(3): 1–5(Available from: http://policyresearch.gc.ca).

Fukuyama, F.(2001). Social Capital, Civil Society and Development. *Third World Quarterly*, 22(1): 7–20.

Giddens, A.(1998). *The Third Way: The Renewal of Social Democracy*. Cambridge: Polity Press.

Granovetter, M. S.(1973). The Strength of Weak Ties. *American Journal of Sociology*, 78: 1360–1380.

______(1985). Economic action and social structure: the problem of embeddedness. *American Journal of Sociology*, 78: 1360–1380.

Hall, P.(1999). Social Capital in Britain. *British Journal of Political Science*, 29: 417–461.

Hardin, R.(2006). *Trust*. Oxford: Blackwell.

Halpern, D.(2005). *Social Capital*. Cambridge: Polity.

Heller, P.(2001). Moving the State: The Politics of Democratic Decentralization in Kerala, South Africa and Porta Alegre. *Politics and Society*, 29(1): 131–163.

Holliday, J., Moore, L., and Campbell, R. et al.(2005). The ASSIST Intervention: Successfully Harnessing Informal Social Networks to Reduce Adolescent Smoking. *International Sunbelt Social Network Conference XXV*. Los Angeles.

Keating, N., Swindle, J., and Foster, D.(2005). The Role of Social Capital in Aging Well. *Social Capital in Action: Thematic Policy Studies*. Policy Research Initiative.

Kelly, J. A., Murphu, D. A., and Sikkema, K. J. et al.(1997). Randomized, Controlled, Community–Level HIV–Prevention Intervention for Sexual–Risk Behaviour Among Homosexual Men in US Cities. Community HIV Prevention Research Collaborative. *Lancet*, 350(9090): 1500–1505.

Knack, S. and Keefer, P.(1997). Does Social Capital Have an Economic Payoff? A Cross–Country Investigation. *Quarterly Journal of Economics*, 112(4): 1251–1288.

Levesque, M.(2005). Social Capital and Poverty. *Social Capital in Action: Thematic*

Policy Studies. Policy Research Initiative.

Lin, N.(2001). *Social Capital: A Theory of Social Structure and Action*. Cambridge: Cambridge University Press.

Lipnack, J. and Stamp, J.(1994). *The Age of the Network*. N.Y.: John Wiley.

Lowndes, V.(2004). Getting on or Getting by? Women, Social Capital and Political Participation. *British Journal of Politics and International Relations*, 6(1): 47–66.

Lowndes, V. and Pratchett, L.(2008). Public Policy and Social Capital. In D. Castiglione, J. W. Van Deth, and G. Wolleb(eds.). *The Handbook of Social Capital*. 677–707. N.Y.: Oxford University Press.

Lowndes, V. and Sullivan, H.(2004). Like a Horse and Carriage or a Fish on a Bicycle: How Well Do Local Partnerships and Public Participation Go Together. *Local Government Studies*, 30(1): 52–74.

Nash, V.(2004). Public Policy and Social Networks: Just How 'Socially Aware' Is the Policy–making Process? In C. Phillipson, G. Allan, and D. Morgan(eds.). *Social Networks and Social Exclusion: Sociological and Policy Perspectives*. 219–235. Aldershot: Ashgate Publishing.

Newton, K.(1999). Social Capital and Democracy in Modern Europe. In J. van Deth, M. Maraffi, K. Newton, and P. Whiteley(eds.). *Social Capital and European Democracy*. 3–24. London: Routledge.

North, D. C.(1990). *Institutions, Institutional Change and Economic Performance*. Cambridge: Cambridge University Press.

OECD(2001). *The Well–being of Nations: The Role of Human and Social Capital*. Paris: OECD.

Park, J. H.(2016). Brokerage activities in regional innovation networks: the case of *Daegu Technopark in Korea*. *International Journal of Urban Sciences*, 20(2): 260–284.

PIU(2002). *Social Capital: A Discussion Paper*. London: Cabinet Office, Performance and Innovation Unit.

PRI(Policy Research Initiative)(2005). *Social Capital as a Public Policy Tool*. Project Report. September. Canada.

Putnam, R. D.(1995). Bowling Alone: America's Declining Social Capital. *Journal of Democracy*, 6: 65–78.

______(2000). *Bowling Alone: The Collapse and Revival of American Community*. New

York: Simon & Schuster.

Putnam, R. D., Leonardi, R. and Nanetti, R.(1993). *Making Democracy Work: Civic Traditions in Modern Italy*. Princeton: Princeton University Press.

Rhodes, R. and Marsh, D.(1992). Policy Networks in British Politics: A Critique of Existing Approaches. In D. Marsh and R. Rhodes(eds.). *Policy Networks in British Government*. 1−26. Oxford: Oxford University Press.

Rothstein, B.(2000). Trust, Social Dilemmas and Collective Memories. *Journal of Theoretical Politics*, 12: 477−501.

Smith, G.(2005). *Beyond the Ballot: 57 Democratic Innovations from around the World*. London: Power Inquiry.

Thompson, G., Frances, J., Levacic, R., and Mitchell, J.(eds.)(1991). *Markets, Hierarchies and Networks: The Co−ordination of Social Life*. London: Sage.

Woolcock, M.(2001). The Place of Social Capital in Understanding Social and Economic Outcomes. *Isuma: Canadian Journal of Political Research*, 2(1): 1−17.

World Bank(2002). *Social Capital for Development*. Washington D.C.: World Bank.

제 2 장

사회적 자본의 의미

제 1 절 머리말

지난 30년 사이 사회적 자본의 개념만큼 인기 있는 사회과학 용어를 찾기 어렵다. 그것은 광범위하게 다양한 사회적 및 정치적 '질환(ills)', 가령 유대성과 공동체 인식의 쇠퇴, 근린 노후화, 교육적 성취의 감소, 소소한 형태의 범죄의 증가, 그리고 부패의 확산 등을 다룰 수 있는 것으로 기대되고 있다. 이제 사회적 자본이란 용어는 거의 일상용어처럼 이용되고 있다(van Deth, 2000). 하지만, 그 개념의 배후에 있는 아이디어는 적어도 토크빌(Tocqueville, [1835] 1997), 하니판(Hanifan, 1920), 제이콥스(Jacobs, 1961), 라우리(Loury, 1977) 등으로 거슬러 올라 갈 만큼 사회적 자본은 거의 100여 년의 역사를 가지고 있다(Portes, 1998: 2).

사회적 자본의 개념은 학제적 경계를 깨뜨리고, 다른 보다 잘 알려진 인적·물적 자본들의 보완 내지 촉매(catalysts) 역할로서 주목받고 있다. 개발과정에서

'잃어버린 연결고리(the missing link)'(Grootaert, 1998; Fine, 2001), 비경제적인 형태의 자본이자 권력과 행동역량의 원천(Burt, 2000), 효과적인 개발정책 형성의 핵심요소(Gibson et al., 2005), 자본주의 경제의 산업구조에 있어서의 차이점(후쿠야마, 1996), 아프리카 경제의 빈약한 성과요인(Collier and Gunning, 1999), 사회적 논의와 경제적 논의의 밀착요소(Portes, 1998) 등으로 이해되고 있다.

그런데 사회적 자본이 정확히 무엇을 뜻하는지가 분명하지 않다. 사회적 자본 개념은 다양한 이론적 전통으로 인하여 다양한 의미, 때로는 상충적인 의미로 이해되고 있다. 사회적 자본의 현대적인 연구의 대표적인 선도자 세 사람인 부르디외(Bourdieu, 1985)는 그 배경이 고전 사회학적 논의, 콜먼(Coleman, 1988)은 합리적 선택이론(rational choice theory), 퍼트넘(Putnam, 1993, 2000)은 미국의 공동체 논의에 의거하고 있다. 이런 배경들을 결합하고자 하는 중요한 이론적 노력들이 있었지만(Nahapiet and Ghoshal, 1998; Adler and Kwon, 2000; Woolcock, 2000), 이 다양한 배경들은 경험적 연구에서 아직 각각 차별적으로 나타나고 있다(Tura and Harmaakorpi, 2005).

여기서는 사회적 자본의 의미를 검토하기 위해 사회적 자본 개념화의 핵심적인 본질이 무엇인지, 사회적 자본 개념과 '집합적 행동의 딜레마'와의 관계는 무엇인지, 사회적 자본의 원천과 구성요소들은 어떤 것들이 있는지, 그리고 호혜성의 규범과 네트워크가 어떻게 관련되어 있는지를 하나씩 검토한다.

제 2 절 사회적 자본의 형태와 정의

모든 형태의 자본(capital)은 적어도 누군가를 위한 미래 편익을 창출할 역량이 있는 일단의 자산(a set of assets)이다(Lachman, 1978). 자본에 의해 창출된 편익의 흐름은 관련 당사자 모두에게 포지티브할 수도 있고, 보다 큰 집단은 손해를 보지만 보다 작은 집단은 편익을 받을 수도 있고, 또는 보다 작은 집단은 손해를 보지만 보다 큰 집단은 편익을 받을 수도 있다. 예컨대, 보다 큰 집단은 손해를 보는데 보다 작은 집단은 이익을 보는 경우, 사회적 자본이 보다 작은 집단 내부의 담합을 촉진하기 위해 이용되어 그 내부자들에게는 높은 편익이 주어지지만, 다른 사람들에게는 부정적인 외부성이 나타나게 된다. 사회적 자본의 이와 같은 부정적인 측면은 서로서로 신뢰하는 경찰들이 다른 경찰이 자행한 과도한 폭력을 보고하지 않도록 담합하는 경우(Langbein and Jorstad, 2002), 카르텔(cartel)을 만들기 위해 서로서로 담합하는 기업 또는 국가의 사례(Hoffman and Libecap, 1995), 또는 불법적인 경제활동을 수행하기 위해 담합하는 마피아 멤버들의 경우(Gambetta, 1988) 등에서 표출될 수 있다(Ostrom and Ahn, 2007).

1 사회적 자본의 형태

자본은 복수의 형태로 존재한다. 도로, 공장, 기계, 학교 등은 물리적 자본의 형태들이다. 지식과 기술 등은 인적 자본의 형태에 속한다. 물리적 자본과 인적 자본의 형태처럼 사회적 자본의 형태 역시 다양하게 나타난다. 오스트롬과 안(Ostrom and Ahn, 2007)은 사회적 자본의 형태로서 신뢰성(trustworthiness), 네트워크(networks), 그리고 제도(institutions)를 언급한다. 그들은 사회적 자본을 "집합적 행동 문제를 해결하는 개인들의 능력을 향상시키는 개인들의 속성, 그리고 개인들의 관계성의 속성"으로서 정의한다. 포르테스(Portes, 1998: 7)는 "경제적 자본은 사람들의 은행구좌에 있고, 인적 자본은 그 사람의 머릿속에 있지만, 사회적 자본은 그 관계성의 구조 속에 있다"고 규정한다. 투라와 하마코르피(Tura and Harmaakorpi, 2005: 1114−1117)에 의하면, 사회적 자본은 집합체에서 사회적 관계성과 멤버십의 보유, 그리고 이들 관계성과 멤버십으로부터 유도되는 자원이다. 그들의 사회적 자본 정의는 다음과 같이 표현할 수 있다: a와 b 사이의 사회적 관계, $R(a, b)$는 a와 b 간의 관계인 $R(a, b)$가 없다면 a가 가질 수 없는 그런 행동기회 또는 그런 자원접근성을 가질 수 있는 경우에만, 그들 간의 관계 $R(a, b)$는 a의 사회적 자본의 부분이 된다. 다른 말로 하면, b가 그들 간의 관계 때문에 a의 특정 행동기회를 받아들인다는 것이다. 이것은 사회적 자본이 역량과 같은 자원(capability-like resource)이라는 것을 뜻한다. 물리적 자본은 우리가 가지고 있는(have) 무엇에 대한 것이 더 많지만, 사회적 자본은 우리가 할 수 있는(can do) 무엇들에 긴밀하게 연결되어 있는 것이다.

2 사회적 자본의 개념화

울콕과 나라얀(Woolcock and Narayan, 2000: 26)은 사회적 자본을 "사람들을 집합적으로 움직이게 하는 규범과 네트워크"라고 정의한다. 린(Lin, 2001: 29)은 사회적 자본을 "의도적인 행동에서 접근하거나 동원이 가능한 자원으로서 사회적 구조 속에 착근되어 있는 것"으로 정의한다. 나하피에트와 고샬(Nahapiet and Ghoshal, 1998: 243-244)은 사회적 자본을 "관계성의 네트워크 내에 착근되어 있고, 관계성의 네트워크를 통해 이용 가능한, 그리고 관계성의 네트워크로부터 유도되는 실질적 및 잠재적 자원의 총합"으로 정의한다. 그들은 사회적 자본의 구조적 · 관계적 · 인식적 측면을 분석적으로 분리한다. 사회적 자본의 구조적 측면(structural dimension)은 전체적으로 네트워크의 속성에 대한 것이다. 즉, 행위자들 간 연결성에서 개인적 속성과 관계없는 형상(impersonal configuration) — 당신이 구조적으로 누구에게 어떻게 연결되어 있는지의 모습 — 에 대한 것이다. 사회적 자본의 관계적 측면(relational dimension)은 네트워크 멤버들 간의 우정, 존중, 평판 등의 개인적 관계성(personal relationships)을 지칭한다. 사회적 자본의 인식적 측면(cognitive dimension)은 가령 공유의 표상, 가치, 의미의 해석 및 체계 등의 사회적 자산(social assets)을 말한다. 사회적 자본의 이 세 가지 측면의 공통적인 특성은 그 측면들이 모두 사회적 구조의 어떤 면을 구성하고, 그래서 그 측면들이 그 구조 내에서 개인들의 행동을 촉진하거나 제어하는 등의 영향을 미친다는 것이다.

동시에, 나하피에트와 고샬(Nahapiet and Ghoshal, 1998: 245)은 네트워크에서 사회적 자본의 두 가지 중요한 생산적인 효과를 식별한다. 첫째, 사회적 자본은 행동능률성을 제고한다. 가외성을 최소화하고, 점검과정의 필요성을 낮추어서 거래비용을 줄이는 형태 등으로 정보 분배의 효과적인 방법을 창출함에 의해서 그렇다. 둘째, 사회적 자본은 적응적 능률성(adaptive efficiency)의 기회를 창출한다. 따라서 후기 산업사회에서 절실한 복합적 연계와 창조적 긴장 형성과정에서 필수적인 창조적 상호작용과 집합적인 학습과정을 촉진한다. 쉬엔스토크와 하마라이넨(Schienstock and Hämäläinen, 2001: 144)은 사회적 자본의 네 가지 주요한 경제적 영향을 강조한다. 첫째, 사회적 자본은 전문화와 노동 분업에 있어서 일반적인 불확실성을 감소시킴으로써 네트워크 생산성에 영향을 미친다. 둘째, 사회적 자본은 네트워크에서 거래비용을 줄인다. 셋째, 사회적 자본은 네트워크의 조정비용에 영향을 미친다. 넷째, 사회적 자본은 행위자에 의해 성취 가능한 지식의 양과 다양성을 규정함으로써 혁신과정에 영향을 미친다. 그들은 사회적 자본이 내적 역동성에 영향을 미칠 뿐만 아니라 혁신과정 자체에 영향을 미칠 수 있음을 강조한다.

사회적 자본의 개념화에 있어서 핵심 메시지

- 사회적 자본은 개인, 집단, 또는 조직에 자원과 지원에 대한 접근성을 제공할 수 있는 사회적 관계의 네트워크를 말한다.
- 사회적 네트워크에 대한 초점은 분석가들이 사회적 자본을 그 자체로 목적으로 본다기보다는 오히려 광범위한 정책목적을 달성하는 수단으로 간주한다는 것이다; 사회적 네트워크에 대한 초점은 사회적 자본이 '무엇(what)'인지와 '사회적 자본이 무엇을 하는지(what it does)'를 개념적으로, 그리고 분석적으로 분리하는 것을 가능하게 한다.
- 다양한 형태의 사회적 자본의 가치는 맥락(context) 의존적이다. 사회적 자본을 극대화하는 것은 그 자체로 언제나 편익적인 것은 아닐지 모른다.
- 사회적 자본은 진공 속에서 기능하는 것이 아니다; 사회적 자본은 어떤 특정 도전 또는 이슈에 관련성을 가지는 다른 자원의 역할에 의해 영향 받고, 다른 자원의 역할을 보완하고, 또는 강화한다(PRI, 2005: 12).

제 3 절 집합적 행동의 딜레마

집합적 행동(collective action)이란 집단 내의 구성원들이 각자의 이익보다는 전체 집단의 편익을 위해서 행위하는 일체의 활동을 지칭한다. 집단의 규모와 상관없이 집단의 형성과 유지, 그리고 발전을 위해서 집합적 행동이 요청되지만, 소규모 집단이 대규모 집단에 비해 상대적으로 집합적 행동이 용이한 것으로 알려져 있다.

1 파당의 해악

소규모 집단에서는 대면접촉이 원활하고 상대의 행동에 대한 인지가 상대적으로 용이하므로, 다른 조건이 동일할 때 소규모 집단이 대규모 집단에 비해, 집합적 행동의 인센티브가 더 커지게 된다. 이런 맥락에서, 올슨(Olson, 1965)은 소규모 집단에 의한 대규모 집단에 대한 착취(exploitation of the great by the small)가 가능해질 것으로 추론한다.[1)]

1) 울프(C. Wolf, Jr.)는 이런 경우(잘 조직된 소수가 다수를 이용)를 미시적 분리(microdecoupling) 현상으로 규정한다. 이에 반해, 다수가 소수를 이용하는 것은 거시적 분리(macrodecoupling) 현상에 해당한다. 무임승차 문제는 이런 분리의 특수한 경우에 해당한다. 편익에 대한 대가지불과는 별개로 편익이 모든 사람 또는 어떤 특정 집단에 널리 퍼져 있는 경우에 무임승차 행위가 발생할 수 있기 때문이다. 편익을 누리는 집단과 비용을 부담하는 집단이 서로 다른 경우에는 편익의 잠재적 수혜자 집단이 정치적 조직화와 로비활동 등에 의해 수요를 창출하게 될 것이다. 그러나 이렇게 창출된 수요는 정치적으로는 효과적일지 모르지만 경제적으로는 비효율적일 수 있다. 그 예로는 특정 이익집단이나 부문에 대한 관세, 자발적 또는 강제적인 수입할당, 또는 돈을 빌려주는 나라가 수출을 촉진하기 위해 여러 나라에 제공하는 조건부 차관(concessional loan) 등을 들 수 있다. 기존의 또는 예상되는 정부사업으로부터 얻을 수 있는 편익은 특정 집단에 집중되어 있으나, 그 비용이 납세자나 소비자로서의 일반 대중에게 널리 퍼져 있을 때 '미시적 분리'가 발생한다. 여기서 수혜자들은 피해자들에 비해 더 강렬한 유인을 가지며, 피해자가 반대하는 사업을 발상하고 유지하며 확장시키기 위하여 정치적으로 훨씬 더 효과적인 노력을 하게 된다. 그 결과는 곧 비효율적(총비용이 총편익을 상회하는 경우)이거나 불공평한 또는 두 가지 모두인 정부사업이나 규제가 된다. 반면에, 다수가 소수를 이용하는 것

미국의 건국 시조 중 한 사람인 제임스 매디슨(James Madison) 역시 개별이익 또는 정치적 신념을 중심으로 조직된 단체들을 '파당의 해악(mischiefs of faction)'이라고 부르며 경계했다. 그 존재는 자유의 이름으로 용인되어야 하지만 그 영향은 통제되어야 한다고 보았다. 소위 대표자들이 '파당'에 기울어 소수의 마음에 드는 프로젝트를 위해 전체의 이익을 희생시킬 수 있다는 것이다. 미국의 KKK단 사례, 전문 로비스트들의 로비활동 등은 잘 조직된 소수가 최대의 효용 내지 이익을 챙기는 전형적인 예들이다. 특히, 나날이 전문화되고 있는 로비스트들은 서로 대립되는 탄원을 지속적으로 제기함으로써 비효율적인 정부 프로그램을 없애거나 개선시키려는 노력을 질식시킬 수 있다(퍼트넘, 2009: 558-563).

집단 구성원 모두의 협력이 집단 전체적으로 이익이 된다 하더라도 개별 구성원의 입장에서는 남들이 협력할 때 자신은 협력하지 않는 선택을 하는 것이 유리한 상황이면, 개인은 굳이 집합적 행동에 참여하지 않고 무임승차하는 것이 경제적 합리인의 가정에서는 합리적인 선택이 된다. 문제는 집단이란 개별 구성원들의 집합체인데 개별 구성원 각자가 모두 자신의 입장에서 '합리적' 선택을 하면, 궁극적으로는 모두에게 손해가 되는 결과가 초래될 수 있다는 것이다. 이것이 올슨(Olson, 1965) 등이 강조한 '집합적 행동의 딜레마(Dilemma of Collective Action)'이다.

사회적 자본 개념은 집합적 행동의 다양한 측면의 퍼즐을 풀어가는 데 도움이 되고, 집합적 행동 이론은 사회적 자본 연구에 대한 분석적 토대를 제공한다. 동일 맥락에서, 오스트롬과 안(Ostrom and Ahn, 2007)은 집합적 행동의 문제점을 해결하는 개인들의 능력을 향상시키는 개인들의 속성, 그리고 개인들의 관계성의 속성으로서 사회적 자본을 정의한다. 즉, 사회적 자본 개념이 집합적 행동의 다양한 측면의 퍼즐을 풀어가는 데 도움이 될 수 있음을 강조하고 있다. 그런데 '집합적 행동의 딜레마'는 개인의 합리적인 선택이 집합적으로는 비합리적 결말에 이르게 된다는 역설을 함축하고 있으므로, 사람들의 행동윤리에 대해 새롭

은 '거시적 분리'에 해당한다. 만약 과세 전 소득을 재분배하려는 다수 저소득층의 유혹이 소수 고소득층의 투자유인과 혁신유인을 약화시키게 된다면, 거시적 분리로 인해 투자, 혁신, 성장의 주요 동기를 잠식하게 되는 경우에 해당한다. 정치적 영향력은 투표하는 다수에 의존하고 있지만 세원(tax base)은 소수에 달려 있기 때문이다(울프, 1991: 42-45).

게 생각하는 계기를 제공하고, 따라서 사회적 자본 연구에 대한 새로운 분석적 토대를 제시하고 있다.

2 집합적 행동 딜레마의 원인

집합적 행동 이론은 개인들의 집단이 있고 그들 간의 공통이익이 있으며, 그리고 그 공통이익과 개인의 개별이익 간에 잠재적인 갈등이 존재하는 상황을 전제하고 있다. 여기서 다른 사람이 어떤 선택을 하든, 한 개인은 다른 사람들과 협력하지 않는 선택을 통해서 단기적으로는 더 나은 결과를 얻을 수 있으므로, 집합적 행동의 딜레마가 존재하고 있고 합리적 경제인의 가정 하에서 그 문제해결은 용이하지 않다. 이와 같은 상황은 '죄수의 딜레마 게임'에서 가장 단적으로 드러난다(Ostrom and Ahn, 2007).

'집합적 행동의 딜레마'가 발생하는 원인에 대해서는 크게 세 가지의 관점이 논의되고 있다(이혁우 외, 2014: 267－268).

첫째, 이익에 기초한 상호주의적 관점이다. 집합적 행동을 통한 편익이 자동적으로 집단 내의 다른 사람에게도 부여되는 시스템 하에서는 특별한 인센티브가 없으면 집합적 행동을 기대하기 어렵다. 이 논리 하에서는 집단에 처벌이나 보상 등 선택적 인센티브(selective incentive) 장치설계를 통해 집합적 행동의 문제를 상당부분 해소할 수 있다. 예컨대, 고용조건에서 노동조합원임을 요건으로 하는 클로즈드 숍(closed shop) 하에서는 조합을 탈퇴하거나 제명되면 해고되어야 하므로, 노동조합 활동에서 무임승차하기가 어렵게 된다.

둘째, 인센티브 구조에 대한 재산권 관점이다. 재산권 설정이 미비하거나 불명확하면 개인은 주인 없는 재산을 최대한 착취하는 것이 이익이 된다. 하딘(Hardin, 1968)의 '공유재의 비극(the tragedy of the commons)' 논의의 경우이다. 여기서는 사유화를 통해서 재산권 설정을 명확하게 함으로써 필요한 집합적 행동의 상당부분이 가능하게 된다.

셋째, 인지적 측면에 대한 사회 심리적 관점이다. 소집단의 경우 대면적 접촉의 용이성 등으로 인해 집단 구성원들 간 상호활동 내역에 대한 정보축적이 상대적으로 대집단에 비해 용이하다. 결과적으로, 소집단의 경우 집합적 행동의 인센티브가 상대적으로 커지게 되고, 집합적 행동이 용이하게 된다. 이는 역설적으로 소집단이 대집단을 착취하게 되는 상황을 낳게 되는 논리가 될 수 있다(Olson, 1965).

원자화된, 이기적인, 그리고 완전히 합리적인 개인들의 이미지 전제 하에 보편적인 이기성을 가정하는 하딘(Hardin, 1968)이나 올슨(Olson, 1965) 등의 제1세대 집합적 행동 이론에서는 중앙정부의 규제나 사유화 방식에 의해 '공유재의 비극' 극복 및 집합적 행동 문제 해결에 다가갈 수 있다고 보았다. 그런데 제1세대 집합적 행동 이론이 전적으로 잘못된 것은 아니지만 집합적 행동 상황들이 구조화되는 방식과 사람들의 개별적인 대처방식에 대해 제한적인 경우만 상정하고 있다는 제2세대 집합적 행동 이론들의 비판이 상당부분 설득력이 있다. 개인들은 이기적인 효용함수뿐만 아니라 프레이(Frey, 1994, 1997) 등이 지적하듯 비이기적인 효용함수를 동시에 가지고 있기 때문이다. 많은 행태 이론과 진화적 게임 이론에서 보편적 이기성을 가정하는 제1세대 집합적 행동 이론을 비판하는 다양한 경험적 검증결과를 제시하고 있다. 현실에서 많은 집합적 행동 문제점은 이미 존재하고 있던 네트워크, 조직, 또는 개인들 간에 여타 진행 중인 관계성에 착근되어 있으므로, 이 부분들이 집합적 행동 문제 해결과정에서 함께 고려될 필요가 있다.

(최후통첩게임[2]에서) 제안자는 금액을 반반씩 공평하게 나누는 경향을 보였고,

2) 독일 훔볼트대의 베르너 귀스(W. Güth) 교수 외(Güth et al., 1982: 367−388)는 인간이 얼마나 경제적 합리성에 따라 행동하는지를 알아보기 위해 '최후통첩게임(Ultimatum Game)'을 고안했다. 만약에 인간이 진정 호모 이코노미쿠스적으로 행동한다면 경제적으로 손해 보는 일을 절대 하지 않을 것이기 때문이다. 최후통첩게임 방식은 간단하다. 서로 사전적으로 모르고 앞으로도 만날 기약이 없는 (즉, 한 번뿐인 기회의) 제안자와 응답자, 두 사람 앞에 1만 원권 지폐 10장이 놓여 있다. 여기서, 제안자가 이 10만 원을 어떻게 나눌지 '최후통첩' 방식으로 응답자에게 제안하는데, 응답자는 제안자의 제안을 받아들일 수도 있고 거부할 수도 있는데 기회는 한 번뿐이고 부분수용은 가능하지 않다. 응답자가 만약 제안을 거부하면 응답자와 제안자는 한 푼도 받지 못한다. 자, 이 경우 제안자가 욕심을 부려서 8만 원을 자신이 갖고 응답자에게는 2만 원만 준다고 했을 때 그 결과가 어떻게 될지가 쟁점이다. 만일 응답자가 진정으로 경제적으로 합리적이라면 한 푼도 못 받는 경우보다는 2만 원이라도 받는 것이 유리하므로 제안자의 제안을

응답자는 제안자의 제안을 거부할 경우 아무것도 얻지 못함에도 불구하고 제안자가 20% 이하의 금액을 제시하는 경우 거부했다. 합의가 무산되고 분쟁이 생기는 것이다. 그 원인은 무엇일까. 가장 큰 원인은 응답자다. 응답자는 공정치 못한 배분에 대해서는 자신에게 주어진 몫을 포기하면서까지 그 공정치 못한 배분에 대해서 거부하려는 성향을 보였다. 즉, 매우 부당한 상황에 분노한 나머지 차라리 손해입는 쪽을 택한 것이다. …… 최후통첩게임의 결과는 인간의 결정에 영향을 미치는 기준이 영리 외에 다른 기준도 있다는 것을 시사한다. 이를 테면 공정성이다. 공정하지 못한 배분에 대해서 자신이 손해를 입으면서까지 상대를 징계하려는 인간의 속성을 볼 수 있다. 또 하나 주목할 사실은 제안자의 태도이다. 제안자는 더 많이 가질 수 있음에도 불구하고 반을 나눈 사람이 많았다(KBS 사회적 자본 제작팀, 2011: 256－257).

제 4 절 사회적 자본의 원천, 유형, 영향

콜먼(Coleman, 1988: 101)의 기능적 정의를 따를 때, 사회적 자본은 그 기능에 의해서 사회적 구조의 특정 측면을 나타내는 것이다(Sandefur and Laumann, 2000: 70－71). 이것은 우리가 어떤 행위자의 주어진 사회적 관계를 그의 사회적 자본의 부분으로서 검토할 수 있다는 것을 뜻한다. 어떤 행위자의 사회적 관계는 그것이 그의 행동역량을 증진하고 관련 자원에 대한 접근성을 증진하는 기능을 수행할 때 그의 사회적 자본이 된다(Tura and Harmaakorpi, 2005). 따라서 특정 사회적 관계가 그 관련 행동역량에 어떻게 연결되는가를 밝혀주는 사회적 메커니즘 분석이 필요하게 된다. 이에 대해 루스카넨(Ruuskanen, 2001)은 사회적 자

받아들일 것이다. 그런데 막상 여러 제안자와 응답자를 이용해서 반복 실험을 해 보니, 3만 원을 제안을 해도 응답자가 불공평하다고 생각하고 그 제안을 거부하는 경우가 나타난 것이다. 그리고 실제 제안자 역시 과도한 욕심을 부리지 않고 40~50% 금액을 상대편에게 건네는 등 비교적 공평하게 나누는 것으로 나타났다. 이 결과는 사람들이 의사결정 과정에서 자신의 경제적 이익만 극대화하는 것이 아니라 대개 다른 사람들의 이익이나 공정성도 중요하게 고려하고 있다는 것을 나타낸다. 공정성이 침해되었다고 느끼거나 편파적인 결정이라고 판단되면, 자신의 경제적 손해를 감수하면서까지 상대편의 결정에 동조하지 않을 수 있다는 것을 보여준다. 또 제안자의 경우는 응답자의 반응을 미리 감안해서 비교적 공평한 분배를 제시했을 수 있다.

본의 원천, 메커니즘, 그리고 결과에 대해서 다음과 같이 분석하고 있다. 우선, 그는 사회적 자본의 세 가지 기본적인 원천으로서 사회적 규범 및 통제(social norms and control), 공통의 정체성(common identity), 계몽된 합리성(enlightened rationality) — 이기적인 행동의 단기편익보다는 협력의 장기편익을 선호하는 것 — 을 들고 있다. 그리고 그는 사회적 자본의 결과로서 거래비용의 감소와 사회적 지원획득을 강조하고, 사회적 자본의 분석 메커니즘으로 신뢰 메커니즘과 소통 메커니즘을 지적한다(Ruuskanen, 2001: 45-47).

1 사회적 자본의 원천

사회적 자본의 인과적 토대를 형성하는 사회적 메커니즘은 그 사회적 자본의 원천, 작동 메커니즘, 결과를 함께 분석함으로써 실제적으로 밝혀나갈 수 있다(Tura and Harmaakorpi, 2005). 예컨대, 로컬 클럽에 대한 나의 귀속이 어떻게 나에게 특정한 행동기회를 부여하는가? 이것을 밝히기 위해서는, 우리는 우선 그 집단이 어떻게 강한 일체성을 가지는지를 분석해야 한다. 이런 공통의 정체성 때문에 그 집단의 다른 구성원들이 나를 신뢰하는 것이다. 게다가, 다른 구성원들은 예컨대, 나와 같은 신뢰받는 사람과 비즈니스를 하는 것이 그들의 거래비용과 불확실성 수준을 줄일 수 있다라고 생각한다. 따라서 그 집단에서의 나의 멤버십은 다른 멤버들과의 나의 비즈니스 협력기회를 증진시킨다. 그리고 여기서 관련 당사자 내지 행위자는 개인뿐만 아니라 집합체가 될 수 있다. 물론 사회적 자본은 집합체 수준에서 생성되고 집합체 수준을 통해 활용될 수 있다.

사회적 자본은 관련 당사자 내지 행위자에 대해 개인 또는 집단 어디에 초점을 두더라도 궁극적으로 집합적인 현상인 것은 분명하다. 개별적이든 집합적이든 사회적 자본은 행위자의 인과적 행동역량에 대한 것이지만, 그 원천은 분명 시민사회의 특징에 자리 잡을 수 있다. 예컨대, 사회의 전반적인 신뢰는 그 사회에서 공공부패의 수준을 낮추고 일반적 안전의 수준을 제고하는 경향이 있다. 그래서 어떤 행위자가 도움을 요청하거나 밤에 안전하게 귀가하는 것이 용이한 경향이 있다. 따라서 특정 집단에 귀속하는 것은 만일 이 귀속이 행위자의 행동역량으로 이전되거나 중개되는 것을 통한 어떤 인과적 메커니즘이 존재한다면, 그 집단에의 귀속은 어떤 행위자의 사회적 자본의 원천이 될 수 있는 것이다(Tura and Harmaakorpi, 2005).

또한 자원토대 관점에서, 사회적 자본은 그 맥락(context)과 독립적이지 않다. 특정 사회적 자본은 단지 특정한 행동영역(fields)에서만 유효하게 작동하고 인과적으로 관련이 있다. 예컨대, 학계에서 저명한 학자의 사회적 자본은 대학과는 거리가 먼 다른 비즈니스 상황에서는 거의 가치가 없을 수 있다. 이런 맥락 의존성은 사회적 자본의 영역 특정성(field-specificity)이라 불린다(Tura and Harmaakorpi, 2005: 1117). 학자의 높은 사회적 자본 수준이 다른 비즈니스 상황에서 필요한 그의 행동역량으로 전이되는지(transferred), 그리고 그가 필요한 자원을 동원하는 기회를 증진하는지를 함께 분석할 필요가 있는 것이다.

2 사회적 자본의 유형

최근 지역혁신과 사회적 자본과의 관계에 대한 연구에서, 대단히 흥미로운 경험적 연구결과들이 발표되었다. 보다 정확하게 말해서, 정반대의 결론 내지 주장이 나타났다. 하나는 플로리다 외(Florida et al., 2002)와 프롬홀드-아이제비스(Fromhold-Eisebith, 2002)가 수행한 연구결과인데, 사회적 자본 수준이 높은 지역들의 지역혁신성이 떨어진다는 것이다. 이에 반해, 란드리 외(Landry et al., 2002)에 의해 수행된 연구결과는 사회적 자본이 사실 지역기업들의 혁신활동에 긍정적인 효과를 가지고 있다는 것이다. 사회적 자본의 원천은 다양한 종류의 사회적 관계로부터 발생할 수 있다. 예컨대, 강한 연계에서 나타날 수도 있고, 약한 연계에서 나타날 수도 있다. 동일 맥락에서, 퍼트넘(Putnam, 2009)은 연계의 정도나 종류에 따라서 인연적 사회적 자본(bonding social capital)과 교량적 사회적 자본(bridging social capital)을 구분한다.

배타적이고 유사한 성격의 집단들에서 표출되는 인연적 사회적 자본은 사회적 관계에서 일종의 접착제 역할을 수행한다. 하지만, 인연적 사회적 자본은 네트워크 폐쇄와 집합적 눈가림(the closure of network and collective blindness) 현상을 초래할 수 있고, 더 나아가서 사회의 파편화(분절화)의 위험성뿐만 아니라 무임승차나 도덕적 해이의 문제점까지 초래할 수 있다. 이와 같은 네트워크의 경우에 플로리다 외(Florida et al., 2002)와 프롬홀드-아이제비스(Fromhold-Eisebith, 2002)는 지역혁신 역량이 취약하다고 보는 것이다. 사실 폐쇄는 어떤 네트워크가 그 환경으로부터 그 자신을 분리하는 방식이다. 폐쇄 네트워크의 멤버들은 그 네트워크 내에서 밀접한, 상호작용적 관계를 가진다. 하지만, 그 네트워크 외부의 행위자들과는 일부 느슨한 관계만 가지고 있다. 집합적 눈가림은 어떤 네트워크가 집합적으로 그 초점을 잘못 설정하는 방식을 말한다. 그것은 목표설정 자체에서 발생하거나 목표를 달성하는 적절한 수단에 대한 오류일 수 있다. 이와 같은 문제점은 사회적 자본의 유지와 활용과정에서 발생할 수 있는 것이다(Tura and Harmaakorpi, 2005). 이에 반해, 약한 연계(weak ties)를 특징으로 하는 교량적 사회적 자본은 포용적인 성격상 포괄적인 호혜성을 토대로 '삶에서 앞서 나가는 수단(getting ahead)'으로 작용하는 것으로 알려져 있다. 이와 같은 경우 란드리 외(Landry et al., 2002)의 주장처럼 사회적 자본이 지역기업들의 혁신활동에 긍정적인 효과를 가지게 되는 것이다.

3 사회적 자본의 영향

사회적 자본의 구성요소들이 우리가 흔히 관심을 갖고 있는 사회경제적 측면의 핵심변수들(경제성장, 사회 안정, 기업조직의 발전 등)에 어떠한 영향을 주는가에 대해 삼성경제연구소 주도의 글로벌 차원의 흥미로운 분석결과가 있다(이동원·정갑영 외, 2009: 61-86). 특히, 그 분석결과는 사회적 자본의 대표 요소로 신뢰를 특정하여 신뢰와 1인당 국민소득, 신뢰와 인적 자본, 신뢰와 범죄율, 신뢰와 영아사망률, 신뢰와 기업조직 간의 관계를 다루고 있다.

벌써 10여 년 전 세계은행(World Bank, 2006)이 각국의 부(wealth)를 추계한 결과 사회적 자본 등 눈에 보이지 않는 무형자본이 전 세계 부의 절반 이상을 차지했다. 소득수준이 높은 국가일수록 이런 경향이 두드러지는데, 경제협력개발기구(OECD) 국가의 경우 부의 80%가 무형자본으로 나타났다. 신뢰와 경제성장 간의 관계를 입증하는 연구결과들이 적지 않은데, 특히 낵과 키퍼(Knack and Keefer, 1997)는 29개 나라들의 세계가치관조사(World Values Survey)를 바탕으로 신뢰와 규범이 경제성장과 투자에 긍정적인 영향을 미친다는 것을 보여주었다. 83개국을 대상으로 하는 삼성경제연구소의 조사결과 역시 신뢰수준과 국민소득 간에 통계적으로 유의한 정(正)의 상관관계(r=0.44)가 나타났다. 신뢰수준이 높은 사회일수록 안전한 거래환경 조성, 거래 모니터링 비용의 감소, 거래 정보의 비대칭성 해소 등의 장점이 지적되고 있다.

지역사회 차원의 사회적 자본이 해당 지역 거주 청소년들의 학력수준에 영향을 미친다는 것이 콜먼(Coleman, 1988)의 유명한 기능적 공동체의 완결형 사회연결망(closure of social network) 논의에서 이미 밝혀져 있다. 삼성경제연구소의 80개국 조사결과 역시 신뢰와 중등교육등록률 간의 관계는 통계적으로 유의한 정의 상관관계(r=0.40)로 나타났다. 레더먼 외(Lederman et al., 2002)의 연구결과는 지역사회 신뢰수준이 범죄율을 낮추는 효과가 있음을 밝히고 있다. 그들은 지역사회 구성원들의 높은 신뢰수준은 개인 및 집단 간 갈등의 평화적 해결에 기여하고, 법질서 위반 등의 무임승차 행위를 제어하고, 범죄행위를 야기하는 개인적 아노미(anomie), 즉 개인의 정신적 공황상태를 억제할 수 있다고 보았다.

퍼트넘 외(Putnam et al., 2000)와 라 포르타 외(La Porta et al., 1999) 등은 사회적 자본이 교육, 보건 등 공공 서비스의 수준, 정부 재정의 효율성, 정부규제의 품질 등 정부성과 제고에 효과가 있음을 강조한다. 사회 구성원 각자가 혈연, 지연, 학연 등 폐쇄적인 신뢰의 원을 넘어서는 열린 신뢰성을 가진 열린 사회에서는 공공재 공급과정에서 무임승차 행태를 극복하고 적정한 사회적 합의와 비용분담 도출에서 보다 유리할 것임을 강조한다. 삼성경제연구소가 84개국을 대상으로 보건 서비스를 나타내는 영아사망률과 신뢰 간의 관계를 분석한 결과 통계적으로 유의한 부(負)의 상관관계(r=−0.33)가 나타났다.

사회적 자본 수준이 기업조직의 규모와 발전전략에 영향을 미칠 것이라는 연구결과 또한 적지 않다. 그 중 이미 20여 년 전에 후쿠야마(Fukuyama, 1996)는 혈연, 지연, 학연 등의 폐쇄적인 신뢰의 원의 영향이 큰 나라들(한국, 중국 등)에서는 당연히 대규모 기업조직보다 소규모 기업조직 형태가 발전하게 될 것이라고 보았다. 그런데 그의 예측과 달리 한국은 상대적으로 저신뢰 사회 군에 속하지만 대기업, 재벌 중심의 산업구조를 형성했다. 이에 대해 그는 한국 정부의 주도적 역할을 강조했지만, 삼성경제연구소의 연구결과는 발전연대(1961~1987) 시절 한국 대기업 집단의 자체적인 노력 — 대기업 단위로 한 가족이라는 식의 사회적 자본을 증진시키는 분절적 전략(segmented strategy) — 역시 중요 요소임을 지적한다. 물론 1997년 외환위기를 겪으면서 대기업의 인력구조조정이 본격화되면서 발전연대식 분절적 전략은 더 이상 유효하지 않게 된다.

제 5 절 호혜성의 규범과 네트워크

네트워크와 관련된 호혜성 규범은 일반적으로 네트워크 내부 실체들에게는 좋은 것이다. 그러나 사회적 자본의 외부효과는 언제나 긍정적인 것은 아니다. 사회적 자본은 '님비(NIMBY) 신드롬'[3]에서도 나타난다. 호혜성은 크게 특정적 호혜성(specific reciprocity)과 포괄적 호혜성(generalized reciprocity)으로 구분할 수 있다. 특정적 호혜성은 의무(책임)가 너와 나 사이에 발생하는 것이고, 포괄적 호혜성은 의무(책임)가 나와 모든 다른 사람과의 사이에 발생하는 것이다(퍼트넘, 2009: 217-223). 특정적 호혜성의 경우는 너가 나에게 — 아무나가 아닌 — 의무를 되갚길 기대한다. 하지만, 포괄적 호혜성의 경우에는 나는 내가 할 수 있을 때 사람들을 도와주고, 또 내가 도움이 필요할 때 누군가가 나를 위해 동일한

3) 님비(NIMBY) 신드롬은 'Not In My Backyard' 증후군을 지칭하는 용어이다. 폐기물 매립지나 정신병원, AIDS 치료병원, 보호감호소, 고압변전소 등 대개 도시생활에 필수불가결한 시설이지만, 그 시설들이 내가 살고 있는 동네에 들어오는 것은 반대하는 행태 내지 현상을 지적한 것이다. 도시적 삶에 필수불가결한 시설임은 인정하지만, 하필 그 시설들이 내가 살고 있는 동네에 입주해서 보건문제, 안전문제, 부동산 가격 하락, 부정적 지역 이미지를 형성하느냐고 하며 반대하는 행태 내지 현상이다. 적정보상(fair share compensation)이라는 큰 틀 하에서 대처하는 것이 일반적 추세이지만, 적정보상의 기준과 범위, 그리고 정도를 놓고 갈등이 진행되는 경우가 빈번하다.

것을 해줄 것을 기대하는 것이다. 문제는 사회적 자본의 부정적 외부성이 있는 교환에서 특정적 호혜성이 작동하는 것이다. 투표가 돈과 교환된다든지, 뇌물과 정부계약이 교환되는 것이다(Warren, 2008: 139－140). 그리고 그 관계는 사회적 자본의 분포 불균등성 하에서 더 강화될 것으로 보인다.

1 호혜성의 규범

흔히 언급되는 사회적 자본의 원천은 호혜성의 규범이다. 호혜성은 사회적 교환의 패턴이자 개인적인 도덕규범이다. 따라서 호혜성의 규범을 준수하는 개인이 믿을 만하고, 다른 사람들의 믿을 만함에 대한 정보는 협력여부에 대한 호혜적 개인의 의사결정에 핵심적인 요소이다. 호혜성의 규범을 지키는 개인들은 그들이 다른 사람들에 대해 무언가를 요청할 때 어떤 의무(책임)를 지는 것이다. 호혜성이 사회적 상호작용의 패턴으로서 지배적이기 위해서는, 믿을 만한 개인들은 무임승차의 유혹을 극복할 필요뿐만 아니라 그들의 행위를 성공적으로 조정할 필요가 있다(Ostrom and Ahn, 2007: 15－16; Warren, 2008: 139－140). 데이비드 흄(David Hume)은 오래전 이미 호혜성의 중요성에 대하여 다음과 같이 언급하고 있다.

> 당신의 옥수수는 오늘 익었고 내 옥수수는 내일 익을 것이다. 오늘은 내가 당신을 위해 일하고, 내일은 당신이 나를 도와주면 모두에게 이익이 될 것이다. 나는 당신에 대해 호감이 없으며, 당신도 내게 호감이 거의 없다는 것을 알고 있다. 따라서 나는 당신의 수지타산을 위해 털끝만큼이라도 수고하지 않을 것이고, 당신의 보답을 기대하며 내 이익을 위해 당신과 함께 일하더라도 나는 내일 당신에게 실망할 것이고, 실없이 당신의 친절을 기대하는 헛수고를 했음을 알게 될 것이다. 그렇게 되면 나는 당신이 혼자 추수하도록 내버려 둘 것이고 당신도 나와 똑같은 방식으로 행동할 것이다. 계절이 바뀌고 우리 둘은 상호신뢰와 믿음의 부족으로 인해 수확의 상당부분을 잃어버리게 될 것이다(퍼트넘, 2009: 217 재인용).

포괄적 호혜성의 규범은 좋은 사회의 지극히 기본적인 요소이다. 따라서 오래전부터 동·서양의 성인들과 철학자들의 기본적인 가르침은 상대편의 입장에서 생각해 보라는 '역지사지(易地思之)'의 원리와 '내가 원치 않는 것을 남에게 하지 마라(己所不欲 勿施於人)'는 원리들이 내재되어 있었다. 철학자 마이클 테일러(Michael Taylor)는 『공동체, 무정부, 자유(*Community, Anarchy, Liberty*)』라는 저서에서 다음과 같이 언급하고 있다.

> 호혜성의 체계 내에서 각 개인의 행동은 단기적 이타주의와 장기적 자기 이익이라고 부를 만한 것들이 결합되어 있는 특징을 보인다. 나는 언제가 당신이 나에게 도움이 될 것이라는 (막연하고 불확실하며 계산적이지 않은) 기대감에서 지금 당신을 돕는다. 호혜성은 단기적으로는 이타적인 (박애주의자의 노고를 통해 타인을 이롭게 하는) 일련의 행동들로 구성되어 있지만, 이 행동들이 모두 합쳐지면 모든 참여자를 더 좋아지게 만든다(퍼트넘, 2009: 218 재인용).

바람에 쓸려 이웃집 마당으로 날아가기 전에 내 집 앞 나뭇잎 긁어두기, 주차미터기에 넣을 잔돈을 낯선 사람에게 빌려주기, 옆집에 도둑이 들지 않나 지켜봐주기, 주말 보충수업 간식거리 교대로 싸가기, 아래층 알코올 중독자의 어린이 돌보기 등 포괄적 호혜성의 규범을 지키는 공동체 구성원들은 테일러(Michael Taylor)의 언급처럼 단기적 또는 장기적으로 동네 모든 이들의 삶의 질을 높인다. 이는 바로 19세기 초 토크빌(A. de Tocqueville)이 미국인들이 어떻게 이웃을 배려하는지에 대해 진단했던 '올바르게 이해된 자기 이익(self–interest rightly understood)'에 기초하고 있는 것이다(퍼트넘, 2009: 218–219).

2 집합적 행동 문제

집합적 행동 문제는 개인들의 집단이 있고, 그들 간에 공통이익이 있고, 그리고 그 공통이익과 개별의 개인이익 간에 잠재적인 갈등이 있는 상황을 상정한다.

집합적 행동의 문제는 개인들의 단기적·자기위주의 선택들과, 집단 내 충분한 숫자의 개인들의 동조를 전제로 한 모두에게 도움이 되는 선택 간에서 직면하는 대안적인 행동경로상에서는 언제든지 발생할 수 있다(Ostrom and Ahn, 2007: 5-7). '죄수의 딜레마 게임' 등에서 전형적으로 표출되는 집합적 행동 딜레마는, 올슨(Olson, 1965)과 하딘(Hardin, 1968) 등의 경우 외부당국에 의한 규제, 선택적 인센티브의 제공, 또는 사유화 등을 통해 해결될 수 있다고 보고 있다. 소위 제2세대 집합적 행동 이론을 강조하는 오스트롬과 안(Ostrom and Ahn, 2007: 5-8)의 경우 신뢰와 믿을 만함, 네트워크, 제도 등의 사회적 자본 형태에 주목하고 있다. 사회적 자본의 다양한 형태들이 행위자들 간에 신뢰를 높임으로써 거의 언제나 성공적인 집합적 행동에 기여한다는 것이다. 즉, 개인들이 믿을 만할 때, 서로서로 네트워크되어 있을 때, 그리고 정직한 행태에 대해서는 보상이 되는 제도 내에 있을 때 신뢰가 높여지는 것이다. 따라서 애로우(Arrow, 1972: 357)는 "사실상 모든 상업적 거래는 그 자체 내에 신뢰의 요소를 가지고 있다"라고 주장하며 경제적 성취와 상호신뢰의 연계성을 강조한다.

사회생물학에 따르면, 인간의 행동은 유전자가 보내는 신호에 따라 반응하는 것이다. 그런데 이 책에서 논의하는 모든 내용은 기본적으로 '유전적'인 것을 다루는 것이 아니고, 가능한 대안들 중의 선택을 지칭하는 '전략적'인 것을 다루는 것이다. 그럼에도 불구하고, 진화적인 관점에서 흔히 집합적 행동 문제에 접근하는 것은 효과적인 전략들은 계속 선택되고 발전해 나가고, 반면에 효과가 없는 전략들은 대개 버려지고 도태될 것이기 때문이다(액설로드, 2009: 14). 예컨대, 전장에서 집단의 효과적인 협력적 상호작용을 구현해 내지 못하는 장수는 전쟁을 이길 수도 없고 오래 버틸 수도 없다. 1986년 봄 BBC 방송의 <호라이즌(*Horizon*)> 프로그램에서 『이기적인 유전자(*The Selfish Gene*)』(1976)의 저자 리처드 도킨스(Richard Dawkins)는 <맘씨 좋은 녀석들이 이긴다(*Nice Guys Finish First*)>는 멋진 제목의 다큐멘터리의 해설자로 출연해서 협력과 미스터 나이스 가이의 중요성을 설파했다. 그런데 현실 속의 사람들은 가능한 한 자기 이익부터 챙기는 이기주의자들인데, 왜 이기적인 행동이 유리한 상황에서 다른 사람들과 협력을 하고 미스터 나이스 가이가 존재하게 되는 것일까?

3 네트워크

우선, 우리의 일상사에서 나타나는 전형적인 형태의 협력행동들은 어떤 것들이 있을까를 생각해보자. 식당가의 풍경에서 우리는 간혹 예사롭지 못한 광경을 목도할 수 있다. 갑자기 손님이 많이 찾아온 가게는 사실상 어느 정도 경쟁업체인 옆 가게로부터 밥을 빌려온다. 다음에 옆 가게에 갑자기 손님이 밀릴 경우에는 여러 가지 편의를 봐준다는 것이 전제되어 있는 것이다. 옆집에 급한 일이 생겼을 때 대신 애를 돌봐준다든지, 갑자기 사고가 생겼을 때 병원 등에 긴급연락 및 동행해 준다든지 등의 유사한 사례가 많이 존재하고 있다. 기업이든 공직이든, 고위직에 있는 사람들은 흔히 서로 도움을 주고받는다. 언론계와 법조계의 유착관계는 흔히 대중 영화의 주요 줄거리로 등장한다. 이와 같은 관계는 기본적으로 네트워킹의 원칙에 토대하고 있는 것이다. 그런데 정도상의 차이는 있겠지만, 이렇게 네트워킹의 원칙에 입각한 상호협력이 작동하는 이유는 사람들이 착해서 그렇다거나 공공정신이 강해서 그렇다기보다는, 본질적으로 그렇게 하는 것이 유리하기(이기적인 욕구충족에 도움이 되기) 때문이라는 것이다. 따라서 우리는 협력이 가능한 네트워킹 조건을 밝히고 그 상황을 이해함으로써 상황별 협력을 강화하고 확대해 가는 데 필요한 방안들을 확보할 수 있다.

우리가 업무상의 파트너가 있다고 가정해 보자. 대개, 우리는 그 파트너와 서로 이익을 보기를 원한다. 그렇다고 해서, 우리는 그 파트너와 항상 모든 문제에 협력한다는 것은 아니다. 파트너와의 잠재한 갈등이 있을 수 있고, 우리는 그 갈등사안별 어떤 것은 협력하고 어떤 것은 협력하지 않는다. 당사자가 두 명일 때, 협력과 비협력의 경우의 수는 네 가지이다. 각자가 이기적으로 행위했을 때 그 결과가 서로 협력하는 경우보다 더 좋으면, 각자가 이기적으로 행동하면 된다. 문제는 각자 개별적 이익추구 활동을 했을 때 서로 협력하는 경우보다 더 나쁜 결과가 초래될 경우, 또는 한 사람은 협력하는데 다른 사람은 협력적 행위를 하지 않았을 때 그 결과가 어떻게 되는가 등이다. 이와 같은 상황을 간명하게 보여주는 예로서 '죄수의 딜레마 게임'을 활용할 수 있다.

기존의 다양한 연구결과들은 우리의 삶이 다른 사람들과의 사회적 네트워크

그림 2-1 개인, 조직, 커뮤니티 내 사회적 네트워킹의 진화적 발전

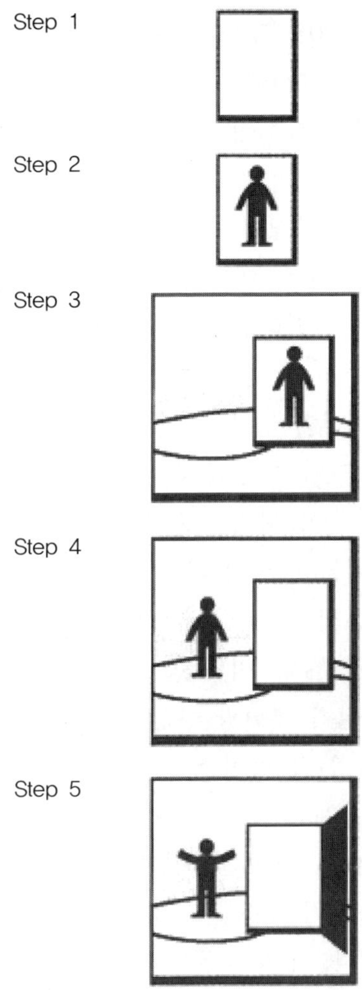

자료: 삶의 질과 리더십 위원회(CQL, 2005: 8-9).

(social networks)에 의해 어떻게 달라질 수 있는지를 보여주고 있다. 다른 사람들과의 사회적 접촉을 통해서 정신적 및 육체적 건강개선, 사회적 문제의 완화, 그리고 경제적 안전에 대한 접근성 강화 등이 가능하다는 것이다. 사회적 네트워크는 호혜성을 생성한다. 우리는 다른 사람들에게 호의나 도움을 요청하지만, 동

시에 미래에 호의나 도움을 대개 기꺼이 돌려준다. 사회적 네트워크나 호혜성은 신뢰를 형성한다. 그 사회적 네트워크나 신뢰가 흔히 사회적 자본의 구성요소 내지 형태로 알려져 있다(CQL, 2005: 7). 따라서 사회적 네트워킹의 개발은 개인, 조직, 커뮤니티에 이르기까지 중요하다. 특히, 현대 도시사회에서 커뮤니티는 사회적 자본이 확장되고 소비되는 장소이다.

[그림 2－1]은 장애자 수용조직과 관련된 인적 서비스 시스템, 그리고 커뮤니티 간의 사회적 네트워킹의 진화적 발전 스토리를 간명하게 보여준다(CQL, 2005: 8－9). 네모박스는 조직을 나타내고, 네모박스에 땅과 건물표시가 있는 것은 커뮤니티, 그리고 네모박스의 문이 열려 있는 것은 교량형 조직(bridging organizations)을 나타낸다.

1단계는 인적 서비스 시스템이 장애자들을 수용한 조직에 초점을 맞추었을 때다. 그렇게 오래지 않은 과거의 경험에 해당한다. 안전하고 깨끗한 시설들이 사람들을 24시간 보살피기 위하여 세워지고 관리되는 것이 초점이다.

2단계는 1단계의 초점이 이들 조직에 의해 보살핌을 받는 개인들에게로 이행되는 단계이다. 실무자들과 정책결정자들이 '고객, 환자, 또는 주민들'의 수요와 욕구가 충족되는지를 확인하기 위해, 어떤 종류의 내적 과정이 필요한지를 파악하는 단계이다. 어떤 종류의 질적 개선과 향상이 가장 높은 수준의 질적 서비스를 보장할 수 있는지? 어떻게 인적 서비스 직원들이 '그들의 고객들'을 가장 잘 도울 수 있는지를 파악하는 단계이다.

3단계는 조직 내 사람에 대한 고려로 이행하는 단계이다. 인적 서비스 제공자들이 보다 광범위한 커뮤니티 맥락 내에 존재하고 있다는 프레임워크(framework)가 인식되기 시작하는 단계이다. 개별 커뮤니티는 법적 제도, 경제적 상황, 그리고 사회적 조건에 의해 각각 차이가 난다. 3단계는 보다 광범위한 커뮤니티 내에서 작동하고 있는 조직으로부터 서비스를 받는 사람에게로 초점이 옮겨가는 것이다.

4단계는 일부 개인들이 부분적으로 또는 완전히 조직의 경계 및 범위로부터 떨어져 나와 있는 단계이다. 그리고 보다 포괄적이고 상호의존적인 삶을 살고 있는 단계이다. 예컨대, 어떤 장애인은 집단주거시설에 살면서 새로운 우정을 쌓고 레크리에이션 활동 등을 하면서 동네 안에 있는 일자리를 구해서 일할 수도 있는 단계이다.

5단계는 사회적 자본 및 커뮤니티 지원을 촉진하고 극대화하는 조직이 작동하는 단계이다. 이들 조직들은 개인들이 그들의 개별적 성취(personal outcomes)를 현실화시킬 수 있게 하고, 그리고 장애가 있는 사람들에 영향을 미치는 커뮤니티 요인(community factors)에 대처할 수 있도록 하는 단계이다.

제 6 절 맺음말

사회적 자본이란 용어가 일상용어처럼 이용되고 있다. 사회적 자본 개념을 통해 다양한 사회정치적 문제를 해결하고자 하는 다양한 연구와 시도가 지난 30년 간 집중적으로 시도되고 있다. 그럼에도 불구하고, 사회적 자본의 정확한 학술적 개념은 아직 불분명하다. 하지만, 기본적으로 사회적 관계성에 토대하고 있고 사회적 관계성으로부터 유도되는 자원으로 보는 데 이견이 없다. 동일 맥락에서, 오스트롬과 안(Ostrom and Ahn, 2007: 4−5)은 사회적 자본을 집합적 행동 문제를 해결하는 개인들의 능력을 향상시키는 개인의 속성, 그리고 개인들의 관계성의 속성으로 규정한다. 나하피에트와 고샬(Nahapiet and Ghoshal, 1998: 243) 역시 사회적 자본을 관계성의 네트워크 내에 착근되어 있고, 관계성의 네트워크를 통해 이용 가능한, 그리고 관계성의 네트워크로부터 유도되는 실질적 및 잠재적 자원의 총계로 정의한다.

퍼트넘(Putnam, 2009: 17, 19−28)의 지적처럼, 사회적 자본의 핵심은 사회적 네트워크가 실질적 또는 잠재적으로 가치있는 자산으로 활용될 수 있다는 점에 있는 것으로 보인다. 동일 맥락에서, 나하피에트와 고샬(Nahapiet and Ghoshal, 1998)은 네트워크에서 사회적 자본의 두 가지 중요한 생산적인 효과로서 활동 능률성 제고와 적응적 능률성 기회창조를 강조한다. 사회적 자본은 가외성을 줄임으로써 정보 분배의 효율성을 제고하며, 점검과정의 필요성을 줄여서 거래비용 감소를 유도함으로써 활동 능률성을 제고할 수 있다는 것이다. 다만, 그 사회적 네트워크의 모든 비용과 편익이 그 접촉을 하는 사람에게만 귀속되는 것은 아니므로, 사회적 자본은 사적재이자 공공재적 속성을 가지고 있는 것으로 보인다. 사회적 자본에 대한 투자편익의 일부는 투자자에게 귀속되지만, 동시에 주변 사람들에게도 흔히 그 투자편익이 돌아간다.

현재 사회적 자본은 어떤 것이 아니고, 그 기능별로 묶음이 되는 여러 가지 종류의 사회적 관계로 파악된다. 그런데 그와 같은 종류의 사회적 관계는 한 가지 맥락에서는 좋을지 모르지만, 또 다른 맥락에서는 나쁠 수 있다(Warren, 2008). 따라서 개념적 분석에 치중하는 것보다 상황적 분석이 긴요할 것으로 판단된다. 여기서는 사회적 자본의 의미를 개괄적으로 검토하기 위해서 사회적 자본의 정의와 개념화 과정에서 유의할 점들을 먼저 살펴보았다. 사회적 자본이 집합적 행동의 딜레마를 풀 수 있는 열쇠로 언급되고 있으므로, 집합적 행동의 딜레마와 사회적 자본 간의 관계를 이어서 검토했다. 그리고 사회적 자본의 원천과 유형을 호혜성의 규범과 함께 검토하였다.

참고문헌

액설로드, 로버트(2009). 『협력의 진화(이경식 역. 원저 *The Evolution of Cooperation* by R. Axelrod. 2006)』. 시스테마.

울프, 찰스 주니어(1991). 『시장과 정부-불완전한 선택대안(전상경 역. 원저 *Markets or Governments* by Wolf, C. Jr. 1989)』. 교문사.

이동원 · 박준 · 강민형 · 채승병 · 최홍(2009). 사회적 자본 확충을 위한 정책과제. 삼성경제연구소. *CEO Information*, 722: 1-21.

이동원 · 정갑영 외(2009). 『제3의 자본』. 삼성경제연구소.

이혁우 · 박준휘 · 최성락(2014). 집합행동 원인으로서의 손실에 대한 비배제성: 불법 시장을 중심으로. 『한국행정학보』, 48(1): 263-285.

퍼트넘, 로버트 D.(2009). 『나 홀로 볼링-사회적 커뮤니티의 붕괴와 소생(정승현 역. 원저 *Bowling Alone: The Collapse and Revival of American Community* by R. D. Putnam. 2000)』. 페이퍼로드.

퍼트넘, 로버트 D. 외(2000). 『사회적 자본과 민주주의(안청시 외 역. 원저 *Making Democracy Work-Civic Traditions in Modern Italy* by R. D. Putnam et al. 1993)』.

박영사.
후쿠야마, 프랜시스(1996). 『트러스트(구승회 역. 원저 *Trust* by F. Fukuyama. 1995)』. 한국경제신문사.

Adler, P. and Kwon, S. W.(2000). Social Capital: the good, the bad and the ugly. In E. L. Lesser(ed.). *Knowledge and Social Capital: Foundations and Applications.* 89－115. Boston, MA: Butterworth－Heinemann.
Arrow, K.(1972). Gifts and Exchanges. *Philosophy and Public Affairs*, 1: 343－362.
Bourdieu, P.(1985). The Forms of Social Capital. In J. G. Richardson(ed.). *Handbook of Theory and Research for the Sociology of Education.* 241－258. New York, N.Y.: Greenwood.
Burt, R. S.(2000). The Contingent Value of Social Capital. In E. L. Lesser(ed.). *Knowledge and Social Capital: Foundations and Applications.* 255－286. Boston, MA: Butterworth－Heinemann.
Coleman, J. S.(1988). Social Capital in the Creation of Human Capital. *American Journal of Sociology*, 94: s95－s120.
Collier, P. and Gunning, J. W.(1999). Explaining African Economic Performance. *Journal of Economic Literature*, 37: 64－111.
CQL(The Council on Quality and Leadership)(2005). *Social Capital Index.* Towson, Maryland: The Council on Quality and Leadership.
Fine, B.(2001). *Social Capital Vs Social Theory: Political Economy and Social Science at the Turn of the Millennium.* London: Rouledge.
Florida, R., Cushing, R. and Gates, G.(2002). When Social Capital Stifles Innovation. *Harvard Business Review*, August 20.
Frey, B. S.(1994). How Intrinsic Motivation is Crowded Out and In. *Rationality and Society*, 6: 334－352.
______(1997). *Not Just for the Money: An Economic Theory of Personal Motivation.* Cheltenahm: Edward Elgar.
Fromhold－Eisebith, M.(2002). Innovative Milieu and Social Capital－Exploring Conceptual Complementaries. *Paper Presented at the 42nd Congress of the European Regional Science Association(ERSA).* 27－31. Dortmund, Germany.
Fukuyama, F.(1995). *Trust: The Social Virtues and the Creation of Prosperity.* New York: The Free Press.
Gambetta, D.(1988). Can We Trust Trust? In D. Gambetta(ed.). *Trust: Making and*

Breaking Cooperative Relations. Oxford: Blackwell.
Gibson, C., Andrews, K., Ostrom, E., and Shivakumar, S.(2005). *The Samaritan's Dilemma: The Political Economy of Development Aid*. New York: Oxford University Press.
Grootaert, C.(1998). Social capital: The Missing Link? Social Capital Initiative. *Working Paper*, No.3. New York, N.Y.: World Bank(available at: http://www.poverty.worldbank.org/library/view/5459/).
Güth, W., Schmittberger, R., and Schwartze, B.(1982). An experimental analysis of ultimatum bargaining. *Journal of Economic Behavior & Organization*, 3(4): 367–388.
Hanifan, L. J.(1920). *The Community Center*. Boston, MA: Silvers, Burdett & Company.
Hardin, G.(1968). The Tragedy of the Commons. *Science*, 162: 1243–1248.
Hoffman, E. and Libecap, G.(1995). The failure of government–sponsored cartels and development of federal farm policy. *Economic Inquiry*, 33: 365–382.
Jacobs, J.(1961). *The Death and Life of Great American Cities*. N.Y.: Random House.
Knack, S. and Keefer, P.(1997). Does Social Capital Have an Economic Payoff? A Cross–Country Investigation. *Quarterly Journal of Economics*, 112(4): 1251–1288.
Lachman, L. M.(1978). *Capital and Its Structure*. Kansas City, MO: Sheed Andrews and McMeel.
Langbein, L. and Jorstad, C. M.(2002). Productivity in the workplace: Cops, culture, communication, cooperation, and collusion. *Working Paper*. Washington, D.C.: School of Public Affairs, American University.
Landry, R., Amara, N. and Lamari, M.(2002). Does social capital determine innovation? To what extent? *Technological Forecasting and Social Change*, 69: 681–701.
La Porta, R. et al.(1999). The Quality of Government. *Journal of Law, Economics and Organization*, 15(1): 222–279.
Lederman, D., Loayza, N., and Menendez, A.(2002). Violent Crime: Does Social Capital Matter? *Economic Development & Cultural Change*, 50(3): 509–539.
Lin, N.(2001). *Social Capital: A Theory of Social Structure and Action*. Cambridge: Cambridge University Press.
Loury, G.(1977). A dynamic theory of racial income differences. In P. A. Wallace and A. Lemund(eds.). *Women, Minorities, and Employment Discrimination*. 153–188. Lexington, MA: Lexington Books.

Nahapiet, J. and Ghoshal, S.(1998). Social Capital, Intellectual Capital, and the Organizational Advantage. *Academy of Management Review*, 23(2): 242－265.

Olson, M.(1965). *The Logic of Collective Action. Public Goods and the Theory of Groups*. Cambridge: Harvard University Press.

Ostrom, E. and Ahn, T. K.(2007). The Meaning of Social Capital and Its Link to Collective Action. W07－19. *Workshop in Political Theory and Policy Analysis*. Indiana University. 1－34.

Portes, A.(1998). Social capital: its origins and applications in modern sociology. *Annual Review of Sociology*, 24: 1－24.

PRI(Policy Research Initiative)(2005). *Social Capital as a Public Policy Tool*. Project Report. September. Canada.

Putnam, R. D.(1993). The Prosperous Community: Social Capital and Public Life. *American Prospect*, 13: 35－42.

______(2000). *Bowling Alone: The Collapse and Revival of American Community*. New York: Simon & Schuster.

Putnam, R. D., Leonardi, R. and Nanetti, R.(1993). *Making Democracy Work: Civic Traditions in Modern Italy*. Princeton: Princeton University Press.

Ruuskanen, P.(2001). *Sociaalinen pääoma－käsitteet, suuntaukset ja mekanismit*. VATT－tutkimuksia 81. Helsinki: Valtion taloudellinen tutkimuskeskus.

Sandefur, R. L. and Laumann, E. O.(2000). A paradigm for social capital. In E. L. Lesser(ed.). *Knowledge and Social Capital: Foundations and Applications*. 89－115. Boston, MA: Butterworth－Heinemann.

Schienstock, G. and Hämäläinen, T.(2001). *Transformation of the Finnish Innovation System. A Network Approach*. Sitra Reports Series No.7. Helsinki: Hakapaino Oy.

Taylor, M.(1982). *Community, Anarchy and Liberty*. N.Y.: Cambridge University Press.

Tocqueville, A. de.([1835] 1997). *Democracy in America*. New York: Alfred A. Knopf.

Tura, T. and Harmaakorpi, V.(2005). Social Capital in Building Regional Innovative Capability. *Regional Studies*, 39(8): 1111－1125.

van Deth, J. W.(2008). Measuring Social Capital. In D. Castiglione, J. W. van Deth, and G. Wolleb(eds.). *The Handbook of Social Capital*. 150－176. New York: Oxford University Press.

Warren, M. E.(2008). The Nature and Logic of Bad Social Capital. In D. Castiglione, J. W. van Deth, and G. Wolleb. *The Handbook of Social Capital*. 122－149. New York: Oxford University Press.

World Bank(2006). *Where is the Wealth of Nations*. Washington, D.C.: World Bank.

Woolcock, M.(2000). Social capital: the state of the notion. In J. Kajanoja and J. Simpura(eds.). *Social Capital, Global and Local Perspectives*. 15−40. Helsinki: Government Institute for Economic Research.

Woolcock, M. and Narayan, D.(2000). Social capital: implications for development theory, research, and policy. *World Bank Research Observer*, 15: 225−249.

제 3 장

집합적 행동의 논리

제 1 절 머리말

사람들의 일반적 행위규범은 국가별로 큰 차이를 보여준다. 일본을 여행한 한국 사람들은 그 사회가 가지고 있는 정연함이나 질서, 그리고 깨끗함에 놀라게 된다. 우리와 별반 다를 게 없을 것이라고 생각했는데, 대도시의 뒷골목에서도 상업용 광고지와 담배꽁초 등을 찾기 어렵다. 중국계가 80% 정도인 싱가포르를 여행하는 관광객들은 신호등이 없는 횡단보도 앞에서조차, 보행자를 우선하는 그들의 교통질서에 놀라게 된다. 보행자가 아직 횡단보도 근처에 이르지 않았는데도 맞은편 차도에 이미 차들이 멈춰 서 있는 것을 볼 수 있다. 그런데 우리의 경우, 특히 교차로상에서는 횡단보도에 사람이 있어도 보행자 앞뒤로 우회전 차량이 지나가는 것을 쉽게 목격할 수 있다. 리더스 다이제스트 사에서 1970년대 초반과 1990년대 후반에 실시한 지갑회수실험을 보더라도 북유럽 국가에서는 거의 대부분 지갑이 돌아온 반면, 남부 이탈리아에서는 거의 회수되지 않았다.[1] 미국 뉴욕시에서 덴마크 여행자가 쇼핑이나 외식 등으로 자녀를 길거리에 방치했다는 혐의로 체포된 사례는 두 나라의 일반적 행위규범이나 신뢰수준 차이가 얼마나 큰지 단적으로 보여준다(Zak and Knack, 2001: 295-321).

모두가 협력하면 모두의 '삶의 질'이 높아질 수 있는데 왜 우리는 협력하지 못하고 모두의 삶의 질을 떨어뜨리는 '비협력적'인 행태를 보이는 걸까? 깨끗한 도심거리, 서로 배려하는 횡단보도 통행 질서, 길거리의 애들을 서로 돌봐주는 암묵적 약속 등의 상호 결속력과 규범을 다진다면 우리는 그보다 더 많은 것을 함께 얻을 수 있을 텐데 왜 우리는 그렇게 되지 않고 하지 않는 것일까? 보다 중요한 것은 왜 어떤 나라는 그것들이 아주 잘되고 있고, 어떤 나라들에서는 그것들이 중간 정도 되고 또 어떤 나라들은 그런 것들이 제대로 되지 않고 있는 것일까? 사실 이런 물음은 대부분 새로운 물음이 아니다. 오래전부터 동·서양 철학의 근본적인 물음에 해당한다.

이와 같은 현상에 대해 현대 연구자들은 거의 예외 없이 사회적·경제적·정치적 문제의 중심에 집합적 행동의 문제를 위치시켜 그들의 논지를 펼쳐간다. 그런데 사회적 자본과 집합적 행동 접근 간의 연계성은 지금까지 제대로 밝혀지지 못했다. 사회적 자본 연구자들은 주로 그들 연구 문제점을 (개괄적으로) 포착하기 위하여 집합적 행동 패러다임을 활용해 왔고, 따라서 사회적 자본의 형태(forms)들을 집합적 행동 프레임워크(framework)에 편입하여 흔히 서술하고 있다.

집합적 행동 이론은 개인들의 집단이 있고, 그들 간의 공통이익이 있으며, 그리고 그 공통이익과 개인의 개별이익 간에 잠재적인 갈등이 존재하는 상황을 상정한다. 따라서 집합적 행동 문제는 개인들이 단기적 자기위주의 선택들과 (집단 내 충분한 숫자의 개인들의 동조를 전제로 한) 모두에게 도움이 되는 선택 간에서 직면하는 대안적인 행동경로상에서는 언제든지 발생할 수 있다. 어떻게 하면

1) 1990년대 실험의 경우 현금 50달러와 주인의 이름과 주소가 적힌 명함을 넣은 지갑 4백 개를 14개 유럽 국가의 도시 길거리에 떨어뜨렸다. 지갑이 그대로 돌아오는 비율은 표준적인 사회적 신뢰도에 관한 해당 국가의 점수와 상당히 밀접하게 부합했다(r=.67). 즉, "대부분의 사람은 신뢰할 수 있다"고 응답한 시민이 많은 곳에서는 회수율이 높았고, "사람을 조심스럽게 대해야 한다"고 대답한 시민이 많은 곳에서는 회수율이 낮았다. 시민들의 대답은 자신들의 경험을 반영한 것이기 때문이다(퍼트넘, 2009: 225-226).

이기적인 인센티브를 극복하고 상호 도움이 되는 문제해결의 협력방식을 성취하는가가 쟁점이다. 집합적 행동 딜레마를 해결하는 것은 쉬운 일이 아니다. 왜냐하면, 다른 사람이 어떤 선택을 하든, 한 개인은 다른 사람들과 협력하지 않는 '선택'을 통하여 단기적으로는 특히 더 나은 결과를 얻을 수 있기 때문이다. 이 상황이 가장 간명하게 표시된 것이 '죄수의 딜레마 게임(the Prisoner's Dilemma game)'이다(Ostrom and Ahn, 2007).

맥락에 따라서, 사회적 자본 개념이 집합적 행동의 다양한 측면의 퍼즐을 푸는 데 도움이 된다. 사회적 자본이 집합적 행동의 문제점을 비추는 종합적인 시각을 제공할 수 있기 때문이다. 그래서 오스트롬과 안(Ostrom and Ahn, 2007)은 집합적 행동의 문제점을 해결하는 개인들의 능력을 향상시키는 개인들의 속성, 그리고 개인들의 관계성의 속성으로서 사회적 자본을 규정한다. 동시에, 집합적 행동 이론은 미래의 사회적 자본 연구에 대한 보다 나은 분석적 토대를 제공할 것이다. 왜냐하면, 마을에서 국제적 커뮤니티에 이르기까지 국가 간 격차, 사회의 경제적 성과의 차이, 정치적 성과의 차이는 커뮤니티의 구성원들이 집합적 행동의 문제를 어떻게 풀어 가는가에 결정적으로 의존하고 있기 때문이다.

여기서는 집합적 행동 이론을 전통적 집합적 행동 이론, 제1세대 집합적 행동 이론, 제2세대 집합적 행동 이론으로 구분해서 검토하고, 이어서 '죄수의 딜레마 게임'과 관련 정책적 처방을 함께 살펴본다.

제 2 절 전통적 집합적 행동 이론

구성원의 이익을 추구하기 위해서 집단이 택하는 행동(조직을 이용한 직접적 이익추구 행동 또는 간접적 이익추구 행동)이 바로 집합적 행동이다(Marshall, 1988). 벤틀리(Bentley, 1949)와 트루먼(Truman, 1958) 등에 의해 강조된 전통적 집합적 행동 이론은 공통이익을 가진 개인들은 그 공통이익을 성취하기 위해서 자발적으로 협력행동을 할 것으로 예견한다. 전통적 집단이론(group theory)은 사적인 조직이나 집단의 보편존재성에 주목한다. 사적인 조직이나 집단이 도처에 존재하고 있는 것은 그리스의 철학자 아리스토텔레스(Aristotle)가 "인간은 태생적으로 정치적 동물"이라고 언급한 것처럼, 집단이나 조직을 구성하고 그것에 가입하려는 인간의 기본적인 성향에 기인한다(올슨, 2013: 24 재인용).

1 전통적 집합적 행동 이론의 전제

저명 사회학자인 짐멜(G. Gimmel)이나 저명 정치학자인 벤틀리(A. Bentley) 양자 모두 집단 귀속(group affiliation)의 보편존재성과 불가피성을 강조한다(올슨, 2013: 24). 전통적 이론에서는 조직에 대한 참여는 사실상 보편적이며, 소규모 집단과 대규모 조직은 동일한 사유로 각 집단의 구성원을 모집한다고 가정한다. 전통적 집합적 행동 이론은 소규모 집단과 대규모 집단은 그 규모에서 차이가 있지만 집단 응집력이나 집단 목적달성 과정에서의 개인적 인센티브에는 차이가 없다고 가정하고 있다. 따라서 당연히 기능수행의 효과성 역시 소규모 집단과 대규모 집단 간에 차이가 없는 것으로 가정하고 있다(올슨, 2013: 27－31).

전통적 집합적 행동 이론에서는 집단 구성원들이 마치 개인이 자신의 이익을 위해 움직이는 것처럼 집단 전체의 이익을 위해서 노력하는 것이 당연한 것으로 전제했다. 초기 노동조합이론, 다원주의적 집단이론, 계급갈등에 근거한 마르크시즘(Marxism) 등에서 집단은 일정한 성격을 갖는 전체로서 다루어져 왔다. 여기서는 집단 내 구성원들 간의 차별적인 이해관계가 있을 수 있고 그것이 집단의 동학에서 매우 중요한 역할을 수행할 수 있다는 점이 간과되어 왔다(이혁우 외, 2014: 266).

특정 집합체(조직, 협회 등)가 그 구성원들의 이익 증진을 목적으로 하고 있다는 것은 전혀 새로운 견해가 아니다. 아리스토텔레스(Aristotle; 올슨, 2013: 7 재인용)는 "사람들은 특정 이익을 염두에 두고 생활에 필수적인 것을 서로 주고받으면서 인생행로를 함께 걸어간다. 마찬가지로 정치적 공동체도 그것이 가져다주는 일반적 이익 때문에 결성되었고, 그 이익을 위하여 계속적으로 존재하고 있는 것이다"라고 규정한다. 정치학자인 라스키(Laski, 1939: 67) 교수 역시 결사체의 존립이유를 그 구성원들의 공통목적 충족에 있다고 보았다. 예컨대, 노동조합은 조합원들이 더 높은 임금과 더 나은 작업환경을 향유하도록, 농업단체는 농민들에게 유리한 정책이나 입법 활동을 위해서; 기업카르텔은 참여기업들이 유리한 가격책정을 위해서, 그리고 국가는 시민들의 공통이익(common interest) 증진을 위해서 활동할 것이 기대된다. 따라서 특정 집합체가 특정 공통이익 또는 집단이익을 가질 때, 그 구성원들의 개별적이고 비조직화된 행동은 그 공통이익을 전혀 증진할 수 없거나 충분히 증진할 수 없는 것이다(올슨, 2013: 8-9).

2 공통이익과 개별이익

따라서 상당수 기존 연구들에서 특정 집합체는 그 구성원들의 공통이익을 증진하기 위하여 존재하고 있다는 기본 가정을 함축하고 있는 것은 분명하다. 현대 정치학에서 '집단이론'의 창시자인 벤틀리(Bentley, 1949: 211)나 트루먼(Truman, 1958: 33-35) 등이 "이익이 없다면 집단은 존재하지 않는다"고 보는 견해는 집단 구성원들의 공통이익과 집단의 존립근거에 대한 연계논의와 동일맥락에 있는 것이다(올슨, 2013: 10).

그런데 특정 집합체 구성원들의 공통이익이 존재하고 있다면, 구성원 각자의 개별적 이익은 없는 것일까에 대한 고려가 필요하다. 이와 같은 의문점에 대해 올슨(2013: 15)은 다음과 같은 설득력있는 논의를 제시한다.

> 마치 한 특정 생산자가 그 산업 전체로서 더 높은 가격을 받을 수 있도록 자신의 산출량을 제한하는 것이 비합리적이었던 것과 마찬가지로 그가 산업 전체를 위한 정부의 지원을 얻어내기 위해서 시간과 자금을 들여 로비 조직을 결성하고 유지하는 것도 합리적인 것은 아닐 것이다. 이 둘 중 어느 경우에도 개별 생산자가 비용을 조금이라도 부담하는 것은 그에게 이익이 되지는 않을 것이다. 어떤 산업에 속한 기업들이나 노동자들의 이익을 도모하기 위해 존재하는 로비활동 조직, 노동조합 또는 그

밖의 어떤 조직도 당해 산업에 속한 합리적이고 이기적인 개인들로부터는 아무런 지원을 받지 못할 것이다.

베버(Weber, 1947: 319−320; 올슨, 2013: 18 재인용) 역시 개별적 행동동기에 주목해서 유사한 지적을 한다.

시장경제에서 모든 경제활동은 자신들의 이상이나 물질적 이익을 위하여 개인에 의해 수행된다. 이러한 결론은 경제활동이 기업집단의 질서유형에 따를 때에도 자연스러운 사실이다. …… 가령 경제체제가 사회주의적 기초 위에 조직된다 해도 이 점에서 근본적인 차이는 없다. …… 이익의 구조와 그와 관련된 상황은 변할지도 모른다. 이익을 추구하는 다른 수단이 있을지도 모르나 이러한 본질적 요인은 이전과 마찬가지로 그대로 유효하다. 물론 순수하게 이데올로기적인 입장에서 다른 사람의 이익을 지향하는 경제적 행동이 존재할 수 있음은 사실이다. 그러나 일반적으로 다수 대중이 이런 식으로 행동하지 않는다는 것이 더 확실하며, 그들이 그렇게 할 수도 없고, 또 그렇게 하지도 않으리라는 것은 경험에서 귀납된다.

3 무임승차의 유혹

전통적 집합적 행동 이론의 논지를 올슨(Olsen, 2013: 1−2)은 다음과 같이 정리한다.

집단들이 각자의 이익에 봉사하기 위해 행동한다는 견해는 모르긴 해도 "집단 내의 개개인이 자신의 이익을 위해 행동한다"는 가정에 기반을 두고 있다. 만약 집단 내의 개개인이 '이타적'이어서 그들 개인의 후생을 경시한다면 그들이 집단적으로 어떤 이기적인 공통목표나 집단목표를 추구하지 않을 것이다. 그러나 이러한 이타주의는 예외적이다. 적어도 경제적인 문제와 관련되어 있을 때에는 '이기적인 행위(self−interested behavior)'는 보통 하나의 '법칙'으로 간주된다. 개별 기업가가 더 많은 이익을 추구하고, 개개 노동자가 더 높은 임금을 요구하고, 또는 개인 소비자가 좀 더 낮은 가격을 요구한다고 해서 아무도 놀라지 않고 이를 당연히 받아들인다. 집단들이 각자의 집단이익을 위해 행동하는 경향이 있다는 견해는 인간이 합리적이며 이기적으로 행동한다는 널리 수용되고 있는 전제에 따른 당연한 논리적 귀결이다. 다시 말해서, 만약 집단의 구성원들이 공통의 이익이나 목적이 있고, 그리고 만약 그 목적이 달성될 때에 그들의 형편이 모두 더욱 나아진다면, 그 집단 내의 개인들이 합리적이고 이기적일 때 그들이 그 목적을 달성하기 위해 행동할 것이라는 사실은 논리적으로 당연한 것으로 생각되어 왔다.

그런데 우리는 여기서 전통적 집합적 행동 이론의 기본 전제인 "공통이익을 가진 개인들은 그 공통이익을 성취하기 위하여 자발적으로 협력적 행동을 할 것"이라는 점에 의문을 제기할 수 있다. 우선, 특정 집단에서 '무임승차(free riding)' 행태를 보이는 구성원이 있을 때, 어떻게 될까 하는 것이다. 나를 제외한 다른 사람들이 모두 공통목적에 부합하는 집합적 행동에 참여할 때, 나만 그 집합적 행동에서 빠지게 되면, 나의 이기적인 행위는 나의 이익에 부합할 수 있다. 특히, 집단이 대규모라서 익명성이 높고 향후 다시 만날 가능성도 별로 없다면 '무임승차의 유혹'은 더욱 클 것이다. 나의 무임승차 행위로 인해 내가 홀로 이익을 볼 것이라고 다른 사람들도 동일하게 생각한다면, 그때는 상황이 복잡하게 된다. 너도나도 무임승차해 버리면, 사실상 공통목적에 부합하는 집합적 행동은 일어나지 못할 수 있기 때문이다. 무임승차 행위와 관련해서 소속 집단의 규모나 거래나 접촉관계의 기간도 영향을 미칠 것임을 쉽게 추론할 수 있다.

제 3 절 제1세대 집합적 행동 이론

제1세대 집합적 행동 이론은 전통적 집합적 행동 이론을 순진한 믿음으로 비판한다. 개인들은 따로 따로 남겨지게 되면 (스스로는) 그들의 가정된 무능력(the supposed inability of individuals)으로 인해 결합적 편익(joint benefits)을 성취할 수 없다고 보았기 때문이다. 따라서 그들은 외부당국에 의한 규제, 선택적 인센티브의 제공, 또는 사유화가 필요하다고 보았다(Bolton and Okenfels, 2000).

1 제1세대 집합적 행동 이론의 전제

가정된 무능력의 상황을 가장 단적으로 잘 나타낸 연구결과로 1968년에 개릿 하딘(G. Hardin)이 『사이언스(*Science*)』지에 발표한 「공유재의 비극(the tragedy of the commons)」 논문이 흔히 언급되고 있다.[2)]

> 바로 여기에 비극이 있다. 목동들은 한정된 목초지에 가축을 무제한으로 늘리지 않을 수 없는 시스템 속에 갇혀 있다. 누구나 공유지를 자유스럽게 사용할 수 있다고 생각해서 각자의 이익만 추구하게 되고 결국 모두가 파국을 향해 나아가게 된다 (Hardin, 1968: 1244).

하딘(G. Hardin)은 공유재의 비극이 안고 있는 논리적 방정식을 서술하기 위해 '누구나 이용할 수 있는 목초지'를 예로 들었다. 그의 생각은, 만약 목동이 경제적 합리인이라면 어떻게 행동할 것인가이다. 과잉방목으로 인한 목초지 파괴는 나중의 문제이고 지금 당장 합리적인 목동은 자신의 가축을 최대한 방목하게 될 수밖에 없다는 것이다.

고든(H. S. Gordon) 역시 「공유 재산 연구의 경제이론: 어장(The Economic Theory of a Common-Property Research: The Fishery)」에서 공유재의 과잉사용 문제점을 지적하고 있다.

> 모든 사람의 재산은 어느 누구의 재산도 아니라는 해묵은 격언에는 어떤 진실이 담겨있는 것처럼 보인다. 모두가 공짜로 가질 수 있는 재산은 누구에 의해서도 값어치 있는 것으로 간주되지 않는다. 왜냐하면, 자기가 사용할 차례를 그냥 앉아서 기다

2) 하딘(G. Hardin) 이전에도 공유재의 비극 문제에 대해 아리스토텔레스(Aristotle)는 "최대 다수가 공유하는 것에는 최소한의 배려만 주어질 뿐이다. 모두 공익을 생각하기보다는 자기의 이익을 생각하기 마련이다"라고 푸념했다(오스트롬, 2010: 23 재인용).

릴 만큼 어리석은 사람은 결국 그 자원이 다른 사람들에 의해 모두 없어지고 말았음을 발견하게 될 것이기 때문이다. 바닷속에 있는 물고기는 어부들에게 무가치하다. 오늘 잡히지 않은 물고기가 내일 어부를 기다리며 그곳에 있으리라는 보장이 없다(Gordon, 1954: 124; 오스트롬, 2010: 24 재인용).

하딘(G. Hardin)이나 고든(H. S. Gordon)은 공유재의 비극 문제를 다루기 위해 목초지와 어장의 예를 들었지만, 공유자원의 과잉이용과 황폐화의 문제는 목초지와 어장의 문제로만 한정되는 것이 아님은 물론이다. 산성비 문제(Wilson, 1985), 도시범죄 문제(Neher, 1978), 최근의 지구 온난화 문제 등은 우리 모두의 생존과 삶의 질적 수준에 직결되어 있는 좋은 관심사들이다.

2 공통이익과 개별 인센티브

올슨(Olson, 2013: 2−3)은 집단(공통)이익의 가능성이 있으면 필요한 집합적 행동은 당연히 가능할 것이라는 전통적 집합적 행동 논지를 다음과 같이 비판한다. 현실에 있어서 집단 복지 추구가 왜 어려운가에 대해 다음과 같이 언급하고 있다.

집단의 목적을 달성하게 된다면 한 집단 내의 모든 구성원이 이익을 볼 것이다. 그렇지만, 그들이 합리적이고 이기적일지라도 그 목적을 달성하려고 행동한다는 결론이 자동으로 도출되는 것은 아니다. 한 집단의 구성원의 숫자가 매우 적거나 또는 개개인으로 하여금 공통이익을 추구하게 하는 강제장치나 어떤 다른 특수 장치가 있는 예외적인 경우가 아니고서는 합리적이고 이기적인 개인들은 그들의 공통이익이나 집단이익을 추구하기 위해 행동하지는 않을 것이다. 다시 말해, ① 한 대규모 집단 내의 모든 개인이 합리적이고 이기적이라 하더라도, ② 그들이 공통이익이나 목표를 달성하기 위해 한 집단으로서 행동할 때 그들이 모두 이익을 얻을 수 있다고 하더라도, 개인들은 여전히 공통이익이나 집단이익을 달성하려고 자발적으로 행동하지는 않을 것이다. 개인으로 구성된 집단이 구성원들의 공통이익이나 집단이익을 달성하기 위해 행동할 것이라는 견해는 한 집단 내 개인들이 자신들의 이익을 합리적으로 도모한다는 가정의 논리적인 함축과는 거리가 멀 뿐만 아니라, 사실상 그러한 가정 자체와 모순된다.

하딘(G. Hardin), 고든(H. S. Gordon), 올슨(M. L. Olson)의 주장들의 공통점은 집단의 구성원들이 각자 후생을 극대화하기 위해 움직인다고 볼 때, 전통적 집합적 행동 견해는 거의 쓸모가 없다고 본 것이다. 따라서 그들이 필요한 집합적 행동을 하도록 강요하거나, 집단(공통)이익과 구분되는 별도의 인센티브가 없으면 그들은 집단 전체의 이익을 위하여 움직이지 않을 것이라는 것이다.

이 논의의 배후에는 무임승차 문제가 도사리고 있다. 발생한 집단이익의 향유과정에서 비배제성이 작동하면, 개별 참여자들은 집단이익 창출에 기여하는 대신 여타 구성원들의 기여에 편승하고자 하는 동기를 갖게 된다는 것이다. 만일 극단적으로 모든 참여자들이 무임승차 행태를 보이게 되면 그 어떤 집단이익도 창출되지 않을 것이다. 현실에서는 일부는 무임승차를 하게 되고, 나머지는 집단이익(공통이익) 창출을 위해 기여하겠지만, 이 경우에도 집단이익의 총량은 사회적 최적 수준에 미달하게 될 것이다. 결과적으로, 무임승차 유혹이 만연한 집단이나 사회, 그리고 국가는 그렇지 않은 경우에 비해 집단이익 총량이 줄어들게 되고 누구도 원치 않은 결과에 직면하게 된다.

3 제1세대 집합적 행동 이론의 한계

제1세대 집합적 행동 이론은 원자화된, 이기적인, 그리고 완전히 합리적인 개인들의 이미지를 전제하고 있고, 보편적인 이기성(universal selfishness)을 가정하고 있다. 하지만, 다양한 실험결과나 기타 경험적 연구에서 인간에 대한 이런 가정은 반복적으로 기각되고 있다(Camerer, 2003). 자신의 물질적인 이익에만 집착하는 개인들이 존재하고 있지만, 상당수의 개인들은 비이기적인 효용함수 역시 가지고 있다(Frey, 1994, 1997). 그리고 현실에서 많은 집합적 행동 문제점은 이미 존재하고 있던 네트워크, 조직, 또는 개인들 간에 여타 진행 중인 관계성에 착근되어 있는 것이다. 따라서 이 부분들이 집합적 행동 문제 해결과정에 고려되어야 할 것으로 보인다. 즉, 현실은 올슨(M. L. Olson)식 논의나 하딘(G. Hardin)식 주장같이 깔끔하게 정리되는 것이 아님에 유의할 필요가 있다.

제1세대 집합적 행동 이론에서의 예측과 정반대로 공유자원에 대한 문제를 풀고자 한 정책이 공유자원의 이용과 보전의 문제를 더욱 심화시킨 예가 적지 않다. 개발도상국 여러 나라에서 산림자원의 보호를 위해 산림 국유화 정책을 실시했다. 이는 소유권 설정과 외부당국 규제방식의 적용을 통해 공유자원을 제대로 관리하기 위한 선택이었다. 그런데 이런 산림 국유화 정책은 상당부분 실패로 귀결되었다. 현실의 단순 도식화에 기초한 정책이 해로운 결과를 초래한 것이다(오스트롬, 2010: 56－57).

> 실제 경험에 토대하지 않은 정책적 제안은 애초의 추정과 상당히 다른 결과를 초래할 수 있다. 좋은 예로 제3세계에서 산림 소유권의 국유화 경험을 참조할 수 있다. 산림의 국유화는, 지역주민들은 자원의 생산성을 유지하고 토양 부식을 감소시킬 수 있는 방향으로 산림을 관리할 수 없다는 이유로 제안되었다. 소규모 부락이 대대로 공동의 산림을 소유하면서 자치적으로 규제해 온 나라들에서 국유화는 곧 몰수를 의미했다. 이런 지역부락민들은 예전부터 산림자원을 얼마나, 어떻게 사용할 것인가에 대해 자체적인 규칙을 만들어 상당히 주의 깊게 자원을 활용해 왔다. 몇몇 국가에서 국가기관이 나서서 산림의 이용에 관한 상세한 규제안을 발표하였지만, 정작 이러한 규제안을 집행할 만큼 충분한 산림요원을 둘 수는 없었다. 고용된 산림요원들도 봉급이 아주 낮았기 때문에 뇌물을 받는 것이 소득수준의 보완책이 되곤 했다. 그 결과 국유화는 이전에 '제한 접근의 공유자원'이었던 산림을 자유 접근 자원으로 만들어 버렸다. 태국(Feeny, 1988), 니제르(Thompson, 1977; Thompson et al., 1986), 네팔(Arnold and Campbell, 1986; Messerschmidt, 1986), 그리고 인도(Gadgil and Iyer, 1989) 등에서 공유 산림의 국유화가 초래한 파괴적인 결과는 잘 기록되어 있다. 연안어장과 관련해서도 국가 기관이 모든 해양 수산 자원에 대하여 독점적 관할권을 가지고 있다고 간주했을 때 유사한 문제들이 발생하였다(Cordell and McKean, 1986; Cruz, 1986; Dasgupta, 1982; Panayoutou, 1982; Pinkerton, 1989).

제4절 제2세대 집합적 행동 이론

제1세대 집합적 행동 이론이 전적으로 잘못된 것은 아니지만, 집합적 행동 상황들이 구조화되는 방식, 개인들이 그 상황에 어떻게 대처해 나가는지에 대해 제한적인 경우만 상정하고 있는 문제가 있다. 제2세대 집합적 행동 이론은 제1세대 집합적 행동 이론의 핵심적 전제를 비판한다. 원자화된, 이기적인, 완전히 합리적인 개인을 전제하고 보편적 이기성을 가정하는 그 핵심 전제를 비판한다. 개인들은 프레이(Frey, 1994, 1997)가 강조하듯이 이기적인 효용뿐만 아니라 비이기적인 효용함수 역시 가지고 있기 때문이다. 비이기적인 개인들은 그들 간에 그들이 보편적 이기성이라고 가정하는 정도의 측면에서 차이가 있다. 제2세대 집합적 행동 이론들은 모델링의 핵심원칙으로서 다양한 유형의 개인들의 존재를 전제하고 있다(Ostrom, 2005; Ostrom and Ahn, 2007). 표준적 비협력 게임이론뿐만 아니라 행태적 이론과 진화적 게임이론을 이용한다. 따라서 사회적 유인(social motivations) 측면과 내생적 선호(endogenous preferences)의 문제 등을 중요하게 다룬다.

1 집합적 행동의 편익과 한계

집합적 행동의 역동성을 분석할 때의 고려사항은 어떤 유형의 조직이 그런 행동을 발전시키고 지원해 왔는가이다. 집합적 행동의 결과(outcomes)는 흔히 관련된 조직의 유형과 지역 수준에서 나타나는 제도적 장치(the institutional arrangements)에 매우 의존적이다. 예컨대, 농업과 어업 영역 등에서는 그 집합적 행동이 농부나 어부가 직접적으로 통제하는 조직에서 발전되었는지 또는 국가나 지방정부 당국이 통제하고 지원하는 조직에서 발전되었는지를 분별할 필요가 있다(Vanni, 2013: 21–26). 비슷한 맥락에서, 데이비스 외(Davies et al., 2004)는 협력(cooperation)적 집합적 행동과 조정(coordination)적 집합적 행동을 분별한다. 협력적 집합적 행동은 예컨대, 농부나 어부가 직접적으로 통제하고 주도하는 방식으로 상향식 접근방식에 해당하고, 조정적 집합적 행동은 국가나 기관 주도형(agency-led collective action)으로 하향식 접근방식에 해당한다. 반니(Vanni, 2013)에 따르면, 지방정부 주도의 집합적 행동의 편익은 다음과 같다.

첫째, 집합적 행동은 우선 규모의 문제를 다루는 데 유리하다. 예컨대, 생물다양성의 보존 등의 사안은 농부나 어부 한 사람이 해결할 수 있는 사안이 아니다. 지리적으로 생태학적으로 보다 광역 차원에서 공공재 공급의 문제를 다루는 집합적 행동이 필요하다. 이와 같은 경우에 당연히 집합적 행동을 통해 공공재 공급의 비용을 줄일 수 있다[규모의 경제(economy of scale)]. 뿐만 아니라 집합적 행동을 통해 여러 가지 공공재의 결합적 공급에 대한 조정 메커니즘을 개선할 수 있다[범위의 경제(economy of scope)].

둘째, 집합적 행동이 필요한 상황에서 이해관계자에 대한 지식공유와 학습의 가능성이 높아진다. 협력적 행동은 이해관계자의 지역적 차원의 지식과 이 지식을 의사결정 과정 속에 통합하는 가능성에 크게 의존한다. 따라서 집합적 행동은 의사결정의 신뢰성과 정당성을 제고할 수 있다. 또한 개별적 접근방식과 대비했을 때 보다 낮은 비용으로 정보의 수집 및 공유가 가능하다.

셋째, 지역적 차원의 문제를 보다 효율적으로 대처할 수 있다. 현실적으로 중앙정부가 지역적 차원 문제에 효율적으로 대처하는 것이 점점 더 어려워지고 있다. 그리고 지역적 문제에 대한 장기 지속성 있는 해결방안 모색이 용이하지 않다. 하지만, 협력·상향적 집합적 행동의 경우 지역문제에 맞춤형 전략을 실행하는 것이 가능할 수 있다. 왜냐하면, 협력·상향적 집합적 행동이 보다 큰 유연성이나 반응성, 그리고 지역 관련성을 보여줄 수 있기 때문이다(Davies et al., 2004).

물론 집합적 행동의 장애요인이 존재한다. 집합적 행동의 중요한 장애요인으로서 흔히 무임승차와 높은 거래비용이 언급되고 있다. 집합적 행동은 흔히 집합적 행동에 기여하지 않고 무임승차하고자 하는 일부 개인들을 포함하고 있다. 왜냐하면, 그들은 올슨(Olsen, 2013)의 지적처럼 다른 사람들의 행동으로부터 편익을 얻을 수 있기 때문이다. 이 문제는 공공재 공급과정에서 집합적 행동이 필요하게 될 때 특히 더 그렇다. 왜냐하면, 공공재의 정의상(소비과정에서의 비경쟁성과 비배제성) 공공재의 편익이 특정 집단 구성원들에게 한정될 수 없기 때문이다. 그리고 집합적 행동 역시 거래비용(transaction costs)을 초래한다. 거래 당사자가 대개 다수이고 불특정할 뿐만 아니라 합의(거래 약속) 준수를 감시하거나 이행시키는 것이 단순하지 않기 때문이다. 예컨대, 상호이익의 가능성을 식별하는 과정에서 초래되는 탐색비용, 합의형성에 도달하기 위해 협의과정에 초래되는 협상비용, 모든 당사자가 합의를 지키도록 하는 데 포함되는 점검비용과 이행비용 등에서 거래비용이 발생하고 관련 문제가 생성될 수 있다(Vanni, 2013).

2 집합적 행동에서 사회적 자본의 역할

집합적 행동에서 사회적 자본의 역할에 대해서는 많은 연구들이 그 중요성을 지적해 왔다(Tura and Harmaakorpi, 2005; Ostrom and Ahn, 2007). 자원의 집합적 관리과정에서 사회적 자본의 역할에 대해 프리티(Pretty, 2003: 1913; Vanni, 2013: 29−32 재인용)는 신뢰의 관계, 호혜성과 교환, 공통규칙·규범·제재, 그리고 네트워크와 집단에서의 연결성 등의 네 가지 특징을 강조한다.

첫째, 신뢰의 관계(relations of trust)는 협력·상향적 집합적 행동의 핵심적 전제조건이다. 상호신뢰를 토대로 관련 당사자들 간에 합의형성비용, 합의점검비용, 합의이행비용 등 거래비용을 크게 줄일 수 있다. 물론, 협력적 전통이 오래된 사회나 조직에서는 신뢰관계 형성이 보다 용이하다.

둘째, 협력은 또한 호혜관계에 의해 발전되고 강화된다. 왜냐하면, 호혜성이 신뢰를 증진시키고, 관련 당사자들 간에 장기적인 책무관계의 발전에 기여하기 때문이다. 호혜성은 기본적으로 신뢰에 토대하는 것이다. 왜냐하면, 신뢰가 거래비용을 줄이고 재정적 부담을 덜어줘서 사람들 간의 협력을 원활하게 하기 때문이다.

셋째, 성공적인 집합적 행동은 공통 규칙, 규범, 그리고 제재에 또한 의존한다. 집단(공통)이익과 개별이익을 일치시키고 행태변화에 효과적이기 위해서는 포괄적 기준이 필수적인데, 그 포괄적 기준은 공통 규칙, 규범, 그리고 제재에 의존하고 있기 때문이다. 이들 포괄적 기준 내지 '게임의 규칙(rules of game)'은 집합적 행동에 참여하는 당사자들에게 가능한 널리 제시되고 인지될 필요가 있다.

왜냐하면, 그 과정을 통해서 참여자들은 집합재에 투자하는 것이 괜찮다는 믿음을 가질 수 있기 때문이다.

넷째, 네트워크와 집단에서의 연결성(connectedness)과 관련하여 흔히 인연적(bonding), 교량적(bridging), 연계적(linking) 연결성이라는 세 가지 유형의 연결성이 강조되고 있다. 인연적 연결성은 유사한 사람들의 강한 연계(strong ties) 멤버십에서 기인하는 연결성으로, 가족이나 친구 또는 동료들 간의 네트워크를 말한다. 교량적 연결성은 약한 연계(weak ties) 형태의 다양한 협의체(associations) 등의 멤버십에서 기인하는 연결성을 말한다. 연계적 연결성은 권력이나 권한을 가지고 있는 사람들과의 계층적 관계성에서의 네트워크 관계를 말한다.

결과적으로, 신뢰는 평판과 강하게 연결된다. 사실, 평판에 주의를 기울일 때 사람들은 상호의무나 호혜성에 더 얽매이게 된다. 따라서 사람들이 그들의 사회적 평판에 관심을 가질 때 집합적 행동의 성공 가능성이 높아진다. 유사하게, 오스트롬(Ostrom, 2007)은 집합적 행동에 관련된 참여자들은 과거의 집합적 행동 상황에서 여타 참여자들에 대한 평판을 토대로 그들을 신뢰하게 됨을 강조하고 있다.

3 가상적 집합적 행동 상황

신뢰는 신뢰하는 사람과 신뢰받는 사람 양자 모두에 있어 그들의 복지를 증진하는 기회를 내재하고 있다. 간단한 설명을 위해, 행위자 A가 원하는 상품을 행위자 B가 A에게 전달하기 전에 A가 돈을 지불해야만 하는 비즈니스 사례 한 가지를 예로 들어보자(Ostrom and Ahn, 2007). 이론적으로, 감베타(Gambetta, 2000)의 주장처럼 신뢰를 "한 행위자가 또 다른 행위자 또는 행위자 집단이 특정 행위를 할 것이라고 평가하는 주관적인 확률의 특정 수준"으로 규정할 때, 신뢰자는 피신뢰자를 객관적인 상황과 독립적으로 주관적인 측면에서 신뢰할 수 있다. 그래서 오류에 따른 상실을 경험할 수 있고, 따라서 다음 번 거래행위에서는 소극적인 대처를 하게 될 것이다.

이와 같은 집합적 행동 상황의 문제를 어떻게 하면 풀 수 있을까를 여기서 생각해 보자. 우선, 거래가 한번만으로 끝나지 않고 지속되는 경우에 피신뢰자는 어떻게 행동하는 것이 자신에게 이익이 될까? 만약에, A와 B의 거래를 지켜보는 C와 D 등이 존재하고 있고, A와 B 간의 거래행위 결과가 향후 B가 C와 D 등과 거래를 하는 데 영향을 미친다면 어떻게 될까? 또는 B가 배신할 경우 B를 처벌하거나 또는 A에게 보상을 하는 규칙이나 법률 등이 존재하고 있으면 어떻게 될까? 위의 예들은 모두 B(피신뢰자)의 이기적인 인센티브 구조를 바꿀 수 있는 예들이다. 관련 정보가 신뢰자와 피신뢰자 간에 투명하게 공유될 수 있다면 그들 간의 공통이해를 통해 그들의 복지증진이 성취될 수 있고 집합적 행동 문제점이 해결될 수 있을 것이다.

1) 상황 1

A와 B의 선불 거래, A가 원하는 상품이나 서비스를 B가 A에게 전달하기 전에 A는 돈을 미리 지불해야 하는 상황이다.

(1) B는 돈을 미리 받고 A가 원하는 상품이나 서비스를 전달하면, A와 B는 거래이전과 비교하여 보다 높은 이익을 향유하게 된다.

(2) B는 돈을 미리 받았지만 A가 원하는 상품이나 서비스를 전달하지 않으면, A는 순손실을 겪게 되고 B는 단기적으로 보다 큰 이익을 누리게 될 것이다.

(2-1) 만약 B가 돈을 미리 받고 상품이나 서비스를 전달하지 않을 경우를 우려해서 A가 돈을 미리 지불하지 않고 거래가 애초에 성사되지 않으면, A와 B는 이익증진의 기회를 상실하게 될 것이다.

(2-2) 만약 A와 B의 거래를 지켜보고 있는 C와 D가 존재하고 있고 B가 장차 C와 D 등과 (중요한) 거래를 예상 또는 예정하고 있다면, B는 A와의 거래에서 신뢰성 있게 행동해서 A와 B의 당초거래는 정상거래로 귀결

되고 양자는 거래 후 높은 이익을 향유하게 될 가능성이 높다.

(2−3) 만약 B가 A를 배신할 경우(돈만 미리 받고 상품이나 서비스를 제대로 전달하지 않을 경우 등) B를 처벌하고 A를 보상하는 공적제도가 존재할 경우, 처벌과 보상의 정도나 규모에 따라 상이하겠지만, A와 B의 당초 거래의 성사 정도와 사후 피해 범위에 영향을 미치게 될 것이다.

(2−4) 만약 B가 A와 1회성의 거래관계가 아니라 반복적인 거래관계를 예상하고 있다면, B는 장기적 이익을 고려해서 당초 거래관계에서 신뢰성 있게 행위할 가능성이 높아진다.

여기서 상황 (2−1)에서 (2−4)까지의 상황이 어떻게 진전될 것인지 또는 좋은 사례가 어떤 것이 있는지를 보다 깊이 있게 검토해 보자.

2) 상황 2-1

A와 B 간의 신뢰부족으로 인해 모두가 이익증진의 기회를 상실하고 사실상 손해를 보는 경우이다. 애로우(Arrow, 1972: 357)도 이런 상황을 다음과 같이 지적한다. "사실상 모든 상업적 거래는 그 자체 내에 신뢰의 요소를 가지고 있다. 확실히 일정기간에 걸려 진행된 어떤 거래의 경우에서도 그렇다. 세계의 경제적 낙후성의 많은 부분이 상호신뢰의 결여에 의해 설명될 수 있다." 상호신뢰 부족으로 인한 아프리카 경제의 빈약한 성과성에 대한 콜리어와 건닝(Collier and Gunning, 1999)이나 하포드(Harford, 2006)의 분석결과도 동일 맥락에 있다. 하포드(Harford, 2006; 이동원 · 정갑영 외, 2009: 99−100 재인용)에 따르면, 아프리카 카메룬에서는 지불되지 않은 상업송장(invoice)을 받아내기 위해 법적 절차를 밟을 경우 소송에만 2년의 기간이 소요되고 송장 금액의 3분의 1에 해당하는 비용이 소요되어 사실상 상대편의 계약이행에 대한 법 · 제도적 측면의 보호가 결여되어 있고, 결과적으로 기본적인 거래 신뢰관계 형성이 어려움을 지적하고 있다.

3) 상황 2-2

A와 B의 거래를 누군가가 지켜보고 있고 그 누군가가 B의 미래 거래관계에서 중요한 사람들이면 어떻게 될까? 이 경우, B는 A와의 거래를 단 1회로 끝낸다고 하더라도, 그 거래를 지켜보는 중요한 C와 D 등으로 인해 보다 신뢰성 있게 움직이게 될 것이다(Krishna, 2002; Svendsen and Svendsen, 2004; Baker, 2005). 따라서 소규모 커뮤니티에서는 로컬 주민들의 행동이 바람직한 집합적 행동으로 귀결될 가능성이 높다. 그런데 만약 커뮤니티 규모가 보다 커서 촘촘한 대면적 네트워크 관계가 수립될 수 없는 경우에는 어떻게 될까? 이 경우에도 이베이 피드백 시스템같이 평판을 이용하여 바람직한 집합적 행동으로 귀결될 수 있는 가능성이 있음이 언급되고 있다(Standifird, 2001; Janssen, 2006; Ostrom and Ahn, 2007).

4) 상황 2-3

만약 B가 배신할 경우 법·제도가 A를 대신해서 B를 처벌해 주고 상당한 보상을 약속을 해 준다면 어떻게 될까? 남을 신뢰한다는 것 자체가 주관적인 평가확률에 근거한 것이므로 항상 위험부담을 내포하고 있다고 보아야 한다. 그 위험부담을 줄이는 방법으로 우리는 흔히 인간관계의 경험 또는 평판 등을 활용한다. 여기서 우리는 법·제도가 사회의 일반적 신뢰를 증진하는 효과를 간단한 방정식을 이용하여 풀어 볼 수 있다(이동원·정갑영 외, 2009: 97-98).

B가 거래 후에 계약을 이행할 경우 A는 20의 이익을 얻고, 반대로 B가 배신할 경우 A는 30을 손해 본다고 가정한다. 물론 A와 B가 거래하지 않을 경우 기대수익은 당연히 0이다. A가 이 거래에 대한 위험부담에 대해 중립적인 태도를 취한다고 할 때, 거래 성사를 위해서는 거래의 기대이익(expected profit)이 적어도 거래하지 않았을 때의 기대이익인 0을 넘어야 한다.

$$\text{A의 기대이익} = P \times 20 + (1-P) \times (-30) > 0$$

단, P=B의 계약이행확률(B의 평판이나 A의 직·간접 경험 등에 의존)

여기서 A가 B를 신뢰하고 거래하기 위해서는 B가 약속을 지킬 확률이 적어도 5분의 3을 초과해야 한다. 그런데 여기서 B가 약속을 지키지 않을 경우 B를 효과적으로 처벌하고 A에게 보상하는 법·제도가 잘 갖춰진 사회에서는 어떻게 될까? 예컨대, B가 배신할 경우 A의 예상피해액 30의 일부분인 10만큼 보상받을 수 있다면 A의 기대이익 방정식은 다음과 같다.

$$\text{A의 기대이익} = P \times 20 + (1-P) \times (-30+10) > 0$$

이 경우, P가 2분의 1만 초과하면 A가 B와의 거래에 응하는 요건이 갖춰진다. 이는 개인에 대한 신뢰를 법·제도가 보완할 수 있음을 보여주는 것이다.

5) 상황 2-4

뉴욕의 DDC(다이아몬드 딜러스 클럽) 소속 구성원들끼리는 구매자가 제품검사를 위해서 고가의 다이아몬드를 명시적인 계약서 없이 며칠씩 보관하는 것이 전혀 거래상에 문제가 되지 않는다. 히브리어로 '축하합니다'라는 뜻인 '마잘(Ma-zal)'이란 구두계약을 통해 계약이 성사된다. '말이 곧 계약'인 것이다. 이것이 가능한 이유는 대부분 가족, 커뮤니티, 종교의 끈으로 결속된 폐쇄적인 유대인 집단이라는 이유가 강조되고 있다. 본질적인 것은 '구두계약'을 위반했을 경우 치루어야 할 대가가 엄청나다는 것이다(Coleman, 1988). 퍼트넘(Putnam, 2009: 22-23)이 언급했듯이, 경제적 거래가 사회적 상호작용의 촘촘한 네트워크 속에서 이루어지면 기회주의적 처신과 부정행위를 할 동기가 줄어든다. 모조품이 난무할 가능성이 극단적으로 큰 다이아몬드 거래에서 장기적 거래를 통한 좋은 평판을 갈고 닦을 경우 그 가치가 빛을 발하는 것이다.

장인정신과 대를 잇는 비즈니스로 정평이 나있는 일본사회에서는 장기적인 거래관계를 기본으로 한 신뢰구축을 단기적인 효율성보다 중시하는 것으로 알려져 있다(이동원·정갑영 외, 2009: 67). 조선일보 이신영(2012.8.25-26: C2) 기자는 오자사(小ざさ)의 장인정신에 대해 다음과 같이 취재하고 있다.

판매원 3명이 겨우 설 수 있는 가게로 딱 3.3m^2(1평) 크기지만, 매출은 연간 3억

엔(약 42억 원)을 훌쩍 넘는다. 1951년 창업한 '일본 최고의 양갱가게'인 오자사(小ざさ)로 양갱과 모나카(最中: 찹쌀과 팥소를 넣어 만든 얇게 구운 과자) 딱 두 종류만 판다. 특히 매일 150개만 한정 판매하는 양갱을 사기 위해 고객들은 지난 40여 년 동안 매일 새벽 4~5시부터 기다린다. 근처에 전날 숙박하고 새벽 일찍부터 행렬에 가담하는 관광객도 많다. 일본 호세이대학 사카모토 고지 교수는 일본 내 6,500개 중소기업 탐방 후 쓴 『작지만 세계에 자랑하고 싶은 회사』란 책에서 오자사를 1등 회사로 소개하며 '진짜 중의 진짜'라고 평가했다.

오자사는 20분 거리에 있는 공장에서 만든 양갱과 모나카를 하루 평균 1만 개씩 판다. 전체 직원은 14명이다. 창업자의 딸인 이나가키 아츠코(80) 사장은 키 145cm, 몸무게 50kg의 왜소한 체격이다. "고교 졸업 후 60년 간 휴일 없이 일했어요. 양갱은 팥·설탕·한천 등 세 가지 재료로 만드는데 사소한 차이가 명품 여부를 결정합니다." 그는 "'하루에 양갱 150개만 만들어 판다'는 원칙을 하루도 어기지 않았다"며 "양갱을 못 사고 돌아가는 고객에게 미안하지만, 품질 관리를 위해 어쩔 수 없다"고 했다. "7kg짜리 작은 가마솥 3개에 팥소를 넣어 숯불에 40~50분 간 정성껏 졸이는데, 아주 짧은 순간 팥소에서 보라색 빛이 나면 성공입니다. 실수로 땀방울 하나를 떨어뜨려도 이 색깔이 나오지 않아요. 이 색깔이 안 나오면 판매하지 않습니다." 보들하고, 쫀득하며, 탱글하면서 입안에서 사르르 녹는 네 가지 식감의 '교차점'을 찾는 게 핵심이다.

오자사는 1971년 인근에 양갱을 파는 대형 백화점이 세 곳이 생겨 존망의 기로에 놓였었다. 이나가키 사장은 "최고의 재료를 제공해 줄 공급업자들을 엄선한 후 이들과 깊은 신뢰를 쌓아 위기를 돌파했다"고 했다. 그는 "재료 납품이 아니라 고객에게 같이 물건을 파는 걸로 생각해달라고 접근해 그들(재료 공급업자들)의 마음을 움직였다"고 했다. "공급업자들과 신용을 '저축(貯蓄)'하는 사이가 되어야 합니다. 내가 망하더라도 '이 사람이 만들면 내가 함께 하겠다'며 기꺼이 달려와 줄 파트너를 만들어야 합니다."

오자사는 최근 15년 동안 제품 가격을 한번도 올리지 않았다. 1951년(양갱 120엔, 모나카 10엔)과 비교해도 지금 가격(양갱 200엔, 모나카 54엔)은 싼 편이다. 이나가키 사장은 "같은 기간 재료값이 엄청 올랐지만 고객에게 최고 품질을 최저 가격에 제공하겠다는 '고객 최고' 원칙만은 목숨을 걸고 지켰다"고 했다. 직원들은 '고객의 얼굴이 아닌 발끝을 뚫어지게 쳐다보라'고 교육받는다. 고객의 발끝이 가게 쪽을 향하는 순간 자연스레 말을 거는 것이다. 그래야 고객도 홀가분한 마음에서 지갑을 연다는 생각에서다. 이런 정신에 따라 오자사에선 사장·임직원들의 가족이나 친척도 모두

줄 서서 양갱을 사먹어야 한다. "1990년부터 전체 직원 중 2~3명은 다른 기업에서 거절당한 장애인을 꼭 고용합니다. 정부의 장애인 고용 지원금은 받지 않고요. 크든 작든 사회적 책임을 다해야 진짜 기업이라고 생각합니다."

태국의 고무시장에 대한 흥미로운 조사결과는 시장에서 판매자와 구매자 간에 존재하는 정보의 비대칭성과 역선택(adverse selection)의 문제가 가격 차이로 표출된 신뢰관계를 통해 해결되는 모습을 보여 준다. 고무는 제품 특성상 구매자가 구매 시에 품질 차이를 식별하기 어렵다. 하지만, 장기간의 거래관계를 통해 신뢰를 얻은 판매자는 시장에서 동일 품질의 고무라도 더 높은 가격에 판매할 수 있다(Popkin, 1982; 이동원 · 정갑영 외, 2009: 67 재인용).

제2세대 집합적 행동 이론의 대표 주자인 오스트롬(Ostrom, 2010)은 공유자원(common-pool resources) 문제의 해결(천연자원 경제성의 장기적 보장) 과정에서 제1세대 집합적 행동 이론과는 다르게, 국가(중앙정부 규제)나 시장(사유화)이 아닌 제3의 문제해결 장치(관련 당사자 자기규제 방식)를 강조한다. 그녀는 공통목적을 공유하는 집단이 있을 때 그 구성원들을 어떻게 조직하는 것이 그 목적달성에 보다 효율적인지를 다양한 경험적 사례에 대한 분석을 통해 규명하고자 했다. 즉, 상황별 적합한 제도가 어떻게 만들어질 수 있는지, 그 제도적 장치의 디자인 원리는 무엇인지를 밝히고자 했다. 그녀는 제도는 외부로부터 단순히 주어지는 고정불변의 것이라고 볼 수 없으며, 오히려 끊임없이 생성 발전해갈 수 있다고 보았다. 제도는 그 제도로 인해 영향받는 구성원들의 동기유인을 변화시킬 수 있으며, 동시에 제도는 그 구성원들의 집합적 선택에 의해서 수정되고 변화할 수 있다고 보았다. 특히, 제도는 그 제도에 직접적인 영향을 받는 구성원들의 집합적 선택에 의해 변경될 수 있을 때 내구성과 견고성을 가질 수 있음을 강조한다.

오스트롬(Ostrom, 2010)은 우선 공유자원들은 모두가 불확실하고 복잡한 환경에 놓여 있음에 주목한다. 그런데 어떻게 복잡하고 불확실한 환경 하에서 구성원들이 기회주의적 행동의 유혹을 이겨내고 내구성과 견고성을 가진 제도를 갖게 되었는지에 대해 다양한 사례분석을 통해 <표 3-1>과 같이 여덟 가지의 디자인 원리(Design Principles)를 제시하고 있다.

표 3-1 오랫동안 지속되어 온 공유자원 제도에서 확인된 디자인 원리

① 명확하게 정의된 경계	공유자원 체계로부터 자원 유량을 인출해 갈 수 있는 권리를 가진 개인과 가계가 명확히 정의되어야 하며, 공유자원 자체의 경계 또한 명확하게 정의되어야 한다.
② 사용 및 제공 규칙의 현지 조건과의 부합성	자원 유량의 시간, 공간, 기술, 수량 등을 제한하는 사용 규칙은 현지 조건과 연계되어야 하며, 노동력과 물자, 금전 등을 요구하는 제공 규칙과도 맞아야 한다.
③ 집합적 선택장치	실행 규칙에 의해 영향을 받는 대부분의 사람들은 그 실행 규칙을 수정하는 과정에 참여할 수 있어야 한다.
④ 감시 활동	공유자원 체제의 현황 및 사용 활동을 적극적으로 감시하는 단속요원은 그 사용자들 중에서 선발되거나 사용자들에 대해 책임을 지고 있어야 한다.
⑤ 점증적 제재 조치 (graduated sanctions)	실행 규칙을 위반하는 사용자는 다른 사용자들이나 이들을 책임지는 관리, 또는 양자 모두에 의해서 위반 행위의 경중과 맥락에 따른 점증적 제재 조치를 받게 된다.
⑥ 갈등 해결 장치	사용자들 간의 혹은 사용자와 관리자들 사이의 분쟁을 해결하기 위해 지방수준의 갈등 해결 장치가 있으며, 분쟁 당사자들은 저렴한 비용으로 이를 이용할 수 있어야 한다.
⑦ 최소한의 자치 조직권 보장	스스로 제도를 디자인할 수 있는 사용자들의 권리가 외부 권위체에 의해 도전받지 않아야 한다.
⑧ 중층의 정합적 사업 단위 (nested enterprises) (공유자원 체계가 대규모 체계에 부분으로 있는 경우)	사용(私用), 제공, 감시 활동, 집행, 분쟁 해결, 운영 활동은 중층의 정합적 사업 단위로 조직화된다.

자료: 오스트롬(Ostrom, 2010: 175).

제 5 절 죄수의 딜레마 게임과 정책적 처방

공유재의 비극이나 집합적 행동의 딜레마는 '비극'이나 '딜레마'란 용어에 함축되어 있듯이 자연적으로는 해결되기 어렵다. 특정 집단에서 다른 사람과 협력하지 않는 선택이 단기적으로는 언제나 더 큰 편익을 가져다 줄 때, 먼 미래의 보다 큰 공통이익(집단이익)을 위해서 단기적인 각자 이익을 포기할 것이라고 보는 것은 합리적 경제인의 기본가정과 충돌하기 때문이다. 이와 같은 상황은 '죄수의 딜레마 게임(the Prisoner's Dilemma game)'을 통해서 간명하게 표시할 수 있다.

여기서는 먼저 죄수의 딜레마 게임을 검토하고, 이어서 공유의 문제와 연계된 정책적 처방들을 하나씩 살펴보고자 한다.

1 죄수의 딜레마 게임

죄수의 딜레마 게임은 다음과 같이 간명하게 표시할 수 있다(액설로드, 2009: 30−47). 단순화를 위해 대상 죄수 혐의자는 A와 B, 단 두 명이다. 각각 협력 또는 배신할 수 있다. 두 사람 모두 행동선택에 따른 결과 보수표(이익)의 내역 정보를 알 수 있지만, 상대방이 어떤 선택을 할지는 모르는 상태에서 선택을 해야 한다. 그리고 상대방이 협력 또는 배신의 어떤 선택을 하든 자신은 배신의 선택을 할 때 보다 높은 이익을 얻을 수 있다. 그런데 딜레마는, 대상 죄수 두 사람 모두 상대를 배신하면 두 사람 모두 서로 협력할 때에 비하여 얻을 수 있는 이익의 규모가 작아진다.

이와 같은 상황은 [그림 3−1]과 같이 나타낼 수 있다.

그림 3−1 죄수의 딜레마 개념도

		참가자 A	
		협력	배반
참가자 B	협력	$R=6$, $R=6$ 상호협력에 대한 보상	$S=0$, $T=9$ 머저리의 빈손, 배반의 유혹
	배반	$T=9$, $S=0$ 배반의 유혹, 머저리의 빈손	$P=2$, $P=2$ 상호배반에 대한 처벌

검사는 두 죄수 혐의자 각각에게 피의사실의 형량이 10년형이 되는 중범죄이지만 범죄사실을 고백한 피의자는 9년형을 감형하는 선처를 베풀겠다는 약속을 한다. 두 혐의자 모두 입을 다물고 있으면 범죄혐의 중 상당부분은 증거불충분으로 무혐의 처리되어 4년형으로 귀결되고 그들은 사실상 6년형의 감형을 받는 것과 동일한 혜택을 얻게 된다. 그렇지만 둘 다 범죄혐의를 고백하면 정보제공의 가치가 없으므로 검사는 2년 정도만 형량을 감해 주겠다고 한다. 물론 한 명은 범죄혐의를 인정하지 않고 입을 다물고 있는데 마음이 약한 다른 한 명이 범죄사실을 고백해서 범죄가 입증되면 범죄사실을 고백하지 않은 자는 아무런 감형도 없이 형량 10년 모두를 감옥에서 보내야 한다. 이때 두 죄수의 행동선택의 경우의 수는 네 가지다. 두 죄수가 서로서로 협력의 선택을 하면, 두 명 모두 각각 R이라는 상호협력에 따른 보상(reward for mutual cooperation)을 얻게 된다. 한 명은 협력하는데 상대편이 배신을 하면, 배신한 죄수는 배신의 유혹(temptation to defect)이라는 T를 얻지만, 상대편을 믿고 협력한 죄수는 머저리의 빈손(sucker's payoff)이라는 S를 얻게 된다. 두 죄수 모두 서로 믿지 못해서 배신을 하면 상호배신에 대한 처벌(punishment for mutual defection)이라는 P를 얻게 된다.

자, 여기서 당신이 A라면 어떤 선택을 할 것인지 생각해 보자. B가 협력할 경우에 당신도 협력을 선택해서 사실상 6년의 감형에 해당하는 R=6을 얻을 수 있다. 또는 배신을 선택해서 9년형을 감형받는 T=9를 선택할 수 있다. B가 배신할 경우에는, 당신이 고지식하게 협력해서 아무런 감형도 받지 못하고 전체 형량을 복역해야 하는 머저리의 빈손인 S=0을 얻을 수도 있고, 또는 당신도 함께 배신해서 상호배신의 처벌에 해당하는 P=2를 선택할 수 있다. B가 협력을 하든 배신을 하든 A인 당신은 배신의 경우가 이익이 더 크다. 그런데 B의 경우는 어떨까? B 역시 당신과 동일한 논리로 당신이 협력을 선택하든 배신을 선택하든 배신의 경우의 이익이 더 크다. 즉, 개인적으로는 합리적인 결론이 두 사람 모두에게 협력의 선택보다 더 나쁜 결과를 초래하게 되고, 따라서 딜레마가 된다.

여기서 죄수의 딜레마가 초래되는 상황을 좀 더 분석적으로 밝혀보자. 첫째, 선택에 대한 보수의 크기는 다음 관계가 성립한다.

T(유혹)>R(보상)>P(처벌)>S(머저리)

둘째, 서로 번갈아 상대를 이용해도 딜레마에서 벗어날 수 없는 관계에 있다. 즉, T와 S값의 평균치는 R보다 낮다.

$$(T+S)/2<R$$

자, 여기서 이기적인 두 사람이 딱 한 번만 게임을 할 경우, 두 번만 게임을 할 경우, 횟수가 정해진 게임을 할 경우, 또는 무한 횟수로 게임을 할 경우 그 결과는 어떻게 될까? 우선, 한 번만 게임을 할 경우, 각자 자신의 이익만을 생각하게 되어 자신에게 유리한 배반을 선택하게 될 것이다. 두 번만 할 경우에도 결과는 동일할 것이다. 왜냐하면, 두 번째는 서로 배반을 할 것을 예상하게 되고 따라서 첫 번째에도 상대편에게 협력할 이유가 없다. 동일한 맥락에서, 횟수가 정해진 게임의 경우에는 참가자들이 상대편에게 협력할 이유가 없다. 왜냐하면, 마지막 게임에서 상대편이 자신을 배반할 것이 뻔히 눈에 보이기 때문이다. 그렇다면, 마지막 번 바로 전 게임의 경우에도 상대편에게 협력할 이유가 없다. 문제는 무한 횟수로 게임을 할 경우인데, 이 경우는 정의상 상대방과의 관계가 언제 끝날지 알 수가 없고 언제 배신을 선택해야 자신에게 가장 유리한지 알 수가 없다. 자, 상대방과의 협력이 가능한 상황이 존재한다면, 우리는 협력이 실제 작동할 수 있는 필요충분조건에 대한 정확한 정보를 파악할 필요가 있다(액설로드, 2009).

여기서 A와 B가 다시 만날 수 있으면 어떻게 될지를 보다 구체적으로 생각해 보자. 즉, 게임이 반복적 상황이라면 A와 B는 어떤 행동선택을 할 것인가이다. 또는 A와 B의 협력관계를 지켜보는 C와 D가 있고, A와 B에게 C와 D의 미래관계가 중요하다면 A와 B는 어떻게 행동할지도 궁금한 상황이다.

상호작용이 반복되지 않고 1회로 끝나면 협력행위를 기대하기 어렵다. 따라서 협력을 증진하기 위해서는 두 죄수가 서로 다시 나중에 만날 수 있도록 하고, 다시 만났을 때 서로 인지할 수 있으며, 또 과거에 서로에게 어떤 행동을 했는지를 기억할 수 있도록 조정할 필요가 있다. 이와 같은 인지 가능한 상호작용을 통해 호혜성에 토대한 협력이 안정적으로 자리 잡을 수 있게 된다. 관련 논의를 액설로드(Axelrod, 2009: 153−171)는 다음 세 가지 범주로 나누고 있다.

첫째, 현재에 드리우는 미래의 그림자를 확대할 필요가 있다. 현재와 비교해 미래가 충분히 중요하다면 당연히 상호협력은 안정적으로 된다. 보복의 효과가 충분히 나타날 만큼 상호작용하는 기간이 길다면 보복이 상당한 효과를 발휘할 수 있기 때문이다. 이것은 수치자료로 간단히 입증할 수 있다. [그림 3-1]의 자료를 토대로, 현재 게임에 대한 다음 게임의 가중치(혹은 중요도)를 나타내는 값, w=0.9로 설정하자. 그리고 상호작용은 무한하다고 가정한다.

호혜주의에 입각한 팃포탯(tit-for-tat) 전략의 경우

팃포탯 전략은 첫 번째는 협력하지만 그 다음 번부터는 언제나 상대편이 행한 전략대로 하는 전략이다.

$$\begin{aligned}\text{보수} &= R+wR+w^2R+\cdots+w^nR=R(1+w+w^2+\cdots+w^n)\\ &= R\{1/(1-w)\}\\ &= 6\{1/(1-0.9)\}=60\end{aligned}$$

언제나 배신하는 올디(All D)의 경우

$$\begin{aligned}\text{보수} &= T+wP+w^2P+\cdots+w^nP=T+wP(1+w+w^2+\cdots+w^{n-1})\\ &= T+wP\{1/(1-w)\}\\ &= 9+1.8\times10=27\end{aligned}$$

협력과 배신을 번갈아 하는 경우

$$\begin{aligned}\text{보수} &= T+wS+w^2T+w^3S+\cdots+w^{n-1}T+w^nS\\ &= (T+wS)(1+w^2+w^4+\cdots+w^{n-1})\\ &= (T+wS)\{1/(1-w^2)\}\\ &= 9\times(1/0.19)=47.37\end{aligned}$$

미래의 그림자가 클 경우 호혜주의에 바탕을 둔 전략이 안정적이다. 즉, 가장 큰 이익을 가져다줌을 알 수 있다. 만약 여기서 미래의 그림자가 작은 w=0.3이라면 그 결과보수는 어떻게 될까?

$$\text{팃포탯 전략 보수}=R\{1/(1-w)\}=6\{1/(1-0.3)\}=8.57$$
$$\text{올디 보수}=T+wP\{1/(1-w)\}=9+0.6\times(1/0.7)=9.86$$
$$\text{협력과 배신을 번갈아 할 경우의 보수}=(T+wS)\{1/(1-w^2)\}=9\times(1/0.91)=9.89$$

미래의 그림자를 작게 설정하면, 상대가 나의 협력에 협력으로 보답하더라도 그 결과보수가 줄어들게 된다. 즉, 현재와 비교해서 미래가 그렇게 중요하지 않을 경우 어떤 형태의 협력도 안정적이지 않을 것임을 추론할 수 있다.

둘째, 보수 자체를 바꿀 필요가 있다. 상호협력의 장기적인 동기를 배반의 단기적인 동기보다 높게 설정하면, 죄수의 딜레마 상황을 벗어날 수 있다. 사람들이 개인적 이익을 따져보아서는 협력할 이유가 없다 하더라도 사회를 위해서 요구되는 선택을 하도록 할 필요가 있다. 예컨대, 세금납부의 경우 납세자는 고통을 느끼고 그 부담을 회피하고 싶은 유혹을 받는다. 단기적으로는 아무 혜택도 느껴지지 않는데 손실만 초래되기 때문이다. 전체적으로 국가를 위해서 정부가 선택할 수 있는 것은 납세의무를 제대로 이행하지 않는 사람을 철저히 가려내고 처벌함으로써 납세선택에 따른 보수의 크기를 바꿔주는 것이다. 동일 맥락에서, 루소(Rousseau, 1762/1950: 18)는 정부의 역할을 각 국민이 자유로울 수 있도록 강제하는 것이라고 규정했다. 사회적으로는 바람직하지 않지만, 경찰에 체포된 마피아 조직원들은 조직의 보복을 우려해 서로 잘 배신하지 않는다. 이 경우는 보수구조에 큰 변화가 일어나서 상호작용의 내용이 변질되어 더 이상 죄수의 딜레마 상황이 아니게 된다.

셋째, 협력을 증진시킬 수 있는 가치관과 그에 대한 사실과 요령을 교육할 필요가 있다. 사회에는 못된 인간들이 없는 것이 아니지만, 상호배려하는 사회는 혹시 죄수의 딜레마 상황에 빠지더라도 구성원들 사이에 협력을 훨씬 쉽게 끌어낼 수 있는 것으로 알려져 있다. 서로에 대한 배려와 호혜성을 가르칠 필요가 있다. 공자(孔子)도 '기소불욕 물시어인(己所不欲 勿施於人)'이라고 "자기가 원치 않는 것을 남에게 베풀지 마라"고 했다. 남에게 대접받고 싶은 대로 남을 대접하라는 동·서양의 공통적인 도덕률이다. 다만, 그렇다고 해서 무조건적인 협력을 하라는 뜻은 아니다. 무조건적인 협력은 상대방의 기회주의적 선택을 부추기고, 결과적으로는 상대방을 망칠 수 있다. 더욱이 그 교화의 비용을 사회 전체에 지울 수 있기 때문이다.

죄수의 딜레마 게임은 모든 참가자가 특정 선택결과에 대한 완전한 정보(대안별 손익, 편익과 비용 내역 등)를 가지고 있는 비협력적 게임(noncooperative game)으로 개념화할 수 있다. 비협력적 게임의 특성상 참여자들 간의 의사소통은 금지되어 있거나, 또는 불가능하다. 죄수의 딜레마 게임에서 각 참여자는 '배신'이라는 전략을 선택함으로써 상대가 어떤 선택을 하든 상관없이 항상 보다 유리한 결과를 얻을 수 있다고 가정한다. 물론 게임 참여자 각자의 입장에서 최선의 전략선택이 파레토 최적(Pareto-optimum)으로 귀결되는 것은 아니다.[3)]

개인의 합리적인 전략선택이 집합적으로는 비합리적 결말에 이르게 된다는 역설은 많은 사회과학자들이 행동윤리에 대해 새롭게 생각하게 하는 계기가 되었다. 합리적 인간은 합리적 결과를 성취해 갈 것이라는 뿌리 깊은 신념을 뒤 흔든 것이다. 결과적으로, 정치철학과 윤리학에서의 기본적인 전제를 뒤흔들 만큼 큰 파장을 초래하게 된 것으로 보인다(Campbell, 1985: 3; 올슨, 2013).

2 정책적 처방

공유재의 비극, 죄수의 딜레마, 집합적 행동의 딜레마 등 공유(共有)문제를 다루는 대표적 모델들은 기본적으로 '자신들의 자원을 무자비하게 파괴해가는 과정'에 갇혀 있는 한심한 개인들과 암울한 함정 속에 갇힌 개인들을 부각시킨다. 과연 그런지, 다른 대안은 없는지를 검토해 볼 필요가 있다. 공유자원의 경제성을 장기적으로 보장하기 위해 중앙정부 규제, 사유화, 관련 당사자 자기규제 방식 등이 현재의 정책적 처방으로 제시되고 있다.

3) 파레토 최적은 모든 시장이 각기 안정적인 균형을 찾았을 때, 자원이 가장 효율적으로 분배되는 할당상태를 의미한다. 따라서 여기서는 게임 참여자 누구의 처지도 나쁘게 만들지 않으면서 최소한 어느 한 참여자의 처지를 더 좋게 만드는 것이 불가능한 상태를 뜻한다.

1) 중앙정부 규제

하딘(Hardin, 1978: 229−314)은 '공유재의 비극' 맥락에서 '공유'의 문제를 영속적으로 해결하기 위해서는 강제력의 필요성을 역설한다. 특히, 그는 사람들이 '무지의 먹구름' 속에 갇혀서 정치체제의 진정한 성격 및 각자가 환경의 보존에 미치는 영향을 제대로 볼 수 없음을 우려한다. 인구과잉의 세계에서 파국을 피하기 위해서는 사람들이 각자의 정신세계 바깥영역에 존재하는 강제력, 즉 토마스 홉스(T. Hobbs)가 강조하는 리바이어던(Leviathan)의 비극적 필요성에 순응해야 한다고 결론짓는다.[4)]

카루더스와 스토너(Carruthers and Stoner, 1981: 29)는 개발도상국가의 수자원 관리 문제 분석을 통해, 공용 목초지 남획과 토양부식, 어획고 감소 등의 문제에 대처하기 위해서는 공적인 통제장치의 필요성을 강조한다. 목초지나 산림, 어장 등 공유자원의 개발과정에서 경제적 효율성을 얻기 위해서는 공적통제의 불가피성을 지적하는 것이다. 그런데 우리는 오스트롬(Ostrom, 2010: 34−38)이 지적하고 있는 것처럼, 외재적 권위체 역시 정확한 정보에 입각해서 필요한 양의 규제를 적시에 집행할 만한 역량과 의지를 가지고 있는지 확인할 수 없다는 것이다. 더욱이, 그런 규제 활동 역시 비용이 수반됨으로 그 비용을 초과하는 규제이익이 있을 것인지의 여부 또한 불투명하다.

산림의 국유화를 통해 문제가 깔끔하게 해결되는 것이 아니고, 오히려 더 파괴될 수도 있다. 예컨대, 제3세계 여러 나라에서 산림자원의 생산성을 유지하고 토양부식을 감소시키기 위해서 산림국유화를 실시했는데, 중앙정부의 관리역량이 부족할 경우 이전에는 소규모의 부락이 사실상 관리하는 '제한 접근의 공유자원'이었던 산림이 자유접근 자원으로 변형되어 황폐화될 수 있음을 보여주는 연구결과들이 있다(오스트롬, 2010: 56−57). 중앙정부가 비록 세세한 규제안을 발

---

4) 삼백오십 여 년 전 홉스(T. Hobbs)는 매우 비관적 언급을 했다. 홉스(Hobbs, 1651/1962: 100)는 국가가 존재하기 전의 삶을 "외롭고, 누추하고, 역겹고, 거칠고, 궁핍하다"라는 냉혹한 표현으로 자연 상태는 서로 경쟁하는 이기적인 개인들의 문제에 억눌려 있어, 중앙권위체가 없는 한 협력은 절대로 나타날 수 없으며, 따라서 강력한 정부가 필요하다는 게 그의 논점이었다. 그 이후로 공권력의 적용범위를 놓고 벌어진 논쟁은 특정 상황을 통제할 수 있는 권위체가 존재하지 않을 때에도 과연 협력이 나타나길 기대할 수 있는지의 문제에 흔히 초점이 맞추어졌다(액설로드, 2009: 25−26).

표했지만, 그 규제안을 실질적으로 집행할 감시원을 고용하기 어렵고 고용된 감시원들은 낮은 수입으로 인하여 뇌물을 받는 등의 부작용이 속출할 수 있기 때문이다.

2) 사유화

공유문제의 해결과정에서 사유재산권 설정의 중요성을 많은 학자들이 주장했다. 스미스(Smith, 1981: 465–467)는 우리가 천연자원과 야생동물을 공유재산으로 간주하는 한 이들의 파괴와 남획은 불가피함을 강조한다. 그는 천연자원 관리 문제나 야생동물 보존 문제에서 '공유재의 비극'을 피할 수 있는 유일한 길은 사유재산권 설정을 통한 공유체제의 종식임을 역설한다. 웰츠(Welch, 1983: 171)는 과잉방목 등의 비효율성 회피를 위해서 사유재산권 확립은 불가피한 것으로 인식했다. 오히려 현재 공유재를 활용하고 있는 사람들이 사유재산권 체제로의 전환에 이의를 제기할 때 이를 어떻게 설득하고 조정해 나갈지가 중요하다고 보았다.

그러나 이 문제 역시 오스트롬(Ostrom, 2010: 38–41)은 물이나 수산 자원처럼 비고정(nonstationary) 자원과 관련해서 사실 소유권 제도의 확립이 무엇을 뜻하는지 분명하지 않다는 점과 억지로 소유권을 설정할 경우에 또 다른 관리비용의 문제를 우려한다. 뿐만 아니라 목초지나 산림 등 고정자원의 경우에도 기존 공유재를 사적 소유권화뿐만 아니라 각자의 사유화된 몫을 지키는 데 추가적인 감시 및 제재활동 비용이 초래될 것이라는 점을 우려한다. 여기서 오스트롬(Ostrom, 2010: 41–44)은 공유재에 대한 중앙정부 규제든 사유화든 왜 제도변화는 외부로부터 추진되어 공유자원의 사용자들에게 강제로 적용되어야 하는지에 대한 근본적인 의문을 제기한다. 중앙정부 규제를 위한 중앙집권화나 사유화라는 두 가지 입장 모두 지나친 일반화가 아닌가 하는 점이다. 어느 한 가지 문제에 대해서 한 가지 해결책만 있는 것이 아닌데, 왜 서로 다른 수많은 문제들에 대처할 수 있는 다양한 해결책 모색을 소홀히 하는지에 대해 비판한다.

3) 관련 당사자 자기규제 방식

오스트롬(Ostrom, 2007)에 따르면, 성공적인 집합적 행동의 요체는 다음 세 가지들 간의 연결성에 있다. 첫째는, 한 참여자(P_i)가 집합적 행동 상황에 관련된 여타 참여자들(P_j, … P_n)에 대해 가지고 있는 신뢰수준(trust)이다. 둘째는, 여타 참여자들이 신뢰성 있는 평판을 얻기 위해 들이는 투자량(investment)이다. 셋째는, 모든 참여자들이 호혜성의 규범(reciprocity norms)을 활용할 가능성이다. [그림 3-2]에 나타나는 것처럼, 평판, 신뢰, 그리고 호혜성의 결합적 행동(joint action)이 매우 중요하다. 왜냐하면, 이들 요인들이 서로서로 긍정적인 결과를 강화시키기 때문이다. 이것이 협력을 증진시키고, 궁극적으로 집합적 행동의 순편익(net benefits)을 증진시키게 된다.

그림 3-2 신뢰, 평판, 호혜성, 그리고 집합적 행동 간의 연계성

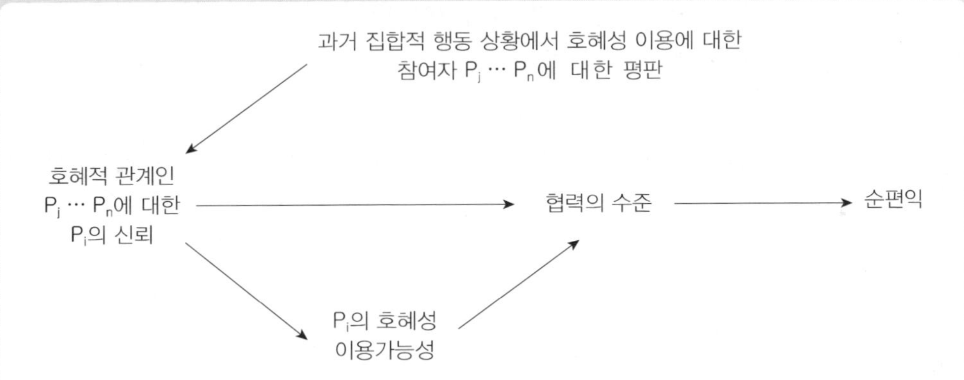

자료: 오스트롬(Ostrom, 2007; Vanni, 2013: 30 재인용).

오스트롬(Ostrom, 2010)은 공유자원을 사용하는 개인들이 빠져 나올 수 없는 암울한 함정에 갇혀 있는 한심한 개인들이라고 가정하는 대신, 현실 사례에서 성공적인 해결 경험과 실패 경험들이 공존하고 있으므로, 이를 실제 사례들에서 배워 갈 필요가 있음을 역설한다.

제도가 '시장'과 '국가'의 도식적인 이분법에서처럼 완전히 사적이거나 완전히 공

적인 경우는 거의 없다. 많은 성공적인 공유자원 제도는 사적인 것처럼 보이는 제도들과 공적인 것처럼 보이는 제도들의 풍부한 혼합물이기 때문에 경직된 이분법의 틀이 들어맞지 않는다. 여기서 '성공적'인 제도란 무임승차와 의무 태만의 유혹이 상존하는 상황에서 개인들에게 생산적인 결과를 성취할 수 있도록 해주는 제도를 말한다(오스트롬, 2010: 43).

결과적으로, 오스트롬(Ostrom, 2010: 121－193)은 공유자원 사용자들이 공유자원 이용관리 규칙을 스스로 고안하고 감시함으로써 제도와 자원체계 모두 장기 지속되어 올 수 있었음을 강조한다. 셉슬(Shepsle, 1989: 143)의 언급처럼, '제도적 균형(제도가 변화되었지만 초기 제도의 일부로서 의도된 대로 이루어짐)'상태를 이루고 있다는 것이다. 예컨대, 스위스와 일본의 고산지대 목초지 및 산림의 부락 공동 소유, 스페인의 우에르타 관개제도, 필리핀의 잔제라 관개 공동체 등의 경험에서 공유자원 사용자들이 스스로 기본 실행규칙을 고안하고, 공유자원 사용자들이 관리조직을 만들고, 시간이 흐르면서 과거의 경험에 비추어 자신들이 만든 집합적 선택 및 실행규칙을 수정하면서 성공적인 제도 지속성이 나타날 수 있었다는 것이다. 따라서 아주 많은 성공적 사례들에서 자발적으로 조직된 행위주체들이 어떠한 방식으로 이행 약속 문제와 상호감시 활동 문제를 해결해왔는지를 면밀하게 살펴볼 필요가 있다.

제 6 절 맺음말

사회적 자본 이론이 집합적 행동의 다양한 측면의 퍼즐을 푸는 데 기여할 수 있을 뿐만 아니라, 집합적 행동 이론이 미래의 사회적 자본 연구에 대한 보다 나은 분석적 토대를 제공할 수 있을 것으로 판단된다.

공통의 목적이 있을 때 해당 집단의 구성원은 그 공통 목적달성을 위하여 당연히 협력할 것으로 생각할 수 있지만, 현실에 있어서는 오히려 '무임승차' 등으로 협력하지 않는 형태가 발생할 수 있다. 어쩌면 공통 목적달성을 위하여 공통

기여를 하지 않는 것이 '합리적 경제인'의 기본 가정과 부합한다는 것이 제1세대 집합적 행동 이론의 논지이다. 그럼에도 불구하고, 개인과 사회의 발전을 위하여 적합한 집합적 행동이 필요한 것 또한 사실이므로, 문제는 어떻게 하면 필요한 집합적 행동을 발생시킬 수 있느냐 이다. 이에 대해, 제1세대 집합적 행동 이론가들은 중앙정부 규제나 사유화 등을 강조했지만, 제2세대 집합적 행동 이론가들은 원자화된, 이기적인, 완전히 합리적인 개인을 전제하고 보편적 이기성을 가정하는 제1세대 집합적 행동 이론의 핵심적 전제를 비판한다. 그리고 국가나 시장이 아닌 제3의 문제해결 장치인 관련 당사자 자기규제 방식에 주목한다. 복잡하고 불확실한 환경 하에 존재하는 공유자원의 경제성의 장기적인 보장을 위해 오스트롬(Ostrom, 2010)은 오랫동안 지속되어 온 공유자원 제도에서의 확인된 디자인 원리로서 여덟 가지를 제시하고 있다.

참고문헌

액설로드, 로버트(2009). 『협력의 진화—이기적 개인의 팃포탯 전략(이경식 역. 원저. *The Evolution of Cooperation* by R. Axelrod. 2006)』. 시스테마.

오스트롬, 엘리나(2010). 『공유의 비극을 넘어(윤홍근·안도경 공역. 원저. *Governing the Commons* by E. Ostrom. 1990)』. 알에이치코리아.

올슨, 맨슈어(2013). 『집단행동의 논리—공공재와 집단이론(최광·이성규 역. 원저. *The Logic of Collective Action: Public Goods and the Theory of groups* by M. Olsen. 1965)』. 한국문화사.

이동원·정갑영 외(2009). 『제3의 자본』. 삼성경제연구소.

이신영(2012.8.25—26). "99점도 안돼, 100점짜리 양갱만 팔아" … 1평 가게 연 매출 42억원. 조선일보. C2.

이혁우·박준휘·최성락(2014). 집합행동 원인으로서의 손실에 대한 비배제성: 불법 시장을 중심으로. 『한국행정학보』, 48(1): 263—285.

퍼트넘, 로버트 D.(2009). 『나 홀로 볼링—사회적 커뮤니티의 붕괴와 소생(정승현 역. 원저. *Bowling Alone: The Collapse and Revival of American Community* by R. D. Putnam. 2000)』. 페이퍼로드.

Arnold, J. E. M. and Campbell, J. G.(1986). Collective Management of Hill Forests in Nepal: The Community Forestry Development Project. *Proceedings of the Conference on Common Property Resource Management*. 425−452. National Research Council, Washington, D.C.: National Academy Press.

Arrow, K.(1972). Gift and Exchange. *Philosophy and Public Affairs*, 1(4): 343−362.

Baker, M.(2005). *The Kuhls of Kangra: Community−Managed Irrigation in the Western Himalaya*. Seattle: University of Washington Press.

Bentley, A.(1949). *The Process of Government. Evanston*, III: Principia Press.

Berkes, F.(1986). Marine Inshore Fishery Management in Turkey. *Proceedings of the Conference on Common Property Resource Managements*. 63−83. National Research Council, Washington, D.C.: Academy Press.

Bolton, G. and Ockenfelds, A.(2000). ERC: A Theory of Equity, Reciprocity, and Competition. *American Economic Review*, 90: 166−193.

Camerer, C. F.(2003). *Behavioral Game Theory: Experiments in Strategic Interaction*. Princeton: Princeton University Press.

Campbell, R.(1985). Background for the Uninitiated. In R. Campbell and L. Sowden (eds.). *Parodoxes of Rationality and Cooperation*. 3−41. Vancouver: University of British Columbia Press.

Carruthers, I. and Stoner, R.(1981). Economic Aspects and Policy Issues in Ground-water Development. *World Bank Staff Working Paper*, No.496. Washington, D.C.

Coleman, J. S.(1988). Social Capital in the Creation of Human Capital. *The American Journal of Sociology*, 94: s95−s120.

Collier, P. and Gunning, J. W.(1999). Explaining African Economic Performance. *Journal of Economic Literature*, 37: 64−111.

Cordell, J. C. and McKean, M. A.(1986). Sea Tenure in Bagia, Brazil. *Proceedings of the Conference on Common Property Resource Management*. 85−113. National Research Council, Washington, D.C.: National Academy Press.

Cruz, W.(1986). Overfishing and Conflict in a Traditional Fishery: San Miguel Bay, Philippines. *Proceedings of the Conference on Common Property Resource Management*. 115−135. National Research Council, Washington, D.C.: National Academy Press.

Dasgupta, P. S.(1982). *The Control of Resources*. Oxford: Blackwell.

Davies, B., Blackstock, K., Brown, K., and Shannon, P.(2004). *Challenges in creating local agri−environmental cooperation action amongst farmers and other stake-*

holders. Aberdeen: The Macaulay Institute.

Feeny, D. H.(1988). Agricultural Expansion and Forest Depletion in Thailand, 1900~1975. In J. F. Richards and R. P. Tucker(eds.). *World Deforestation in the Twentieth Century*. 112−143. Durham, N.C.: Duke University Press.

Frey, B. S.(1994). How Intrinsic Motivation is Crowded Out and In. *Rationality and Society*, 6: 334−352.

______(1997). *Not Just for the Money: An Economic Theory of Personal Motivation*. Cheltenahm: Edward Elgar.

Gadgil, M. and Iyer, P.(1989). On the Diversification of Common−Property Resource Use by Indian Society. In F. Berkes(ed.). *Common Property Resources*. London: Belhaven Press.

Gambetta, D.(1988). Can We Trust Trust? In D. Gambetta(ed.). *Trust: Making and Breaking Cooperative Relations*. Oxford: Blackwell.

Gordon, H. S.(1954). The Economic Theory of a Common−Property Resource: The Fishery. *Journal of Political Economy*, 62: 124−142.

Hardin, G.(1968). The tragedy of the commons. *Science*, 162: 1243−1248.

______(1978). Political Requirements for Preserving Our Common Heritage. In H. P. Bokaw(ed.). *Wildlife and America*. 310−317. Washington, D.C.: Council on Environmental Quality.

Harford, T.(2006). *Undercover Economist*. Oxford: Oxford University Press.

Hobbes, T.(1651/1962). *Leviathan*. New York: Collier Books edition.

Janssen, M.(2006). Evolution of cooperation when feedback to reputation scores is voluntary. *Journal of Artificial Societies and Social Simulation*, 9(1). http://jasss.soc.surrey.ac.uk/9/1/17.html

Krishna, A.(2002). *Active Social Capital: Tracing the Roots of Development and Democracy*. New York: Columbia University Press.

Laski, H.(1939). *A Grammar of Politics*(4th ed.). London: George Allen & Unwin.

Marshall, G.(1998). *A Dictionary of Sociology*. N.Y.: Oxford University Press.

Messerschmidt, D. A.(1986). Collective Management of Hill Forests in Nepal: The Community Forestry Development Project. *Proceedings of the Conference on Common Property Resource Management*. 455−480. National Research Council, Washington, D.C.: National Academy Press.

Neher, P. A.(1978). The Pure Theory of the Muggery. *American Economic Review*, 68: 437−445.

Olson, M.(1965). *The Logic of Collective Action. Public Goods and the Theory of Groups*. Cambridge: Harvard University Press.

Ostrom, E.(1990). *Governing the Commons: The Evolution of Institutions for Collective Action*. N.Y.: Cambridge University Press.

______(2005). *Understanding Institutional Diversity*. Princeton, N.J.: Princeton University Press.

______(2007). Collective Action Theory. In C. Boix and S. Stokes(eds.). *The Oxford handbook of comparative politics*. Oxford: Oxford University Press.

Ostrom, E. and Ahn, T. K.(2007). The Meaning of Social Capital and Its Link to Collective Action. W07－19. Workshop in Political Theory and Policy Analysis. Indiana University. 1－34.

Panayoutou, T.(1982). Management Concepts for Small－Scale Fisheries: Economic and Social Aspects. *FAO Fisheries Technical Paper*, No.228. Rome.

Pinkerton, E.(ed.)(1989). *Co－operative Management of Local Fisheries. New Directions for Improved Management and Community Development*. Vancouver: University of British Columbia Press.

Popkin, S. L.(1982). Public Choice and Peasant Organization. In R. H. Bates(ed.). *Toward a Political Economy of Development*. Berkeley: University of California Press.

Pretty, J.(2003). Social capital and the collective management of resources. *Science*, 302: 1912－1914.

Rousseau, J. J.(1762/1950). *The Social Contract*. New York: E. P. Dutton edition.

Shepsle, K. A.(1989). Studying Institutions, Some Lessons from the Rational Choice Approach. *Journal of Theoretical Politics*, 1: 131－149.

Simmel, G.(1950). *Conflict and the Web of Group Affiliations*. Glencoe, Ill: Free Press.

Smith, R. J.(1981). Resolving the Tragedy of the Commons by Creating Private Property Rights in Wildlife. *CATO Journal*, 1: 439－468.

Standifird, S. S.(2001). Reputation and E－commerce: eBay auctions and the asymmetrical impact of positive and negative ratings. *Journal of Management*, 27: 279－295.

Svendsen, G. T. and Svendsen, G. L. H.(2004). *The Creation and Destruction of Social Capital: Entrepreneurship, Co－operative Movements and Institutions*. Cheltenham, UK: Edward Elgar.

Thompson, J. T.(1977). Ecological Deterioration: Local－Level Rule Making and Enforcement Problems in Niger. In M. H. Glantz(ed.). *Desertification: Environmental*

Degradation in and around Arid Lands. 57–79. Boulder: Westview Press.

Thompson, J. T., Feeny, D., and Oakerson, R. J.(1986). Institutional Dynamics: The Evolution and Dissolution of Common Property Resource Management. *Proceedings of the Conference on Common Property Resource Management*. 391–424. National Research Council, Washington, D.C.: National Academy Press.

Truman, D. B.(1958). *The Government Process*. New York: Alfred A. Knopf.

Tura, T. and Harmaakorpi, V.(2005). Social Capital in Building Regional Innovative Capability. *Regional Studies*, 39(8): 1111–1125.

Vanni, F.(2013). *Agriculture and Public Goods*. Dordrecht: Springer Science & Business Media.

Weber, M.(1947). *Theory of Social and Economic Organization*. New York: Oxford University Press.

Welch, W. P.(1983). The Political Feasibility of Full Ownership Property Rights: The Cases of Pollution and Fisheries. *Policy Sciences*, 16: 163–180.

Wilson, R. K.(1985). Constraints on Social Dilemmas: An Institutional Approach. *Annals of Operations Research*, 2: 183–200.

Zak, P. and Knack, S.(2001). Trust and Growth. *The Economic Journal*, 111(April): 295–321.

제 2 부

사회적 자본의 정책 적용

제 4 장 사회적 자본의 기능
제 5 장 사회적 자본의 역기능성
제 6 장 사회적 자본의 분포 불균등성
제 7 장 사적 도시공간의 공적이용

제 4 장

사회적 자본의 기능

제 1 절 머리말

울콕(Woolcock, 2001)은 사회적 자본을 "집합적 행동을 촉진하는 규범과 네트워크"로 정의하고, "잘 연결되어 있는 것들은 보다 수용하기 좋고, 건강하고, 고용되고, 그리고 행복할 것 같다"고 했다. 프랑스 사회학자 부르디외(Bourdieu, 1986)는 사회적 자본을 경제적 자본과 문화적 자본에 대응하는 개념으로 파악해서 "상호이해와 협조의 제도적 관계를 증진시키기 위한 네트워크를 포함하는 사회적 자원(social resources)의 총계"로 정의했다. 사회적 자본을 바람직한 사회적 관계(이해와 협조)를 형성하는 자원이자 사회적 네트워크와 기타로 구성되는 자원으로 보았다.

콜먼(Coleman, 1988: s98)은 사회적 자본의 기능적인 측면을 강조해서 사회적 자본을 "공통 목적달성 과정에서 구성원들을 함께 움직이게 하는 신뢰와 규범,

사회생활의 네트워크"로 정의했다. 여기서 사회적 자본은 다른 형태의 자본처럼 그것이 없을 때는 가능하지 않았을 목적을 달성하게 해 준다는 측면에서 생산적이다. 사회적 자본은 단일적 실체(single entity)가 아니고 사회의 구조적 특성과 그 구조 안에 내재되어 있는 개인적 특성을 동시에 공유한 다양한 실체이다(Coleman, 1990: 302). 사회적 자본은 어떤 것(one thing)이 아니고, 오히려 그 기능에 따라 묶음(집단화)이 되는 여러 가지 종류의 사회적 관계들이다. 따라서 그 사회적 관계는 특정 맥락에서는 좋을 수 있겠지만 또 다른 맥락에서는 나쁠 수도 있다. 따라서 사회적 자본은 개념적 분석과 함께 상황적 분석(contextual analysis)이 필요하고, 개별 사안별로 특정 사회적 관계가 어떻게 사회적 자본으로 기능하고 있는가에 대해 파악해 볼 필요가 있다(Schuller et al., 2000: 36).

린(Lin, 2008)은 사회적 자본을 시장에서 수익이 기대되는 사회적 관계에 대한 투자로 정의한다. 물론 그 투자수익이 반드시 화폐로 표시되어야 하는 것은 아니다. 그 투자수익은 가치 있는 무엇이 될 수 있다. 예컨대, 인정, 위신, 교육, 자기규율(self-rule)을 위한 역량강화, 또는 보건 등이 될 수 있다. 사회적 관계는 특정 사회적 네트워크에서 그 참여자들이 해당 멤버십의 이점 때문에 보상을 얻는 어떤 '투자'로서 작동할 때 사회적 자본으로 간주될 수 있다(Warren, 2008). 따라서 워렌(Warren, 2008)은 사회적 자본을 의도했건 아니건, 개인이 홀로 행동함으로써 얻을 수 있는 것을 초과하여 바람직한 집합적 행동을 가능하게 하는 사회적 관계에서의 개인적인 투자의 형태로 정의한다. 세계은행(World Bank)의 수석연구원 낵(S. Knack)과 키퍼(P. Keefer)는 사회적 신뢰도가 10% 상승할 때, 경제성장률은 0.8%p 증가한다고 분석한바 있다. 신뢰가 높은 사회에서는 혈연, 지연, 학연 등 폐쇄적 연고주의에 의지하지 않고서도 공평하고 정당한 거래 가능성이 높고 각종 거래비용도 감소하기 때문이다. 따라서 세계은행은 세계 각국의 부(富)를 추정한 연구에서 눈에 보이지 않는 무형 자본이 세계 전체 부의 절반 이상을 차지하고, 소득수준이 올라갈수록 이러한 경향이 높아진다고 분석했다(이동원 · 정갑영 외, 2009: 13).

다양한 사회적 연계의 이용 가능성과 이용이 개인과 집단의 삶의 질적 수준에 큰 영향을 미친다. 가족, 친구, 친지는 흔히 현대인의 삶의 질적 수준에 중요한 자산을 구성한다. 우리가 어려운 시기를 헤쳐 나가기 위한 지원을 모색할 때,

새로운 일자리 기회를 찾고 있을 때, 또는 단순히 적극적이고 충만한 삶을 살고자 할 때, 사람을 안다는 것이 중요하다. 이것이 사회적 자본 개념 뒤에 있는 단순한 아이디어다(PRI, 2005).

제 2 절 사회적 자본의 긍정적 기능

사회적 자본이 긍정적 기능만 갖고 있는 것은 아니다. 하지만, 기존 연구들은 거의 전적으로 사회적으로 좋은 기능을 수행하는 무엇(social goods)으로서 사회적 자본에 초점을 맞추어 왔다(Portes, 1998: 15−18). 할페른(Halpern, 2005: 285)은 "사회적 자본은 이제 현대 사회와 정부의 거의 모든 핵심적 정책목적에 관련된 것으로 보인다"고 주장한다. 경제협력개발기구(OECD, 2001) 역시 사회적 자본과 광범위한 정책적 편익(보건수준 개선, 아동학대 감소, 범죄율 하락 등) 간에 일관성 있는 연계가 나타나고 있음을 강조했다. 예컨대, 교육, 안전, 번영, 민주주의, 그리고 심지어 건강과 행복 등이 사회적 자본의 기능으로 언급되고 있는 것이다(Warren, 2008).

1 교육과 어린이 행복

퍼트넘(Putnam, 2009: 488−493)이 애니 케이시 재단(Annie E. Casey Foundation)이 매년 발표하는 어린이 행복 지수와 미국의 주(州)별 사회적 자본 지수와의 상관관계를 분석한 자료가 있다. 사회적 자본 지수가 높은 주, 즉 그 주민들이 다른 사람을 신뢰하고 단체에 가입하고 자원봉사와 투표에 참여하고 친구들과 사교활동을 많이 하는 주에서는 어린이들 행복지수가 높다. 그 주에서는 아기는 건강하게 태어나고, 10대의 학교중퇴나 임신 비율이 낮고, 폭력 범죄에 휘말리거나 자살이나 살인으로 인해 일찍 목숨을 잃는 비율도 낮다. 물론 이와 같은 결과로 사회적 자본이 어린이들의 행복한 삶의 원인이라거나, 또는 사회적 자본의 결여는 아이들의 삶을 불행한 쪽으로 이끈다는 의미는 아니다.[1] 어린이들의 행복을 결정하는 것은 사회적 자본 외에도 사회경제적 특징, 인구학적 특징, 지역적 특징 등 여러 요인이 있을 것이다. 우리가 직접적으로 관심을 갖고 있는 요인들 외에 다른 요인들을 적절히 통제하는 통계분석을 사용할 경우 어린이들의 행복에 사회경제적 및 인구학적 특징도 중요하지만 사회적 자본 역시 중요한 요인으로 나타났다. 실제 퍼트넘(Putnam, 2009: 491)의 분석에서, 사회적 자본은 어린이의 행복지수에 빈곤 다음으로 그 미치는 영향의 폭과 깊이가 컸다.

아동학대 문제에 있어서도 동네의 응집력이 높을수록 그 비율은 낮게 나타났다. 소아과 의사 루니언(D. Runyan)과 그의 동료들이 추적 조사한 연구에 의하면, 매우 위험한 방치와 학대 상태에 놓여있는 미취학 아동들의 경우에도 그 문제들을 성공적으로 극복할 수 있는지의 여부에 대한 가장 강력한 지표는 어린이와 그 어머니가 자신들을 따뜻하게 대하는 사회적 네트워크 속에 뿌리를 내리는 것, 자신들을 도와주는 이웃 속에 사는 것, 그리고 교회에 규칙적으로 다니는 것 등이었다(퍼트넘, 2009: 493 재인용). 비공식적인 사회적 네트워크가 최악의 가정 상황의 어린이들을 보호하는 데 도움을 주는 것이다. 동네 환경이 아주 나쁜 곳일수록 사회적 자본이 기여할 부분이 확대되는 데 역설적으로 이런 곳일수록 사회적 자본 수준이 낮다.

퍼트넘(Putnam, 2009: 493－505)은 어린이 행복뿐만 아니라 교육에서도 사회적 자본이 높은 주들의 경우 시민활동이 활발하지 못한 주들에 비해, 눈에 띄일 정도로 교육적 성과가 확실히 높다는 것을 발견했다. 사회적 자본이 높을수록 학생의 성적이 높을 뿐만 아니라 중퇴비율도 낮다는 것이다. 주(州)의 공식적인 제도화된 사회적 자본의 수준보다 카드게임이나 친구 방문 등의 일상적인 사회적 자본의 수준이 학생들의 학업 성취에 보다 유효한 지표였다. 동일 맥락에서, 시카고 대학의 사회학자 콜먼(Coleman, 1988)의 교육에 사회적 자본을 연계시킨

1) 통계자료 해석에서 상관관계와 인과관계는 구별해서 다루어야 한다. 수확량과 강수량 간의 관계는 필시 상관관계는 높게 나타날 것이다. 하지만, 수확량이 강수량의 원인이 되는 것은 아니라는 것을 우리는 잘 알고 있다. 당연히 강수량이 수확량의 원인이 될 것이다. 여기서 우리는 어떤 상관관계에서 인과성을 추론하고자 한다면 통계 자료와는 다른 우리의 기존 이론이나 경험 등이 기준이 됨을 쉽게 알 수 있다.

기능적 공동체 가설을 검토해 볼 필요가 있다.

콜먼(Coleman, 1988)은 가톨릭 등 종교에 기반을 둔 지역사회에서는 그렇지 않은 지역사회에 비해서 고등학교 중퇴율이 절반 또는 그 이하로 떨어지는 사실에 의문을 가졌다. 그의 연구 가설은 가톨릭 등 종교에 기반을 둔 고등학생들의 성공 스토리는 학생 개인의 특성이라기보다는 그 학교가 속해 있는 지역사회의 사회적 구조 때문이라는 것이다. 예컨대, 가톨릭 기반 고등학교의 경우에 학부모들은 대개 동네 성당의 동료 신도들이어서 학부모들끼리 이미 다중적 관계를 맺고 있다는 것이다. 부모들끼리, 그리고 아이들끼리 서로서로 알고 있는 완결형 기능적 공동체에서는 학교생활에서 일탈의 위기를 겪고 있는 아이들의 정보를 쉽게 알 수 있고 직·간접적으로 어려움을 겪고 있는 아이들에게 적절한 사회적 지원을 제공할 수 있다. 다시 말하면, 가톨릭계 학교들의 높은 학업성취도는 그 학교의 교사나 학생들이 더 우수해서가 아니고 사회적 자본의 마술이라는 사회적 관계 네트워크로부터 직·간접적인 혜택을 얻기 때문이다.

콜먼(Coleman, 1988)은 지역사회 구성원들의 관계가 순환구조를 이루는 형태를 '완결형 사회적 네트워크(closure of social networks)'로 규정하고 이사 등으로 학생이 전학한 횟수를 완결형 사회적 네트워크의 네거티브 지표로 이용했다. 그 외, 그는 부모와 자녀 간에 신뢰수준이 높을수록 자녀의 학업성취(인적 자본 형성)에 도움이 될 것으로 보았다. 부모와 자녀 간에 신뢰수준이 높을수록 부모는 부모대로 자녀의 교육에 더 많은 관심과 시간을 기꺼이 투자하고, 자녀는 자녀대로 부모의 기대에 부응하기 위해 열심히 노력하게 된다는 것이다. 그는 부모와 자녀가 물리적으로 함께하는 시간과 부모의 자녀에 대한 관심도를 지표로 이용하여 그 신뢰수준을 파악했다.

2 안전한 동네

사회적 자본 수준이 높은 공동체는 자녀 교육에 도움이 된다. 그런데 높은 수준의 사회적 자본을 가지고 있는 동네는 더 깨끗하고, 안전하고, 길에서 마주치는 사람들도 대개는 더 친절하다. 그렇다면, 역으로 사회적 자본 수준이 낮은 지역사회는 길거리가 지저분하고 공공기물이 파손되어 있고 낙서가 동네 이곳저곳을 어지럽히고 있는가. '그렇다'가 현재까지의 답이다. 저명한 범죄학자 샘슨(R. J. Sampson)에 의하면, 범죄행위를 조장할 수 있는 빈곤과 기타 요소들을 통제하더라도 지역사회의 사회적 자본 수준과 범죄와 폭력 수준은 역(逆)의 관계를 형성하고 있다. 사회적 자본의 결여는 사회적 해체(social disorganization)의 증후를 보이는 공동체의 일차적 특징인 것이다. 예컨대, 주민들 간에 교류 네트워크가 빈번하지 않고 익명성이 강한 곳, 공공장소의 통제 약화와 아무 사회적 지도를 받지 않는 10대의 또래 집단이 많은 곳, 단체의 기반이 취약하고 지역사회 활동에서 참여가 낮은 곳 등은 범죄와 폭력의 증가라는 위험에 직면하게 된다(퍼트넘, 2009: 507 재인용). 미국의 경우 1980~1995년 동안 일인당 살인사건 발생 수를 예측하는 데 있어 흥미롭게도 사회적 자본이 주(州)의 교육 수준, 한 부모 가정의 비율, 소득 불평등보다 더 중요했다(퍼트넘, 2009: 509).

사회적 자본과 범죄율의 관계에 대한 레더만 외(Lederman et al., 2002; 이동원·정갑영 외, 2009: 74-75 재인용) 등의 연구결과에 의하면, 각국 국민의 신뢰수준이 범죄율을 낮추는 데 통계적으로 유의한 효과가 있음을 발견했다. 그들은 사회적 자본의 지표로서 각국 국민의 신뢰, 신앙심, 자발적 단체 참여도 등이 전체 인구 중 살인사건 피해자 비율에 미치는 영향을 분석했는데, 세 가지 지표 중에서 신뢰수준이 범죄율과 역의 관계가 나타난 것이다. 왜 그럴까에 대해 첫째, 고 신뢰사회일수록 사회에서 개인 및 집단의 갈등이 평화적으로 해결된다. 둘째, 고 신뢰사회일수록 '무임승차 행위'가 줄어든다. 셋째, 고신뢰사회일수록 범죄행위를 부추기는 개인적 아노미(anomie), 즉 개인의 정신적 공황상태의 발생이 줄어든다는 것이다. 그런데 흥미롭게도 흔히 사회적 자본의 대표적인 지표로 언급되는 자발적 단체 참여도는 범죄율과의 관계가 불분명하게 나타났다. 이는 자발적 단체 활동 참여율이 범죄행동에 미치는 영향은 양면적이기 때문일 것으로 추정된다. 자발적 단체 활동 참여가 범죄예방이나 범죄행동을 줄이는 시민정신으로 귀착할 수 있지만, 동시에 범죄행동으로 나타나는 범죄조직 형성의 활동으로 나타날 수도 있기 때문이다.

제이콥스(J. Jacobs)는 그녀의 대표 저술 『미국 대도시의 삶과 죽음(*The Death*

and Life of Great American Cities)』에서 엄격한 용도지역지구제(zoning) 등 20세기 도시계획과 재개발 계획의 문제점을 신랄하게 비판했다. 그녀는 이웃들 사이에 일상적 접촉을 최대화하는 도시가 더 안전하고 아이들도 더 세심하게 보살펴지고 주민들의 생활환경에 대한 만족도 역시 높아진다는 점을 지적했다. 그녀는 잡화점 주인, 1층 현관에 사는 가족들, 자신의 교구를 걸어 다니는 성직자들과의 정례적인 접촉, 노점상, 손쉽게 가로지를 수 있는 공원 등을 통해 지역사회 주민들은 심리적 안정감과 사회적 책임감을 신장시킨다는 사실을 강조했다. 동네에서의 일상적 접촉이 어떤 리듬을 갖고 공공의 존중과 신뢰의 그물망을 형성하게 된다는 것이다. 누구에 의해서도 강요된 것은 아니지만 공공적 동질성의 느낌이 지역사회 주민과 공동체의 자원이 된다는 것을 강조한 것이다(퍼트넘, 2009: 507−508 재인용). 1995년 700명 이상이 사망한 시카고 열파(heat wave)에 대한 연구에 의하면, 근린지구에 존재한 사회적 연계성이 주민들의 생사에 큰 영향을 미친 것으로 알려져 있다. 특히, 사망위험이 높은 고립된 노인들의 경우에서도 일상적으로 서로 만나고 상호작용하는 이웃 네트워크가 위험보호에 큰 기여를 수행했다. 따라서 사회적 자본으로부터의 편익은 사적일 필요는 없고, 공적인 차원에서도 또한 가능하다(Cannuscio et al., 2003).

인간은 기본적으로 자신의 의지에 의해 자신의 운명을 상당부분 개척해 간다. 하지만, 특히 아이들의 경우에는 자신의 의지보다 주변의 환경에 의해서 큰 영향을 받는 것으로 알려져 있다. 내가 공부를 열심히 하고, 중독성 약물에 빠지지 않고, 폭력이나 범죄에 빠지지 않는 것은 나의 선택뿐만 아니라 내가 일상적으로 접하는 이웃이나 동년배들이 어떻게 행동하는가에 상당부분 달려 있다는 것이다. 우리 아이들이 말초적인 쾌락이나 자기 파괴적인 충동에 빠지지 않고 건강한 사회인으로 성숙해 가는데 동네의 사회적 자본 수준(neighborhood crime watch)이 중요한 것이다. 청소년 시기에 사회적 자본이 결여된 환경에 무방비로 노출되면, 역으로 그 아이들은 '동네 깡패들'의 형태로 자신만의 비뚤어진 사회적 자본을 축적하게 될 가능성이 높다. 불행하게도, 이와 같은 부정적 조건을 갖추고 있는 것이 도심 공동화를 겪고 있는 도심부이다.

데이비드는 많은 문제를 일으키고는 했다. 부분적인 이유는 그가 나쁜 친구들과 어울리기 시작했기 때문이다. 열세 살 때 그는 몇 군데 상점을 침범했고 5개월 동안 자택 연금을 당했다. 그는 학교에 갈 수는 있었지만, 그렇지 못할 경우 집에 혼자 머물러 있어야만 했다. 집에서 그가 할 수 있는 것은 비디오 게임을 하는 것뿐이었다. "그게 내가 할 수 있는 전부였어요"라고 데이비드는 말한다. 집행유예가 끝나자 더 큰 문제를 불러일으켰다. 음주를 하고 약물 검사에서 실격하면서 다시 소년원으로 보내졌던 것이다. 근본적으로 그는 아무런 지원망(support network)을 가지고 있지 못했다. 처음 그를 곤경에 처하게 한 것은 이전 교도소 친구들이었고, 법정에서 만났던 친구들 또한 더 나은 아이들이 아니었다. 그는 다음과 같이 말한다. "교도소에서 친구를 사귀면, 보통은 그 친구들과 다시 교도소에 가게 되죠"(퍼트넘, 2016: 48).

이와 같은 악순환 현상을 도시사회학자인 윌슨(Wilson, 1987)은 그의 저서 『정말 어려운 사람들(*The Truly Disadvantaged*)』에서 다음과 같이 밝히고 있다. "기본 가설은 도심부(inner city)에서 고소득 가족의 역외 이주로 인해 게토(ghetto) 문화가 억제되지 않은 채 그대로 이어진다는 것이 아니다. 고소득 가족들은 이주하고 기존 주민들의 실업 상태는 오래 지속되면서 도심부에서 (교회, 상점, 학교, 오락 시설 등) 기본 제도들을 유지하기가 더 힘들어졌다는 것이다. 그리고 기본 제도들이 쇠퇴함에 따라 도심부에 거주하고 있는 이웃들 간의 (여기서는 공동체 느낌, 이웃과의 긍정적 일체감, 일탈 행동에 대한 분명한 규범과 제재 등을 포함하고 있는 것으로 규정된) 사회적 조직 역시 쇠퇴해 버린 것이다"(퍼트넘, 2009: 515−516 재인용). 결과적으로, 지역사회 공동체는 다양한 사회적 질병(청소년 범죄와 폭력, 가족 해체, 실업, 매춘 등)에 거의 집합적 무방비상태(collective weakness)로 노출되어 버린 것이다. 사회적 질병에 집합적 저항력을 키울 수 있는 예방주사 개발을 소홀히 한 값을 이제 많은 나라에서 치루고 있는 것이다.

3 경제적 번영

사회적 자본 수준이 개인과 집단의 경제적 번영 수준에 영향을 미친다는 점에 대해서는 논란이 없다. 지역사회 차원에서 사회적 자본 수준이 높으면 거래비용을 낮춰주고 협력적 사회 분위기를 조성해서 경제적 거래를 촉진하고 활성화시킬 것이다. 특히, 사회적 자본은 지식기반경제 시대에 핵심적인 지식창출과 제품 혁신, 창업 활성화에 기여하는 것으로 알려져 있다. 경제주체 간 신뢰와 네트워크를 기반으로 지식 및 기술의 결합과 교환을 증진해 새로운 지식창출 및 공정혁신과 제품혁신에 기여할 수 있다는 것이다. 개방형 연구개발(R&D) 과정에서는 최소한의 신뢰기준이 충족되지 않으면 사업추진 자체가 가능하지 않다(Nahapiet and Ghoshal, 1998; 이동원·박준 외, 2009: 3 재인용). 캘리포니아 실리콘 밸리의 역동성과 보스톤 근교 루트128 지역의 상대적 정체성 간의 차이가 협력적 관행의 차이 때문이라는 색서니안(Saxenian, 1994)의 연구결과가 있다.

'런치2.0' 등으로 표출되는 실리콘 밸리의 협력적 유연성은 지속적인 교류와 혼합을 통해 하이테크 산업에서 절실하게 필요한 기술혁신을 빠른 시간 안에 가능하게 했다. 기업의 위계질서와 폐쇄적인 기술개발을 중시한 루트128 지역의 경우 자력개발 내지 자기 회사 내에서 신기술개발을 이루고자 했기 때문에 유연성과 탄력성을 발휘하지 못하고 시의성을 놓친 것으로 지적되고 있다. 이것은 오래전 마셜(A. Marshall)이 그의 산업지구론(industrial district)에서 강조한 초점이다. 정보의 흐름, 상호학습, 규모의 경제 등의 측면에서 개별 기업에 한정된 산업시스템보다 지역 네트워크 위에 세워진 산업시스템이 더 효율적이라는 것이다. 파울(W. Powell)과 파운틴(J. Fountain)은 특히 급속히 발전하는 분야에서는 사회적 자본이 기술혁신, 상호학습, 생산성 증가에서 물리적 자본과 인적 자본만큼 중요한 핵심인자라는 점을 보여 주었다(퍼트넘, 2009: 536-538 재인용).

개인적 차원에서도 사회적 자본 수준은 사회적 연결의 끈을 제공해 줌으로써 취업 장벽 극복과 조직 내에서 직면하는 문제해결 및 승진 등에 도움을 주게 될 것이다. 그라노베터(M. Granovetter)는 이미 1970년대에 『일자리 구하기(*Getting a Job*)』라는 저서에서 취업 장벽 극복과정에서 친구나 친척 같은 가까운 사람들보다 가볍게 알고 지내는 사람들의 폭이 더 중요할 수 있다는 사실을 지적했다. 상식에 어긋나는 진단이지만, 나와 가까운 사람들과의 '튼튼한 끈(strong ties)'보다 그저 그렇게 알고 지내는 사람들과의 '약한 끈(weak ties)'이 실제 일자리 모색과정에서 더 유용한 정보를 갖다 줄 수 있다는 지적은 눈여겨 볼만하다. 가깝고 절친한 사람들은 나와 가까운 대신 내가 모르는 정보나 끈을 추가로 제공해 주는 것이 어렵기 때문이다. 특히, 인종, 종교, 학력, 성별 등에서 사회적 약자인 경우 그물코가 촘촘하지 못하고 약해 빠졌다하더라도, 그 약한 그물을 이용해서 기대하기 어려웠던 성과를 얻을 수 있다. 그런데 사회적 네트워크가 주는 경제적 혜택이 사회적 약자에게만 한정되는 것은 아니다. 버트(R. S. Burt)는 기업체 중역의 명함꽂이 속의 약한 사회적 끈은 그들의 경력관리의 성패에 이전 근무 경험이나 학력만큼 중요하다는 사실을 보여주었다. 우찌(B. Uzzi) 역시 사회적 자본 수준이 교육이나 경험 등의 인적 자본과 같이 경제적 성취에 중요한 요인으로 작동한다는 것을 보여주었다. 네트워크와 시카고 금융계의 대출관행을 연구한 우찌는 금융계와의 사회적 자본 수준에 따라 대출 이자율이 달라진다는 것을 밝혔다(퍼트넘, 2009: 531 재인용).

문제는 사회적 네트워크를 가장 필요로 하는 곳에 사회적 네트워크를 찾기 어렵다는 것이다. 윌슨(Wilson, 1987)의 『정말 어려운 사람들』, 박종화(2015)의 「사회적 자본의 분포 불균등성」, 퍼트넘(Putnam, 2016)의 『우리 아이들(*Our Kids*)』 논의도 동일한 현상에 초점을 맞춘 것들이다. 부유한 지역사회에 비해서 빈곤한 지역사회의 경우 사회적 끈도 단순하고 별반 없지만, 그나마 가지고 있는 사회적 네트워크의 가치도 별반 크지 않다. 빈곤한 지역사회의 주민들은 그들이 접촉하는 사람들의 사회적 지위가 그렇게 높지 않기 때문에 그 네트워크의 가치가 낮게 나타나는 것이다. 우리 사회에서 학부모들이 경제적으로 여유가 없는 상황에서도 자녀들의 사교육에 지나치리만큼 열성인 경우도 자녀들의 미래에 양질의 사회적 네트워크를 형성해 주고자 하는 욕구 때문일 것이다.

세계은행(World Bank, 2006)은 경제발전 과정에서 신뢰, 규범과 같은 무형적 자원이 자연자원보다 더 중요하다는 사실을 강조했다. 후쿠야마(Fukuyama, 1996)는 자유 민주주의 시장경제의 지속적인 발전의 요건으로 경쟁시스템과 함께 사회 구성원 간의 신뢰를 강조했다.

> 잘못을 저지르기 쉬운 인간들로 이루어진 사회에서 우리는 다른 사람도 신용을 잘 지킬 것이라고 어떻게 보장할 수 있을까? 법률체계가 그 강력한 수단이다. 그런데 각자 자기 잔디를 깎을 것인지, 주일학교 간식 당번을 어떻게 정할 것인지 같은 가장 단순한 약속을 정하고 실행하는 데도 법률자문과 경찰이 필요하다면, 결국 거래비용

이 상승해 서로에게 많은 도움을 주는 협력행위에서 생기는 이익을 다 갉아먹고 만다. 신뢰문제를 연구하는 감베타(D. Gambetta)의 지적대로 "신뢰를 유지하는 데 무력 사용에 높이 의존하는 사회는 다른 수단으로 신뢰가 유지되는 사회보다 비효율적이고 비용도 많이 들며 불쾌하다"(퍼트넘, 2009: 220).

우리나라의 취약한 사회적 자본은 잦은 노사갈등, 복잡한 대출규제, 높은 보증비용 등 경제구조의 고비용화를 초래하는 것으로 알려져 있다(이동원 · 박준 외, 2009: 4). 특히, 외국기업은 복잡한 규제, 노사신뢰 부족, 인적 네트워크의 폐쇄성 등을 대 한국 직접투자를 기피하는 주요 사유로 언급하고 있다(대한상공회의소, 2008; 이동원 · 박준 외, 2009: 12 재인용).

왜 사회적 신뢰가 경제성장에 도움이 되는가는 다음 다섯 가지로 정리할 수 있다. 첫째, 제반 교류나 거래과정에서 감시나 점검비용을 낮춘다. 특히, 뉴욕 다이아몬드 딜러스 클럽(DDC)의 거래관행처럼 고가의 불확정성이 높은 거래과정에서 불가피한 엄청난 거래비용을 크게 감소시킬 수 있다. 거래할 때마다 비즈니스 파트너의 신뢰성을 조사해야 한다면 고가의 다이아몬드 거래가 원활하지 않을 것이 자명하다.

둘째, 대기업과 하청업체 간에 적절한 역할분담은 사회적 신뢰를 기본으로 하는 것이다. 사회적 신뢰는 생산 공동체에 대한 인식의 폭을 넓혀 준다. 굳이 가족이 아니라도 나와 연결된 다양한 생산실체, 그리고 그들 간의 연결방식에 대한 포괄적인 시야를 갖게 해 준다.

셋째, 글로벌 경제위기나 재난 상황 등에서 사회적 신뢰는 경제 주체들 간에 극단적 대립보다는 합의 형성을 촉진한다.

넷째, 사회적 신뢰는 바람직한 집합적 행동을 촉진하고 강화한다. 뇌물이나 부정부패의 감소, 범죄의 감소와 기초 생활 질서의 준수 등은 따로 떨어져 있는 것이 아니라 함께 연결되어 있는 것이다. 사회적 신뢰뿐만 아니라 개인적 신뢰만 있어도 시장에서의 판매자와 구매자 간 정보의 비대칭성을 줄여서 역선택(adverse selection)과 도덕적 해이(moral hazard) 현상을 줄일 수 있다. 동일 맥락에서, 폽킨(Popkin, 1982)은 태국의 고무시장에서 고무의 품질을 시장에서 바로 확인하기는 어렵지만 과거에 구축되어 있는 판매자의 신용이 거래되는 고무가격에 포함되어 있음을 지적한다.

다섯째, 사회적 신뢰가 금융제도의 발전에 영향을 미친다. 기소 외(Guiso et al., 2004; 이동원 · 정갑영 외, 2009: 68-70 재인용)는 이탈리아의 95개 지역을 대상으로 지역의 사회적 자본 수준과 금융시장 발달의 관계를 분석한 후, 개인의 금융자산 보유 행태와 기업의 지배구조가 그 지역의 사회적 신뢰수준에 의해 결정된다고 주장했다. 주식 소유의 분산 정도 역시 그 사회의 신뢰수준과 밀접한 관계가 있다는 것이다. 저신뢰 지역에서는 오너(owner) 가족과 잠재적 주주들의 관계 역시 신뢰수준이 낮게 나타나 주식 소유가 소수 대주주(block shareholders)에게 집중된다. 더욱이 저신뢰 사회에서는 잠재적 주주들이 기업이 발표하는 성장성, 수익 배분 등에 관한 정보를 불신해서 지분참여율이 떨어지게 된다. 결과적으로, 저신뢰 지역에서는 고신뢰 지역에 비해 기업의 규모도 작아지고 가족 단위 기업이 발전하게 되는 것이다.

후쿠야마(Fukuyama, 1996)나 기소 외(Guiso et al., 2004)의 연구결과에 의하면, 저신뢰 사회는 기업의 규모가 작은 형태로 발전하게 된다. 그런데 우리나라의 경우 저신뢰 사회인데도 대기업 중심의 산업구조로 발전해 왔다. 이에 대해 후쿠야마(Fukuyama, 1996)는 한국사회는 저신뢰 사회이지만 국가가 주도적으로 대기업 집단이 발달하도록 인센티브를 부여했음을 강조했다. 1960년대 초부터 한국은 대외지향적인 수출주도형 산업구조를 채택한 것은 틀림없다. 수출주도형 산업구조에서는 글로벌 경쟁력이 필수적이다. 특히, 중화학, 철강, 조선, 자동차, 전자 등 대규모 장치산업에서 글로벌 경쟁력을 갖추기 위해서는 대기업이 불가피한 선택이었을 것으로 보인다. 실제 기업의 입장에서는 대기업으로 분류되는 것이 어렵지 대기업으로 일단 분류되면 기업경영에서 중소기업보다 훨씬 유리한 점이 적지 않다. 1960~1970년대 급격한 팽창경제에서의 금융관행은 은행 돈을 빌릴 수 있는 것 자체가 경쟁력이었기 때문이다. 더욱이 한국 산업화의 모방 모형은 일본과 미국의 대규모 기업들(미쓰비시, 미쓰이, GE, FORD, US Steel)이었고, 그 모방적 지식관리를 가능하게 하는 교육받은 인적 자원이 존재하고 있었다는 점이 함께 지적될 필요가 있다.

4 건강과 행복

잘 연결되어 있는 것이 우리 행복의 원천이라는 표현은 옳다. 우리가 가족이나 공동체에 제대로 연결되어 있을수록 심장마비, 뇌졸중, 우울증, 감기 등에 걸릴 가능성이 떨어진다는 많은 연구결과들이 이미 제시되어 있다. 사회적 응집력이 정신건강에 미치는 영향에 대해 이미 19세기 저명한 사회학자인 에밀 뒤르켕(E. Durkheim)이 그의 『자살론(*Le Suicide*)』에서 밝힌 바 있다. 급격한 사회변화로 인해 사회구조가 해체될 때 사람들의 자살 선택률이 높아진다는 것이다.

건강과 행복이 가족이나 공동체에 어떻게 연결되어 있는지에 대해 캐나다 공공정책연구소(PRI, 2005)는 가상적인 마틴(Martin)과 루이스(Lewis)의 사례 이야기를 통해 보여준다.[2)]

두 명의 이웃, 마틴과 루이스는 모두 공장노동자들이었다. 그러나 그들은 조기퇴직을 강요받게 되었다. 마틴과 루이스는 결코 여러 커뮤니티 활동에 참여하지 않았었다. 그리고 그들의 이전 사회생활의 대부분은 그들 주변의 업무 관련 활동을 되풀이하는 것이었다. 그러나 이들 업무 관련 활동들은 대부분 그들 퇴직과 함께 끝났다. 퇴직 후에, 두 사람은 빈약한 식단과 운동부족과 연관되어 심각하지 않을 정도의 심장마비 증세 등 건강문제를 경험하기 시작했다. 마틴은 이혼했고, 그의 성장한 아이들은 다른 도시에 살고 있었다. 그는 커뮤니티 활동에 참여한다는 것에 썩 내키지 않아 했다. 왜냐하면 그는 이전에 그런 활동에 참여하지 않았었고, 그리고 간단한 이야기를 나눈다고 해서 아주 좋아질 것이라고 느끼지도 않았기 때문이다. 그 결과로, 마틴은 사회적으로 외톨이였다. 그는 건강조언을 의탁할 수 있거나 또는 그에게 식단을 개선하고 운동을 하라고 격려하는 가까운 친구나 가족이 없었다. 마틴의 건강은 계속적으로 나빠지기 시작했다. 이와 대조적으로, 루이스는 계속 결혼 상태에 있고, 그의 아이들이나 손자들도 근처에 살고 있다. 조기퇴직 후에, 루이스의 아내는 그가 커뮤

2) 혼자 살며 생계를 유지하는 1인 가구는 2인 이상의 가구보다 심혈관 질환 위험이 1.5배 가량 높다는 연구결과가 있다. 여수전남병원 가정의학과 연구팀은 2013년 국민건강영양조사에 참여한 만 20세 이상 성인 3,472만 8,098명을 대상으로 1인 가구의 심혈관 상태를 살펴보았는데, 1인 가구는 2인 이상 가구보다 1.47배 위험한 것으로 나타났다. 동 결과는 대한가정의학학회지 최근호에 게재되었다(문세영, 2018.3.9).

니티 자원봉사단체에 나가도록 격려했다. 이것은 다른 커뮤니티 활동에의 참여로 이끌었다. 그의 아내와 아이들은 그가 병원진료를 받는지를 확인해왔고, 그가 식단개선이나 운동을 하도록 등을 떠밀었다. 커뮤니티 활동에 대한 그의 관여는 그의 사회적 네트워크를 확장시켰고, 루이스에게 엄청난 권한강화(empowerment) 의식을 불어 넣었다. 초기 심장마비 증세의 경험 후에, 루이스는 이제 훨씬 건강한 모습을 보여주고 있다(PRI, 2005: 7).

건강한 생활습관 유지 및 관리에 가족이나 친구의 정서적인 지원(emotional support)이 중요하다. 그것이 근무환경이든 생활환경이든 당사자가 스트레스를 많이 받는 경우 가까운 사회적 연계를 통한 정서적 지원은 그 자체로 자기 통제력 회복과 도덕적인 자세 회복에 도움을 받을 수 있다. 사회학자인 하우스(J. House)는 사회적 통합과 사회적 후원이 건강에 미치는 긍정적인 영향은 우리가 익히 알고 있는 건강 위험요소인 흡연, 비만, 혈압 상승, 운동 부족 등의 부정적 영향과 그 효과의 크기면에서 비슷하다는 점을 강조했다(퍼트넘, 2009: 541 재인용). 사회적 단절이 우리에게 주는 스트레스는 우리가 흔히 알고 있는 건강 적신호 요인들에 비견한다는 것이다. 다른 특징들이 동일한 경우에, 사회적 단절을 겪고 있는 사람들은 가족, 친구, 공동체에 긴밀한 연계를 맺고 있는 사람들에 비해 어떤 원인에서건 사망할 가능성이 2배에서 5배 높은 것으로 알려져 있다(퍼트넘, 2009: 543).[3)]

은퇴 후 홀로 사는 보통 남성들의 경우는 자녀들과의 연결고리는 물론이고 지역사회와의 유대가 끊어져 고립되어 있는 경우가 대부분이다. 어디에도 참여하지 않고, 누구도 찾아오지 않는 고립된 섬과 같은 존재로 TV만 끼고 살게 되는 것이다. 연금이나 복지수당 같은 수입이 있다하더라도 사회적 관계에서는 완전히 차단될 가능성이 크다. 더욱이 주요 선진국들이 저성장 · 급증하는 국가부채의 덫에 빠지면서 연금문제와 사회복지 개혁을 위해 몸살을 앓고 있다. 연금제도 개혁과정에서 세대 간 갈등문제를 겪고 있고 국가파산과 개인파산의 그림자가 어른거리고 있다. 경기부양을 위해 적자재정 편성을 하는데 정부부채 규모가 감

3) 신영복은 사회적 단절 상태를 '보이지 않는 감옥'에 비유했다. 사회적 관계 단절의 '점(點)의 사회'에서 '선(線)의 사회', 그리고 '장(場)의 사회'로 나아갈 필요성을 강조하고 있는 것이다(신영복, 2015).

당할 수 없는 상태로 커짐에 따라 기존의 서구 복지 시스템이 뿌리부터 흔들리고 있는 것이다. 마틴(Martin)과 루이스(Lewis)의 사례에서 보듯이 삶의 관계, 즉 사회적 관계와 개인적 관계를 잘 설정하고 유지하는 사람은 생존의 절대적 비용과 상대적 비용을 모두 낮출 수 있고, 동시에 웰빙의 기회 자체를 확대할 수 있다. 하버드 대학교의 '성인발달 연구(Study of Adult Development)'에서 언급된 적응적 방어기제(adaptive defense mechanism) 내지 '고통에 대처하는 자세'가 행복하고 건강한 삶의 조건 내지 비밀인 것이다. 건강하고 행복한 노년은 타고난 부, 명예, 학벌 등이 아니라 고난에 슬기롭게 대처할 수 있는 자세 내지 역량(적응적 방어기제)인 것이다.

아래 인용 스토리는 적응적 방어기제 관련 한국·일본·중국 등의 노인들이 공통적으로 직면하고 있는 문제다. 이 이야기는 실화이고, 『2020 하류 노인이 온다』의 저자인 후지타 다카노리(藤田老典) 비영리단체 핫플러스 대표가 만난 사람 중 한 명의 삶이다(이혜운, 2016.7.23: C2).

> 그는 평범한 일본의 은행원이었다. 남들이 아는 대학을 나와 상장된 시중은행에 취직했다. 결혼 적령기에 선으로 아내를 만나 결혼했고, 딸을 하나 낳아 남부럽지 않게 키웠다. 아내는 전업주부로 평생을 내조했다. 계획대로 진행되던 그의 삶이 틀어지기 시작한 건 2008년 리먼브러더스 파산으로 인한 미국발(發) 금융위기 때부터였다. 그가 다니던 은행은 구조조정을 진행했고, 그는 예정보다 2년 이른 63세에 퇴직했다.
>
> 퇴직금으로 받은 돈은 3,000만 엔(약 3억 2,000만 원), 65세부터 받을 수 있는 연금도 매월 24만 엔(약 258만 원)이었다. 현금 예금도 4,000만 엔(약 4억 3,000만 원) 정도에 사이타마(埼玉)에는 융자를 다 갚은 번듯한 집도 있었다. 안정된 노후를 보내기에 부족하진 않았다.
>
> 하지만, 일상은 생각보다 빨리 무너졌다. 그는 평생 다니던 회사에서 버림받았다는 생각 때문인지 짜증이 늘었다. 짜증을 풀 상대는 아내밖에 없었다. 평생을 참아왔던 아내는 이번에는 참지 않았다. 두 사람은 이혼했고 집과 연금, 예금 등의 전 재산은 둘로 분할되었다.
>
> 큰 집을 나와 아무도 없는 조그만 월세 아파트로 이사한 그는 건강도 악화되었다. 치매를 앓기 시작했고 얼마 지나지 않아 암도 발병했다. 결국 그는 작고 허름한 아파

트에서 혼자 죽은 상태로 발견되었다. 집세가 밀리자 항의하러 온 집주인을 통해서였다.

리더스 다이제스트 사에서 1990년대 후반과 1970년대 초에 실시한 지갑회수율 실험과 유사한 실험을 KBS가 우리나라 여의도, 명동, 코엑스, 고속 터미널에서 실시한 적이 있다(KBS 사회적 자본 제작팀, 2011: 19−23). 실험 결과 대략 60% 정도 회수가 되었다. 지갑을 돌려 준 사람들에게 이유를 물었더니, "안에 명함이 있어서, 그리고 5만 원이 있는데 비상금인 것 같았어요. 그래서 돌려줘야겠다고 생각했어요." "그게 맞는 거니까요. 저라도 지갑을 잃어 버렸으면 누가 돌려주길 바랄 테니까요." "돈이 많고 적고를 떠나서 정말 양심이 있고 올바르게 살았다면 돌려 줄 것 같아요. 제 돈 아닌 어떤 돈이라도 말이에요. 저도 아이들에게 그렇게 교육시켜 왔고……." 주운 지갑을 돌려주는 것과 낯선 사람에게 돈을 빌려 주는 것은 모두 일반적 신뢰행동을 보여주는 것이다. 비상금인 거 같아서, 내가 그 입장에서 돌려주었다는 사람은 지갑을 잃어버린 사람과 상당부분 공감을 하고 있는 것이다. 여기서 칸트(I. Kant)의 경우라면 당연히 돌려주어야 할 것을 돌려 준 것이니 지갑을 돌려주는 것을 수취인의 '의무'로 생각했을 것이다. 공리주의자인 벤담(J. Bentham)의 경우는 아마 지갑을 돌려주는 행위를 통해 관계자들 모두의 만족(효용)이 증진될 것이므로 돌려주는 것이 맞다고 진단했을 것이다.

미국인은 대략 10% 정도가 깊은 우울증을 앓고 있으며, 우울증은 미국인에게 생기는 모든 질병 중 4위를 차지하고 있다. 기존의 많은 연구들은 사회적 연계성이 일상생활의 스트레스로부터 우리를 보호해서 우울증을 막아 준다는 것을 보여주고 있다.[4] 친한 친구나 이웃, 또는 일터에서 자신을 도와주는 동료가 있는 경우에는 불면, 외로움, 자학에 빠져들 가능성을 낮춘다. 다른 조건들이 동일할 때, 기혼자는 미혼자에 비해 일관되게 행복한 것으로 알려져 있다. 결혼은 우리 각자의 연간 소득 네 배 상승에 해당하는 행복효과를, 대학 졸업장은 우리에게

4) 우리나라 보건복지부가 2017년 4월 12일 발표한 '2016년 정신 질환 실태 역학 조사' 결과를 보면, "2015년 7~11월 전국 18세 이상 성인 5,102명을 대상으로 조사한 결과, 최근 1년 간 조현병(정신분열증)이나 조현병 유사 증세를 앓은 사람은 0.2%였다." 이 비율을 전국민을 대상으로 환산하면 6만 3,000명이다. 여기에 병원이나 시설에 입원·입소해 있는 기존 환자 5만 명을 더하면 전 국민 중 약 11만 3,000명이 조현병 증상을 최근 겪은 셈이다. 조현병에 이르지 않았더라도 우리 국민 중 우울증(주요 우울장애)을 겪고 있는 사람의 비율은 5.0%(203만 명), 불안장애를 겪고 있는 사람의 비율은 9.3%(378만 명)로 나타났다(조선일보, 2017.4.13: A14 재인용).

연간 소득의 두 배에 해당하는 행복효과를 준다는 미국의 연구결과도 있다.5) 가족, 친구, 또는 애인과의 좋은 관계가 돈이나 명예보다 행복에 훨씬 더 중요한 전제조건이라는 연구결과들이 제시되고 있다. 그런데 친구나 애인 1명과의 좋은 관계가 일정 수준의 행복을 가져다준다면, 만약 친구나 애인 10명과의 좋은 관계는 그 열 배에 해당하는 행복효과를 가져다 줄까가 궁금할 수 있다. 이에 대해서는 '사회적 상호작용의 한계 생산성 체감의 법칙'같은 것이 작용하는 것으로 보인다. 열 배에 해당하는 행복효과를 가져다주는 것이 아니라 조금 더 행복하거나 경우에 따라서는 행복효과가 감소할 수도 있다는 것이다. 실제로 미국인의 인생 행복지수를 Y축에 표시하고 자원봉사 활동, 클럽 모임 참석, 집에서 친구나 손님 접대 등의 연간 참여 횟수를 X축에 표시했을 때, 각 활동의 연간 참여 횟수가 대략 40회 정도일 때 인생 행복지수가 가장 높았다. 그 참여 횟수가 50회나 60회 정도에 이르면 오히려 행복지수가 떨어졌다. 많은 수의 관계로 피로감을 느낀다면 실제로 행복감이 떨어질 수 있다는 것은 우리의 일상 경험과 일치한다(퍼트넘, 2009: 550-554).

국민소득 총량은 증가하고 있지만 개인 각자에게 돌아가는 실질적 몫은 반드시 증가하고 있는 것은 아니다. 소득과 부의 양극화 현상은 개발도상국가들만의 문제가 아니다. 선진 산업사회의 경우에도 소득배분 문제가 심각하다. 중산층이 사라지고 있고, 일자리 없는 성장(jobless growth)으로 청년실업 문제가 글로벌 문제로 부각되고 있다. 인공지능의 비약적인 발전으로 어느 일자리가 사라지는가가 문제가 아니고 어떤 일자리가 도대체 살아남을 수 있을 것인가가 주목을 받는 시대로 접어들고 있다. 더욱이 수확체감경제에서 수확체증경제로의 경제 패러다임의 변화는 소득분배 문제에 관한 한 상황을 더욱 어렵게 만들고 있다.

소득분배 문제는 한 국가 내부만의 문제도 아니고 국가 간의 문제로까지 나타나고 있다. 이와 같은 상황에서 청년층과 중년층의 경제적 불안감이 더욱 깊어

5) 결혼과 행복의 상관관계에 대한 서울연구원(2016: 84-85)의 최근 조사결과는 미국의 연구결과와 차이가 있다. 2014년 서울서베이 조사결과에 의하면, 근소한 차이지만 미혼자(73.8점)가 기혼자(72.7점)보다 행복지수가 높다. 한편, 기혼자는 배우자와 이혼/별거 또는 사별한 사람에 비해 각각 7.70점, 9.21점 행복지수가 높다. 혼인 상태에 따른 행복지수의 단순 비교 결과만 놓고 볼 때 결혼이 반드시 사람의 행복수준을 높여주는 것은 아니라고 말할 수 있다. 하지만, 원만한 결혼생활은 그렇지 못한 결혼생활보다 개인의 행복수준을 높여준다고 볼 수 있다.

지고 있는 것이 현실이다. 일자리 창출과 소득배분 문제는 사회적 연계성 부족이 근본 원인은 아니다. 하지만, 그 문제에 대한 정책적 대처방안 모색 과정에서는 사회적 유대의 회복과 활성화라는 측면이 중요 변수로 고려될 수 있을 것으로 보인다.

> 지난 5년 간 우리나라의 경제성장률은 전 세계 평균 성장률보다 낮은 2% 중반에 머무르고 있다. 1,300조 원이 넘는 가계부채는 금리인상에 따라 심각한 뇌관이 되고 있다. 청년실업자가 54만 명에 이르고 구직 포기자는 36만 명을 넘어서고 있는 실정이다. 이러한 장기 저성장 · 저고용의 뉴 노멀 현상은 사회적 신분상승 제도를 훼손시켜 '금수저', '흙수저'라는 계층분화의 신조어를 낳았다. 중소기업의 비정규직 임금은 대기업 정규직 임금의 3분의 1에 불과하다. 소득 양극화에 이어 구조화된 노사갈등은 깊은 사회적 분열현상(social disintegration)을 만들고 있다(이부형 · 박용정, 2016; 안충영, 2017: 3 재인용).

청년층과 중년층의 경제적 불안감은 경제적 문제에만 뿌리를 두고 있는 것은 아니다. 그 앞세대에 비해서 이들은 성과사회에서 사회적 연계성의 해체라는 또 다른 문제를 함께 겪고 있다. 심리학자 셀리그먼(M. Seligman)은 한병철(2012)의 『피로사회(*Müdigkeitsgesellschaft*)』의 지적처럼 현대사회는 성과사회로서 개인의 자율적 선택성과 통제 가능성에 대한 믿음을 강조함으로써 오히려 개인의 무력감을 조장하게 된다고 주장한다.

> 성과사회, 활동사회는 그 이면에서 극단적 피로와 탈진 상태를 야기한다. 이러한 심리 상태는 부정성의 결핍과 함께 과도한 긍정성이 지배하는 세계의 특징적 징후이다. 그것은 면역학적 타자의 부정성을 전제하는 면역학적 반응이 아니라, 오히려 긍정성의 과잉으로 인해 유발되기 때문이다. 과도한 성과의 향상은 영혼의 경색으로 귀결된다(한병철, 2012: 66).

'뭐든 할 수 있다'는 구호는 긍정성의 기대감을 높일 수는 있겠지만, 실제 고난이나 실패에 직면했을 경우 헤쳐 나갈 준비를 마련해 주는 것은 아니라는 것이다. 개인 각자 각자가 경영자가 되는 사회, 모두가 피해자이자 가해자가 되는 성과사회에서의 피로감을 헤쳐 가는 토대가 될 수 있는 가족, 친구, 동료라는 사회적 유대가 현재 충분하지도 튼튼하지도 않은 것이다.

5 민주주의

프랑스의 정치 사상가인 토크빌(A. de Tocqueville)은 왜 신생 민주주의 국가인 미국이 개인 간의 갈등과 투쟁으로 타락하지 않고 안정적으로 유지될 수 있는지에 대해 의문을 제기했다. 그는 19세기 초 미국을 직접 여행하며 평등을 지향하는 미국사회의 원동력을 시민들의 '올바르게 이해된 자기이익의 개념(self-interest rightly understood)'과 자발적 단체(voluntary associations)에서 찾았다.

> 바람에 쓸려 이웃집 마당으로 날아가기 전에 나뭇잎 긁어 두기, 주차미터기에 넣을 10센트 동전을 낯선 사람에게 빌려주기, 친구 집에 도둑이 들지 않나 지켜봐주기, 주일학교 간식거리 교대로 싸가기, 아래층 마약 중독자의 어린이 돌보기 등 포괄적 호혜성의 규칙을 지키는 공동체 구성원은 흄(D. Hume)의 농부들이 서로 품앗이를 함으로써 전보다 더 좋아지듯이 자신들의 이기심이 보답을 받을 것임을 안다(퍼트넘, 2009: 219).

자발적 단체를 통해 미국사회는 민주주의의 안정적인 운영에 필수적인 시민적 덕성, 호혜성, 공적 책임의식 등의 사회규범을 키워갈 수 있었다. 자발적 단체가 그 단체의 원래 조직목적을 넘어서서 '민주주의의 학교'와 같은 역할을 수행한 것이다(토크빌, 1997; 이동원 · 정갑영 외, 2009: 80-81 재인용).

사회적 자본이 민주주의의 안정적 작동 요건이라는 토크빌(A. de Tocqueville)의 주장은 현대에 들어와서 퍼트넘(R. D. Putnam)에 의해서 더욱 발전된다. 퍼트넘 외(Putnam et al., 2000)는 이탈리아의 20개 지역에 대한 장기 연구에서 민주적으로 선출된 지방정부들 간에 나타나는 정책성과 차이는 지역별 사회적 자본 수준의 차이 때문이라고 주장했다[6](이동원 · 정갑영 외, 2009: 81-82 재인용).

지역의 사회적 자본 수준이 해당 지역 정부의 비효율과 부패, 그리고 무기력성에 중요한 영향을 미친다는 것이다. 지역정부의 업무 수행 능력과 시민 공동체(civic communities) 형성 사이에는 높은 수준의 정(正)의 상관관계가 나타난다는 것을 보여 주었다. 시민 공동체를 통해 시민들은 지역정부의 일이 지역 보스나 지역 정치가들의 일이 아니고 우리 일이라고 인식하게 되는 것이다. 동일 맥락에서, 오스트롬과 안(Ostrom and Ahn, 2007)은 사회적 자본이 집합적 행동의 딜레마를 줄여준다고 본다.

> 사람들이 서로를 알고, 합창 연습이나 운동 시합에서 매주 만나 상호작용을 하며, 명예롭게 행동하고 서로를 신뢰하는 곳에서는 앞으로의 협동 작업에 토대가 될 모델과 도덕적 기초를 갖게 된다. 법률의 집행에 큰 비용과 노력을 기울이지 않아도 잘 돌아가는 효과적 정부는 사회적 자본이 있을 때 보다 효과적으로 움직인다. 시민들이 동네에 들어오고 나가는 사람들을 지켜보는 곳에서는 경찰의 사건 해결 비율도 높다. 곤란에 처한 부모에게 이웃과 친척이 사회적 도움의 손길을 내밀 때, 아동 복지 담당 부서는 아이들을 다른 집에 맡기지 않고 가족들과 함께 살도록 하는 '가족 보존(family preservation)'의 성과를 더 잘 거둔다. 부모들이 학교에서 자원봉사 활동을 하고 아이들이 숙제를 해가도록 책임질 때 공립학교는 더 잘 가르친다. 공동체의 참여가 결여되어 있을 때 관료, 사회복지사, 교사 등 정부 직원의 부담이 그만큼 커지고 성공의 가능성은 그만큼 희박해진다(퍼트넘, 2009: 575).

사회적 자본은 정부 업무수행 능력에 여러 방향으로 영향을 끼친다. 퍼트넘 외(Putnam et al., 2000)와 라 포르타 외(La Porta et al., 1999) 등은 사회적 자본이 공공재의 양적 · 질적 수준, 정부 재정 운용의 효율성, 정부규제의 품질 등 정부의 업무성과에 긍정적인 영향을 미친다고 보았다. 신뢰의 반경이 넓은 열린 신뢰사회는 공공재 공급에 필요한 재원조달이 용이하고, 공공재 공급과정에서 시민의 반응성(responsiveness)이 높게 나타날 수 있다. 사회적 자본 수준이 높은 공동체에서는 사람들이 서로 간에 대한 신뢰수준이 높으므로 다른 사람들도 기꺼

---

6) 퍼트넘 외(Putnam et al., 2000)가 사용한 12개 정부성과지표는 다음과 같다. 내각의 안정성, 예산 결정의 신속성, 통계 정보 서비스, 입법의 질(포괄성, 일관성, 창의성), 혁신적 입법의 수용도, 보육원 수, 가정의학과 병원 수, 산업정책 수단, 농업 부문 재정지출 능력, 보건 지출, 주택 및 도시 개발, 관료의 반응성 등이다(이동원 · 정갑영 외, 2009: 81 재인용).

이 바람직한 집합적 행동에 참여할 것이라고 믿기 때문에 자신도 그와 같은 행동에 동조할 가능성이 높다. 다른 사람들이 제대로 세금을 납부하지 않는다고 생각하면, 제대로 소득을 신고하고 납세할 마음이 들지 않는 것이 이상하지 않다. 납세나 국방 등 공적의무에 대해서 무임승차의 유인이 항상 존재하고 있는 것으로 보이기 때문이다.

> 집단에 참여하는 사람 숫자가 늘어날수록 개인의 공헌도(생산성)가 떨어지는 현상은 흔히 '링겔만 효과'로 불린다. '1+1=2'가 되지 못하고 1.8이나 1.6처럼 2보다 적어진다는 것을 프랑스의 심리학자이자 농업공학자였던 링겔만(M. Ringelman)은 마차를 끄는 말의 경우와 사람들이 줄다리기하는 경우에서의 실험을 통해 확인했다. 사람들은 자신의 역할이 분명히 드러나지 않는 상황에서는 최선의 노력을 다하지 않는 심리가 있다는 것을 밝혀낸 것이다. 개인의 공헌도가 다른 사람들에게 가려져 분명히 드러나지 않는 상황, 또는 결과에 대한 책임이 누구에게 있는지 분명하지 않은 상황에서는 '나 하나쯤이야'하는 생각으로 '무임승차'하는 사람들이 생기게 된다는 것이다(심묘탁, 2017.9.28: A32).

특히, 사회적 자본 수준이 낮은 곳에서는 무임승차나 기회주의적 행태가 만연할 것이라고 예견할 수 있다. 오마 샤리프(Omar Sharif)와 줄리 크리스티(Julie F. Christie)가 열연했던 영화 <닥터 지바고(*Doctor Zhivago*)>를 보면, 제1차 세계대전 중 러시아 패잔병들에게 제정 러시아 군 장교가 "침략군으로부터 우리나라를 지키기 위하여 전선으로 돌아가야 한다"고 하자, "우리나라가 아니고 당신나라 말이지"라고 하며 오히려 장교를 사살하고 정부를 전복하는 세력으로 변모하는 장면이 나온다. '그들만의 리그' 내지 '그들의 정부'가 되면 정부정책은 정통성을 상실하는 것이다.

토크빌(A. de Tocqueville)과 퍼트넘(R. D. Putnam)의 공통명제, 즉 자발적 단체 활동이 시민적 덕성, 호혜성, 공적 책임성 등을 강화함으로써 민주주의의 안정적 운영에 기여한다는 주장에 대해 베르만(Berman, 1997)은 새로운 시각을 제시한다. 그는 1920년대 독일 바이마르 공화국 시기에 토크빌이나 퍼트넘이 그렇게 극찬했던 자발적 단체 활동이 왕성했음에도 불구하고 바이마르 민주주의의 붕괴와 나치정권의 등장을 막지 못하는 역설적 결과가 나타났다는 것이다. 당시 독일 중산층이 사교나 문화 활동을 목적으로 결성한 자발적 단체들은 실제 이념과 종교별로 폐쇄화된 '신뢰의 원(circle of trust)' 안에서 이루어져서 민주주의의 효과적 운영에 오히려 장애요소로 등장한 것이다(이동원 · 정갑영 외, 2009: 83-84 재인용). 르바이(Levi, 2003)나 로스타인과 스톨(Rothstein and Stolle, 2008) 등은 사회적 자본 수준이 높으면 정부의 높은 성과가 나타난다는 퍼트넘 외(Putnam et al., 2000)의 주장을 비판하고 정부의 공정하고 일관된 법 집행 능력이 사회적 자본 형성에 기여한다고 주장한다. 즉, '사회적 자본 → 정부 성과'라는 인과적 관계에서의 화살표 방향에 이의를 제기하는 것이다. 퍼트넘 외(Putnam et al., 2000)의 주장은 민주주의 국가가 제대로 작동하기 위해서는 정부 성과가 있어야 하고, 그 정부 성과를 기대하기 위해서는 사회적 자본이라는 전제가 충족되어야 한다는 것이다. 사회적 자본이 부실하면 정부 성과가 제대로 날 리가 없고, 결과적으로 민주주의의 안정적 운영이 불가능하게 된다는 것이다.

반면에, 르바이(Levi, 2003)나 로스타인과 스톨(Rothstein and Stolle, 2008)의 주장은 민주주의 국가에서 유일하게 합법적 강제력을 행사할 수 있는 실체인 정부가 공정하고 일관된 법 집행을 함으로써 사회적 신뢰가 형성되고 민주주의의 안정적 운영과 발전이 가능할 수 있다는 것이다. 다시 말하면, 현재 사회적 자본 수준도 미흡하고 민주주의의 불안정성이 나타난다 하더라도 정부가 공정하고 일관된 법 집행을 하겠다는 확고한 의지와 능력만 있다면 사회적 자본의 증진과 민주주의의 안정적 운영과 발전의 길이 열릴 수 있다는 것이다(이동원 · 정갑영 외, 2009: 84-86 재인용).

제 3 절 사회적 자본의 부정적 기능

사회적 자본은 사회적 자본에 접근성을 가지고 있는 사람들에게 편익을 제공하는 '클럽재'의 속성을 가지고 있다. 그 과정에서 사회적 자본은 개인 또는 특정 집단에게는 편익이 될지 모르지만 사회적 측면에서 부정적 영향을 초래할 수 있다. 퍼트넘(Putnam, 2009: 23-24)의 지적처럼, 1995년 백인 극단주의자 티모시 맥베이(Timothy McVeigh)에게 시한폭탄을 실은 자동차로 오클라호마시 연방건물을 폭파할 수 있도록 해준 것은 사회적 자본이었다. 도시 갱단, 님비(NIMBY) 운동, 파워 엘리트 역시 넓은 시각에서 보자면 반사회적이지만 자기들끼리는 유리한 목적을 달성하기 위해 사회적 자본을 이용하는 경우가 종종 있었다. 포르테스(Portes, 1998: 15-18) 역시 사회적 자본은 집단별 칸막이 된 연대성과 신뢰(bounded solidarity and trust)에서와 같이 사회적 네트워크에서의 부정적인 결과 형성을 우려했다. 사회적 자본에 의해 촉진되는 사회적 해악은 테러뿐만 아니라 정치적 부패, 조직범죄, 네트워크 폐쇄, 집단사고 등으로 다양하게 나타날 수 있다. 여기서는 사회적 자본의 부정적 기능으로서 정치적 부패, 네트워크 폐쇄, 집단사고 등을 검토한다. 물론 이 세 가지 현상들이 완전히 배타적이거나 구분되는 것은 아니고 상당부분 연결되어 존재하고 발현될 것으로 판단된다.

1 정치적 부패

밀(J. S. Mill)이 강조하는 결사의 자유는 동시에 배제할 자유를 함축하고 있다.[7] 그런데 사회적 배제가 다른 사람들이 필요한 자원과 결합될 때, 결사의 자유(freedom of association)는 경제적 권한의 왜곡된 분포를 강화하고, 민주주의를 손상시키고, 그리고 공모와 부패를 가능하게 할 수 있다(Warren, 2001: 220-223; Arneil, 2006: Ch.2). 스미스(A. Smith) 역시 상인들의 회합이 불가피하게 대중의 이익에 반하는 공모형태로 귀결된다고 불평했다. 물론 그 대중은 그 네트워크와

7) 밀(J. S. Mill)은 자유의 기본 영역으로 다음 세 가지를 지적했다(Mill, 2015: 36-37). 첫째, 내면적 의식의 영역이다. 과학·도덕·신학 등 모든 주제에 대해 가장 넓은 의미에서의 양심의 자유, 생각과 감정의 자유, 그리고 절대적인 의견과 주장의 자유를 누려야 한다. 둘째, 기호와 희망 추구의 영역이다. 사람들은 각각의 개성에 맞게 자기 삶을 설계하고 자기 좋은 대로 살아갈 자유를 누려야 한다. 셋째, 결사의 영역이다. 사람들은 타인에게 해가 되지 않는 한, 그리고 강제나 속임수에 의해 억지로 끌려 온 경우가 아니라면 모든 성인은 어떤 목적의 모임이든 자유롭게 결성할 수 있어야 한다.

공모집단들을 연결하는 상호적 지식으로부터 배제된 모든 사람들이다(Portes, 1998: 15–16).

집단–특정적 사회적 자본(group–specific social capital)은 참여자들 편에서는 긍정적일 수 있지만, 사회 전체적인 입장에서는 부정적인 결과로 나타날 수 있다. 이 경우, 부정적인 영향을 받는 개인 또는 집단이 그 부정적인 영향에 대해 이의를 제기하고 손실을 보전할 수 있는 경우는 큰 문제가 아니다. 하지만, 부정적인 영향을 받는 개인 또는 집단이 그 부정적인 효과를 특정할 수 없거나, 교정할 수 있는 절차나 힘이 없거나, 또는 피해자가 피해를 보는지도 모르는 상황에서 은밀하게 손실이 초래되고 있다면 사회적 차원의 문제이자 정책적 고려의 대상이 되는 것이다. 예컨대, 전후 이탈리아 정당시스템 내에서 자리 잡은 정치적 부패의 경우는 네트워크, 연계, 그리고 부패 간에 긴밀한 관계구조 속에서 진전된 것이다.

델라 포르타와 바누치(Della Porta and Vannucci, 1999; Warren, 2008 재인용)의 분석은 이탈리아 비즈니스맨들, 정치가들, 정부 공무원들 모두가 부패교환을 '올바른(right)' 것으로 보지는 않았지만 불가피한 것이고 변화는 한 개인의 역량을 넘어서는 것이라고 생각했다는 것을 보여주었다. 정당은 정치적 기여와의 교환형태로서 비즈니스를 정부공직에 연계하는 사회적 네트워크이자 부패교환의 보증인으로서 작동했던 것이다. 부패의 규범이 수립되면 뇌물이 당연한 것으로 받아들여지게 된다. 예컨대, 정부공사를 따기 위해서는 건축계약의 경우 총공사비의 5%, 청소 서비스에는 10%, 건물보수나 개축의 경우에는 15%를 정당에 납부하는 것을 당연(natural)하게 생각하는 것이다. 일단 부패의 관행이 수립되면, 그것이 문화적 뿌리를 가지게 되고, 그 자체의 '규범적인 체계(normative system)'를 창조해 내고, 이심전심의 에티켓(가령, 요청받기 전에 적정 액수의 뇌물을 바치는 것)을 만들어 내게 되는 것이다.[8)]

8) 부패문제는 흔히 도덕의식이나 사회적 규범의 결여로 인식된다. 그러나 부패의 원인은 그렇게 단순한 것이 아니다. 부패는 윤리적 문제이기 이전에 지식의 문제이고, 경쟁의 문제이고, 사회문화의 문제이다. 사회적 측면에서의 비용과 편익을 일단 논외로 한다하더라도, 개인적 측면에서의 부패의 기대이익과 기대손실을 제대로 따져보지 못함으로써 연유하는 부패는 관련 지식의 결여문제로 볼 수 있다. 사활적 경쟁에서 살아남기 위해서 부득이 부패적 수단에 의존할 수밖에 없다면, 이 경우 부패는 경쟁의 치열성에서 기인하는 경쟁의 문제이다. 특정 사회에서 특정 형태나 수준의 부패현상을 당연하게 인식하고 있음으로써 연유하는 부패문제는 사회문화적

그런데 여기서 정부공사를 따고도 소위 '적정가격'을 갖다 바치지 않게 되면 어떻게 될까? 더욱이 그런 '기대 불일치'가 한 건이 아니고 여러 곳에서 다양하게 발생하게 되면 어떻게 될까? '뇌물규범'을 따르지 않았다면 법에 의해 처벌할 수는 없다. 뇌물을 제대로 갖다 바치지 않는 경우가 비슷한 시기에 다수 나타나게 되면 다른 형태(향후 정부공사입찰에서의 불이익, 공사진행과정에서 감독 강화, 대금지불 지연 등)로 압박하기도 용이한 것이 아니다. 결과적으로, 이탈리아 부패교환 시스템은 참여자들 간에 축적된 사회적 자본에 의존하고 있는 것이다.

사회적 자본이 정치적 불평등(political inequalities)을 강화하는 방향으로 움직일 수 있다. 예컨대, 전문 네트워크를 가지고 있는 로비스트들이 정치적 권력에 대한 차등적인 접근성을 획득하게 되면, 그 피해는 일반 소비자나 경쟁기업에게 돌아가게 된다. 이것은 미국의 건국 시조 중 한 사람인 제임스 메디슨(James Madison)이 오래전 우려했던 '파당의 해악(mischiefs of faction)'에 해당한다. 로비스트들이 비효율적인 정부 프로그램을 없애거나 개선시키려는 노력들을 질식시켜, 가장 잘 조직된 소수가 최대의 이익을 챙길 수 있게 된다는 것이다(퍼트넘, 2009: 558-565). 이런 부분을 경제학자인 올슨(M. Olson)은 특히 우려했다. 특정 단체가 구성원들 간의 교류를 통해서 호혜성의 규범을 키워가는 것이 아니라, 구성원들의 직·간접적 이익대변에 치우치게 됨으로써 사회협력보다는 사회적 갈등을 심화시킬 수 있다는 것이다.

2 네트워크 폐쇄

사회적 자본은 어떤 것이 아니고 기능별로 묶음이 되는 여러 가지 종류의 사회적 관계이다. 그 사회적 관계는 맥락에 따라 좋을 수도 있고 나쁠 수도 있다. 따라서 사회적 자본의 기능은 개별 사안별로 파악할 필요가 있다(Schuller et al., 2000: 36). 예컨대, 인연적(bonding) 사회적 자본과 교량적(bridging) 사회적 자본

문제로 볼 수 있다. 물론 특정인의 도덕적 수준이 낮아서 부패가 발생하는 경우도 있을 것이고, 이는 개인 윤리적 문제에 해당하게 될 것이다.

에 대한 퍼트넘(Putnam, 2009)의 흥미로운 분별은 사회적 관계 내에 착근된 성질의 복잡성을 언급하는 것이다. 인연적 사회적 자본은 배타적이고 유사한 사람들의 내부지향적인 집단들에서 발견된다. 특정적 호혜성을 토대로 사회적 관계에서 일종의 접착제 역할을 수행한다. 다만, 부정적 외부성의 생성 가능성이 높다. 반면에, 교량적 사회적 자본은 포용적 성격의 일반적 호혜성을 토대로 사회적 관계에서 윤활유 역할을 수행하게 된다. 그라노베터(Granovetter, 1973)의 '약한 연계(weak ties)' 형태로 네트워크 확장과 정보흐름 제고에 기여한다(퍼트넘, 2009: 25-28; Warren, 2008: 133-135). 인연적 사회적 자본과 교량적 사회적 자본이 사람들의 사회적 삶에 공통적으로 필요하겠지만, 어떤 상황과 결합하는가에 따라 인연적 사회적 자본의 부정적인 측면이 강조될 수 있다.

예컨대, 기업의 창업시기와 같이 경영상의 불확실성이 극히 높고 도전적인 개척정신과 구성원들 간의 엄청나게 끈끈한 결합관계가 요청되는 경우에는 교량적 사회적 자본보다 인연적 사회적 자본의 잠재성이 높게 나타날 것이다. 하지만, 기업이 성장과 성숙단계로 접어들게 되면 인연적 사회적 자본의 장점보다 교량적 사회적 자본의 장점이 더 중요하게 부각될 수 있을 것이다. 뿐만 아니라 개별 기업업무의 특성, 기업 구성원들의 담당업무와 책임의 정도, 또는 개별 기업이 입지하고 있는 해당 사회의 사회문화적 전통 등에 따라서도 인연적 사회적 자본과 교량적 사회적 자본의 잠재적 기여정도가 상이하게 나타날 수 있을 것이다. 즉, 네트워크 폐쇄 그 자체가 문제라기보다 네트워크가 폐쇄되었을 경우 그 해당 네트워크 내부 구성원들이 얻게 되는 이익에 비해, 사회적 측면에서의 부담 내지 비용이 높게 나타날 경우 사회적 자본의 부정적 기능이 두드러지는 것이다.

네트워크 폐쇄와 관련된 사회적 자본의 부정적인 효과를 다음과 같이 정리할 수 있다(Lowndes and Pratchett, 2008).

첫째, 인연적 사회적 자본과 연계된 네트워크 폐쇄 내지 집단 내 강력한 연계성은 쉽게 범죄나 반사회적인 용도로 이용될 수 있다. 마약 카르텔이나 마피아 범죄조직들은 이와 같은 성격의 강력한 유대에 토대하고 있다. 이것만큼 강한 유대는 아니겠지만 친족관계나 인종적 네트워크는 로컬 기업가에게 엄청난 부담이 될 수 있고, 혁신원천으로부터 기업을 격리시킬 수 있다(World Bank, 2002).

둘째, 보다 광범위한 커뮤니티 수준에서, 네트워크 폐쇄는 인종적 또는 신념에 토대한 일체성을 강화시킬 수 있고, 분파주의를 조장하고, 그리고 상호 도움이 될 수 있는 다양한 커뮤니티들 간 협력의 발현을 막을 수 있다. 네트워크 내부의 높은 사회적 자본 수준이 정부개입에 대한 적개심과 연결되어 있다면, 실질적으로 정책이 성취하고자 하는 사회적 변화 내지 행태적 변화를 방해할 수 있다(Halpern and Bates, 2004: 28). 세계은행(World Bank, 2002)이 강조하듯이, 네트워크 내부의 강력한 연계가 동시에 비 멤버들을 배제 내지 배척할 수 있기 때문이다.

셋째, 네트워크 폐쇄의 부정적인 효과가 분파주의처럼 경직되어 있지 않은 곳에서 조차도, 그 부정적인 효과는 보다 광범위한 공공정책에 반대하는 호전적인 행태패턴을 강화할 수 있다. 예컨대, 강한 커뮤니티 결속은 흡연이나 알코올 소비 등과 관련하여 건강하지 못한 생활양식을 강화할 수 있다. 커뮤니티 외부의 사람들의 행태나 정체성에 대한 부정적인 감정을 키워갈 수도 있다. 그 외, 정치적 및 관료적 엘리트 사이에 폐쇄성이 강한 사회적 자본 집중은 부패를 키워갈 수 있고 좋은 거버넌스를 손상할 수 있으며 정부 프로그램들을 개선하고자 하는 노력을 질식시킬 수 있다(World Bank, 2002).

3 집단사고

사회적 자본은 기존 자본 논의에서 흔히 간과되어 왔던 자본의 사회적 측면과 관계적 측면을 부각시킴으로써 '기존 자본 논의'에서의 미비점을 보완하고자 하는 취지를 가지고 있다. 따라서 사회적 자본이 집단적 속성을 가지고 있고 관계적 문제를 다룬다는 것은 그 자체로 역기능적인 것으로 볼 수는 없다. 여기서의 집단사고(groupthink)는 집단 구성원들 간 과잉동조(overconformity) 현상으로 네트워크 연결방향 및 밀도에서 문제가 발생하는 집단적 의사결정의 한 형태를 일컫는 것이다. 즉, 개인적인 관계성(personal relationships)에 토대한 사회적 자본이 '끼리끼리 문화'를 만들어내게 되고, 특정 동태적 시스템에서 조직 내든 조직 간이든 과잉동조로 인해 역량함정(competence trap)에 빠져 판단 효율성과 현실 적합성 및 도덕적 건전성이 결여된 집단적 의사결정이 진전되는 형태이다(박종화, 2011).

집단사고는 흔히 다음 세 가지 조건 하에서 발생하는 것으로 알려져 있다(이영범, 2015). 첫 번째 조건은 무엇보다도 집단 내 구성원들 간 높은 응집력(high group cohesiveness)을 보여줄 때이다. 두 번째 조건은 지시적인 리더형(directive leader) 등에 의해 집단이 외부의견으로부터 사실상 고립(insulation of group from outside opinions)되어 있는 것이다. 세 번째 조건은 의사결정의 시간적 제약이 심하거나 위기적 상황(crisis situation)에 처해 있어 의사결정 집단이 강한 스트레스를 받고 있는 경우이다. 즉, 리더의 의견 외에 분명하게 더 나은 해결책이 현재 존재하고 있지 않은 경우이다. 이 경우에는 집단 구성원들이 리더의 의견과 상치되는 다른 의견을 제시하기가 어렵다. 오히려 비합리적일 수 있는 리더의 의견을 보다 적극적으로 옹호하고 강화하는 비합리적인 선택을 하게 된다. 이 과정에서 집단 구성원들은 집단의 완전무결성에 대한 그릇된 환상, 집단의 도덕성에 대한 맹목적 믿음과 합리화, 외부집단에 대한 편향된 시각, 집단 내부 구성원들 간 동조화에 대한 압력(conformity pressure), 만장일치에 대한 환상 등의 징후를 드러낸다.

집단사고의 사례로 흔히 미국 케네디(J. F. Kennedy) 대통령 시절의 쿠바침공작전의 실패, 우주왕복선 챌린저(Challenger)호 발사 실패, 우주왕복선 컬럼비아(Columbia)호의 지구귀환 중 폭발사건 등이 언급되고 있다(이영범, 2015). 1961년 케네디 대통령은 추방된 쿠바인들을 군사 훈련시켜 쿠바공격을 감행했는데, 하필이면 논의 끝에 늪지대(Bay of Pigs)를 상륙지점으로 지정하는 통에 2일 만에 모두 포로로 체포되어 작전은 완전한 실패로 끝이 났다. 1986년 1월 28일 겨울 아침, 미국 NASA는 이미 한 차례 발사 연기된 챌린저호를 발사시켰는데 발사 후 73초 만에 폭발하면서 비극으로 마무리되었다. 특히, 이 우주왕복선에는 모두 7명의 우주비행사가 탑승하고 있었는데 최초로 민간인인 뉴햄프셔 주 기혼 여선생이었던 크리스타 맥아울리페(Christa McAuliffe)의 참여로 큰 기대와 흥분을 모았던 경우였다. 발사 당일은 플로리다의 날씨로는 드문 영하의 추위였고, 이러한 상황에서 O-Ring의 봉인(seals)이 불완전할 수 있다는 집단 내 목소리가 묻혀버린 경우이다. 2003년 2월 1일에는 지구로 귀환하던 컬럼비아호가 대기권 진입 중

폭발사고로 탑승했던 7명의 우주비행사가 모두 희생되었다. 추후조사에서 발사 당시 왼쪽 날개에 생겼던 작은 구멍이 그 원인으로 밝혀졌다. 그런데 NASA 엔지니어였던 로드니 로차(Rodney Rocha)가 그 작은 구멍의 위험성을 NASA 관계자들에게 6~7차례나 문제제기를 했었지만 그 주장은 겁쟁이(Chicken Little)의 우려로 무시된 것이다. 참사의 진정한 원인은 단순히 기술적 문제가 아니고 경직되고 비소통적인 조직문화와 집단사고였던 것이다.

사회적 자본과 관용성이라는 두 가지 지표로 2×2 행렬표를 만들면 <표 4-1>과 같다. 여기서 '마녀'사냥이 벌어지는 세일럼(Salem Village)은 분파주의적 공동체로 집단 구성원들 간 과잉동조 현상으로 네트워크 연결방향 및 밀도에서 문제가 발생한 경우에 해당한다. 인간의 집단적 광기를 상징하는 사건으로 알려져 있는 세일럼 마녀사냥으로 1692년 5월부터 10월까지 185명이 감옥에 갇혀 19명이 교수형을 당하는 등 모두 25명이 목숨을 잃었다. 이는 제러미 벤담(Jeremy Bentham)의 원형감옥처럼 자신이 마녀로 몰릴까봐 다른 사람을 마녀로 몰아가는 집단적 억압구조에 해당한다.

표 4-1 사회적 자본과 관용: 네 가지 유형의 사회

	낮은 사회적 자본	높은 사회적 자본
높은 관용성	(1) 개인주의적 사회: 너는 네 일 해라, 나는 내 일 한다.	(3) 시민적 공동체('마녀'없는 세일럼)
낮은 관용성	(2) 무정부주의적 사회: 만인에 대한 만인의 투쟁	(4) 분파주의적 공동체 내(內)집단 대 외(外)집단('마녀'사냥이 벌어지는 세일럼)

자료: 퍼트넘(Putnam, 2009: 589).

집단사고의 문제에 대한 대처방안으로써 여러 가지가 고려될 수 있다. 우선, '끼리끼리 문화' 내지 '지나친 우리 문화'의 극복이 필요하다. 외부의견의 유입이 가능하도록 외부와의 교류방안의 제도화가 고려될 수 있다. 중요한 사안에 대해서는 급박한 의사결정을 피하고, 리더의 선호나 기대표명에는 보다 신중할 필요가 있을 것으로 보인다.

봄철 새 여왕벌이 부화하기 전 1대 여왕벌은 일벌의 3분의 2를 데리고 새집을 찾아 나선다. 분봉(分蜂)이다. 새집을 지을 장소를 찾는 건 꿀벌 무리의 5% 미만인 정찰 벌들의 몫이다. 정찰을 마치고 무리로 돌아 온 이들은 각자 '8'자 춤으로 결과를 보고한다. 춤이 격렬하고 길수록 '정말 괜찮은 곳을 찾았다'는 뜻이다. 그다지 추천할 만하지 못하면 춤은 짧게 끝난다. 첫 보고를 마친 정찰 벌들은 가장 강력한 후보지들을 함께 돌아보고 와 다시 '8'자 춤을 춘다.

정찰 벌들의 결정이 늦어지거나 판단이 잘못되면 꿀벌 무리 전체가 위태로워질 수도 있다. 하지만, 여왕벌을 비롯한 집단의 나머지 95%는 정찰 벌들이 결과를 도출하는 과정을 지켜볼 뿐 여기에 관여하지 않는다. 그런데도 새 둥지로 이동하는 과정은 불과 몇 시간 만에 끝난다. 엉뚱한 곳으로 이주하는 경우도 거의 안 생긴다.

영국 런던정경대학의 크리스티안 리스트(C. List) 교수는 컴퓨터 시뮬레이션을 통해 정찰 벌들이 정보를 공유하지 않고 제삼자에게 보고한다면, 의사결정이 매우 느려진다는 사실을 알아냈다. 또 정찰 벌들이 자신이 본 것보다 다른 정찰 벌들의 판단을 추종한다면 엉뚱한 둥지로 무리를 이끌 가능성이 크다는 것도 입증했다. 하지만, 실제 정찰 벌들은 서로가 본 것을 완전히 공유했다. 동시에 자신이 본 것에 대해서는 다른 정찰 벌들의 눈치를 보지 않고 독립적으로 보고했다.

같은 대학의 사이먼 힉스(S. Hicks) 교수는 꿀벌들의 이 같은 의사결정 방식을 유럽 의회의 의사결정 방식과 비교했다. 한 의안을 의결할 때 유럽 의회 의원들도 다양한 정보를 공유했다. 하지만, 그 정보를 반드시 직접 확인하는 꿀벌들과 달리, 의원들은 바로 투표에 나섰다. 자신의 생각이 아닌 동료의원 혹은 당 지도부의 의사를 따라가는 '집단사고(groupthink)'를 한 것이다. 집단사고의 전형적인 예가 증시 거품이다. 다른 투자자나 사회 분위기에 휩쓸려 모두가 거품을 만드는 장본인이 되는 것이다. 힉스 교수는 "꿀벌들은 집단사고의 함정에 빠지지 않고 최선의 선택을 하는 방법을 알고 있다"고 말했다(이길성, 2011.2.8).

제 4 절 맺음말

이 장에서 사회적 자본의 다양한 기능적 측면을 검토했다. 긍정적인 측면이 강하지만 반드시 그런 것만은 아니다. 사회적 자본이 사람들의 삶의 질에 중요한 영향을 미치고 있고 공공정책에서 다양한 역할을 수행할 수 있다면 그 기본적인 역할을 세밀하게 파악할 필요가 있다. 사람들의 삶의 질과 사회적 자본의 역할, 그리고 공공정책 측면이 미묘하게 얽혀 있으면 있을수록 그 작동 메커니즘의 세부적인 사항에 대한 이해가 긴요하다. 예컨대, 특정 정책목적 수행과정에서 사회적 자본이 어떤 긍정적인 역할을 수행할 수 있는지, 사회의 다양한 이해관계자들 입장에서 이 역할이 어떻게 작동하는지, 그리고 그 과정에서 사회적 자본의 부정적인 기능은 무엇인지 등이 밝혀질 필요가 있다.

후쿠야마(F. Fukuyama) 같은 신자유주의자들은 사회성(sociability)이나 사회적 연계성(social connections)의 긍정적 측면을 충분히 인지하고 있었지만, 동시에 그 사회적 연계성을 국가가 주도적으로 형성해가는 정책적 노력에 대해서는 우려를 표시했다. 사회적 연계성 형성과정에 국가가 개입하면 개인의 자유와 자율적 선택성을 제약할 뿐만 아니라 기존에 작동하고 있거나, 또는 작동할 수 있는 잠재성을 가지고 있는 자율적 메커니즘을 손상할 수 있다고 보았기 때문이다. 따라서 사회적 연계성 형성과정에서 국가의 개입은 그 연계성이 다른 사람들의 자율적 선택성을 침해하는 네트워크나 카르텔로 나타날 경우 그것들을 제거하는 데 한정되어야 한다고 보았다. 여기서 후쿠야마(Fukuyama, 2001: 18)는 과도한 국가개입은 사회적 자본에 심각한 부정적 영향을 미칠 수 있다는 점을 강조했고, 콜먼(Coleman, 1990)은 국가주도가 개인의 자발적이고 유기적인 사회적 자본 형성 노력을 대체하거나 구축할 수 있음을 우려했다. 그 외, 규범과 관계성으로 표시되는 사회적 자본은 식별과 측정에서의 문제점과 형성과정의 장기성 등의 특징을 가지고 있는데, 그것을 과연 정책적 관리 대상으로 삼을 수 있는지에 대한 우려도 제기되고 있다(Field, 2003: 120－121).

반면에, 사회적 연계성 형성에 국가의 보다 적극적 개입이 필요하다는 입장은 새로운 사회적 연계성의 형성 내지 강화를 통해서 개인과 집단의 라이프 스타일 자체를 건강하게 변화시켜 사람들의 행복수준을 높여갈 수 있다는 것이다. 더 나아가 이런 과정을 통해서 개인의 국가 의존도 자체를 줄여갈 수 있다고 예견한다. 사회적 자본은 중요한 긍정적인 기능을 가지고 있고, 동시에 정책을 통해서 영향을 받고 정책에 영향을 주기도 하기 때문이다(Halpern, 2005: 286). 사회적 자본은 게임 참여자, 게임의 규칙, 그리고 받아들일 수 있는 결과를 지배하는 공공정책 프레임워크(framework)의 맥락 속에서 번성하거나 또는 쇠락한다(Foley and Edwards, 1999). 요약하면, 사회적 자본의 가장 큰 잠재성은 그 자체로서 목적이라기보다는 오히려 목적에 이르는 수단으로서의 역할이 있는 것이다(Frank, 2004: 4). 전 영국수상 토니 블레어(Tony Blair)의 언급처럼, 정부가 모든 것을 계획하고 전달하던 시절은 지나갔고 끝났지만, 이해관계자들의 다양한 수요와 역량을 파악하여 함께 짜고 깁는 정부의 역할은 이제 본격적으로 시작된 것이다.

따라서 이 장에서는 사회적 자본의 긍정적인 기능과 부정적인 기능을 함께 검토했다. 사회적 자본의 긍정적인 기능으로서 교육과 어린이 행복, 안전한 동네, 경제적 번영, 건강과 행복, 그리고 민주주의 등을 검토하였다. 사회적 자본의 부정적인 기능으로서 정치적 부패, 네트워크 폐쇄, 그리고 집단사고 등을 살펴보았다.

참고문헌

대한상공회의소(2008). 『주한외국기업의 투자환경 평가와 과제조사』. 2월.

린, 난(2008). 『사회자본(김동윤 · 오소현 역. 원저 *Social Capital* by N. Lin. 2001)』. 커뮤니케이션북스.

문세영(2018.3.9). 혼자 사는 사람, 심장 건강 위험해. http://www.kormedi.com/news/article/1226420_2892.html

밀, 존 S.(2015). 『자유론(서병훈 역. 원저 *On Liberty* by J. S. Mill)』. 책세상.

박종화(2011). 지역혁신체계에서 사회적 자본의 역기능성. 『국토연구』, 69: 63−82.

______(2015). 사회적 자본의 분포 불균등성: 처방적 정책논리의 탐색. 『한국행정논집』, 27(1): 1−22.

서울연구원(2016). 『한 눈에 보는 서울』. 서울특별시.

신영복(2015). 『담론』. 돌베개.

심묘탁(2017.9.28). 링겔만 효과. 조선일보.

안충영(2017). 새로운 가치관으로써 '포용'의 개념과 정책방향. 『국토』, 4: 2−4.

이길성(2011.2.8). 꿀벌의 '민주적 의사결정' 정치인보다 낫네. 조선일보.

이동원 · 박준 · 강민형 · 채승병 · 최홍(2009). 사회적 자본 확충을 위한 정책과제. 삼성경제연구소. *CEO Information*, 722: 1－21.
이동원 · 정갑영 외(2009). 『제3의 자본』. 삼성경제연구소.
이부형 · 박용정(2016). 사회적 갈등의 경제적 효과 추정과 시사점. 『경제주평』, 16－45. 현대경제연구원.
이영범(2015). 『온라인행정학전자사전』.
이혜운(2016.7.23). 일본 고령층 20%가 연금 부족해 잡일 나선다. 조선일보. C2.
조선일보(2017.4.13). 2016년 정신질환 실태 역학 조사. A14.
KBS 사회적 자본 제작팀(2011). 『사회적 자본』. 문예춘추사.
토크빌, A.(1997/1835). 『미국의 민주주의 II(임효선 · 박지동 역. 원저 *Democracy in America* by A. de Tocqueville)』. 한길사.
퍼트넘, 로버트 D.(2009). 『나 홀로 볼링－사회적 커뮤니티의 붕괴와 소생(정승현 역. 원저 *Bowling Alone: The Collapse and Revival of American Community* by R. D. Putnam. 2000)』. 페이퍼로드.
______(2016). 『우리 아이들－빈부격차는 어떻게 미래 세대를 파괴하는가(정태식 역. 원저 *Our Kids－The American Dream in Crisis* by R. D. Putnam. 2015)』. 페이퍼로드.
퍼트넘, 로버트 D. 외(2000). 『사회적 자본과 민주주의(안청시 외 역. 원저 *Making Democracy Work－Civic Traditions in Modern Italy* by R. D. Putnam et al. 1993)』. 박영사.
한병철(2012). 『피로사회(김태환 역. 원저 *Müdigkeitsgesellschaft* by Byung－Chul Han. 2010)』. 문학과지성사.
후쿠야마, 프랜시스(1996). 『트러스트(구승회 역. 원저 *Trust* by F. Fukuyama. 1995)』. 한국경제신문사.

Arneil, B.(2006). *Diverse Communities: The Problem with Social Capital*. Cambridge: Cambridge University Press.
Berman, S.(1997). Civil Society and the Collapse of the Weimar Republic. *World Politics*, 49: 401－429.
Bourdieu, P.(1986). The Forms of Capital. In J. G. Richardson(ed.). *Handbook of Theory and Research for the Sociology of Education*. Westport, CT: Greenwood Press.
Cannuscio, C., Block, J., and Kawachi, I.(2003). Social Capital and Successful Aging: The Role of Senior Housing. *Annals of Internal Medicine*, 139(5)(Part 2): 395－399.

Coleman, J. S.(1988). Social Capital in the Creation of Human Capital. *American Journal of Sociology*, 94: s95－s120.

______(1990). *Foundations of Social Theory*. Cambridge, MA: Belknap Press.

Della Porta, D., and Vannucci, A.(1999). *Corrupt Exchanges: Actors, Resources, and Mechanisms of Political Corruption*. N.Y.: Walter de Gruyter.

Field, J.(2003). *Social Capital*. London: Routledge.

Foley, M. and Edwards, B.(1999). Is It Time to Disinvest in Social Capital? *Journal of Public Policy*, 19(2): 199－231.

Frank, J.(2004). Making Social Capital Work for Public Policy. *Policy Research Initiative*, 6(3): 1－5.

Fukuyama, F.(2001). Social Capital, Civil Society and Development. *Third World Quarterly*, 22(1): 7－20.

Granovetter, M. S.(1973). The Strength of Weak Ties. *American Journal of Sociology*, 78: 1360－1380.

Guiso, L., Sapienza, P. and Zingales, L.(2004). The Role of Social Capital in Financial Development. *NBER Working Paper*, No.7563. NBER.

Halpern, D.(2005). *Social Capital*. Cambridge: Polity.

Halpern, D. and Bates, C.(2004). *Personal Responsibility and Changing Behaviour*. London: Cabinet Office, Prime Minister's Strategy Unit.

La Porta, R. et al.(1999). The Quality of Government. *Journal of Law, Economics and Organization*, 15(1): 222－279.

Lederman, D., Loayza, N., and Menéndez, A.(2002). Violent Crime: Does Social Capital Matter? *Economic Development and Cultural Change*, 50(3): 509－539.

Levi, M.(2003). A State of Trust. In V. Braithwaite and M. Levi(eds.) *Trust and Governance*. New York: Russell Sage Foundation.

Lowndes, V. and Pratchett, L.(2008). Public Policy and Social Capital. In D. Castiglione, J. W. Van Deth, and G. Wolleb(eds.). *The Handbook of Social Capital*. 677－707. N.Y.: Oxford University Press.

Martin, R. and Sunley, P.(2006). Path Dependence and Regional Economic Evolution. *Journal of Economic Geography*, 6: 395－437.

Nahapiet, J. and Ghoshal, S.(1998). Social Capital, Intellectual Capital, and the Organizational Advantage. *Academy of Management Review*, 23(2): 242－265.

OECD(2001). *The Well－being of Nations: The Role of Human and Social Capital*. Paris: OECD.

Popkin, S. L.(1982). Public Choice and Peasant Organization. In Bates, R. H.(ed.) *Toward a Political Economy of Development*. Berkeley: University of California Press.

Portes, A.(1998). Social capital: its origins and applications in modern sociology. *Annual Review of Sociology*, 24: 1−24.

PRI(Policy Research Initiative)(2005). *Social Capital as a Public Policy Tool*. Project Report. September. Canada.

Rothstein, B. and Stolle, D.(2008). The State and Social Capital: An Institutional Theory of Generalized Trust. *Comparative Politics*, 40(4): 441−459.

Saxenian, A.(1994). *Regional Advantage: Culture and Competition in Silicon Valley and Route 128*. Harvard University Press.

Schuller, T., Baron, S., and Field, J.(2000). Social Capital: A Review and Critique. In S. Baron, J. Field, and T. Schuller(eds.). *Social Capital: Critical Perspectives*. 1−38. Oxford: Oxford University Press.

Warren, M. E.(2001). *Democracy and Association*. Princeton: Princeton University Press.

______(2008). The Nature and Logic of Bad Social Capital. In D. Castiglione, J. W. Van Deth, and G. Wolleb(eds.). *The Handbook of Social Capital*. 122−149. N.Y.: Oxford University Press.

Wilson, W. J.(1987). *The Truly Disadvantaged*. Chicago: The University of Chicago Press.

Woolcock, M.(2001). The Place of Social Capital in Understanding Social and Economic Outcomes. *Isuma: Canadian Journal of Political Research*, 2(1): 1−17.

World Bank(2002). *Social Capital for Development*. Washington, D.C.: World Bank.

______(2006). *Where is the Wealth of Nations*. Washington, D.C.: World Bank.

제 5 장

사회적 자본의 역기능성 -RIS 차원의 해부*

제 1 절 머리말

세계화와 지방화의 흐름은 원심력과 구심력의 조화와 같이 지역 단위의 자생적 발전을 불가피하게 강조하고 있다. 그런데 왜 그것이 현실적으로 여의치 못한가에 대해 클러스터 접근을 해결방안으로 강조하는 연구들(Porter, 1998, 2000), 지역혁신체계를 제시하는 연구들(De La Mothe and Paquet, 1998; 박삼옥 · 남기범, 2000; 김선배, 2001; 강병주, 2004), 그리고 혁신환경을 강조하는 연구들(Maillat and Lecoq, 1992; Camagni, 1991) 등이 있다. 보다 구체적으로, 혁신네트워크에 주목하고 중개모형 제시 및 중개활동 분석에 치중하는 연구결과(박종화, 2006), 도시와 지역의 혁신역량 발전과정에서 신뢰의 구축 등 사회적 자본형성에

---

* 이 장은 박종화(2011). 지역혁신체계에서 사회적 자본의 역기능성. 『국토연구』, 69: 63-82. 확대 보완하여 재작성한 것임.

주목하는 연구결과(박희봉 · 김명환, 2000; 유평준 외, 2006; 최병훈 · 조현석, 2010; 권태형 · 박종화, 2010), 그리고 경로의존적 정책결정 패턴의 제약성을 강조하는 연구결과(박종화, 2009) 등도 최근 제시되고 있다.

이 과정에서 상당수의 연구자들은 지역혁신역량과 지역혁신네트워크에 동시에 작용하면서 그간에 소홀하게 다루어져 왔던, 흔히 '간과되어 왔던' 자원인 사회적 자본(social capital)에 주목하고 있다. 사회적 자본은 아직 개념상의 불명료성이 제대로 정리되지 못하고 있지만 흔히 신뢰, 규범, 네트워크, 집단학습 등의 다양한 구성요소로 이루어져 있는 것으로 알려져 있다. 기존 논의에서 공통적인 속성을 정리하면, 눈에 보이지는 않지만 분명히 존재하고 있는 것, 지식기반사회로 이행하면 할수록 더욱 중요하게 부각되는 것, 단순 작업보다 첨단복합 작업과정에서 보다 더 중요한 것, 그리고 여러 요인에 따라 확대 또는 축소될 수 있는 것 등을 들 수 있다. 결과적으로, 지역혁신 역할주체들 간의 상호연계 및 협력을 강조하는 지역혁신체계(RIS)에서 사회적 자본은 중요한 요소로 부각될 수 있다. 그리고 더 나아가서 해당 지역의 사회적 자본 양이 많으면 지역혁신이 잘되고 지역발전이 가능하게 될 것이라고 추정할 수 있다. 그런데, 지역혁신체계와 사회적 자본의 역할관계를 그렇게 평면적으로 정(正)의 상관관계(positive correlation)로 도식화하는 것이 가능한지에 대해서는 의문이 제기될 수 있다.

사회적 자본은 금융자본이나 물리적 자본과 달리 동일한 사회적 자본이 분야에 따라서 현저히 다른 효과를 가질 수 있고, 혁신역량의 원천이자 정치사회적 가치로 작동할 수 있는 것이므로 역할을 특정하기가 용이하지 않다. 사회적 자본은 한편으로 네트워크 체계를 강화하기도 하지만, 또 다른 한편으로는 네트워크를 폐쇄화시켜 집합적 눈가림(collective blindness) 형태로 외부적인 환경변화에 둔감하게 만들 수 있다. 집단 내 신뢰와 규범은 지식기반경제에서 절실한 창조적 긴장(creative tension)이 아니라 집단사고 형태로 귀결될 수 있고, 경우에 따라서는 역할인지과정에서의 과잉동조(overconformity) 형태로 목표－수단 대체현상을 초래할 가능성도 내재하고 있다. 그리고 지역혁신과정이 단선적이고 일방적인 형태에서 복선적이고 쌍방향적인 과정으로 흔히 인지되고 있는데(Batten et al., 1989), 그 과정에서 사회적 자본의 역할관계는 다양하게 나타날 수 있다.

따라서 여기서의 논의의 초점은 다음과 같다. 첫째, 지역혁신체계는 지역산업의 발전과정에서 지역혁신 역할주체들의 상호작용과 네트워크 형성, 그리고 더 나아가서 집단학습능력의 함양을 촉진하는 제도적 시스템 구축을 강조하고 있다. 그 제도적 시스템 구축과정에서 비가시적인, 그리고 거래되지 않는 상호의존성(invisible and untraded interdependencies)의 지표 내지 그 상호의존성을 결정하는 핵심변수로 사회적 자본이 강조되고 있다. 따라서 여기서는 우선 사회적 자본과 지역혁신체계의 관계를 검토한다.

둘째, 지역혁신체계에서 사회적 자본의 역할 관련 논의는 대개 지역혁신역량 제고 관련 기술혁신 조력형태 내지 기술혁신 촉매형태를 강조하고 있다(Coleman, 1990; Grootaert, 1998; Fine, 2001). 그런데 역할내용이나 효과성, 그리고 정치사회적 가치지향 등에서 사회적 자본의 역할은 긍정적인 측면뿐만 아니라 부정적인 측면이 동시에 검토될 필요가 있다. 따라서 여기서는 지역혁신체계에서의 사회적 자본 역할의 역기능성 측면은 무엇이며 어떤 경우에 나타나는지를 검토한다. 특히, 지역경제정책상의 고착성(lock-in) 관련 논의와 어떻게 연결되는지를 검토한다.

셋째, 분석결과를 토대로 정책적 함의로서 사회적 자본의 역기능성 극복 관련 지역혁신체계의 구조적, 관계적, 그리고 인식적 측면을 밝힌다.

제 2 절 사회적 자본과 지역혁신체계(RIS)

글로벌 경제로의 이행, 지식기반경제로의 흐름 등과 함께 사회적 자본에 대한 논의가 최근 주목받고 있다. 하지만, 하나의 개념으로서 사회적 자본의 개념은 이미 한 세기 전부터 사용되어 온 것이다(Portes, 1998: 2). 최근 사회적 자본 개념의 유행은 개발과정에서의 핵심요소로 기존에 잘 알려져 있던 물리적 자본이나 화폐적 자본과는 다른 형태의 보완재 내지 촉매제로서, 그리고 기존에 간과되어 왔던 연결고리의 한 형태로 주목받고 있다(Grootaert, 1998; Fine, 2001). 비경제적 형태의 자본이자 권한과 활동역량의 원천(Burt, 2000)으로서 주목받고 있는 것이다. 여기서는 사회적 자본과 지역혁신체계에 대한 개념적 논의와 기존 연구경향, 그리고 양자 간의 관계 등을 검토한다.

1 사회적 자본

사회적 자본은 사회적 관계성에 토대하고, 사회적 관계성으로부터 유도되는 자원으로서 흔히 개념화되고 있다. 포르테스(Portes, 1998: 7)는 경제적 자본은 개별 은행구좌에 있고 인적 자본은 각자의 두뇌 속에 있지만, 사회적 자본은 그 관계의 구조 속에 있는 것으로 정의한다. 퍼트넘 외(Putnam et al., 2000)는 사회의 능률성을 제고시킬 수 있는 신뢰(trust), 규범(norms) 및 네트워크와 같은 사회조직의 특징을 사회적 자본이라고 정의한다. 사회적 자본에 대한 린(Lin, 2008: 28-33)의 정의는 사회적 구조에 착근되어 있는 자원으로서 특정 목적달성 과정에서 접근 내지 동원될 수 있는 자원이다.

사회적 자본의 핵심은 사회적 네트워크가 실제적 또는 잠재적으로 가치 있는 자산으로 활용될 수 있다는 점이다(Putnam, 2000; Field, 2003: 12). 사회적 네트워크를 통해 사람들은 상호이익을 토대로 서로 협력할 수 있고 사회적 응집력을 형성해 갈 수 있기 때문이다. 그루테어트와 배스테레어(Grootaert and Bastelaer, 2001: 21)는 신뢰의 연계망으로 구체화되어 있는 사회적 자본은 물리적 자본이나 노동력 등 다른 생산요소와 같은 특성을 가지고 있다고 보고, 사회적 자본은 시간의 흐름에 따라 축적 가능하고 경제성과를 증진시킨다고 주장한다(소진광, 2004: 92-93 재인용). 동일 맥락에서, 린(Lin, 2008: 26-27)은 사회적 네트워크에 배태된 자원이 행위의 결과를 향상시키는 이유에 대해서 정보흐름 촉진, 영향력 발휘, 사회적 신임 보증, 그리고 정체성 인지 재강화라는 네 가지 요소를 강조하고 있다. 첫째, 정보의 흐름이 촉진된다. 개인 내지 집단은 흔히 의사결정 과정에서 불완전한 정보에 직면하게 된다. 그런데 사회적 유대를 통해 개인 또는 집단은 기회와 선택에 관한 유용한 정보를 추가적으로 확보할 수 있고, 제반 의사결정 및 활동과정에서 거래비용을 줄여갈 수 있다.

둘째, 영향력의 발휘이다. 사회적 유대를 통해 고용, 승진 등의 중요한 순간에 핵심역할주체들에 접근할 수 있고 그들의 영향력 행사를 기대할 수 있다. 그 과정에서, 구조적 구멍(structural hole)과 같은 전략적 위치에 기반한 사회적 유대는 보다 큰 영향력을 발휘하는 것으로 알려져 있다.[1] 그래서 중요한 사람의 '한 말씀'은 개인 또는 집단과 관련된 의사결정 과정에 상당한 영향력을 발휘하는 것이다.

셋째, 사회적 신임(social credential)의 보증이다. 사회적 유대와 공인된 관계를 통해 개인 또는 집단은 사회적 신임을 얻을 수 있다. 사회적 유대 형태의 자본은 흔히 해당자의 자질이나 역량을 넘어서는 사회적 신임을 보증해준다. 후쿠야마(Fukuyama, 1996)에 의하면, 막스 베버(M. Weber)는 『프로테스탄트 분파와 자본주의 정신(*The Protestant Sects and the Spirit of Capitalism*)』 저서에서 미국 여행 중 많은 사업가들이 정직과 신용에 대한 징표를 보이기 위해 스스로를 기독교인으로 소개하는 것을 목격했음을 기록하고 있다.

> 당시에 인디안 영토였던 곳을 오랫동안 기차로 여행하는 중에 필자(막스 베버)는 묘비에 붙이는 금속 글자를 파는 순회 세일즈맨 옆에 앉게 되었다. 필자는 무심코 교회를 존중하는 태도가 아직도 상당히 강한 것 같다고 말했다. 그러자 그 세일즈맨은 대꾸했다. "선생님, 누구든 저 좋을 대로 믿든지 말든지 제가 상관할 바는 아니지요. 하지만, 교회를 전혀 나가지 않는 농부나 상인을 만난다면, 저는 50센트어치도 외상을 주지 않을 거예요. 믿는 것도 없으면서 뭐하러 제 돈을 갚겠어요?"(후쿠야마, 1996: 77 재인용).

넷째, 사회적 유대를 통해 정체성의 식별과 현상에 대한 공통인지를 개발할 수 있다. 유사한 이해관계와 자원을 공유하는 집단 속의 개인은 해당 집단에서의 귀속감뿐만 아니라 특정 자원에 대한 접근성을 확보하게 된다.

나하피에트와 고샬(Nahapiet and Ghoshal, 1998: 245) 역시 네트워크에서 사회적 자본의 두 가지 중요한 생산적인 효과를 식별한다. 첫째, 사회적 자본은 활

1) 버트(Burt, 1992)는 구조적 구멍은 전기회로에서의 절연체와 같은 하나의 완충물이라고 명시하고 있다. 서로 다른 두 접촉은 완충적인 구멍으로 인해 '두 접촉 사이의 과다하지 않은 관계'를 유지하고 혜택을 얻게 된다는 것이다.

동 능률성을 높인다. 특히 가외성을 줄임으로써 정보 분배의 효율성을 제고함에 의해서 그렇고, 점검과정의 필요성을 줄임으로써 거래비용을 감소시킴으로써 그렇다. 둘째, 사회적 자본은 적응적 능률성(adaptive efficiency)의 기회를 창조한다. 협력적 행태의 기회를 북돋음으로써 사회적 자본은 창조적 상호작용과 집합적 학습과정을 촉진한다(Tura and Harmaakorpi, 2005: 1115 재인용). 콜먼(Coleman, 1990)은 사회적 자본을 특정 유형의 행태를 촉진하는 기능, 네트워크상의 정보채널, 그리고 규범 및 통제 등으로 구성된다고 보고 있다. 그는 사회적 자본과 개방적 네트워크의 긍정적 상호작용을 강조하고, 사회적 자본의 촉매자, 결합자, 제어자로의 역할 측면을 강조하고 있다.

결과적으로, 사회적 자본은 사회적 관계를 통해 형성된 것으로, 그 사회적 관계망 속의 개인 또는 집단이 특정 목적달성을 위해서 접근 내지 활용할 수 있는 자원이다. 다만, 그 자원은 화폐나 기타 유형적 재화와 달리 특정 개인이 전유할 수 없고, 유형적인 형태로 표출할 수는 있지만 대개 무형적인 형태로 존재하며, 총량을 특정화하기도 어렵다. 사회적 자본의 이와 같은 속성은 사회적 자본이 기본적으로 사회적 네트워크 속에 배태된 자원이기 때문이다.

2 지역혁신체계

지역혁신체계(Regional Innovation System: RIS)는 지역혁신과정에서 지역혁신 역할주체들이 상호유기적인 연계를 맺고 협력 및 학습관계를 유지해 가는 것을 말한다. 혁신을 사회적, 비선형의, 상호작용적 학습과정으로 특징화할 때, 혁신은 단순히 한 기업에 의해서 이루어지는 단일 활동의 결과라기보다는 '혁신체계'로 파악할 필요가 있다(Lundvall, 1992). 원래 기술혁신체계는 국가단위에서 개발되고 적용되어오다 글로벌 경제로의 진전과정에서 포터(Porter, 1998, 2000)가 언급하는 '입지의 역설(the location paradox)' 형태로 지역 차원의 기술혁신과정에 대한 관심이 고조되고 있다(Camagni, 1991; Grabher, 1993). 최근에 지역혁신체계 논의는 전략적 유연성과 진화적 문제해결 방식 등을 강조함으로써 지역적 차원의 새로운 환경창출, 즉 지역자원의 효율적 활용에 토대한 지역밀착형 경쟁력 확보의 중요성이 강조되고 있다(박종화, 2006: 175).

카우프만과 퇴트링(Kaufmann and Töedtling, 2000: 30)은 지역혁신체계의 형성에 대한 요인과 메커니즘에 대한 관련 연구결과들을 다음과 같이 정리하고 있다(박삼옥 · 남기범, 2000: 131 재인용). 첫째, 지역은 노동력, 교육, 연구기관, 지식의 외부성과 파급효과 등 혁신의 전제조건들이 각각 상이하다. 그리고 이들 요소들의 이동성이 그렇게 높지 않기 때문에 특정 지역이 다른 지역에 비해 우위를 차지하게 된다. 둘째, 산업의 군집은 흔히 국지적으로 진행되고 지역 내에서 네트워크와 특정의 기술혁신 패턴을 유발한다. 셋째, 국지적인 생산체계에서는 집단학습을 통하여 혁신환경으로 유도하는 공통의 기술적 문화가 개발될 수 있다. 넷째, 산학연계와 지식의 파급효과는 흔히 지역적인 첨단기술개발을 유도한다. 다섯째, 지역정책은 특정한 제도와 기능을 통하여 혁신기반을 제공하고 혁신과정에서 보다 적극적인 역할을 수행한다. 결과적으로, 지역혁신체계란 지리적 근접성, 네트워크, 그리고 사회문화적 구조에 토대한 기술혁신에 명백한 초점을 가지고 있는 것임을 알 수 있다. 동일 맥락에서, 김선배(2001)와 박종화(2006) 등은 지역혁신체계에서 혁신주체 간 상호작용을 위한 제도적 시스템 구축과 같은 정책적 요인을 강조하고 있다. 지역혁신체계가 존재하고 있다는 사실보다는 어떻게 하면 역동적인 지역혁신체계로 만들어 갈 것인가, 그리고 동태적 효율성을 이룩해 갈 것인가가 중요한 것이다.

> 지역혁신네트워크는 지역의 경쟁력 제고를 지향하고 있지만, 동시에 이질적인 활동집단들로 구성되어 있다. 그러므로 지역혁신네트워크에서는 관련된 주체들의 가치와 목표가 상당히 다양할 수 있다. 이것이 바로 공유가치와 공통 목적의 성취를 촉진하기 위한 적절한 사회제도적 환경 창조의 필요성을 시사하는 것이다(Park, 2016: 265).

혁신역량은 지역의 경쟁우위를 형성하는 데 핵심요인으로 광범위하게 인지되고 있다. 현재의 혁신 패러다임은 혁신의 비선형적 상호작용을 강조하고 있으므로, 지역의 혁신환경을 형성하는 것이 중요하다. 지역혁신역량은 지역 내에 존재하는 제반 혁신역할주체들의 총합적 혁신역량으로 파악할 수 있으므로, 지역혁신체계 내에 존재하는 기업 및 기타 기관들과 관련 네트워크의 결합적 혁신역량을 지역혁신역량으로 간주할 수 있다. 혁신을 사회적, 비선형의, 상호작용적 학습과정으로 특징화하는 것은 혁신과정에 있어서 기술적 요인보다 사회문화적 구조의 중요성을 반영하고 있는 것이다(North, 1990). 기존 기술적 상황보다 해당 지역의 사회제도적 환경이 성공적인 혁신과정에서 핵심적인 역할을 수행한다고 보는 것이다. 지역적인 관점에서, 혁신은 결국 지역혁신환경 속에서 발생하는 지역에 착근된 과정으로 나타나게 될 것이다. 이와 같은 지역혁신역량 형성과정에서 사회적 자본의 역할이 최근 강조되고 있는 것이다(Tura and Harmaakorpi, 2005: 1112-1113).

지역혁신역량을 제고하는 과정에서 사회적 자본이 중요한 역할을 한다는 점에 대해서는 일반적으로 받아들여지고 있다. 하지만, 이것이 정확하게 어떻게 이루어지는지, 그리고 다른 유사 관련 개념과 어떻게 연관되는지는 제대로 깊이 있게 검토되지 못했다(Tura and Harmaakorpi, 2005: 1112).

3 사회적 자본과 지역혁신체계의 관계

지역혁신체계는 진공 속에 존재하는 것이 아니다. 현실 지역에서 생성되고 발전하고 쇠퇴하는 것이다. 정의상 지역은 개별 기업 간의 관계에 비해, 관계의 측면, 빈도, 내용, 그리고 방향 등이 훨씬 이질적이고 복잡 다양하다. 따라서 혁신과정에서 불확실성 감소, 거래비용 감소, 조정비용 감소 등으로 혁신을 촉진시키는 것으로 알려진 사회적 자본과 지역혁신체계 관계 역시 복합적으로 나타나게 될 것이다(Schientock and Hämäläinen, 2001: 4; Tura and Harmaakorpi, 2005: 1119).

지역혁신체계에서 사회적 자본의 역할 복합성은 우선 지역혁신체계의 속성상의 특성과 사회적 자본 구성요소의 다양성 등에 기인하는 것으로 보인다. 기술-경제 패러다임이 지배적인 현실에서 지역혁신에서 지역기술혁신이 강조되는 것이 자연스럽지만, 지역혁신이 지역기술혁신만을 의미하는 것은 아니다. 장기적인 측면에서 지역기술혁신이 제대로 되기 위해서는 지역사회문화혁신, 지역정치혁신 등이 함께 이루어져야 하므로 지역혁신체계는 여러 부문을 포괄하고 있는 것으로 이해할 필요가 있다. 따라서 그와 같은 지역혁신에 영향을 미치는 사회적 자본 역시 역할의 복합성을 가지게 될 것임을 추론할 수 있다. 더욱이, 이론적 고찰에서 밝혀졌듯이 사회적 자본의 구성요소는 다양하다. 학문적 특성이나 영역별 특성, 그리고 장소적 특성별로 사회적 자본의 구성요소는 다양할 수 있고, 결과적으로 그 역할 및 효과도 다양할 것으로 판단된다. 예컨대, 음악가의 사회적 자본과 비즈니스맨이나 조직폭력배의 사회적 자본은 그 구성요소나 성격이 현저하게 다르게 나타날 수 있다. 저명한 음악가가 그 음악활동에서 쌓아 온 높은 사회적 자본 양과 수준은 비즈니스와 조직폭력배의 활동영역에서는 아무런 효과도 발휘하지 못하고 경우에 따라서는 역효과를 가져오는 사회적 자본 양과 수준이 될 수 있기 때문이다.

사회적 자본의 역할내용의 다양성으로 인한 복합성 측면과 함께 역할방향의 이질성으로 인한 복합성 측면도 고려할 수 있다. 사회적 자본은 지역혁신과정에서 긍정적인 기여와 함께 부정적인 기여를 할 수 있는 소지를 가지고 있다. 동일한 맥락에서, 사회적 자본 수준은 지역의 혁신역량을 제고한다는 주장(Landry et al., 2002; 유평준 외, 2006)과 오히려 지역의 혁신역량에 손상이 된다는 상충적인 주장(Florida et al., 2002; Fromhold-Eisebith, 2002)이 동시에 제기되고 있다. 양자 간의 관계에 대해 긍정적인 입장은 사회적 자본 수준이 높은 곳이 지역혁신 역할주체들 간 네트워킹을 촉진시키고 거래비용을 줄여줌으로써 지역기업들의 혁신활동에 기여하게 된다는 입장이다. 유평준 외(2006)는 지역혁신클러스터에서 추구하는 학습과 혁신역량 발전과정에서 사회구성적 변수가 중요하고, 특히 신뢰의 구축 등 사회적 자본 형성이 자율적·창의적 클러스터 발전에 중요하다는 것을 밝히고 있다. 반면에, 부정적인 입장은 사회적 자본 수준이 높은 곳이 오히려 지역의 혁신과정이나 창조적 활동에 방해가 된다는 것이다. 사회적 자본 수준이 높다는 것은 지역혁신 역할주체들 간에 안정감을 제고하고, 결과적으로 외부세계로부터의 새로운 정보나 기술유입에 대해서 수동적이고 폐쇄적으로 움직이게 된다는 것이다. 프롬홀드-아이제비스(Fromhold-Eisebith, 2002: 8)가 강조하듯이 사람들은 기본적으로 사회적 자본을 통해 “변화하는 환경 속에서 안정성이나 신뢰성 등과 같은 요소를 얻고자 한다.” 그런데 혁신적인 환경(innovative milieu)은 개념상 변화지향적인 것이므로 사회적 자본 수준과 상충적인 관계에 있다는 것이다.

사회적 자본은 또한 구성원 간 연대(ties)의 특성에 따라 인연적(bonding) 사회적 자본과 교량적(bridging) 사회적 자본으로 구분되고 있다(Putnam, 2000: 20－22; Grootaert et al., 2003). 인연적 사회적 자본은 가족, 이웃 및 가까운 친구와 같이 필연성에 기초한다. 교량적 사회적 자본은 공통기반을 공유하지 않은 사람들끼리의 보다 느슨한 형태의 수평적 연대형태로 필요성에 기초하고 있다. 따라서 교량적 사회적 자본은 다양한 수평적 집단 간에 형성되는 연결성의 결속을 만들어 낸다. 반면에, 인연적 사회적 자본은 동질적 집단의 구성원들 간만을 연결시킨다. 결과적으로, 교량적 사회적 자본은 다양한 지역사회 또는 지역에 있는 역할주체들 간의 약한 연계(weak ties)를 말한다.[2] 이 두 가지 연대형태와 구분되는 형태로서 연계적(linking) 사회적 자본 개념 형태도 제시되고 있다(Woolcock, 1999). 연계적 사회적 자본은 계층적인 관계성에서의 개인과 집단 간의 생산적인 사회적 연계를 강조한다. 공식적 제도를 통한 자원, 아이디어, 그리고 정보획득을 강화하고자 하는 것이다(Lowndes and Pratchett, 2006: 685－686; PRI, 2005: 12). 따라서 연계적 사회적 자본은 경찰, 정당과 같은 주민대표기관이나 은행과 같은 사적 기관들을 이어주는 연계형태로 계층적 관계성과 선택적 친화력에 기초하고 있다. 지역개발과정에서 관련 역할주체들 간에 촉매, 조정 등의 역할을 수행하는 중개기관은 동등하지 않은 권한을 보유하고 있고, 선택적 연계를 맺게 한다는 측면에서 연계적 사회적 자본의 중요한 원천이 된다(소진광, 2004: 98－99 재인용).

2) 이 점에서는 교량적 사회적 자본이 다영역 연계(cross－field connections)형태와 유사하다. 하지만, 교량적 사회적 자본이 다양한 지역의 역할주체들 간에 약한 연계를 의미하는 데 반해, 다영역 연계형태는 다양한 부문들 간에 어떤 종류의 상호연계성도 모두 포괄하고 있다는 점에서 서로 차이가 있다(Tura and Harmaakorpi, 2005: 1120).

제 3 절 지역혁신체계에서 사회적 자본의 역기능성

사회적 자본의 개념분석 및 지역혁신체계와 사회적 자본의 관계 검토에서 분명하게 드러나듯이 지역혁신체계의 작동과정에서 사회적 자본은 점점 더 복합적이고 중요한 역할을 수행하게 될 것으로 판단된다. 다만, 그 관계는 단순한 정의 상관관계는 아닐 것으로 보이고, 역기능성 측면 등이 혼재해서 나타나게 될 것이다.

1 네트워크 폐쇄

최근 지역혁신논의에서 네트워크 개념이 주목받고 있다. 지역의 경쟁우위에 도움이 되는 물리적 인프라와 의사전달 네트워크 관점뿐만 아니라 역동적 환경변화과정에서 기업과 서비스 기관들의 새로운 네트워크 형성이 중요하기 때문이다. 네트워크는 지식 및 정보, 재화 및 사람의 교환과정을 효율화하고 물류, 마케팅, 그리고 판매정책을 위한 적절한 채널을 제공한다. 경쟁력있는 네트워크를 통해, 높은 질적 수준의 지식, 정보, 원격통신 및 기타 인프라 네트워크에의 접근성을 얻게 됨으로써 기업은 학습과정을 효율화하고 불확실성을 감소시킬 수가 있다. 네트워크는 지역혁신 역할주체들에게 창조적이고 새로운 의사결정 및 전략수립을 위한 많은 기회를 제공하는 것이다. 그리고 불확실성의 감소는 정보사회에서 아마 가장 중요한 편익에 해당한다(Nijkamp et al., 1994). 결과적으로, 사회적 자본이 지역혁신체계에서 순기능적으로 작용하기 위해서는 지역 단위에서 사회적 자본의 존재와 경쟁력있는 네트워크의 형성은 정(正)의 관계를 이루게 된다.

사회적 자본은 개념상 네트워크 구조를 강화시키는 역할을 하게 될 것으로 판단된다. 하지만, 창조적 파괴를 토대로 하는 혁신의 기본 개념상 지역네트워크는 새로운 외부변화에 항상 개방적이고 유연할 필요가 있다. 그런데 사회적 자본량이나 수준이 지역혁신 역할주체들이 폐쇄적이고 경직적으로 움직이도록 기여할 경우 그 관계는 역기능적 관계로 나타나게 된다. 이와 같은 관계는 [그림 5−1]에서 명료하게 나타난다. '강한 연계의 강함'의 단계까지는 정(正)의 고착성(positive lock−in)의 형태로 상호관계성이 높을수록 경제성과가 높아지지만, 그 단계를 넘어서서 '강한 연계의 약함'의 단계에서는 부(負)의 고착성(negative lock−in)의 형태로 높은 상호관계성이 오히려 지역경제성과 감소에 기여하게 된다.

그림 5−1 지역개발과정에서 정(正)의 고착성에서 부(負)의 고착성으로 이행

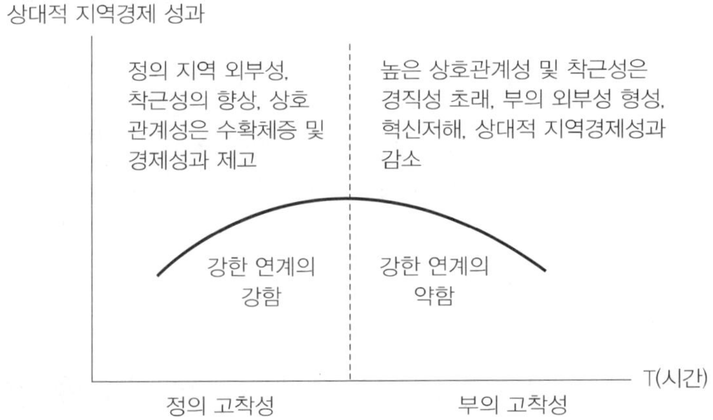

자료: 마틴과 선레이(Martin and Sunley, 2006: 416).

사회적 자본 역할의 역기능성은, 특히 네트워크의 폐쇄성(network closure)이나 집합적 눈가림(collective blindness) 현상과 같은 사회적 자본의 두 가지 고착성의 경우에 현저하게 나타날 것으로 판단된다. 네트워크의 폐쇄성은 네트워크 구성 주체들 간에만 긴밀한 상호작용적 관계를 맺고 그 네트워크 바깥에 있는 실체들과는 제대로 된 상호작용관계가 맺어지지 못하는 상태를 말한다. 집합적 눈가림 현상은 특정 네트워크가 해당 네트워크의 목적설정이나 목적달성 방법을 집합적으로 잘못 설정하는 경우를 말한다(Tura and Harmaakorpi, 2005: 1120−1121). 그런데 사회적 자본이 네트워크를 폐쇄적으로 유도하게 될 것인지는 보다 보완적인 설명이 필요하다. 퍼트넘(Putnam, 2009)의 지적처럼 사회적 자본은 인

연적 사회적 자본과 교량적 사회적 자본으로 구분될 수 있는데, 그 두 가지 형태의 사회적 자본은 형성과정과 속성, 그리고 네트워크에 미치는 영향이 각각 다르기 때문이다. 인연적 사회적 자본은 이미 언급되었듯이 특별이해관계집단으로 형성되고 배타적(exclusive)인 속성을 지니고 있다. 반면에, 교량적 사회적 자본은 다양한 지역사회, 지역에 존재하는 다양한 역할주체들 간의 약한 연계(weak ties)에 기초한 포용적(inclusive) 속성을 지니고 있다.3) 따라서 초기 발전단계에서는 인연적 사회적 자본의 중요성이 높겠지만, 그 중요성은 점점 약화되고 교량적 사회적 자본의 중요성이 확대될 것이다.4)

울콕(Woolcock, 1999) 역시 경제적 발전이 실행 가능하기 위해서는 지역 착근성과 함께 자율성(autonomy)이 필요함을 강조하고 있다. 기업발전의 초기 단계에서는 제반 환경의 불확실성 속에서 인연적 사회적 자본의 중요성이 빛을 발하지만, 초기 발전단계를 넘어서면 비지역적(non-local)인 전문적·산업적·사회적 네트워크를 활용하기 위하여 교량적 사회적 자본의 중요성이 확대되는 것이다. 비즈니스가 특정규모(예: 임계규모)에 도달하게 되면, 새 시장접근이나 '아는 사람'의 범위를 넘어서는 능률적 공급자를 확보하기 위해 교량적 사회적 자본의 중요성이 확대되는 것이다(약한 연계의 강함의 예). 플로리다 외(Florida et al., 2002)와 프롬홀드-아이제비스(Fromhold-Eisebith, 2002)와 같이 인연적 사회적 자본이 지배적인 지역이나 부문에 초점을 맞추어서 보면, 해당 지역 또는 부문의 네트워크 혁신역량은 매우 취약하다고 주장할 수 있다. 그리고 란드리 외(Landry et al., 2002)와 같이 교량적 사회적 자본에 초점을 맞추면 혁신수준과 사회적 자

3) 글레이저 외(Glaeser et al., 2002)는 사회적 자본의 핵심 구성요소인 신뢰를 특별화된 신뢰(particularized trust)와 일반화된 신뢰(generalized trust)로 구분한다. 특별화된 신뢰는 개인적으로 친한 사람들과의 관계이고, 반면에 일반화된 신뢰는 개인적으로 잘 모르는 대다수의 사람과의 관계이다. 일반화된 신뢰는 감시비용을 줄이고 공식적·비공식적 거래를 용이하게 하여 사회경제적 효율성을 증진하지만, 특별화된 신뢰은 테러조직이나 범죄조직과 같이 사회에 해로운 현상을 초래할 수 있다(김시윤, 2008: 9 재인용).

4) 영국 캠브리지 사례에서 기술기업의 초기 개발단계에서는 인연적 사회적 자본이 중요하다. 그러나 지식기반경제가 확대되고 관련 기업이 임계규모에 도달하게 되면, 인연적 사회적 자본의 중요성이 떨어지고 교량적 사회적 자본의 중요성이 높아지게 된다(Iyer et al., 2005: 1019-1020). 30년 이상의 개발역사를 가진 한국 대덕연구개발특구를 대상으로 사회적 자본이 혁신성과에 어떤 영향을 미치는지에 대한 최병훈·조현석(2010)의 최근 연구결과에 의하면, 교량적 사회적 자본의 영향이 인연적 사회적 자본보다 더 크게 나타나고 있다.

본 수준 간의 정(正)의 관계를 이룰 수 있는 것이다.

결과적으로, 네트워크와 연계하여 사회적 자본이 지역혁신체계 목적달성에 도움이 안 되는 경우는 크게 두 가지이다. 하나는 네트워크가 잘못된 분야(영역)에서 작동하는 경우(사회적 자본이 지역혁신 역할주체들이 사실상 추구하지 않는 행동기회를 창출)이다. 그리고 또 하나는 네트워크가 올바른 분야에 있지만 잘못된 방식으로 작동하는 경우(지역혁신 역할주체들이 사실상 그들이 필요로 하는 사회적 자본을 가지고 있지 않은 경우)이다(Tura and Harmaakorpi, 2005: 1121). 네트워크 폐쇄로 인한 문제는 후자의 경우에 해당한다. 사회적 자본이 단순히 네트워크 폐쇄를 가져오는 것은 아니지만, 인연적 사회적 자본이 지배적인 경우 네트워크 폐쇄성이 두드러지게 나타날 수 있다. 특히, 지식기반경제로 이행하는 과정에서 지역환경은 끊임없이 소용돌이 치고 있는데, 혁신네트워크가 폐쇄적으로 움직이는 것은 지역혁신 역할주체들 간 창조적 긴장을 손상하고 경쟁력을 훼손하게 될 것임을 짐작하기 어렵지 않다. 쿠크 외(Cooke et al., 2005: 1068)의 지적처럼, 사회적 자본 자체가 부정적이라는 것이 아니라, 특정 사회적 자본의 종류와 이용목적에 따라 부정적인 속성이 두드러지게 나타날 수 있다는 점이 지적될 필요가 있다.

2 집단사고

사회적 자본의 역할주체는 개인일 수도 있고 집단일 수도 있다. 하지만, 사회적 자본은 집합적인 수준에서만 생성되고 집합체를 통해서만 활용될 수 있다. 사회적 자본은 궁극적으로 집합적인 현상이다(Tura and Harmaakorpi, 2005: 1117). 그라노베터(M. Granovetter)가 적절하게 지적하고 있듯이, 사람들은 가족, 이웃, 교우관계, 직장, 교회, 민족 따위의 다양한 사회집단에 뿌리박고 있다. 사람들은 일상생활과정에서 집단의 이익과 자신의 이익 사이에서 균형을 맞추어 가는 것이다(후쿠야마, 1996: 43). 사회적 자본은 본질적으로 '자본(capital)' 논의에서 간과되어 왔던 '사회적(social)' 측면을 부각시킴으로써 '기존 자본 논의'의 불완전성을 보완하려는 취지를 가지고 있다. 따라서 사회적 자본이 집단적 속성을 가지고 있고 집단문제를 다룬다는 것은 그 자체로 역기능적인 것으로 볼 수는 없다. 다만 여기서의 집단사고(groupthink)의 함정은 집단 구성원들 간에 정보공유가 제대로 이루어지지 않고 동료나 타 역할주체의 의사를 단순신뢰 형태로 추종함으로써 모두가 원하지 않는 결과에 빠지는 형태를 말한다. 즉, 개인적인 관계성(personal relationships)에 토대한 사회적 자본이 '끼리끼리 문화'를 만들어내게 되고, 무엇을 아느냐보다 누구를 아는가에 따라 상황에 대한 관리적인 반응이 유도되는 식의 집단사고를 야기하는 것이다. 결과적으로, 사회적 자본이 시장, 기술개발, 그리고 생산 관련하여 지역혁신 역할주체들이 사실상 추구하지 않는 행동기회를 창출하게 된다.[5)]

지식기반경제에서 혁신과 경쟁력 확보과정에서 사회적 자본의 중요성이 강조되고 있는 것은 분명하다. 경쟁력이 정태적인 가격토대 경쟁이 아니라 역동적인 기술혁신을 통하여 가능하기 때문이다. 애로우(Arrow, 2000: 3-5)는 사회적 상호작용을 포함하고 있다는 점에서 사회적 자본은 '사회적'이고, 그 상호작용 효과가 경제적 지속성을 가지는 정도까지 '자본적'이 된다고 주장한다. 솔로우-스완 성장모형(the Solow-Swan Growth Model)을 언급하지 않더라도, 사회적 자본은 기술이 이용되는 방식을 변화시킬 수 있고 신기술의 조기채택으로 이끌 수 있다. 그런데 집단사고로 인하여 동태적인 환경변화에 둔감하게 되면 부정적인 영향이 확대될 수 있는 것이다. 특히, 그라브허(Grabher, 1993)가 주목하는 내부지향적 네트워크(inward-looking networks)의 경우 집단사고 형태로 귀착하게 될 것이다.[6)] 이 경우, 해당 시스템은 고착의 상태로 나아가게 되고 새로 진입하는 실체에 대한 기회는 거의 제공되지 못할 것이다(Boschma, 2005: 68). 포터(Porter, 1998) 역시 개인적인 관계성에 대한 지나친 강조는 집단사고로 이행할 위험을 안고 있음을 지적하고 있다. 인연적 사회적 자본이 지배적인 경우 집단사고로 귀착

5) 지역혁신체계 내에서 지역혁신 역할주체들 간에 부정적인 외부성(negative externalities)으로 시장 및 생산 관련 집단사고의 문제와 혼잡(congestion)의 문제 등이 언급되고 있다(Brown and McNaughton, 2002).

6) 지역적 경로의존성에 대한 박종화(2009: 246-251)의 연구에 의하면, 대구지역의 경우 내부지향적인 집단사고 등으로 인하여 새로운 기술적 및 생산적 역량에서 낮은 수준의 '수용역량(absorptive capacity)'을 나타내고, 결과적으로 '낮은 단계의 적응성'을 보여 주고 있다.

하게 될 가능성이 보다 높을 것으로 판단된다.

그라브허(Grabher, 1993)가 루르지방의 석탄과 철강산업단지 쇠퇴원인으로 지적한 세 가지 고착성 중 인식적 고착성(cognitive lock-in)은 집단 내 공통의 세계관으로 인한 집단사고 문제의 전형적인 예에 속한다.7) 인식적 고착성으로 인해 루르 석탄·철강산업단지가 새로운 아이디어를 흡수할 수 없었고 둔감하게 된 것이다. 한때 카메라와 필름의 대명사처럼 알려졌던 코닥이 1975년 세계 최초로 디지털 카메라 기술을 개발해 놓고도, 자사 필름시장의 쇠퇴를 우려해 새 변화흐름에 늦게 반응하고 극심한 쇠퇴경험을 한 것 역시 집단사고의 부정적인 영향의 좋은 사례에 속한다(조선일보, 2010.10.9). 집단사고는 동일성(sameness)을 연계하고 집단 내 협력을 강조한다. 동일한 맥락에서, 올슨(Olson, 1982)은 특정 이해관계에 기초한 수평적 연대(horizontal associations)는 성장을 저해할 수 있음을 지적하고 있다.8) 이와 같은 연대는 특혜적인 정책을 향한 집단로비 등으로 나아갈 수 있기 때문이다. 결과적으로, 이와 같은 행동은 전체 사회에 부적절한 비용(disproportionate cost)을 부과하게 된다. 집단사고 형태의 부정적 측면에 대한 오길비(Ogilvie, 2004)의 연구결과는 다음과 같다.

> 초기 현대 독일의 길드는 여성 노동자를 차별하고 배척했다. 여성은 도제관계(apprenticeship)로 받아들여져서는 안 된다는 규범을 강조함으로써 여성 노동자들은 길드 참여 자체가 배제되었다. 그 당시 여성들은, 극히 일부 예외의 경우를 제외하고는, 작업장(workshops)을 만드는 것 자체가 허용되지 않았다.

7) 그라브허(Grabher, 1993)는 인식적 고착성 외에 기능적 고착성(functional lock-in)과 정치적 고착성(political lock-in)을 지적하고 있다. 기능적 고착성은 계층적인 기업관계에 토대한 것이고, 정치적 고착성은 구조조정을 저해하는 밀집하고 조밀한 제도적 구조에 기인한 것이다.

8) 여기서의 수평적 연대는 집단 내에서의 연대, 즉 인연적 사회적 자본의 속성을 강조한 것이다. 이에 반해, 그라노베터(Granovetter, 1973, 1985)가 강조하는 '약한 연계(weak ties)' 또는 '횡단적 사회적 연계(cross-cutting social ties)'는 교량적 사회적 자본의 속성을 강조하는 것이다. 결과적으로, 사회구성 집단들 간 이질성(disparate social groups)이 높을수록 인연적 사회적 자본의 부정적인 영향이 크게 나타날 것으로 보인다(Iyer et al., 2005: 1017).

3 과잉동조

나하피에트와 고샬(Nahapiet and Ghoshal, 1998: 243)은 사회적 자본을 "관계성의 네트워크로부터 유도되는, 관계성의 네트워크를 통해 이용 가능한, 관계성의 네트워크 내에서 착근되어 있는 실질적 잠재적 자원의 총계"라고 정의하고 있다. 지역혁신체계가 제대로 작동하기 위해서는 지역혁신네트워크가 필요하지만, 지역혁신네트워크가 존재한다는 사실 자체보다는 지역혁신네트워크가 어떻게 구성되어 있는가 하는 점이 보다 중요하다는 것이다. 네트워크 구성요소들, 연결밀도, 연결방향 등이 네트워크의 실제적·잠재적 역량을 결정할 것이기 때문이다. 과잉동조(overconformity) 현상은 네트워크 구성요소들 간 연결밀도와 연결방향에서 문제가 발생하고, 소위 '목표와 수단의 대체현상' 등을 초래하는 문제점을 말한다.

특정 동태적 시스템에서 사회적 자본 등에 의해 활동의 연속적인 패턴이 '관례(groove)'를 형성하고 따라서 회피하기가 어렵게 될 경우, 세터필드(Setterfield, 1997: 36)는 그 시스템이 특정한 기술, 산업 또는 제도적 체제에 과잉동조(over-committed)하고 있는 것이라고 규정한다. 조직 내이든 조직 간이든 과잉동조로 인해 레비트와 마치(Levitt and March, 1996)가 지적하는 '역량함정(competence trap)'에 빠지게 되면 기존 개발경로에 고착되고 새로운 시장수요나 개발형태를 간과할 가능성이 높다. 동일한 맥락에서, 경제적 관계의 사회적 측면인 착근성(embeddedness)과 기업혁신성과 간의 관계에 대해 [그림 5-2]의 우찌(Uzzi) 모형은 기존 신고전 모형과 착근성 모형을 보완하는 새로운 모형을 제시하고 있다.

우찌(Uzzi) 모형은 착근성과 혁신성과 간에 역 U자형 관계를 제시한다. 즉, 경제적 관계의 사회적 측면(착근성)이 어느 수준까지는 혁신성과와 정(正)의 관계를 이루지만, 그 수준을 넘어서면 부(負)의 관계를 이루게 된다는 것이다. 이 관계는 기본적으로 지역경제성과와 발전단계(시간)에 대한 [그림 5-1]의 관계와 동일한 것이다. 높은 상호관계성 및 착근성이 경직성을 초래하고 부(負)의 외부성을 형성해서 혁신을 저해하게 되는 것이다. 일정 수준을 넘어선 착근관계에 의한 과잉동조현상은 특정 교환관계에 고착되고, 의사소통과 이해에 있어서 관계

그림 5-2 착근성의 정도와 기업의 혁신성과와의 관계

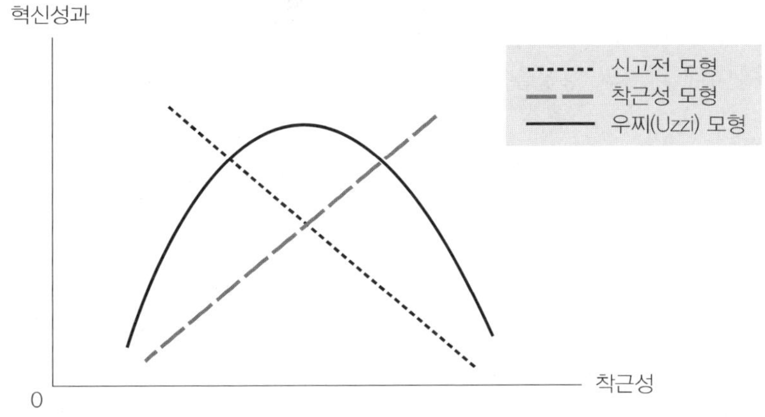

자료: 보쉬마 외(Boschma et al., 2002: 31).

특정적 투자에 지나친 의존을 초래할 수 있다. 더욱이, 계층적 형태의 거버넌스는 보다 대칭적인 관계에서는 흔히 피드백 메커니즘을 결여하기 쉽다. 결과적으로, 관료적 시스템 하에서는 새로운 아이디어가 제대로 보상을 받지 못하고 상호작용적 혁신과정이 생성되기 어렵게 된다(Boschma, 2005: 63−67).

퍼트넘 외(Putnam et al., 2000)는 사회적 자본이 네트워크 내에서 조정과 협력을 촉진하며, 반복된 상호작용과 긍정적인 관계성을 통하여 사회적 자본이 창출된다고 보았다. 그러다 보니, 그들은 가족적인 유대나 가족적인 커뮤니티와 같은 복잡하고 깊은 사회적인 연계를 흔히 언급하고 있다. 그런데 지역혁신체계에서의 사회적 자본의 관계나 기여는 복잡하고 깊은 사회적 관계나 유대관계의 긴 역사적 측면보다는 지역혁신 역할주체들 간에 생산적인 상호작용 측면이 보다 중요하다. 그리고 기존 멤버들 간의 강력한 연계는 새로 오는 사람들이나 외부인을 배제하는 데 이용될지 모른다. 이 경우, 시작단계의 기업들(start−up firms)은 큰 어려움을 겪을 수 있다. 멤버십이 멤버들 간 통상적인 열등한 관리관행을 강화할지 모르기 때문이다. 멤버들 간의 과잉동조 현상은 창의성이나 기업가정신을 질식시킬 뿐만 아니라 객관성의 상실(a loss of objectivity)로 이끌 수 있다(Brown and McNaughton, 2002).

> 높은 신뢰와 연대감을 보여주는 집단이 그렇지 못한 집단보다는 경제적으로 훨씬 효율적이기는 하지만, 신뢰와 연대를 지닌 모든 형태가 반드시 유리한 것만은 아니다. 만약 (집단 내) 결속이 경제적 이성을 무력하게 한다면 공동체적 연대는 단지 친인척 등용이나 파벌의 형성을 초래할 따름이다(후쿠야마, 1996: 215).

사회집단들은 흔히 그 연계관계가 아주 복잡하게 이루어져 있기 때문에 한쪽으로 보면 사회 결속력이 강한 것으로 보이고, 또 다른 관점에서 보면 분산화와 대립, 그리고 사회계층 형성으로 보일 수 있다(후쿠야마, 1996: 217). 기업연합체, 전문직의 연합, 조합, 로비단체 등은 대체로 구성원들의 이해관계를 대변한다. 하지만, 사회의 중요 집단으로서 전체 사회의 경제적 이익을 돕는 경우는 거의 없다. 이런 이유로 다수의 경제학자들은 이런 조직체들이 집단 내 이해관계를 과잉대변하고, 결과적으로 전체 사회의 경제효율성을 저하시키는 것이 아닌가 염려하고 있다. 올슨(M. Olson)은 안정된 민주사회의 경기침체는 늘어나는 이익단체의 증가 때문이라는 연구결과를 제시하고 있다(후쿠야마, 1996: 216 재인용).

제 4 절 정책적 함의

기존의 자본개념으로 측정할 수 없는 '사회적 영역'들이 생산성 제고나 관리과정에 존재하고 있다. 그 '사회적 영역'들이 지식기반사회로의 이행, 글로벌 경제로의 이행, 그리고 정보화사회로의 이행 등의 환경변화와 맞물려 점점 더 확대되며 중요성의 비중도 강화되고 있다. 그런데 제3절에서의 분석결과와 같이 네트워크 폐쇄, 집단사고, 과잉동조 등의 사회적 자본의 역기능성이 나타날 수 있다. 지역혁신체계에서 사회적 자본의 역기능적 측면을 축소하고 긍정적 측면을 강화하기 위해서, 역기능적 요소의 특성에 대응하여 정책적 함의로 구조적 차원, 관계적 차원, 그리고 인식적 차원을 검토한다. 물론 네트워크 폐쇄, 집단사고, 과잉동조 등의 역기능적 요소들이 엄밀하게 구분되는 것이 아닌 것처럼, 구조적 · 관계적 · 인식적 정책적 함의가 명확하게 따로 존재하는 것은 아니다.

1 구조적 차원

지식기반경제로의 이행과정에서 지식과 혁신의 중요성이 계속적으로 강조되고 있다. 전통적 경제이론에서는 지식과 혁신은 중심지에서 개발되고 공간을 따라서 주변지역으로 확산해 가게 된다. 지식과 혁신의 이런 분포방식은 공간에서 성극화(polarization) 현상을 초래함으로써 내재적으로 '계층적 구조(hierarchical structure)'를 가지게 된다. 그런데 지식기반경제에서는 사회경제적 관계성에서의 다양한 집합은 다양한 지리를 창출하게 된다. 신뢰·상호학습·공유의 공통 어젠더·기타 등등에 토대한 역동적 혁신지구에 대한 강조가 강화될수록 그 관계성은 기업들 간에 네트워크에 토대한 '이질적 결합구조(heterarchical structure)'가 될 것이다(Cooke and Morgan, 1998; Raco, 1999: 951－953).

지역혁신체계가 제대로 작동하기 위해서는 지역 단위에서의 혁신네트워크 존재 자체보다는 그 네트워크의 구성적 측면이 보다 중요하다. 네트워크 구조, 구성요소, 연결밀도, 연결방향 등이 중요한 것이다. 네트워크 폐쇄는 특정 네트워크가 그 자신을 환경으로부터 분리하는 방식이다. 폐쇄 네트워크의 구성원은 그 네트워크 내부에서는 밀접하고 상호작용적 관계를 가지지만, 그 네트워크 외부에 있는 실체들과는 몇몇의 또는 미약한 관계성만 가지고 있는 상태를 말한다. 폐쇄 네트워크는 다른 네트워크와 이해관계가 일치하기 어렵고 지대추구적 행태(rent－seeking behavior)로 나아가 총합적 경제성과를 저하시킬 것으로 예상된다(Olson, 1982; Tura and Harmaakorpi, 2005: 1121).

사회적 자본으로 인한 네트워크 폐쇄의 문제는 네트워크가 잘못된 분야(영역)에서 작동하는 경우는 아니다. 하지만, 지역혁신 역할주체들이 사실상 필요로 하는 사회적 자본을 가지고 있지 않음으로써 발생하는 문제이다. 초기 발전단계를 지나 인연적 사회적 자본에 비해 교량적 사회적 자본에 대한 수요가 높은데, 인연적 사회적 자본이 지배적인 경우 사회적 자본은 네트워크 폐쇄에 기여하게 된다는 것이 제3절 제1항 논의의 초점이다. 지역혁신체계에서의 네트워크 구조를 보다 개방적이고 유연하게 발전시켜 가는 과정에서 사회적 자본에 대한 정책적 노력은 무엇이 필요하고 어떻게 진전시켜 나가야 하는가? 첫째, '강한 연계의 약함' 현상이 나타날 때까지는 긍정적인 네트워크의 효과가 지배적이라는 연구결과가 있으므로, 네트워킹의 강화 쪽으로의 정책적 노력이 필요할 것이다. 다만, 정부기구가 사람들로 하여금 위험을 무릅쓰고 사회성을 발휘하고 서로를 신뢰해 나가도록 만들기는 매우 어려울 것이므로, 기존에 작동하고 있던 사회적 자본의 원천(예: 협의체, 시민단체 등)을 훼손하지 않도록 개입하는 면밀함이 필요할 것이다. 동일 맥락에서, 후쿠야마(Fukuyama, 1996: 411, 463)는 사회적 자본은 한 방향으로만 돌아가는 '미늘형 톱니바퀴'와 같아서, 사회적 자본을 강화하고자 하는 정부의 활동은 오히려 더 큰 낭비가 될 수 있음을 지적하고 있다.[9]

둘째, 사회적 자본의 속성에 따른 차별적 접근이 필요하다. 클러스터 출현요인과 클러스터의 지속적 성장 기여요인들은 상이하다는 연구결과와 영국 캠브리지 사례연구(Iyer et al., 2005: 1019－1020)에서 초기 개발단계에서는 인연적 사회적 자본이 중요하고, 이후 교량적 사회적 자본의 중요성이 높아진다는 것이 제시되고 있다. 따라서 사회적 자본은 하나의 속성으로 접근하는 방식에서 벗어나 다양한 속성에 따른 다양한 대처가 필요하다.

실리콘 밸리, 제3이탈리아, 바덴 뷔르템베르크 주 등 소위 성공적인 신산업지구(NIDs)들은 유연노동력과 생산네트워크를 통해서 적응성과 혁신을 달성한 것으로 알려져 있다. 이들 산업지구의 조직과 리더십은 대규모의 수직적으로 통합된 회사 형태에서 얻어진 것이 아니라, 오히려 산업지구 나름대로의 전문화된 생산 및 서비스 체계에서 획득된 것이다. 특히, 지구 내 수많은 이질적인 업체들 간 횡적 네트워크(laternal networks) 개발을 통해서 지역경쟁력의 제고와 경제적 활동의 착근성을 이룩한 것이다(Raco, 1999: 951－953). 즉, 인연적 사회적 자본에 기반한 좁은 범위의 문화적 사회적 공통성을 벗어나 교량적 사회적 형태의 신뢰와 협력체계로 이행한 것이다.

9) 최근 행동경제학자인 애리얼리(D. Ariely)는 이스라엘 탁아소 경험을 사례로 사회적 규범과 시장의 규칙이 충돌하면 사회적 규범이 밀리고 시장의 규칙이 지배하게 됨을 지적하고 있다(애리얼리, 2008: 113－122).

2 관계적 차원

사회적 자본이 집단사고 형태로 전체 사회에 부적절한 비용을 부과할 수 있음이 제3절 제2항에서 논의되었다. 개인적인 관계성에 대한 지나친 강조 등으로 집단사고라는 부정적 외부성을 초래해서 집단 구성원 들 간에 제대로 된 정보공유를 차단할 수 있다는 것이다. 따라서 지역혁신 역할주체들이 사실상 추구하지 않는 행동기회를 창출하게 된다는 것이다. 수평적 연대가 인연적 사회적 자본의 속성에 토대하고 있을 때, 그리고 사회구성집단들 간 이질성이 높을 때 그 부정적인 영향이 보다 확대될 것으로 분석되었다. 그렇다면 지역혁신 역할주체들 간의 관계성은 무엇에 토대하고 어떻게 발전해 감으로써 그 부정적인 영향을 줄여갈 수 있을지에 대한 논의가 필요하게 된다.

사회적 자본은 경제분석과정에 사회적 측면을 복원하고자 한 착근성의 이론화, 그리고 사회경제적 영역에서 네트워크 구조의 중요성을 부각시킴으로써 주목받고 있다(Granovetter, 1985; Cooke and Morgan, 1998). 사회적 자본 논의는 개인의 행태에서 집단, 사회적 단위, 그리고 제도 등 적용영역이 광범위하고, 분석의 초점 역시 현상분석에서 갈등의 패턴분석으로 이행하고 있다(Cooke at al., 2005: 1066). 그럼에도 불구하고, 교량적 사회적 자본에 비해, 인연적 사회적 자본이 지배적인 경우에 개인적인 관계성에 대한 지나친 강조로 집단사고로 이행하게 되고 사회적 자본의 역기능성이 노출될 수 있다. 따라서 지역혁신 역할주체들이 사실상 추구하고 있는 행동기회를 창출하는 과정에서 시점과 상황에 맞는 네트워크 관계를 모색할 필요가 있다. 그라노베터(Granovetter, 1985)가 네트워크 접촉들 간에 강한 연계의 취약함과 약한 연계와 느슨한 결합의 강함을 지적하고 있는 것 역시 시점과 상황별 네트워크의 관계적 측면에 주목하고 있는 것이다. 그라브허(Grabher, 1993)가 언급한 루르 사례뿐만 아니라 코닥 사례에서의 집단사고의 문제점 역시 사회적 자본의 활용측면이자 구성요소들 간의 관계적 측면을 검토할 필요성을 제시하고 있다. 지역실정에 맞는 네트워크 관계 모색과정에서 카스탈디와 도시(Castaldi and Dosi, 2003)가 '지역적 고착' 탈출과정에서 제시하고 있는 몇 가지 시나리오(토착적 창조, 이질성과 다양성, 다른 곳으로부터의 이식, 기술적 관련 산업의 다양화, 기존 산업 개선)를 참조할 수 있다(Martin and Sunley, 2006: 419−424 재인용). 로컬 산업, 기술 및 조직의 이질성과 다양성은 개인적인 관계성에 대한 지나친 의존을 원천적으로 어렵게 하고 혁신과 경제적 재구조화를 촉진할 수 있다. 지역성장의 신 경로를 형성할 수 있도록 다른 곳으로부터 새로운 산업과 기술을 수입하고, 토착적 기술 창조 내지 기존 산업 개선 노력은 집단사고로의 이행을 제어하고 새로운 변화 흐름에 대한 적응력을 높일 수 있을 것으로 기대된다.

마샬(Marshall, 1916)은 산업국지화의 외부경제의 삼각 축으로 숙련 노동력, 지원 및 부속산업, 그리고 지식파급을 언급하였다. 그리고 그에 더하여, 관계적 측면으로 '허공 중에 있는 그 무엇(something in the air)' 또는 '산업적 분위기(industrial atmosphere)'를 포함하고 있다. 포터(Porter, 1998, 2000)는 지역적 경쟁우위는 지리적으로 지방화된 또는 클러스터화된 활동의 중재와 역동성으로부터 연유한다고 하며, 강력한 로컬 경쟁관계, 양호한 요소투입조건, 요구사항이 많은 로컬고객, 로컬 기반한 역량 있는 공급업자 및 지원 산업의 존재를 소위 다이아몬드 모델 형태로 강조하고 있다. 마샬(A. Marshall)과 포터(M. Porter)의 논의를 종합하면, 지역적 경쟁우위는 성공요소들의 사회적 착근성의 정도와 그 요소들을 맺어주는 촉진적 사회적 네트워크 관계이다. 즉, 소프트한 외부성의 형성 및 발전을 지역경쟁우위의 핵심으로 파악하고 있다(Kitson and Primost, 2005: 994). 이것은 스토퍼(Storper, 1995)가 지역경쟁우위에서 '거래되지 않는 상호의존관계'를 강조하고 있는 것과 동일한 맥락이다.[10]

결과적으로, 거래과정에서 비경제적 교환 및 다양하고 촉진적인 사회적 관계의 중요성이 강조되고 있는 것이다. 동일맥락에서, 그라노베터(Granovetter, 1985: 492)는 현대 산업사회에서의 경제적 행동은 사회적 관계의 구조 속에 착근되어 있다고 보았고, 크리슈나(Krishna, 2000: 79)는 구성원 간 신뢰와 협력과정에서 제도적 자본(institutional capital)과 관계적 자본(relational capital)의 보완적 관계를 강조한다.[11] 소진광(2004: 99−100)은 사회적 관계망의 종류와 단위의 설정방

10) 스토퍼(Storper, 1995)는 '거래되지 않는 상호의존관계'의 내용으로 암묵지의 흐름, 기술적 파급효과, 신뢰와 협력의 네트워크, 그리고 규범과 전통의 로컬시스템을 포함하고 있다.

11) 크리슈나(Krishna, 2000: 79)는 구성원 간 신뢰 확대 및 협력과정에서 구조화된 제도 등은 제도적 자본, 그리고 규범이나 신념(norms and beliefs) 등과 같이 무정형적이고 기능적인 것을 관

식에 주목한다. 이들은 거래와 교환에서 개별 경제주체를 합리적 원자적 경제인으로 간주하는 전통적인 경제이론을 비판하고 사회적 관계구조 속의 개인, 그리고 그 구조 속에 제대로 착근된 개인행태를 강조하고 있다.

3 인식적 차원

지역혁신 역할주체들 간의 네트워크 구조 내지 관계를 강조하는 주장이 기술개발과 생산, 그리고 교환과정에서의 경제적인 논리를 부인하는 것은 아니다. 다만, 생산체계 및 거래관계에서 역할주체들이 네트워크 구조와 상황 속에서 움직이게 된다는 것을 강조하고 있는 것이다. 네트워크 외부성과 파급효과, 그리고 공통인지(common cognition) 등으로 인해 해당 네트워크의 수준과 강도가 높으면 높을수록 신뢰변수 등 사회적 자본의 지역적 착근 가능성이 높게 나타날 것으로 보인다.[12] 포터(Porter, 1990) 역시 지역혁신 역할주체들의 공통인지를 통한 네트워크 연계성과 공유기대가 실질적인 파급효과에서 중요한 부분을 차지하고 있다는 점을 강조하고 있다. 지역혁신체계론, 클러스터론, 또는 혁신환경론(milieu) 등이 공통적으로 함의하고 있는 것은, 해당 시스템이 불확실성을 줄이는 등의 형태로 기업의 행동을 조정하고 있다는 것이다(Camagni, 1991). 그리고 그 조정 메커니즘은 로렌젠과 포스(Lorenzen and Foss, 2003)가 강조하고 있는 것처럼, 인센티브 조정과 인식적 조정 메커니즘이 작동하고 있다는 것이다.

인센티브 조정(incentive coordination)은 평판효과와 사회적 제재 등이 지역기업가들 간에 이해관계와 행태를 맞추도록 작동하게 되고 기회주의적인 행태를

계적 자본으로 구분한다. 그리고 제도적 자본과 관계적 자본의 강약에 따른 2×2 행렬 결합형태를 몰가치적 원자론적 형태, 강한 조직형태, 전통적인 결사형태, 그리고 높은 사회적 자본 형태로 분류한다. 즉, 제도적 자본 수준과 관계적 자본 수준이 모두 약한 형태가 몰가치적 원자론적 형태이고, 모두 강한 형태가 높은 사회적 자본 수준 형태가 된다. 관계적 자본 수준은 약하지만 제도적 자본 수준은 강한 형태가 강한 조직형태가 되고, 그 반대는 전통적 결사형태이다.

12) 사회참여가 중앙 및 지방정부의 성과인식에 미치는 영향에 대한 최근 연구에서, 사회신뢰는 중앙 및 지방정부 수준에 상관없이 정부성과 인식에 긍정적인 영향을 미친다는 분석결과가 있다(유희정 · 이숙종, 2010).

피할 수 있도록 작동한다는 것이다. 물론 최근 중개활동 관련 연구들(박종화, 2006)은 전문화된 지역중개조직들이 불확실성 하에서 위험하거나 거래비용이 많이 들 수 있는 비즈니스를 촉진할 수 있다는 것을 보여주고 있다. 로렌젠과 포스(Lorenzen and Foss, 2003)는 행태조정을 유인관점이 아니라 기업들 간에 내재적인 자기강화계약(implicit, self-reinforcing contracts) 내지 공통전략에 토대한 인식적 조정형태로 파악하고 있다. 상호협력하고 기회주의적인 행태를 삼가는 것은 단순히 인센티브의 문제가 아니라 정규적으로 상호작용하고 있던 기업들 간에는 언제나 존재하고 있던 것이라는 것이다. 공유지식(shared knowledge)을 통해 기업들은 서로서로의 기술, 방법, 그리고 기타를 이해하게 되고, 어떻게 행위하고 협력할 것인가에 대한 공통전략을 개발하게 된다. 즉, 공유지식을 통해 인식적 조정을 얻게 된다는 것이다.

기업들은 협력과정에서 상호이해하게 되고 학습하게 되며, 로아스비(Loasby, 1996)가 언급한 소위 '간접적인 역량(indirect capabilities)'을 개발하게 된다. 그러다 시간이 흐르게 되면 서로서로의 관심과 전략을 학습하게 되고 조정하게 되면서 특정 파트너에 대한 신뢰를 점차 키워가게 된다. 그런데 문제는 기업들 간에 공통지식을 형성하는 것은 시간과 노력이 많이 들게 된다는 것이다. 여기서 우리는 가족, 친구, 또는 친구의 친구 네트워크에 의존하게 되는 것이다(Lorenzen, 2002; Lorenzen and Foss, 2003). 그런데 과잉동조 등의 인식적 차원의 문제는 특정 네트워크가 집합적으로 그 초점을 잘못 설정하는 경우를 말한다. 해당 목적을 잘못 인식할 수도 있고, 또는 그 목적에 도달하는 수단을 잘못 인지하고 선택할 수도 있다. 결과적으로, 인식적 차원의 문제는 해당 네트워크의 입지 및 활용, 그리고 발전과정에서 유용한 외부정보에 대한 흡수 능력을 떨어뜨리게 되고 해당 네트워크 자체에 대한 손상을 초래할 수 있다. 예컨대, 맥그리거(D. McGregor)의 X이론에서의 가정과 같이 고용주는 근로자들이 원래부터 게으르고 믿을 수 없는 존재라고 인지하고, 근로자들의 작업 활동 매사에 감시감독을 많이 함으로써 생산성을 제고할 수 있다고 생각한다고 가정하자. 이 경우, 만일 저수준의 신뢰가 근로자들의 작업에 대한 보다 높은 감시비용을 초래하게 되고, 결과적으로 생산성을 저하시키게 된다면 인지적 차원의 문제가 해당 네트워크에서 부정적 외부성을 초래하는 경우이다.

우리는 의사나 교수가 의사나 교수로서의 전문직업적 규범과 원리를 따를 것으로 기대하기 때문에 고의로 우리를 해치거나 잘못된 것을 가르칠 것으로 생각하지 않는다. 즉, 사회적 학습과정을 통해 지역 공동체 차원의 공통초점 내지 공통전략이 만들어진 것이다. 이와 같은 공통초점 내지 공통전략을 통해 지역공동체 내에 유사한 유추형성(analogy making)이 가능하게 되고 사회적 신뢰로 귀착되어 가는 것이다(Lorenzen and Foss, 2003).[13] 다만, 지역혁신 역할주체들 간에 유사한 유추형성 형태로 신뢰를 정착시켜가는 과정은 복합적 연계에 토대한 사회적 과정의 특성상 다른 형태의 인적 자본의 투자과정과는 달리 시간이 많이 걸리고 쉽지 않을 것으로 보인다.

제 5 절 맺음말

지역문제의 해결과정에서 지역혁신이 주목받고 있다. 그 과정에서 지역혁신 역량, 지역혁신체계 등이 문제해결의 원천 내지 틀로서 강조되어 왔다. 지역문제 해결의 원천 내지 구조에 집중하는 연구 전통은 지역경쟁력의 원천으로서 지역혁신체계, 로컬 클러스터, 또는 혁신환경 관련 연구로 진전되고 있다. 이들이 제대로 작동하기 위해서는 해당 지역의 혁신 역할주체들이 상호유기적 연계관계를 맺고 상호협력과 경쟁, 그리고 집단학습이 토대가 되어야 한다. 그런데 혁신 역할주체들의 상호유기적 연계 및 협력관계를 보완하고 촉매작용을 하는 것으로서 최근 사회적 자본이 각광받고 있다.

사회적 자본의 보완성과 촉매성은 네트워크 형성과정에서 중요하고, 네트워크의 형성 및 작동이 생산성 제고과정에서 핵심적인 지식기반경제에서 사회적 자본의 속성은 더욱 주목받게 된다. 따라서 사회적 자본의 역할에 대해 다양한 분야에서 연구가 시도되고 있다. 특히, 사회적 자본의 존재방식 내지 수준형태로

13) 동일 맥락에서, 보쉬마(Boschma, 2005: 63−64)는 지나친 인식적 근접성으로 인한 문제를 풀어가는 과정에서 다양하면서도 보완적인 역량(diverse but complementary capabilities)에 토대한 공통지식 형성을 강조하고 있다.

사회적 자본의 개념에 대한 논쟁이 진전되고 있고, 거의 대부분 사회적 자본의 긍정적 역할 측면에 대한 검증 형태로 연구가 진전되고 있다. 그런데 '사회적 미덕에 속하는 모든 것'의 형태로 사회적 자본을 규정하거나 긍정적인 역할측면에만 주목하는 것은 사회적 자본의 존재와 역할에 대한 미숙한 논의가 될 것이다. 그리고 지식기반경제로의 이행과정에서 그 수요가 확대될 것으로 예상되는 사회적 자본의 잠재적 역할에 대한 파악 및 분석에도 제대로 기여하지 못할 것으로 보인다.

따라서 여기서는 사회적 자본 역할의 복합성 및 역기능성 등을 지역혁신체계 차원에서 해부하였다. 특히, 네트워크 폐쇄, 집단사고, 그리고 과잉동조의 문제점을 지역혁신체계에서의 사회적 자본의 역기능성으로 적시하고 분석하였다. 그리고 관련 정책적 함의로서 지역혁신네트워크의 구조적 측면, 관계적 측면, 그리고 인식적 측면을 논의하였다. 사회적 자본의 역할을 제대로 포착하기 위해서는 다면적인 사회적 자본의 개념요소에 집중하는 논의보다 사회적 자본의 활용영역에서 잠재되어 있는 역기능적 측면의 속성을 밝히고 관련 정책적 함의를 제시하는 것이 필요할 것이기 때문이다.

참고문헌

강병주(2004). 기업지원기관을 위한 지역혁신체제(RIS) 구축에 관한 연구. 『국토계획』, 39(7): 193-210.

권태형 · 박종화(2010). 사회적 자본이 도시경쟁력에 미치는 영향분석. 『지방정부연구』, 14(3): 97-116.

김선배(2001). 지역혁신체제 구축을 위한 산업정책 모형. 『지역연구』, 17(2): 79-97.

김시윤(2008). 사회자본과 경제성장에 대한 비판적 고찰-신뢰변수를 중심으로-. 『한국행정논집』, 20(4): 1067-1084.

린, 난(2008). 『사회자본(김동윤 · 오소현 역. 원저 *Social Capital* by N. Lin. 2001)』. 커뮤니케이션북스.

박삼옥 · 남기범(2000). 중소기업 육성을 위한 지역혁신체계 및 산업지구 개발방향. 『국토계획』, 35(3): 121-140.

박종화(2006). 지역혁신체계상의 중개모형－대구전략산업기획단의 경험－. 『국토계획』, 41(4): 171－187.

______(2009). 지역산업정책 형성과정에서의 경로의존성: 대구권 산업발전로드맵 수립 과정의 경험. 『국토연구』, 61: 235－254.

박희봉 · 김명환(2000). 우리나라 지역사회의 사회자본증진에 관한 연구. 『한국정치학회보』, 34(4): 219－237.

소진광(2004). 사회적 자본의 측정지표에 관한 연구. 『지역개발학회지』, 16(1): 89－118.

애리얼리, 댄(2008). 『상식 밖의 경제학(장석훈 역. 원저 *Predictably Irrational* by D. Ariely)』. 청림출판.

유평준 · 한상일 · 최호진(2006). 지역혁신클러스터의 학습과 혁신: 사회적 자본과 전략적 제휴와의 관계. 『한국행정학보』, 40(1): 225－247.

유희정 · 이숙종(2010). 사회참여가 정부성과 인식에 미치는 영향－사회신뢰의 매개를 통하여－. 『한국정책학회보』, 19(3): 29－56.

조선일보(2010.10.9).

최병훈 · 조현석(2010). 산업클러스터와 혁신－사회적 자본과 구조적 요인의 영향분석. 『한국정책학회보』, 19(3): 109－136.

후쿠야마, 프랜시스(1996). 『트러스트(구승회 역. 원저 *Trust* by F. Fukuyama. 1995)』. 한국경제신문사.

Arrow, K. J.(2000). Observations on social capital. In P. Dasgupta and I. Serageldin.(eds.). *Social Capital: A Multi-faceted Perspective*. 3－5. Washington, D.C.: World Bank.

Batten, D. F., Koboyashi, K. and Andersson, A. E.(1989). Knowledge, Nodes and Networks: An Analytical Perspective. In A. E. Andersson, K. F. Batten and C. Karlsson(eds.). *Knowledge and Industrial Organization*. 1－18. Berlin: Springer.

Boschma, R. A.(2005). Proximity and Innovation: A Critical Assessment. *Regional Studies*, 39(1): 61－74.

Boschma, R. A., Lambooy, J. G. and Schutjens, V.(2002). Embeddedness and innovation. In M. Taylor and S. Leonard(eds.). *Embedded Enterprise and Social Capital. International Perspectives*. 19－35. Aldershot: Ashgate.

Brown, P. and McNaughton, R. B.(2002). Global Competitiveness and Local Networks: A Review of the Literature. In R. B. McNaughton and M. B. Green(eds.). *Global Competition and Local Networks*. 3－37. Burlington, VT: Ashgate.

Burt, R. S.(1992). *Structural Holes: The Social Structure of Competition*. Cambridge,

MA: The Harvard University Press.

______(2000). The Contingent Value of Social Capital. In E. L. Lesser(ed.). *Knowledge and Social Capital: Foundations and Applications*. 255–286. Boston, MA: Butterworth–Heinemann.

Camagni, R.(1991). Local 'milieu', uncertainty and innovation networks: towards a new dynamic theory of economic space. In R. Camagni(ed.). *Innovation Networks: Spatial Perspectives*. 121–144. London: Belhaven.

Castaldi, C. and Dosi, G.(2003). The grip of history and the scope for novelty: some results and open questions on path dependence in economic processes. *Working Paper*, 2003/2. Laboratory of Economics and Management, Sant'Anna School of Advanced Studies, University of Pisa.

Coleman, J. S.(1990). *Foundations of Social Theory*. Cambridge, MA: Belknap Press.

Cooke, P. and Morgan, K.(1998). *The Associational Economy*. Oxford: Oxford University Press.

Cooke, P., Clifton, N. and Oleaga, M.(2005). Social capital, firm embeddedness and regional development. *Regional Studies*, 39(8): 1056–1077.

De La Mothe, J. and Paquet, G.(1998). *Local and Regional Systems of Innovation*. London: Kluwer Academic Publishers.

Edquist, C.(ed.)(1997). *Systems of Innovation: Technologies, Institutions, and Organizations*. London: Pinter.

Field, J.(2003). *Social Capital*. London: Routledge.

Fine, B.(2001). *Social Capital Vs Social Theory: Political Economy and Social Science at the Turn of the Millennium*. London: Rouledge.

Florida, R., Cushing, R. and Gates, G.(2002). When social capital stifles innovation. *Harvard Business Review*. August 20.

Fromhold–Eisebith, M.(2002). Innovative milieu and social capital–exploring conceptual complementaries. Paper presented at the 42nd Congress of the *European Regional Science Association(ERSA)*. 27–31. Dortmund, Germany.

Glaeser, E., Laibson, D. and Sacerdote, B.(2002). The Economic Approach to Social Capital. *Economic Journal*, 612: 437–458.

Grabher, G.(1993). The weakness of strong ties: the 'lock–in' of regional development in the Ruhr area. In G. Grabher(ed.). *The Embedded Firm: On the Socio–Economics of Industrial Networks*. London: Routledge.

Granovetter, M. S.(1973). The Strength of Weak Ties. *American Journal of Sociology*,

78: 1360－1380.

______(1985). Economic action and social structure: the problem of embeddedness. *American Journal of Sociology*, 78: 1360－1380.

Grootaert, C.(1998). Social Capital: The Missing Link? Social Capital Initiative. *Working Paper*, No.3. N.Y.: World Bank(available at: http://www.poverty.worldbank.org/library/view/11998/).

Grootaert, C. and van Bastelaer, T.(2001). Understanding and Measuring Social Capital: A Synthesis of Finding and Recommendations from the Social Capital Initiative. *Center for Institutional Reform and the Informal Sector(IRIS) Working Paper*, No. 24. University of Maryland.

Grootaert, C., Narayan, D., Woolcock, M. and Nyhan－Jones, V.(2003). Measuring Social Capital: An Integrated Questionaire. *Working Paper*, No.18. N.Y.: World Bank(available at: http://www.poverty.worldbank.org/library/view/5459/).

Iyer, S., Kitson, M. and Toh, B.(2005). Social Capital, Economic Growth and Regional Development. *Regional Studies*, 39(8): 1015－1040.

Kaufmann, A. and Töedtling, F.(2000). Systems of innovation in traditional industrial regions. The case of Styria in a comparative perspective. *Regional Studies*, 34: 29－40.

Kitson, M. and Primost, D.(2005). *Corporate Responses to Macroeconomic Changes and Shocks*. Report to the Economic and Social Research Council(ESRC). Swindon.

Krischna, A.(2000). Creating harnessing social capital. In P. Dasgupta and I. Serageldin (eds.). *Social Capital: A Multi－faceted Perspective*. 71－93. Washington, D.C.: World Bank.

Landry, R., Amara, N. and Lamari, M.(2002). Does social capital determine innovation? To what extent? *Technological Forecasting and Social Change*, 69: 681－701.

Levitt, B. and March, J.(1996). Organizational learning. In M. D. Cohen and L. S. Sproull(eds.). *Organizational Learning*. 616－541. Thousand, Oaks, CA.: Sage.

Loasby, B. J.(1996). Capabilities. In N. J. Foss and B. J. Loasby(eds.). *Economic Organization, Capabilities and Coordination: Essays in Honour of G. B. Richardson*. London: Routledge.

Lorenzen, M.(2002). Ties, trust, and trade elements of a theory of coordination in industrial clusters. *International Studies of Management and Organizations*, 31(4): 14－34.

Lorenzen, M. and Foss, N. J.(2003). Cognitive Coordination, Institutions and Clusters:

An Exploratory Discussion. In D. Fornahl and T. Brenner(eds.). *Cooperation, Networks and Institutions in Regional Innovation Systems*. 82–104. Edward Elgar.

Lundvall, B.(ed.)(1992). *National Systems of Innovation: Towards a Theory of Innovation and Interactive Learning*. London: Pinter.

Maillat, D. and Lecoq, B.(1992). New technologies and transformation of regional structures in Europe: The role of the milieu. *Entrepreneurship & Regional Development*, 4: 1–20.

Marshall, A.(1916). *The Principles of Economics*. London: Macmillan.

Martin, R. and Sunley, P.(2006). Path dependence and regional economic evolution. *Journal of Economic Geography*, 6: 395–437.

Nahapiet, J. and Ghoshal, S.(1998). Social Capital, Intellectual Capital, and the Organizational Advantage. *Academy of Management Review*, 23(2): 242–265.

Nijkamp, P., van Oirschot, G. and Oosterman, A.(1994). Knowledge networks, science parks and regional development: An international comparative analysis of critical success factors. In J. R. Cuadrado–Roura, P. Nijkamp and P. Salva(eds.). *Moving Frontiers: Economic Restructuring, Regional Development and Emerging Networks*. 225–246. Avebury.

North, D. C.(1990). *Institutions, Institutional Change and Economic Performance*. Cambridge: Cambridge University Press.

Ogilvie, S. C.(2005). The use and abuse of trust: social capital and its deployment by early modern guilds. *Economic History Yearbook*. 15–52.

Olson, M.(1982). *The Rise and Decline of Nations: Economic Growth, Stagflation, and Social Rigidities*. New Haven: Yale University Press.

Park, J. H.(2016). Brokerage activities in regional innovation networks: the case of Daegu Technopark in Korea. *International Journal of Urban Sciences*, 20(2): 260–284.

Porter, M. E.(1990). *The Competitive Advantage of Nations*. New York: The Free Press.

______(1998). Clusters and the New Economics of Competition. *Harvard Business Review*, Nov–Dec: 77–90.

______(2000). Location, Competition, and Economic Development: Local Clusters in Global Economy. *Economic Development Quarterly*, 14(1): 15–34.

Portes, A.(1998). Social Capital: its origins and applications in modern sociology. *Annual Review of Sociology*, 24: 1–24.

Putnam, R. D.(2000). *Bowling Alone: The Collapse and Revival of American Community*. New York: Simon & Schuster.

Putnam, R. D., Leonardi, R. and Nanetti, R.(1993). *Making Democracy Work: Civic Traditions in Modern Italy*. Princeton: Princeton University Press.

Raco, M.(1999). Competition, collaboration and the new industrial districts: examining the institutional turn in local economic development. *Urban Studies*, 36(5/6): 951－968.

Schienstock, G. and Hämäläinen, T.(2001). *Transformation of the Finnish Innovation System. A Network Approach*. Sitra Reports Series No.7. Helsinki: Hakapaino Oy.

Storper, M.(1995). The resurgence of regional economies ten years later: the region as a nexus of untraded interdependencies. *European Urban and Regional Studies*, 2: 191－221.

Tura, T. and Harmaakorpi, V.(2005). Social Capital in Building Regional Innovative Capability. *Regional Studies*, 39(8): 1111－1125.

Uzzi, B.(1997). Social structure and competition in interfirm networks: the paradox of embeddedness. *Administrative Science Quarterly*, 42: 36－67. Ithaca, N.Y.: The Johnson School at Cornell University.

Woolcock, M.(1999). *Managing Risk, Shocks, and Opportunity in Developing Economies: The Role of Social Capital*. Development Research Group, The World Bank(unpublished).

제 6 장

사회적 자본의 분포 불균등성*

제 1 절 머리말

최근 국내 · 외적으로 사회현상의 광범위한 의문점들에 사회적 자본 개념이 다양하게 적용되고 있다. 정치이념에서 개발정책의 효율성, 그리고 산업구조의 차이점 분석 등에 이르기까지, 사회적 자본이 다양한 학문영역과 정책실제에서 주목받고 있다. 현재까지 관련 연구를 검토하면, 사회적 자본은 사안별로 부정적인 측면이 없는 것은 아니지만, 순기능이 훨씬 더 많은 중요한 탐구대상으로 판단된다. 그런데 사회적 자본은 그 속성이나 역사적 우연 등에 의해 분포 불균등 현상이 나타나고, 전문화 · 복잡화하는 시대적 상황상 그와 같은 경향은 더욱 더 강화될 가능성이 있다.

* 이 장은 박종화(2015). 사회적 자본의 분포 불균등성: 처방적 정책논리의 탐색. 『한국행정논집』, 27(1): 1-22. 확대 보완하여 재작성한 것임.

사회적 자본에 대한 정책실무계와 학계에서의 높은 관심과 연구 열의에도 불구하고, 최근까지 사회적 자본의 분포 불균등성 측면에 대해 지역과 국가 차원의 매크로한 분석(후쿠야마, 1996; 퍼트넘 외, 2000; 퍼트넘, 2009) 외에는 관련 연구가 거의 제시되지 못한 것은 특이하다. 아마 그 이유는, 사회적 자본 개념 자체 또는 그 유용성에 대한 언급은 그 연원이 오래되지만, 현대적인 체계적인 분석은 콜먼(Coleman, 1988)의 체계적인 개념화와 퍼트넘 외(Putnam et al., 2000)의 사회적 자본 개념을 적용한 이탈리아 지역연구 등에서 보듯이 아직 20여 년에 불과하기 때문으로 보인다. 따라서 관련 연구가 사회적 자본의 유용성 측면, 생산성 제고와의 연계성 측면, 그리고 최근에 그 역기능 측면에 대한 분석 등 위주로 진전된 것으로 판단된다. 사회적 자본의 분포 불균등성은 그 대상이 개인 간, 집단 간, 지역 간, 또는 국가 간 등으로 나타날 수 있다. 하지만, 여기서는 정책의 이행성이나 실현 가능성의 측면에서 주로 공동체 내 개인 간 또는 집단 간 사회적 자본의 분포 불균등성의 의미, 그 문제점, 그리고 처방적 정책논리의 모색을 시도한다. 논리적 연결성과 논의의 맥락 제시 차원에서 관련 개념 분석 및 사회적 자본의 잠재적 편익과 한계를 기존 분석결과의 요약형태로 함께 검토한다.

제 2 절 이론적 고찰

최근 사회적 자본 개념이 광범위하게 주목받고 있다. 하지만, 그 기본적인 아이디어는 적어도 하니판(Hanifan, 1920), 제이콥스(Jacobs, 1961), 그리고 라우리(Loury, 1977) 등으로 거슬러 올라갈 수 있다. 최근 사회적 자본 개념의 유행은 기존에 간과되어 왔던 새로운 형태의 자본이자 권한과 활동 역량의 원천으로서 주목받고 있는 것이다(Burt, 2000; Fine, 2001). 여기서는 사회적 자본의 분포 불균등성의 현상 이해와 대처방안 모색 측면에서, 사회적 자본의 정의, 종류, 그리고 호혜성과 집합적 행동 등을 검토한다.

1 사회적 자본의 정의

사회적 자본은 기본적으로 사회적 관계성에 토대하고, 사회적 관계성으로부터 유도되는 자원이다. 퍼트넘 외(Putnam et al., 2000: 281−287)는 사회의 능률성을 제고시킬 수 있는 신뢰, 규범 및 네트워크와 같은 사회조직의 특징을 사회적 자본이라 정의한다. 부르디외(Bourdieu, 1986: 248)는 사회적 자본을 서로 아는 사이의 다소 제도화된 관계로서 지속적인 네트워크의 소유로 연결되어 있는 실제적 또는 잠재적 자원의 총계로 정의한다. 린(Lin, 2008: 25, 26−27)은 사회적 자본을 "시장에서 기대되는 수익이 있는 사회적 관계에 대한 투자"로 정의한다. 그리고 그 사회적 관계가 정보, 중개자를 통하여 받는 영향, 믿을 만함의 증명, 약속과 서약이행의 강화 등 협력의 선행조건을 제공할 수 있다고 본다. 오스트롬과 안(Ostrom and Ahn, 2007: 4−5)은 사회적 자본의 구성요소이자 형태로서 신뢰성, 네트워크, 제도를 들고, 신뢰는 그 자체로 사회적 자본의 형태는 아님을 강조한다. 신뢰는 사회적 자본의 형태들(forms of social capital)과 산출물(outcomes) 사이의 핵심적 연결고리로 이해한다. 즉, 그들은 사회적 자본을 집합적 행동 문제를 해결하는 개인들의 능력을 향상시키는 개인의 속성, 그리고 개인들의 관계성의 속성으로서 규정한다.

따라서 사회적 자본은 집합적 행동을 촉진하는 규범과 네트워크(Woolcock, 2001; Lowndes and Pratchett, 2008: 677 재인용)이며, 정책자원이자 정책결과로 간주될 수 있다. 나하피에트와 고샬(Nahapiet and Ghoshal, 1998: 243)은 사회적 자본을 "관계성의 네트워크로부터 유도되는, 관계성의 네트워크를 통해 이용 가능한, 관계성의 네트워크 내에 착근되어 있는 실제적 잠재적 자원의 총계"라고 정의하고 있다. 콜먼(Coleman, 1988: 98, 1990: 302)은 "다른 형태의 자본처럼, 그것이 없었을 때는 가능하지 않았을 목적을 달성하게 해 준다는 측면에서 사회적 자본의 생산적인 측면"을 강조한다.

> 다른 형태의 자본과 같이 사회적 자본은 생산적이기 때문에 그것의 부재 시에 달성할 수 없었던 특정 목표를 달성하는 것을 가능하도록 해 준다. 예를 들면, 구성원

들이 상호신뢰하고 타인에 대한 믿음을 보이는 집단은 그렇지 않은 집단보다 많은 것을 성취해 낼 수 있을 것이다. 농부들이 서로 상부상조하고, 농기구의 사용을 공유하는 농촌사회에서는 훨씬 더 작은 물적 자본(physical capital), 예컨대 농기구와 장비를 가지고도 자신의 일을 해낼 수 있는 것이다(Coleman, 1990: 302, 304, 307; 퍼트넘 외, 2000: 281 재인용).

자본은 미래에 잠재적 편익흐름을 창출할 수 있는 일단의 자산이다. 그 형태는 인적 자본(지식, 기술 등)일 수 있고, 물적 자본(공장, 기계, 도로 등)일 수 있고, 또는 사회적 자본(신뢰성, 네트워크, 제도, 신뢰 등)일 수도 있다. 그리고 그 편익의 수혜자는 개인, 집단, 지역, 또는 국가일 수 있다.

사회적 자본의 핵심은 사회적 네트워크가 실제적 또는 잠재적으로 가치 있는 자산으로 활용될 수 있다는 것이다(퍼트넘, 2009: 17, 473−487; Field, 2003: 12). 동일 맥락에서, 나하피에트와 고샬(Nahapiet and Ghoshal, 1998: 245)은 네트워크에서 사회적 자본의 두 가지 중요한 생산적인 효과로서, 활동 능률성 제고와 적응적 능률성 기회창조를 강조한다. 사회적 자본은 가외성을 줄임으로써 정보 분배의 효율성을 제고하며, 점검과정의 필요성을 줄여서 거래비용 감소를 유도함으로써 활동 능률성을 제고할 수 있다. 또한 사회적 자본은 협력적 행태의 기회를 북돋움으로써 창조적 상호작용과 집단적 학습과정을 촉진하여 적응적 능률성의 기회를 창조하게 된다(Tura and Harmaakorpi, 2005: 1115).

사회적 네트워크의 모든 비용과 편익이 그 접촉을 하는 사람에게만 귀속되는 것이 아니므로, 사회적 자본은 사적재이자 공공재적 속성을 가지고 있다(퍼트넘, 2009: 19−28). 사회적 자본에 대한 투자편익의 일부는 투자자에게 귀속되지만, 동시에 주변 사람들에게도 그 투자편익이 돌아간다. 내가 살고 있는 동네의 낮은 범죄율이, 내가 잘 모르는 동네 사람들 간의 사회적 연계관계에 의해서 이루어지는 것이라면 나는 나의 사회적 네트워크 외부에 있는 사람들의 사회적 자본에 의해서 긍정적인 외부성 혜택을 받고 있는 것이다. 사회적 자본의 공공재적 특성은 합리적인 개별 행위자들의 무임승차와 체계적인 과소투자에 취약하게 된다(Coleman, 1990: 313). 결과적으로, 정부개입의 정당성의 기초가 된다.

사회적 자본 개념에 대한 다양한 비평이 또한 제시되고 있다(Arrow, 2000;

Solow, 2000). 특히, 소로우(Solow, 2000: 6-9)는 사회적 자본 연구의 많은 부분이 '애매한 아이디어'와 '인과적 경험성'에 의해 골치를 썩이고 있다는 점을 지적한다. 다만, 여기서는 사회적 자본 개념이 사회현상의 여러 의문점 해결에 유용성이 큰 핵심개념으로 파악한다.

2 사회적 자본의 종류

사회적 자본은 어떤 것이 아니고, 오히려 개인에게 보상을 생성하는 데 있어서 그 기능에 따라 묶음이 되는 여러 가지 종류의 사회적 관계들이다. 그와 같은 종류의 사회적 관계는 한 가지 맥락에서는 좋을지 모르지만, 또 다른 맥락에서는 나쁠 수 있다(Warren, 2008: 133-135). 따라서 개념적 분석에 치중하는 것보다 상황적 분석이 필요하다.

사회적 관계 내에 착근된 성질의 복잡성과 관련하여 인연적(bonding) 사회적 자본과 교량적(bridging) 사회적 자본에 대한 퍼트넘(R. D. Putnam)의 분별이 유용하다(퍼트넘, 2009: 25-28; Warren, 2008: 133-135). 인연적 사회적 자본은 성격에 있어서 배타적이고, 유사한 사람들의 내부지향적 집단들에서 나타난다. 회원만 혜택을 봄으로써 사회적 관계에서 일종의 접착제 역할을 하는 것이다. 그런 집단들은 멋진 컨트리 클럽, 교회기반 독서회 등에서 발견될지 모른다. 특정적 호혜성을 토대로 '삶을 헤쳐 나가는 수단(getting by)'으로 작동한다. 다만, 부정적 외부성의 생성 가능성이 높다. 이에 반해서, 교량적 사회적 자본으로 기능하는 사회적 관계는 성격에 있어서 포용적이고, 다양한 사회적 계층을 망라하는 외부지향적 집단들에서 발견된다. 포용적 성격상 사회적 관계에서 윤활유 역할을 수행한다. 그런 집단들은 민권운동단체, 청년봉사단체, 그리고 초교파적 종교단체 등에서 발견될 수 있다. 포괄적 호혜성을 토대로 '삶에서 앞서 나가는 수단(getting ahead)'으로 작동한다. 그라노베터(Granovetter, 1973)의 '약한 연계(weak ties)' 형태로 네트워크 확장과 정보흐름 제고에 기여한다. 다만, 인연적 사회적 자본과 교량적 사회적 자본의 구분은 사회적 네트워크를 '이것 아니면 저것'으로 단순히 나누는 범주가 아니고 다양한 형태의 사회적 자본을 비교할 수 있는 '정도의 차이'임에 유의할 필요가 있다.

사회적 자본의 세 번째 유형으로서 울콕(Woolcock, 2001)은 연계적(linking) 사회적 자본을 강조한다. 연계적 사회적 자본은 권한을 가지고 있는 사람들과의 연계를 일컫는다. 공동체 수준을 넘어서서, 공식적 제도를 통해 자원, 아이디어, 그리고 정보획득을 강화하고자 하는 것이다. 즉, 계층적 관계성에서의 개인과 집단 간의 생산적인 사회적 연계를 강조한다(Lowndes and Pratchett, 2008: 685-686; PRI, 2005: 12).

3 호혜성과 집합적 행동

흔히 언급되는 사회적 자본의 원천은 호혜성(reciprocity)의 규범이다. 호혜성은 사회적 교환의 패턴이자 개인적인 도덕규범이다. 따라서 호혜성의 규범을 준수하는 개인이 믿을 만하고, 다른 사람들의 믿을 만함에 대한 정보는 협력여부에 대한 호혜적 개인의 의사결정에 핵심적인 요소이다. 호혜성의 규범을 지키는 개인들은 그들이 다른 사람들에 대해 무언가를 요청할 때 어떤 의무(책임)를 지는 것이다. 호혜성이 사회적 상호작용의 패턴으로서 지배적이기 위해서는, 믿을 만한 개인들은 무임승차의 유혹을 극복할 필요뿐만 아니라 그들의 행위를 성공적으로 조정할 필요가 있다(Ostrom and Ahn, 2007: 15-16; Warren, 2008: 139-140).

네트워크와 관련된 호혜성 규범은 일반적으로 네트워크 내부 실체들에게는 좋은 것이다. 그러나 사회적 자본의 외부효과는 언제나 긍정적인 것은 아니다. 사회적 자본은 '님비(NIMBY) 신드롬'에서도 나타나기 때문이다. 호혜성은 크게 특정적 호혜성(specific reciprocity)과 포괄적 호혜성(generalized reciprocity)으로 구분할 수 있다. 특정적 호혜성은 의무(책임)가 너와 나 사이에 발생하는 것이고, 포괄적 호혜성은 의무(책임)가 나와 모든 다른 사람과의 사이에 발생하는 것이다(퍼트넘, 2009: 217-223).

사회적 자본의 초석은 포괄적 호혜성의 원칙이다. 그 원칙이란 이렇다. “나는 당장 그 보답으로 무언가 받으리라는 기대 없이 지금 이 일을 네게 해주겠다. 아마 네게 알리지도 않고 할지 모른다. 앞으로 너 혹은 다른 누군가가 그 보답을 해 줄 것이라고 확신하면서” ……

19세기 초 토크빌(A. de Tocqueville)이 미국을 방문했을 때, 그는 미국인이 어떻게 서로를 이용하려는 유혹에 넘어가지 않고 자기 이웃을 배려하는지 보고 충격을 받았다. 토크빌이 지적했듯 미국인이 인간으로서는 도저히 불가능한 이상주의적인 무념무사(無念無私)의 규칙을 지켜서가 아니라 ‘올바르게 이해된 자기이익(self－interest rightly understood)’을 추구하기 때문에 미국 민주주의는 작동했다. 바람에 쓸려 이웃집 마당으로 날아가기 전에 나뭇잎 긁어 두기, 주차미터기에 넣을 10센트 동전을 낯선 사람에게 빌려주기, 친구 집에 도둑이 들지 않나 지켜봐주기, 주일학교 간식거리 교대로 싸가기, 아래층 마약 중독자의 어린이 돌보기 등 포괄적 호혜성의 규칙을 지키는 공동체 구성원은 흄(D. Hume)의 농부들이 서로 품앗이를 함으로써 전보다 더 좋아지듯이 자신들의 이기심(self－interest)이 보답을 받을 것임을 곧 안다(퍼트넘, 2009: 218－219).

특정적 호혜성의 경우는 너가 나에게 — 아무나가 아닌 — 의무를 되갚길 기대한다. 하지만, 포괄적 호혜성의 경우에는 나는 내가 할 수 있을 때 사람들을 도와주고, 또 내가 도움이 필요할 때 누군가가 나를 위해 동일한 것을 해줄 것을 기대하는 것이다. 문제는 사회적 자본의 부정적 외부성이 있는 교환에서 특정적 호혜성이 작동하는 것이다. 투표가 돈과 교환된다든지, 뇌물과 정부계약이 교환되는 것이다(Warren, 2008: 139－140). 그리고 그 관계는 사회적 자본의 분포 불균등성 하에서 더 강화될 것으로 보인다.

집합적 행동의 문제는 개인들의 집단이 있고, 그들 간에 공통이익이 있고, 그리고 그 공통이익과 개별 개인의 이익 간에 잠재적인 갈등이 있는 상황을 상정한다. 집합적 행동의 문제는 개인들의 단기적 · 자기위주의 선택들과, 집단 내 충분한 숫자의 개인들의 동조를 전제로 한 모두에게 도움이 되는 선택 간에서 직면하는 대안적인 행동경로상에서는 언제든지 발생할 수 있다(Ostrom and Ahn, 2007: 5－7). ‘죄수의 딜레마 게임’ 등에서 전형적으로 표출되는 집합적 행동의 딜레마는, 올슨(Olson, 1965)과 하딘(Hardin, 1968) 등의 경우 외부당국에 의한 규제, 선택적 인센티브의 제공, 또는 사유화 등을 통해 해결될 수 있다고 보고 있다. 소위 제2세대 집합적 행동 이론을 강조하는 오스트롬과 안(Ostrom and Ahn, 2007: 5-8)의 경우 신뢰와 믿을 만함, 네트워크, 제도 등의 사회적 자본 형태에 주목하고 있다.[1] 사회적 자본의 다양한 형태들이 행위자들 간에 신뢰를 높임으로써 거의 언제나 성공적인 집합적 행동에 기여한다는 것이다.

제 3 절 사회적 자본의 잠재적 편익과 한계: 기존 분석결과의 요약

울콕(Woolcock, 2001; Lowndes and Pratchett, 2008: 678 재인용)의 주장처럼, "잘 연결되어 있는 것들은 보다 수용하기 좋고, 건강하고, 고용에 도움이 되고, 그리고 행복할 것 같다"는 측면에서, 사회적 자본의 잠재적 편익들이 다양한 영역에서 강조되고 있고 또 많은 추종자를 얻고 있다. 그런데 최근에는 사회적 자본의 잠재적 한계 측면 역시 주목받고 있다.

1) 죄수의 딜레마(the prisoner's dilemma)의 상황은 간단히 규정될 수 있다. 두 공범자 A와 B가 체포되어 경찰조사를 받고 있는 경우, 경찰은 A와 B 각각에게 먼저 범죄사실을 인정하고 자백하는 사람에게 형량을 대폭 감경시켜주거나 무죄방면하겠다고 제안한다. 물론 A와 B, 둘 사이에는 현재 의사소통이 불가능해서 서로 의논할 수가 없는 상황이다. 그리고 둘 다 범죄사실을 부인하고 침묵을 지키면 증거 불충분으로 둘 다 가벼운 처벌만 받게 된다는 것을 A와 B, 모두 알고 있다. 결과는, 둘 다 범죄사실을 부인해서 가벼운 처벌로 끝나는 것이 아니고, 서로 의사소통할 수 있는 기회가 없음으로, 상대방이 어떠한 전략(배신 또는 협력)을 택하든 자신이 보다 나은 결과를 얻을 수 있는 전략(배신)을 택하게 되고, 결과적으로 둘 다 서로 배신전략을 택하게 되어 A와 B 모두 무거운 처벌을 받게 되는 상황을 상정하고 있다. 그런데 죄수의 딜레마는 개인적 관계가 강력할 때, 자기규범 수준이 높을 때, 특정 공동체 정서가 강하거나 처벌수준이 높을 때 상당부분 극복될 수 있다. 예컨대, 개인적 관계(우정, 사랑 등)에 의해 상대편을 신뢰하고, 결과가 예상과 같지 않더라도 내가 모든 것을 안고 가겠다고 작정하는 경우, 반독재 학생운동이나 민족독립운동 등에서 어떤 경우에도 내가 먼저 동지를 배신하지 않겠다는 자기규범이 확고한 경우, 또는 그 사회 바닥의 정서가 동료 '밀고'에 대한 강한 거부감이 있거나 조직 범죄단체의 경우처럼 배신에 대한 내부처벌 수준이 높은 경우 등에는 죄수의 딜레마가 상당부분 극복될 수 있다.

1 잠재적 편익

후쿠야마(Fukuyama, 1996)는 자유민주주의 시장경제가 지속적으로 발전하기 위해서는 경쟁시스템과 함께 사회 구성원 간 신뢰가 필수요소임을 강조한다. 라운디스와 프랏체트(Lowndes and Pratchett, 2008)는 정책결과로서의 사회적 자본은 수명기회의 개선, 보다 나은 거버넌스, 시장실패의 극복, 그리고 형평성 촉진 등의 효과를 기대할 수 있음을 지적한다. 경제협력개발기구(OECD, 2001)는 보건 개선, 아동학대 감소, 범죄 감소 등 사회적 자본과 광범위한 정책편익 간에 일관성 있는 연계성을 강조하고 있다. 영국내각 성과혁신팀(PIU, 2002)은 정보흐름 개선, 거래비용 축소, 그리고 효과적인 경쟁촉진에서의 사회적 자본의 역할에 대해 주목하고 있다. 퍼트넘(Putnam, 2009: 제4부)은 사회적 자본의 기능을 교육과 어린이의 발전, 안전하고 유익한 동네, 경제적 번영, 건강과 행복, 민주주의 등 다양한 측면에서 강조하고 있다. 낵과 키퍼(Knack and Keefer, 1997)는 다른 조건들이 동일할 때 국가신뢰지수가 10% 떨어지면 경제성장률은 0.8% 하락함을 지적한다.

린(Lin, 2008: 26−27)은 사회적 네트워크에 배태된 자원이 행동의 결과를 향상시키는 이유로 정보흐름의 촉진, 영향력 발휘, 사회적 신임 보증, 그리고 정체성 인지 재강화라는 네 가지 요소를 강조한다. 네트워크는 신뢰의 새로운 패턴이 발전하는 새로운 협력채널을 개방시킴으로써, 정책형성 내부에서 사회적 자본을 팽창시키는 잠재성을 가지고 있다(Lipnack and Stamp, 1994: 199). 오스트롬과 안(Ostrom and Ahn, 2007: 8−9)은 사회적 자본의 다양한 형태들은 행위자들 간에 신뢰를 높임으로써 거의 언제나 성공적인 집합적 행위에 기여한다는 점을 강조한다. 신뢰는 개인들이 믿을 만할 때, 서로서로 네트워크되어 있을 때, 그리고 정직한 행태에 대해서는 보상이 되는 제도 내에 있을 때 높여지는 것이다. 캐나다 공공정책연구소(PRI, 2005: 2)는 사회적 자본 관점이 사회적 배제의 위험에 있는 사람들에게 도움을 주는 정책, 핵심적인 인생행로 전이를 지원하는 정책, 그리고 커뮤니티 개발 노력을 지원하는 정책영역 등에서 특히 성과가 있을 것이라는 점을 강조한다.

그 외, 재산권 보장이나 계약이행에서 사회적 자본의 영향(Knack and Keefer, 1997), 1인당 산출량에서 사회적 자본의 효과(Dasgupta, 2000), 지방정부 외부역량에 미치는 사회적 자본의 영향(윤두섭 · 오승은, 2007), 도시경쟁력에 미치는 사회적 자본의 영향(권태형 · 박종화, 2010), 벤처기업 연계협력 성과에서 사회적 자본의 역할 복합성(박종화, 2013) 등의 연구결과들이 언급될 수 있다. 노스(North, 1990: 35)는 "기회주의, 사기, 배반에 의존하는 정도가 복잡한 사회에서 더욱 증가한다"고 주장한다. 즉, 경제가 발전해 갈수록 사회적 자본(기회주의, 사기와 배반을 방지하기 위해)의 중요성이 증대한다는 것이다(퍼트넘 외, 2000). 동일 맥락에서, 파웰(W. Powell)과 파운틴(J. Fountain)은 특히 급속하게 발전하는 분야에서는 사회적 네트워크가 기술혁신, 상호학습, 생산성 증가에서 물리적 자본과 인적 자본만큼 중요한 핵심인자라는 점을 지적한다(퍼트넘, 2009: 538 재인용).

결과적으로, 사회적 자본의 잠재적 편익은 사회적 자본의 정의 논의에서 강조되었듯이 기존 자본 논의에서 간과되어 왔던 새로운 형태의 자본이자 권한과 활동역량의 원천에 토대하고 있는 것이다. 따라서 사회적 네트워크가 가질 수 있는 장점 논의와 사회적 네트워크가 형성될 수 있는 원천(신뢰성)과 사회적 네트워크가 이행력을 제고할 수 있는 토대(규범과 제도)에 주목하고 있는 것으로 판단된다.

2 잠재적 한계

사회적 자본에 대한 기존 연구들은 거의 전적으로 사회적으로 좋은 것들에 초점을 맞추어 왔지만, 사회적 자본 역시 사회적으로 해가 될 수 있는 것들을 생성할 수 있다(Portes, 1998: 15-18). 경직적 공동체, 정치적 부패와 부당한 자원 분배, 파벌주의, 조직범죄, 테러리즘 등이 가능하다. 현대 산업화된 국가들의 역사적 경험에 의하면, 도제제도에서의 여성차별과 같이 사회적 자본에 토대한 제도들이 사회의 특정 집단을 차별하기 위하여 과거에 남용되어 왔다(Ogilvie,

2005).

전문화된 로비스트의 역기능 측면은 소수가 다수를 이용하는 전형적인 미시적 분리(microdecoupling)가 발생하는 경우이다.2) 인연적 사회적 자본을 토대로 결사체들 간 플로리다 외(Florida et al., 2002) 등이 강조하는 네트워크 폐쇄성과 눈가림 현상 등이 나타나면 부정적 고착성이 나타날 수 있다(Martin and Sunley, 2006: 416). 그리고 사회적 규범은 사회적 덫(social traps)의 원인이 될 수 있다. 즉, 사회적 관계성이 포르테스(Portes, 1998: 17)의 지적처럼 하향적 수준의 규범을 강화할 수 있다.

> 일부 집단들 사이에서는 칸막이 된 연대성과 신뢰(bounded solidarity and trust)가 사회경제적 상승과 기업가적인 발전을 위한 원천을 제공함에 반해서, 다른 집단들 사이에서는 그것들이 정확하게 반대의 효과를 가진다(Portes, 1998: 17).

인연적 사회적 자본과 연계된 강력한 연계패턴은 쉽게 범죄나 반사회적인 용도로 활용될 수 있다. 마피아(Mafia) 같은 극단적인 경우에서부터, 산학협력의 과정에서 폐쇄적 연계형태로 기업을 혁신원천으로부터 격리시킬 수 있다. 그 외, 인종적 또는 신념적 일체성 강화를 통해서 외부집단에 대한 사회적 배제나 분파주의를 조장할 수 있다. 정치적 및 관료적 엘리트 사이에 높은 사회적 자본 집중은 부패를 키워갈 수 있고 좋은 거버넌스를 손상할 수 있다(World Bank, 2002; Lowndes and Pratchett, 2008: 698－700).

사회적 자본의 효과가 부정적으로 나타나는 경우는 흔히 인연적 사회적 자본과 연관되어 있다. 그러므로 정책적으로는 교량적 사회적 자본과 연계적 사회적 자본을 어떻게 강화시켜 인연적 사회적 자본으로 인한 부정적인 효과를 중화시켜 나갈 것인지가 초점이 된다. 그러나 필드(Field, 2003: 88)가 지적하듯이 교량적 사회적 자본 역시 부정적인 효과를 가질 수 있다. 왜냐하면, 교량적 사회적 자본의 연계 확대 역시 민주적인 규범이 지배하지 않는 과두적인 연계(oligarchic connections)를 창조해 낼 수 있기 때문이다. 따라서 정책처방 자체가 단순히 교

2) 울프(Wolf, 1990: 173－175)는 '다수가 소수를 이용하는 경우'를 거시적 분리(macrodecoupling) 현상으로 규정한다.

량적 사회적 자본의 확장 쪽으로 나아가는 것은 충분하지 않다(Lowndes and Pratchett, 2008: 698–700).

제 4 절 사회적 자본의 분포 불균등성의 의미와 문제점

특정 시점에 특정 사회의 사회적 자본의 분포를 관찰한다고 가정할 때, 그 분포상태는 개인, 집단, 지역, 그리고 심지어는 국가 간에 불균등하게 나타날 수 있다. 이론적 고찰에서 밝혀진 것처럼, 그와 같은 분포상태는 사회적 자본의 자기강화적 속성 및 현대 산업사회의 전문화·복잡화 경향에 따라 더 악화될 가능성이 있다.

1 분포 불균등성의 의미

사회적 자본의 분포 불균등성은 사회적 자본의 속성, 종류, 시대적 상황이 결합되어 발생하고, 그 영향 대상의 범위는 개인, 집단, 지역, 그리고 국가 간 등으로 다양하게 나타날 수 있다. 하지만, 공동체 내 개인 간 또는 집단 간 사회적 자본의 분포 불균등성이 문제되고 정책적 처방이 모색되는 이유는, 그들에 대한 사회적 자본의 분포 불균등성이 초래하게 될 부정적인 영향과 그에 대한 정책적 대처방안 모색이 정책의 이행성과 실현 가능성 측면에서 주목받고 있기 때문이다.

신뢰와 사회적 규범과 같은 사회적 자본은 허쉬만(Hirschman, 1984: 93)의 '도덕적 자원(moral resources)' 형태의 속성을 가지고 있어, 사용하면 할수록 증가되고 사용하지 않으면 감소된다. 이해당사자가 서로에 대하여 믿음을 보이면 보일수록 상호신뢰는 더 두터워지겠지만, 뿌리 깊은 신뢰의 부재는 신뢰의 자기 충족적(self–fulfilling)인 성격으로 인해 경험을 통하여 치유하기가 매우 힘들게 된다. 신뢰부재의 상태에서는 신뢰위기 극복을 위한 시도 자체가 어려울 뿐만 아니라,

오히려 신뢰부재를 증폭시키는 행동에 빠지도록 만들 수 있기 때문이다(Gambetta, 1988: 234). 결과적으로, 사회적 자본의 생성과 고갈은 선순환 혹은 악순환에 따를 것으로 보인다(퍼트넘 외, 2000: 285-286).

사회적 자본은 접근성이 있는 사람들에게 편익을 제공하는 클럽재(club goods)의 속성을 가지고 있다. 따라서 홀(Hall, 1999)은 사회적 자본의 분포 불균등 상황이 사회적 계층에 따라서 점점 더 극단적으로 왜곡되는 경향을 우려하고 있다. 사회적 계층에 따른 사회적 자본의 분포 불균등성은 우선 사회적 한계집단에 대한 사회적 배제를 초래할 가능성이 높다. 기득계층의 '서로 봐주기' 등은 집단 특정적 사회적 자본의 분포 불균등성으로 인한 약자집단에 대한 사회적 배제 현상의 전형적인 예이다. 그리고 집단 특정적 '서로 봐주기'가 역기능적으로 사회적 해악으로 진전되면 공모와 부패의 자기강화적 악순환 과정의 우려가 있다. 그런데 불법적인 경우는 아니지만 네트워크가 잘못된 방식으로 작동하면 사회적 자본의 분포 불균등성은 열위집단에서 그나마 앞으로 나아가고자 하는 개인과 집단을 끌어내릴 수 있는 위험성이 존재하는 것으로 알려져 있다. 뿐만 아니라 사회적 자본의 분포 불균등성으로 인해 특권화된 과두지배체제가 창출되거나 또는 사회적 자본의 종류별 분포의 부적절성 등이 나타나면, 개인과 집단은 역동적 연계성을 상실하고 경제적 측면에서 비효율성이 높아지게 된다.

사회적 자본의 분포 불균등성은 불균등한 분포 현상 자체도 문제이지만, 보다 중요한 것은, 지식기반경제와 글로벌 경제 흐름 하에서 생산적 연계 관계의 전문화·복잡화 경향으로 그와 같은 현상 내지 행태가 보다 강화될 수 있다는 점이다.

2 분포 불균등성의 문제점

사회적 약자집단은 사회적 네트워크의 가짓수도 적고, 그나마 가지고 있는 사회적 네트워크의 사회적 가치 역시 미미한 경우가 대부분이다(퍼트넘, 2009: 527-538). 예컨대, 미국 대도시 인근 교외 단독주택 소유주들은 흔히 근린 쾌적성 등을 이유로 고밀도 개발에 반대하는 연대를 형성하고 저항해 감으로써 새로 전입해 오는 사회적 네트워크의 힘이 미약한 저소득 젊은계층의 진입을 막게 된다. 취업난 속에 대기업이나 공기업 입사면접 과정에서 기득계층의 '서로 봐주기' 등은, 집단 특정적 사회적 자본의 분포 불균등성으로 인한 약자집단에 대한 사회적 배제 현상의 전형적인 예들이다.

1) 사회적 배제 측면

사회적 자본의 분포 불균등성은 사회적 약자 관련 사회적 배제(social exclusion)를 강화시킬 우려가 있다. 특히, 퍼트넘(Putnam, 2009: 532–538)의 언급처럼, 인연적 사회적 자본이 교량적 사회적 자본에 의해 조절되지 않는 상황에서 관련 문제점이 더 확대될 것으로 보인다. 인연적 사회적 자본의 어두운 측면들이 사회적 자본의 분포 불균등 상황과 결합될 때 한계집단의 대항력 부족으로 인해 배제적 상황의 개연성이 높고 그 범위도 확장될 수 있는 것이다. 동일 맥락에서, 린(Lin, 2008: 93–99)은 '강한 연계'와 '약한 연계'를 구분하면서, 강한 연계는 '동질성의 원칙'에 토대하고 있으므로, 유사한 자원을 가진 사람들을 불러 모을 수밖에 없고, 약한 연계는 여러 집단, 계층, 지위 등을 연결하므로 새로운 자원에 대한 접근성을 높여 줄 것이라고 보고 있다. 그런데 약한 연계가 행위자를 위해 사회적 자본으로 기능하는 정도는 다른 행위자들의 자원에 대한 접근성 여부에 달려 있는데, 대부분은 행위자의 사회적 지위로부터 수반되는 것이므로 한계집단의 경우 '약한 연계'의 활용성 또한 떨어질 수밖에 없다는 것이다. 따라서 경제협력개발기구(OECD, 2001: 5)는 공공부문의 사회적 자본 정책이 그 분포 관련 사회적 배제나 사회적 형평성에 영향을 미칠 수 있다는 점을 강조하고 있다. 예컨대, 보건과 교육 관련 규제처럼, 정부개입이 사회적 자본 수준이 낮은 집단들을 지원할 수 있다(Halpern, 2005: 285).

결사의 자유는 배제의 자유를 함축하고 있으므로, 배제 자체를 나무라기는 곤란하다. 그러나 사회적 관점에서 배제가 다른 사람들이 필요한 자원과 결합될 때, 결사의 자유는 경제적 자원의 왜곡된 분포를 강화하고, 민주주의를 손상시키고, 그리고 공모와 부패를 가능하게 할 수 있다(Warren, 2008: 139–140; Arneil,

2006: Ch.2). 2세기 전 애덤 스미스(A. Smith)는 상인들의 회합이 불가피하게 대중의 이익에 반하는 공모형태로 귀결된다고 불평했는데, 그 용어로 표시한 것은 아니지만 집단-특정적 사회적 자본으로 인한 일반 대중이 고통을 겪을 수 있는 문제점을 적시한 것으로 볼 수 있다(Portes, 1998: 15-16).

2) 공모와 부패의 측면

사회적 자본의 역기능이지만, 신뢰는 정치적 부패와 같은 사회적 해악을 지원할 수 있다. 정치적 부패는 흔히 개별적 신뢰에 의존한다. 부패교환 당사자들은 그들의 행위가 공적으로 정당화되지 않는다는 것을 알고 있으므로, 부패관계자는 그들 행동의 비밀을 지켜줄 공모자를 신뢰한다. 그런데 그런 부패교환은 언제나 특정적 호혜성(specific reciprocity)에 토대하고 있으므로,[3] 사회적 자본의 분포 불균등성의 성격 그 자체가 부패한 관계성 외부에 있는 사람들의 부담을 고착 내지 확장시킬 수 있다. 결과적으로, 그 분포 불균등성이 개인적 신뢰에 의존한 부패행동의 토대를 제공하는 것이다. 물론, 전후 이탈리아의 정치부패구조처럼 중개자(정당)를 통해 정치부패 관련 개별적 신뢰를 확장하는 경우 역시 가능한데, 이 경우 역시 사회적 자본의 분포 불균등성이 부패신뢰의 토대로 작동하고 있는 것이다(Warren, 2008: 139-144). 우리나라의 경우에도 폐쇄적 네트워크와 배타적 집단주의 문화 등으로 인해 부정부패가 성행하는 것으로 알려져 있다(이동원·박준 외, 2009: 13-15).[4]

사회적 자본이 긍정적인 외부성과 부정적 외부성을 가질 수 있다고 할 때, 그 부정적인 외부성에 영향을 받는 개인이나 집단이 그 부정적인 외부성을 인지하고, 내부적인 조직이나 관계 역량을 통해서 스스로 그 부정적인 외부성을 단기적

3) 포괄적 호혜성(generalized reciprocity)은 대상의 일반성 때문에 부패의 수단으로 작동할 수가 없다. 부패관계는 집단 내부자와 외부자를 구분할 수가 있어야 하는데 그렇지 못하기 때문이다. 다만, 특정적 호혜성이 언제나 부패교환 등의 부정적 외부성을 생성하는 것은 아니다. 시장교환은 특정적 호혜성에 토대한 것이지만 부패교환 등의 부정적 외부성을 생성하지 않는다.

4) 한국인의 70.5%가 성공은 연줄과 인맥에 의존한다고 인식하고 있다(서울대사회발전연구소, 2007; 이동원·박준 외, 2009: 14 재인용). 국제투명성기구의 2008년 '부패인식지수'에서 우리나라는 5.6점으로 세계 40위를 기록하고 있다. 지수값이 높을 수록 청렴한 것인데, 경제협력개발기구(OECD) 평균은 7.1이다(이동원·박준 외, 2009: 15).

으로 극복해 갈 수 있다면 그 부정적 외부성의 문제는 심각한 것이 아닐 수 있다. 하지만, 만일에 마피아나 정치적 부패 고리의 경우에서처럼, 사회적 자본이 부정적인 외부성을 장기적으로 고착화시키거나 안정화시킬 가능성이 있다면, 그리고 그 사회적 자본의 분포 불균등성이 그와 같은 경향을 강화시킬 수 있다면 그 상황은 보다 심각한 문제가 될 수 있다.

> 사회에서 어떤 안정적 균형이 달성될 것인가는 역사가 결정한다. …… 역사를 통해 진화하지만, 효율적인 균형점에 항시 도달하는 것은 아니다. 진보를 저해하거나 집단적 비합리성을 조장하는 사회적 관습을 제거한다는 의미에서, 역사가 항시 효율적으로 움직인 것도 아니다. 또한 이러한 관성이 개인적 비합리성에 기인하는 것도 아니다. 오히려 정반대로 역사가 규정하는 사회적 상황에 합리적으로 대처하는 개인들이 사회적 병리를 강화할 수 있다. 최근의 경제사가들은 사회체계의 이러한 특성을 '경로의존성(path dependency)'이라 부르고 있다. 지금 달성할 수 있는 것은 출발점이 어디냐에 의해 규정되고, 어떤 목적지는 지금의 상태에서는 도달하는 것이 불가능하다는 것이다. 경로의존성으로 인해 (공식적 제도, 자원, 상대적 가격, 그리고 개인의 선호체계가 유사한) 두 사회의 성과에 지속적인 차이가 발생할 수도 있다(March and Olsen, 1989: 55－56, 159; 퍼트넘 외, 2000: 299 재인용).

루비오(Rubio, 1997)의 콜롬비아 안티오키아의 코카인 수출과 준정치적 폭력사태 경험연구와 델라 포르타와 바누치(Della Porta and Vannucci, 1999)의 전후 이탈리아 정치부패 시스템 연구 등이 사회적 자본이 역설적으로 부정적인 외부성을 안정화시킨 사례연구들이다. 특정 집단[이탈리아 나폴리 마피아 조직 카모라(Camorra)]의 부패형 신뢰구조로 인한 부실한 유해 폐기물 관리에 따른 환경오염과 농산물 오염문제의 심각성에 대해 아체라의 시장 라파엘레 레티에리는 "이탈리아 농산물의 세계적 평판을 깎아내리고 지역경제뿐 아니라 이탈리아의 세계적 이미지에도 큰 타격을 입히고 있다. 해외에 사는 내 친구들은 요즘 이탈리아 농산물을 사지 않는다"고 탄식하고 있다(Marchetti, 2014.1.27: 23).

> 쓰레기 소각은 나폴리와 카세르타 사이의 외딴 시골 길과 약 50개 마을 외곽에서 빈발한다. 부실한 쓰레기 관리와 노사분규로 길거리에 쓰레기가 산더미처럼 쌓여 있

는 지역이다. 마피아는 이 지역 거의 모든 마을의 쓰레기 처리 컨소시엄에 침투했다. 그들은 쓰레기 처리에 높은 비용을 부과하고 조직에서 다루기 쉬운 근로자들을 고용한다. 이런 식으로 카모라는 합법적인 쓰레기 처리가 제대로 이뤄지지 않도록 만든다. 그리고 불만에 찬 이탈리아인들이 카모라의 불법적인 쓰레기 수거와 처리 사업에 의존할 수밖에 없도록 만든다. 도로 밑과 연못 안, 깊은 구덩이(약 30m 깊이) 안에 묻혀 있는 쓰레기는 대수층과 논밭, 농산물을 오염시킨다. 220ha가 넘는 이 거대한 쓰레기장은 카모라와 다른 범죄조직들이 관리한다. 그들은 불법 쓰레기 처리를 주수입원으로 만들었다. 유명한 마피아 밀고자 눈초 페렐라는 1992년 판사들에게 "쓰레기는 돈"이라고 말했다(Marchetti, 2014.1.27: 22−23).

3) 하향적 견인 측면

유복한 집단에 비해 사회경제적 한계집단의 사람들은 실제 성공의 사다리를 올라가기가 매우 어렵다. 교육적 기회나 재정적 자원의 결여는 말할 것도 없고, 자신들의 '손을 위에서 당겨줄' 사회적 동아줄이 상대적으로 빈약하기 때문이다. 그라노베터(M. Granovetter)의 '약한 연계(weak ties)'의 결여로 인해 현재의 상황을 벗어나기가 어려운 것이다. 물론 사회적 연계의 중요성은 한계집단에게만 한정되는 것은 아니고, 기업체 중역의 경력관리나 기업의 자금관리에도 중요한 것으로 알려져 있다. 사회경제적 한계집단 및 그들의 공동체에 사회적 네트워크의 중요성이 강조되는 것은, 사회적 네트워크의 필요성이 그만큼 절실하기 때문이다(퍼트넘, 2009: 532).

그런데 일부 경우에는 인연적 사회적 자본 위주의 사회적 자본 분포형태가 오히려 일부 성공한 개인과 기업을 끌어 내릴 수 있는 역효과를 발생시킬 수 있다. 공동체에서 별로 성공하지 못한 사람들은 보다 잘 나가는 사람들이 심적 부담을 안고 있는 인연적 유대관계와 책임감을 이용한다는 사실이 지적되고 있기 때문이다(퍼트넘, 2009: 533). 이와 같은 현상은 인종이나 혈연에 기반한 공동체에서 흔히 발생할 수 있다. 즉, 상대적으로 사회적 자본 규모가 작은 열위집단에서 인연적 사회적 자본만 견고하게 작동할 경우, 그들의 탄탄한 신뢰와 유대가 오히려 앞서 나가는 개인과 집단의 성장과 기동력을 제한할 수 있는 것이다.

4) 역동적 연계성 상실 측면

사회적 자본의 분포 불균등성 관련, 공동체 내의 역동적 연계성이 상실되고 경제적 효율성이 저하되는 경우는 크게 두 가지 측면에서 검토해 볼 수 있다. 첫째, 사회적 자본이 풍부한 개인 또는 집단이 정치적 권력에 대한 차등적인 접근성을 가지고 있는 경우이다. 그들이 그 차등적인 접근성으로 인해 경쟁제한의 규제나 입법 쪽으로 나아가는 경우이다. 이는 공동체 전체에 직접적으로 손실을 야기할 수 있는 제도적인 메커니즘을 형성하는 경우로서, 흔히 특권적인 과두집단 체제로 표출될 수 있다. 이 경우, 사회적 자본의 분포 불균등성이 바람직한 사회적 네트워크 파괴에 기여하는 것이다. 둘째, 기업활동의 역동성과 관련하여 사회적 자본의 분포라기보다는 사회적 자본의 종류별 분포에 초점을 맞추는 경우이다. 특히, 인연적 사회적 자본과 교량적 사회적 자본의 역할에 대한 분석들이 주목받고 있다. 인연적 사회적 자본에 초점을 맞춰 공동체나 지역을 분석하면, 플로리다 외(Florida et al., 2002)의 분석결과와 같이 사회적 자본 수준이 높은 곳에서 오히려 창의성이 떨어지고 역동적 연계성이 상실되게 된다. 반면에, 교량적 사회적 자본에 초점을 맞춰 공동체나 지역을 분석하면, 란드리 외(Landry et al., 2002)의 분석결과와 같이 사회적 자본 수준이 높은 곳에서 창의성과 역동적 연계성이 강화되는 경향이 있다. 이 두 가지 대조적인 현상을 기업과 지역 성장과정에 보다 세밀하게 적용한 아이어 외(Iyer et al., 2005)의 분석결과에 의하면, 기업의 초기 성장단계에서는 인연적 사회적 자본의 중요성이 높고, 일정 성장단계 후에는 교량적 사회적 자본의 중요성이 높게 나타나고 있다.[5)]

관련 분석결과를 종합하면, 우선 사회적 자본의 분포 불균등성이 공동체 손상적인 제도적 메커니즘 형성에 기여할 수 있다는 것이다. 뿐만 아니라 공동체 내 개인과 집단의 성장단계별 적절한 사회적 자본의 종류가 있을 수 있고, 따라서 그에 맞는 적절한 분포가 요구된다는 것이다. 즉, 적절한 사회적 자본의 종류

5) 아이어 외(Iyer et al., 2005: 1019-1020)의 영국 캠브리지 사례연구에 의하면, 기술기업의 초기 개발 단계에서는 인연적 사회적 자본의 중요성이 높다가, 기업이 일정 임계규모에 이르면 교량적 사회적 자본의 중요성이 높아진다. 벌써 40년 정도의 개발역사를 가진 대덕연구개발특구에 대한 최병훈·조현석(2010)의 연구결과에 의하면, 인연적 사회적 자본에 비해 교량적 사회적 자본의 영향이 더 크게 나타나고 있다.

가 적절한 시기에 분포되어 있지 않으면, 역동적 연계성 상실로 이어질 수 있는 것이다.

제5절 처방적 정책논리

사회적 자본이 정책결과에 영향을 미치는 엄밀한 메커니즘은 흔히 불명료하고 구체화되어 있지 않다. 사회적 자본을 높이거나 재분배하기 위한 정책적 개입의 편익은 흔히 상황 의존적이고 불확실하다(Lowndes and Pratchett, 2008: 677－679). 그럼에도 불구하고, 사회적 자본의 분포 불균등성은 그에 대한 정책적 대처 노력의 필요성을 제시하는 것으로 보인다.

1 참여적 거버넌스

다른 모든 것이 동일할 때, 폐쇄적 시스템을 가진 사회는 사회적 배제 내지 배타적인 인연적 사회적 자본을 강화할 수 있다. 왜냐하면, 그 사회는 한계집단들에게 비용을 외부화하는 데 문화적 장애요소들이 거의 없기 때문이다. 하위집단의 참여를 강조하는 참여적 거버넌스 하에서는 정보교류와 사회적 연계성을 확장하여 상대적으로 폐쇄된 네트워크 내부에서의 다양한 출구확보와 모니터링 과정을 강화할 수 있다.

참여적 거버넌스와 공생산(coproduction)의 모형들은 의사결정과 서비스 전달에 있어서 한계집단의 포함에 우선순위 내지 초점을 두는 것이다. 이들 접근방안들은 정책형성의 과정에서 공동거버넌스(co－goverance)를 강조함으로써 정책형성 자원으로서 연계적(linking) 사회적 자본을 동원하고자 한다. 즉, 계층적 관계성에서 개인과 집단 간에 생산적인 사회적 연계를 확장하여, 시민사회 내부에 관리적, 조직적, 그리고 기술적 역량을 형성하고자 하는 것이다(Lowndes and

Pratchett, 2008: 683–686). 한계집단들이 단순히 정책의 대상이 아니라 정책형성의 자원으로 부각됨에 따라서, 아동들의 교육이나 보건 등 다양한 정책영역에서 실질적인 작업에 참여해서 움직일 수 있는 것이다. 정책적으로는 지역 공동체의 관련 역량형성을 촉진하고 확대하기 위하여, 기술훈련이나 장소마련, 그리고 기타 지원 등을 제공할 수 있다. 따라서 헬러(Heller, 2001: 133)는 '참여적 거버넌스(participatory governance)' 용어를 '권위적 자원 할당에 있어서 하위집단의 참여'를 언급하는 것으로 사용하고 있다.

콜먼(Coleman, 1988)의 '기능적 공동체 가설' 역시 기본적으로 참여적 거버넌스에 의해 강화될 수 있는 것으로 보인다. '기능적 공동체 가설'은 종교, 학연, 기타 등으로 형성된 어른들의 모임과 결속이 참여자들의 복지에만 영향을 미치는 것이 아니라, 그 자녀들의 안전 · 복지 · 교육적 성취에도 영향을 미친다는 것이다. 결과적으로, 지역사회 청소년들의 일상이 그들 가까이에 있는 어른들의 행동반경 속에 중첩됨으로써 그들이 비행에 연계되거나 일탈할 가능성을 줄일 수 있다는 것이다. 그리고 최근 대구 중구 삼덕동의 담장허물기 사업과 지역주민 참여형 도시재생 사업의 경험 역시 콜먼(Coleman, 1988)의 '기능적 공동체 가설' 사례와 유사한 시사점을 제공한다. 1997년 대구시 삼덕동에 가출 청소년 쉼터가 입지하려고 했을 때, 주민들은 가출 청소년들을 잠재적인 범죄자라는 선입견을 가지고 반대했었다. 하지만, 담장허물기 및 담장 벽화사업 등의 긍정적인 마을만들기를 통해 주민들의 인식전환이 진전되고, 아이들은 쉼터에 머물면서 쉼터 활동가들의 도움을 받아 새로운 기술도 배우고 동네 카페에서 자원봉사 활동도 하고 골목길도 청소하는 등 동네 생활환경 개선에 기여하게 된다. 이와 같은 과정을 지켜본 주민들은 시설입지에 대한 막연한 두려움을 극복할 수 있었고, 결과적으로 시설입지 갈등의 성공적 극복과 함께 동시에 가출 청소년들의 행태변화까지 가져오게 되었다(이영아, 2013: 35–36).

다만, 피상적인 파트너십은 기존의 사회적 자본 분포의 개선이나 활용 확대라기 보다는 오히려 손상시킬 수 있는 실질적인 위험이 없는 것은 아니다. 실제 영국 로컬 파트너십에 대한 라운디스와 설리반(Lowndes and Sullivan, 2004: 61)의 연구는 현장에서 작동 중인 파트너십은 관료적 루틴, 계약적 관계, 그리고 협상교섭 등에 의해 지배되어, 지배적인 파트너들이 친숙하고 편하게 느끼는 의사결정의 유형이 부과되는 경향이 있음을 지적하고 있다. 우리나라의 경우에도 교육행정에서 사실상 한계집단인 전교조와 학부모를 배제한 채 결정된 '고비용' 정책사업의 예로서 교육행정정보시스템(NEIS) 구축사례가 언급될 수 있다(이동원·박준 외, 2009: 3－4).[6] 참여적 거버넌스의 성공은 치호트레이(Chhotray, 2004)가 지적하듯이 제도형성의 장기적 과정에 놓여 있는 것으로 보인다. 시민이 그들의 선호를 형성하고 표현할 수 있는 풀뿌리 회합의 육성, 다양한 집단과 이슈를 연계할 수 있는 동원인프라의 발전, 시민사회 내부에 제반 역량의 형성, 그리고 지원과 중개역할 쪽으로의 국가역량의 재정향이 필요한 것이다(Lowndes and Pratchett, 2008: 683－686 재인용).

2 자발적 협력형 내적 조건의 창출

토크빌(A. de Tocqueville)은 "사람들은 서로 주고받는 협력행위에 의해서 감정과 생각이 새로워지고, 마음은 넓어지며, 이해 능력이 계발된다"고 지적하고 있다(퍼트넘, 2009: 560 재인용). 즉, 자발적 협력체가 건전한 시민생활에 필수적인 역량을 키워가는 학습장소인 것을 강조하고 있다. 최근 실리콘 밸리의 새로운 사회적 자본으로 주목받고 있는 '런치2.0'은 엔지니어들이 타사의 구내식당을 돌아다니며 무료 점심을 즐기는 프로그램인데, 작은 계기로 자발적인 협력의 장이 만들어져 정보교류가 촉진된 사례에 속한다(이동원·박준 외, 2009: 3). 집합적 행동의 딜레마 상황에서 개인들 간의 신뢰수준을 제고하기 위하여 오스트롬과 안(Ostrom and Ahn, 2007: 12－16)은 피신뢰자의 인센티브 구조를 변화시키는 것을 강조한다. 즉, 상호작용의 반복적 성격, 피신뢰자의 행태를 관찰하는 다른

6) 2002년 정부는 520억 원의 예산으로 단위 학교별로 관리하던 학교종합정보관리서버(CS)를 하나로 통합하기 위한 교육행정정보시스템(NEIS)의 구축을 시도한다. 그런데 교육부가 NEIS 통합서버를 운영할 경우 개인정보가 유출될 수 있다는 전교조를 중심으로 한 반대여론 움직임에 수개월 간의 조정협의가 불가피하게 되고, 궁극적으로 교무·학사, 보건, 입학·진학의 3개 쟁점 부문의 서버를 분리하기로 결정하고 520억 원의 추가예산을 들여 이미 구축된 시스템을 변경하게 된다. 이것은 낮은 수준의 사회적 자본과 한계집단 배제 형태의 정책결정이 초래하는 비용의 예가 된다(이동원·박준 외, 2009: 3－4).

네트워크 멤버의 존재, 그리고 피신뢰자를 처벌하거나 보상하는 규칙과 법률 등이 주어져 있을 때 신뢰자는 피신뢰자가 직면하는 인센티브 구조를 변화시킬 수 있는 것이다. 그 요인들의 존재와 작동성에 대한 신뢰자와 피신뢰자 간의 공통적 이해가 그들 간의 생산적인 거래를 자극하는 것이다.

일반적으로, 협력을 유발할 수 있는 게임 내적인 조건으로서, 퍼트넘 외(Putnam et al., 2000: 279－281)는 우선 행위자 수의 제한성, 개별 행위자의 과거 행위에 대한 정보의 풍부성, 행위자들의 미래에 대한 불확실성 할인율의 적정성 등을 들고 있다. 오스트롬(Ostrom, 1990)은 여러 비교연구를 통해 협력 유발 조건으로서 제도 경계의 명확한 정의, 규칙을 정의할 때 관련 당사자들의 참여, 위반자의 경우에 누진적인 처벌, 분쟁해결에 비용이 적게 드는 기제의 확립 등의 원칙을 제시하고 있다.

사회적 자본의 무형자본성과 축적성을 통해 거래촉진과 생산성 제고를 보여주는 좋은 사례로서 뉴욕의 전문 보석상들 간의 자발적 협력모형이 언급될 수 있다. 이동원・박준 외(2009: 1－2)에 의하면, 뉴욕의 전문 보석상들은 상인들 간에 보석의 양과 품질, 사고 발생 시의 보상문제에 대해 어떠한 계약서나 각서도 주고받지 않고 보석을 거래하는 것으로 알려져 있다. 여기 보석상들은 대부분 유태인이며 축적된 상호신뢰와 관행 위반 시 그 세계에서 제명하는 엄격한 규범을 통해 결속력 강한 네트워크를 작동시키고 있는 것이다.

> 다이아몬드 딜러스 클럽(Diamond Dealers Club: DDC)은 뉴욕 47번가의 다이아몬드 거래의 핵심이다. 일정한 관리기준으로 운영되는 공식적, 합법적인 거래조합이다. 가족, 클럽 회원, 이웃 같이 친밀한 인맥으로 이루어져 있는 일종의 '신용조합'이다. 다이아몬드 딜러스 클럽 멤버들 간에 독특한 거래방식이 있다. 계약서 한 장 없는 이른바 '악수 거래(마잘)'다. 마잘(Ma－zal)은 '축하합니다' 또는 '행운을 빕니다'라는 뜻의 히브리어다. 다이아몬드 딜러스 클럽의 회원 자격은 매우 까다롭다. 우선, 평판이 좋아야 하고, 거래 실적이 뛰어나야 한다. 다이아몬드를 거래하는 유대인 여섯 사람의 신용 평가서를 받아서 개인 인터뷰를 하고 마지막으로 결정 심사를 거친다. 다이아몬드 딜러스 클럽의 독특한 거래방식인 '마잘'을 하고 나면 약속을 꼭 지켜야 한다. 마잘은 종이에 적힌 어떤 거래 계약서보다 믿음직스러운 '외상'인 것이다. 만약 회원들 간에 분쟁이 생기면 클럽에서 개입해 중재를 한다. 혹시라도 신용에 금가는 큰 문

제가 생겼을 때는 클럽의 명예를 훼손하고 손상을 입힌 책임을 물어 자격증을 박탈한다. 그리고 클럽의 휴게실 게시판에 명단을 사진과 함께 붙여 놓는다. 현대 사회에서는 어떤 거래든 계약서에 사인을 하고 그 계약을 지키지 못하면 법원이 강제로 집행할 수 있다. 많은 경제전문가들은 법원의 강제력이 커짐으로써 경제 시장의 역할이 커지고 있다고 말한다. 친분 없는 사람들끼리도 시장을 만들 수 있고 거래를 할 수 있는 것이다. 그에 반비례해 신용거래는 줄어들고 있지만 아직 그 효용 가치가 있다. 정보도 빠르고 거래도 빨리 이루어지기 때문이다. 무시못할 금전적 위험이 도사리고 있음에도 불구하고 놀라울 정도로 위반이 거의 없다. 예술 시장이나 주식 시장 같은 업계에서도 평판을 통한 거래가 더 이익이 크다(KBS 사회적 자본 제작팀, 2011: 34−42).

이는 오스트롬(Ostrom, 1990)이나 퍼트넘 외(Putnam et al., 2000)가 강조하고 있는 행위자에 대한 풍부한 정보와 범위한정, 그리고 누진적인 처벌 등에 의해 협력을 유발할 수 있는 게임 내적인 조건을 충족시키고 있는 것이다.

부패는 제도적 견제와 감독이 취약한 곳에서 번성한다. 과도한 관료적 규칙과 문서주의는 정부권한과 자원에 대한 접근성을 제약할 수 있다. 그리고 그런 것들이 공무원들에게는 권한으로서 이용될 수 있다. 특히, 공무원들이 규제를 해석하고 적용하는 데 재량권을 가지고 있는 경우에 그렇다. 부패교환의 참여자들은 그들의 행위가 공적으로 정당화될 수 없다는 것을 알고 있다. 그러므로 그 부패교환의 참여자들은 그 교환행위 자체를 감춘다. 따라서 특정적 호혜성에 토대한 교환형태들은 공개성의 규범(the norm of publicity) 하에 운영해야 하는 것들이다(Warren, 2008: 139−146).

3 공공재적 속성 고려

사회적 자본은 사적측면과 공적측면의 두 얼굴을 가지고 있다. 자신의 취직이나 개인적인 심리적 안정을 위한 연결망의 구축은 사적재로서의 속성을 가지고 있는 것이지만, 대개 사회적 자본은 공동체의 보다 넓은 범위에 영향을 미치는 외부효과를 발생시킨다. 접촉기회를 만드는 사람들에게 사회적 연계의 모든 비용과 혜택이 귀착하지 않는 것이다. 예컨대, 지역 공동체 참여의 네트워크는 포괄적 호혜성의 규범을 키워준다(퍼트남, 2009: 19−21). 다만, 사회적 자본의 공공재적 특성은 합리적인 개별 행위자들이 무임승차하거나 체계적으로 과소 투자하는 데 취약하게 된다(Coleman, 1990).

이들 특징은 한계집단들을 위한 지역 공동체의 역량(예: 기술훈련이나 인프라 제공 등) 형성 과정에서도 동일하게 나타나고, 정부개입의 잠재적 필요성을 강조한다. 따라서 이와 같은 경우 지역 공동체의 사회적 자본은 정책의 목표 내지 결과로 간주되게 된다(Field, 2003: 121). 따라서 사회적 한계집단의 경우 사회적 자본의 분포 불균등성으로 인한 사회적 자본 결여의 부정적 영향(취업, 양육 등 기본적인 생존 수단 조달에 대한 일종의 보험 메커니즘의 붕괴)이 더욱 확대되어 나타날 수 있는 것이다. 결과적으로, 공공재로서의 사회적 자본의 결여 부분에 대한 식별 및 교정노력은 열위의 결핍모형(a deficit model of disadvantage)을 극복하기 위한 정책적 노력에 해당한다(Field, 2003: 123; Lowndes and Pratchett, 2008: 689 재인용).

이미 도시연구의 고전으로 지적되는 제이콥스(Jacobs, 1961)의 명저 『미국 대도시의 삶과 죽음(*The Death and Life of Great American Cities*)』에 의하면, 이웃들 사이의 일상적 접촉을 최대화할 수 있는 도시에서 사람들은 더 안전하고 아이들은 더 세심하게 보살펴지며 사람들은 자신들의 주변 환경에 더 만족하게 된다. 지역사회 수준에서 지역주민들의 일상적이고 공공적인 성격의 접촉들이 모두 합해지면, 공공적 동질성과 신뢰망의 형성, 그리고 개인과 공동체가 필요로 하는 자원들이 대부분 우연적으로, 그리고 자연스럽게 리듬을 갖고 창출된다는 것이다. 즉, 불안전하고 해체된 도시에서 자연스럽게 벗어나는 길은 공공재적 속성의 사회적 자본을 창출하는 것이라는 것을 그녀는 강조하고 있는 것이다.

부정적 외부성을 생성할 수 있는 그런 형태의 사회적 자본은 사회적 자본의 분포 불균등 상황 하에서 그 생성 가능성이 더 높다. 예컨대, 사회적 자본의 분포가 균등한 상황 하에서는 특정적 호혜성은 사회적 상호작용의 기본적인 접착제로 기능한다. 그러나 분포 불균등 상황 하에서는 특정적 호혜성은 정치적 부패, 그리고 기타 다른 착취적 또는 배타적 관계성을 창출해 내게 된다(Warren, 2008: 139−140).[7]

4 새 형태의 공동체 역동성

사회적 자본의 분포 불균등성에 의해 특권적 지배체제가 탄생 내지 강화되게 되면 사회적으로 바람직하지 않으므로 어떻게든 그와 같은 경향을 완화 내지 해소하는 노력이 필요하게 된다. 문제는 그와 같은 경향이 제도화된다는 것이고 따라서 변화의 흐름을 시동하는 것이 흔히 자생적으로 또는 저절로 되지 않는다는 것이다. 퍼트넘 외(2000: 287)의 언급처럼, 명시적인 '계약'과 '감시'는 비용이 많이 들고, 제3자에 의한 강제는 집행하기 어렵다. 선순환의 흐름을 가져오기 위해서는 참여 네트워크와 포괄적 호혜성을 강화시켜 나갈 수밖에 없다.

시민들의 협력가능성은 공동체에서의 참여 네트워크의 조밀성과 함께 검토될 필요성이 있다. 왜냐하면, 반복적 상호연계성의 증가로 개별 거래에서 기회주의적 선택자나 배신자가 지불해야 하는 잠재적 비용 증가(Sebenius, 1983: 281－316), 평판을 중시하는 관계 네트워크에서 호혜성과 관련된 강력한 규범의 생성(Ostrom, 1990: 206), 의사소통의 원활 및 개인의 신뢰도에 대한 정보흐름 향상 등으로 평판이 전달되고 정제됨으로써 불확실성의 감소 및 협력강화(Knoke, 1990: 68－69), 그리고 과거의 성공적 협력을 체화함으로써 협력적 문화지형 형성기여 및 장기적 사회적 교환관계에서의 일관성 확보(North, 1990: 37) 등이 나타날 것으로 보이기 때문이다.

> 시민적 참여의 네트워크는 개별 거래에서 배신자가 지불하여야 하는 잠재적 비용을 증가시킨다. 기회주의적 선택을 하게 되면 당사자는 자신이 현재 관계된 다른 거래에서, 또는 미래의 거래에서 받을 수 있는 혜택을 포기하게 되는 위험을 부담하여야 한다. 게임이론의 용어를 빌려 말하자면, 시민적 참여의 네트워크는 반복적 요소와 게임 간의 상호연계성(interconnectedness)을 증가시킨다(Sebenius, 1983: 281－316; 퍼트넘 외, 2000: 291 재인용).

---

7) 연계적 민주주의 이론(theories of associative democracy)에 따르면, 외부화된 비용(external costs)에 저항하고 교섭하기 위해 집단권한의 동등화가 중요하다(Offe, 1996: Ch.2; Young, 2000: Ch.6; Warren, 2008: 139－140 재인용). 집단들 간의 권한관계가 보다 동등할 때, 집단들은 다른 집단들이 부과하고자 하는 비용을 제한하거나 재－내부화할 수 있는 가능성이 보다 높게 나타날 수 있다는 것이다.

시민적 참여의 네트워크는 호혜성과 관련된 강력한 규범을 만들어 낸다. 다양한 사회적 맥락에서 활동하는 국민들은 "받아들여질 만한 행동에 관한 강력한 규범을 만들어 낼 가능성이 많고, 많은 다른 만남에서 서로에 대한 상호기대를 전달할 수 있다." 이러한 규범은 "약속을 지키고, 행위를 관장하는 공동체의 규범을 받아들인다는 평판을 쌓아야만 하는 관계의 네트워크에 의해" 강화된다(Ostrom, 1990: 206; 퍼트넘 외, 2000: 291－292 재인용).

시민적 참여의 네트워크에 의해 의사소통이 원활해지고, 개인의 신뢰도에 관한 정보의 흐름도 향상된다. 시민적 참여의 네트워크에 의해 평판이 전달되고 정제된다. 앞에서 살펴보았듯이, 신뢰와 협력은 과거의 행동에 관한 믿을 만한 정보와 잠재적인 파트너의 현재 이익에 관한 정보의 종속변수이다. 그 반면, 불확실성은 집단행동의 딜레마를 강화한다. 따라서 다른 조건이 같다면 참여자들 사이의 (직·간접적인) 의사소통이 활발하면 할수록, 상호신뢰가 증가하게 되고, 협력하기 쉬워지게 된다(Knoke, 1990: 68－69; 퍼트넘 외, 2000: 292 재인용).

시민적 참여의 네트워크는 과거의 성공적 협력을 체화하고 있으며, 이를 기초로 미래에서의 협력을 가능하게 하는 문화적으로 규정된 지형이 형성될 수 있다. "문화적 여과망을 통해 과거 교환에서 발생하는 문제를 해결하였던 비공식적 해결책이 현재로 투사되고, 과거의 비공식적 제약이 장기적 사회적 교환관계에서 일관성을 확보하는 데 중요한 요소로 작용하게 된다"(North, 1990: 37; 퍼트넘 외, 2000: 292 재인용).

뿐만 아니라 최근 연구에서 기업 활동의 창의성과 역동성은 사회적 자본의 종류별 분포에 직접적으로 연계되어 있는 것으로 알려져 있다(Iyer et al., 2005; 최병훈·조현석, 2010; 박종화, 2013). 초기 성장단계에서의 인연적 사회적 자본의 중요성, 그리고 그 이후 단계에서의 교량적 사회적 자본의 중요성 등에 대한 연구결과들이 제시되고 있음으로, 공동체 상황별 사회적 자본의 분포에 유의해야 할 것으로 판단된다.

포괄적 호혜성은 비특정적·일반적 교환을 전제하고 있고, 장기적 관계이며, 성숙신뢰의 지표가 되는 것이다. 물론 고대부터 포괄적 호혜성 규범이 강조되어 왔던 것은 분명하지만,[8] 여기서는 단기적 이타주의와 장기적 개별이익 추구의 조합으로서 포괄적 호혜성을 파악하는 테일러(M. Taylor)의 언급을 참고할 수 있다.

> (포괄적) 호혜성의 체계 속에서 행동하는 개인은 대개 단기적 이타주의와 장기적 개별이익 추구자의 조합으로 특징지어진다. (불분명하고 불확실하지만) 당신이 미래에 나를 도울 것이라는 기대 하에 지금 당신을 돕는다. (포괄적) 호혜성은 단기적으로 이타주의적인 (자신이 비용을 지불하면서 타인을 이롭게 하는) 일련의 행동으로 이루어진다. 하지만, 이러한 것들이 모이면 모든 참여자가 혜택을 보게 된다(Taylor, 1982: 28-29).

새 형태의 공동체 참여와 역동성 창출과 관련된 구체적 사례로서 광주도심폐선부지의 활용대안으로서의 '광주 푸른길' 사례가 언급될 수 있다. 광주 푸른길은 경전선 광주구간의 폐선 이후 폐선부지에 조성된 도시공원으로 시민사회의 자발적인 요구와 참여, 그리고 협력에 의해 만들어진 것이다. 다양한 NGO 단체의 포괄 및 연대, 그리고 네트워크를 통해서, 다양한 이해관계자들의 자발적인 협력 및 갈등관리 메커니즘으로서의 거버넌스와 역동적 연계성이 작동한 성공사례로 지적될 수 있다(김선경・이민창, 2014).

포괄적 호혜성의 규범은 참여적 거버넌스와 자발적 협력형 내적조건과 연관되어 있을 가능성이 높다. 왜냐하면, 나의 선의가 궁극적으로 이 공동체에서 어떤 형태로든 보상을 받을 것이라는 믿음이 생성될 때 또는 생성되기 쉬울 때 포괄적 호혜성의 규범이 더욱 발전될 것으로 보이기 때문이다. 비공식적 일상생활에서의 사회적 연계가 전반적으로 쇠퇴하고 있는 추세는 포괄적 호혜성의 규범 형성에 장애로 부각될 것으로 보인다. 친절을 베푸는 단순한 행동은 토크빌(A. de Tocqueville)이 언급했듯이 물결처럼 파급효과를 만들어내는 '마음의 습관(the habits of the heart)'을 만들어 낼 것으로 보이기 때문이다(퍼트넘, 2009: 199,

8) 맹자는 이(利)에 따른 결정보다 의(義)에 따른 결정을 강조한다. 인간은 원래 측은지심, 수오지심, 시비지심, 사양지심 등을 가진 선한 존재이기 때문에 의(義)에 따른 결정이 가능하다고 보았다. 다만, 의(義)에 따른 결정은 저절로 되는 것은 아니고, 인, 의, 예, 지 등의 덕(德)을 지속적으로 닦음으로서 가능한 것으로 보았다. 의(義)에 따른 결정은 포괄적 호혜성을 포괄하는 개념이자 원칙이라고 볼 수 있다.

218－219 재인용).

제 6 절 맺음말

전 영국수상 토니 블레어(Tony Blair)의 자문관이었던 할페른(Halpern, 2005: 285)의 언급처럼, "사회적 자본은 이제 현대 사회와 정부의 거의 모든 핵심적 정책목적에 관련된 것으로 보여진다." 그런데 사회적 자본의 분포 불균등성 논의의 쟁점은 사회적 네트워크가 가장 필요한 곳에 사회적 네트워크가 없을 수 있고, 그 상황이 더 악화될 수 있다는 것이다. 퍼트넘(Putnam, 2009: 527－539)의 지적에 의하면, 극빈층의 경우는 사회적 네트워크의 끈도 약하고, 가지고 있는 네트워크의 사회적 가치도 미미하고, 그리고 기존의 동네 단체나 교회활동 등의 축소로 사회적 네트워크의 성장 역시 제대로 되고 있지 않다.

우리가 살고 있는 현실세계에서 사회적 자본이 그 자체의 속성, 역사적 우연 등으로 개인 간 및 집단 간 흔히 불균등하게 분포되어 있는 것으로 보인다. 그리고 그 사회적 자본의 분포 불균등성은 사회적 불평등의 하나의 원천일 수 있다. 특히, 급속히 발전하는 분야에서는 사회적 자본이 기술혁신, 상호학습, 생산성 증가에서 핵심적 인자라는 점이 강조되고 있다. 따라서 정책적으로 그 사회적 자본의 분포 불균등성의 문제점을 파악하고 가능한 범위에서 줄여나가야 하는 것은 규범적으로 정당하다. 다만, 그 정책개입이 기존의 불균등성을 악화시킬 가능성 역시 가지고 있으므로 조심스러운 접근이 필요한 영역이다.

이와 같은 문제에 대처하고 처방적 정책논리를 모색하기 위해서는, 우선 사회적 자본이 무엇인지로부터 시작할 필요가 있다. 무엇을 대상으로 하는지와 그 대상의 구성요소와 유형이 밝혀져야 정책결과 및 신호가 단일적인지 복합적인지, 그리고 일관성이 있는지를 판별할 수 있기 때문이다. 사회적 자본 관련 기존 연구들은 대개 사회적 자본의 긍정적인 효과측면에 주목하고 있지만, 부정적인 효과가 없는 것은 아니다. 사회적 자본의 사적재적 속성과 공공재적 속성, 그리고 다양한 유형 등에 기인하는 것이다. 여기서는 사회적 자본의 잠재적인 편익과 함께 잠재적인 한계에 대해 기존 연구결과를 정리하는 형태로 검토하였다. 사회적 자본의 분포 불균등성에 대한 처방적 정책논리 탐색을 위하여 우선 분포 불균등성의 의미 분석 및 문제점을 도출하였다. 대표적인 문제점으로 한계집단에 대한 사회적 배제, 인연적 사회적 자본에 토대한 공모와 부패, 열위집단에서의 하향적 견인, 공동체 내 개인 간·집단 간 역동적 연계성 상실 측면 등이 논의되었다. 사회적 자본의 분포 불균등성 문제점 분석결과와 사회적 자본의 구성요소와 종류 논의를 토대로 참여적 거버넌스, 자발적 협력형 내적조건의 창출, 공공재적 속성 고려, 새 형태의 공동체 역동성 등의 처방적 정책논리를 제시하고 논의하였다. 물론, 이들 처방적 정책논리들이 엄밀하게 상호배타적이거나 구분되는 것은 아니다.

참고문헌

권태형·박종화(2010). 사회적 자본이 도시경쟁력에 미치는 영향분석. 『지방정부연구』, 14(3): 97-116.

김선경·이민창(2014). 갈등관리 관점에서 본 굿 거버넌스: 광주 푸른길 사례를 중심으로. 『지방정부연구』, 18(1): 701-725.

린, 난(2008). 『사회자본(김동윤·오소현 역. 원저 *Social Capital* by N. Lin. 2001)』. 커뮤니케이션북스.

Marchetti, S.(2014.1.27). '불의 땅'이 돼 버린 나폴리(정경희 역. SEE NAPLES AND CHOKE TO DEATH). 『뉴스위크 한국판』, 1111: 22-23.

박종화(2011). 지역혁신체계에서 사회적 자본의 역기능성. 『국토연구』, 69: 63-82.

______(2013). 벤처기업 연계협력에서 사회적 자본의 역할복합성: 대구·경북지역의 경험. 『도시행정학보』, 26(3): 267-289.

서울대 사회발전연구소(2007). 「국민의식조사」.

윤두섭·오승은(2007). 사회적 자본이 지방정부 외부역량에 미치는 영향-성남시 사례를 중심으로-. 「행정논총」, 45(1): 389-412.

이동원·박준·강민형·채승병·최홍(2009). 사회적 자본 확충을 위한 정책과제. 삼성경제연구소. *CEO Information*, 722: 1-21.

이영아(2013). 사회적 약자를 위한 생활인프라 공급과제. 『국토』, 8: 29-36.
최병훈 · 조현석(2010). 산업클러스터와 혁신-사회적 자본과 구조적 요인의 영향분석. 『한국정책학회보』, 19(3): 109-136.
KBS 사회적 자본 제작팀(2011). 『사회적 자본』. 문예춘추사.
퍼트넘, 로버트 D.(2009). 『나 홀로 볼링-사회적 커뮤니티의 붕괴와 소생(정승현 역. 원저. *Bowling Alone: The Collapse and Revival of American Community* by R. D. Putnam. 2000)』. 페이퍼로드.
퍼트넘, 로버트 D. 외(2000). 『사회적 자본과 민주주의(안청시 외 역. 원저 *Making Democracy Work-Civic Traditions in Modern Italy* by R. D. Putnam et al. 1993)』. 박영사.
후쿠야마, 프랜시스(1996). 『트러스트(구승회 역. 원저 *Trust* by F. Fukuyama. 1995)』. 한국경제신문사.

Arneil, B.(2006). *Diverse Communities: The Problem with Social Capital*. Cambridge: Cambridge University Press.
Arrow, K.(1972). Gift and Exchange. *Philosophy and Public Affairs*, 1(4): 343-362.
______(2000). Observations on Social Capital. In P. Dasgupta and I. Serageldin(eds.). *Social Capital: A Multi-faceted Perspective*. 3-5. Washington, D.C.: World Bank.
Bourdieu, P.(1986). The Forms of Capital. In J. G. Richardson(ed.). *Handbook of Theory and Research for the Sociology of Education*. Westport, CT: Greenwood Press.
Burt, R. S.(2000). The contingent value of social capital. In E. L. Lesser(ed.). *Knowledge and Social Capital: Foundations and Applications*. 255-286. Boston, MA: Butterworth-Heinemann.
Chhotray, V.(2004). Participatory Governance: Definitions and Debates. Unpublished Paper. University of Manchester: Institute of Political and Economic Governance.
Coleman, J. S.(1988). Social Capital in the Creation of Human Capital. *American Journal of Sociology*, 94: s95-s120.
______(1990). *Foundations of Social Theory*. Cambridge, MA: Belknap Press.
Dasgupta, P.(2000). *Social Capital: A Multifaceted Perspective*. Washington, D.C.: World Bank.
Della Porta, D., and Vannucci, A.(1999). *Corrupt Exchanges: Actors, Resources, and Mechanisms of Political Corruption*. N.Y.: Walter de Gruyter.
Field, J.(2003). *Social Capital*. London: Routledge.

Fine, B.(2001). *Social Capital Vs Social Theory: Political Economy and Social Science at the Turn of the Millennium*. London: Rouledge.

Florida, R., Cushing, R. and Gates, G.(2002). When social capital stifles innovation. *Harvard Business Review*. August 20.

Gambetta, D.(1988). Can We Trust Trust? In D. Gambetta(ed.). *Trust: Making and Breaking Cooperative Relations*. Oxford: Blackwell.

Granovetter, M. S.(1973). The Strength of Weak Ties. *American Journal of Sociology*, 78: 1360–1380.

Hall, P.(1999). Social Capital in Britain. *British Journal of Political Science*, 29: 417–461.

Halpern, D.(2005). *Social Capital*. Cambridge: Polity.

Hanifan, L. J.(1920). *The Community Center*. Boston, MA: Silvers, Burdett & Company.

Hardin, G.(1968). The tragedy of the commons. *Science*, 162: 1243–1248.

Heller, P.(2001). Moving the State: The Politics of Democratic Decentralization in Kerala, South Africa and Porta Alegre. *Politics and Society*, 29(1): 131–163.

Hirschman, A. O.(1984). Against Parsimony: Three Easy Ways of Complicating Some Categories of Economic Discourse. *American Economic Review*. Proceedings, 74.

Iyer, S., Kitson, M. and Toh, B.(2005). Social Capital, Economic Growth and Regional Development. *Regional Studies*, 39(8): 1015–1040.

Jacobs, J.(1961). *The Death and Life of Great American Cities*. N.Y.: Random House.

Knack, S. and Keefer, P.(1997). Does Social Capital Have an Economic Payoff? A Cross–Country Investigation. *Quarterly Journal of Economics*, 112(4): 1251–1288.

Knoke, D.(1990). *Political Networks: The Structural Perspective*. N.Y.: Cambridge University Press.

Landry, R., Amara, N. and Lamari, M.(2002). Does social capital determine innovation? To what extent? *Technological Forecasting and Social Change*, 69: 681–701.

Lipnack, J. and Stamp, J.(1994). *The Age of the Network*. N.Y.: John Wiley.

Loury, G.(1977). A dynamic theory of racial income differences. In P. A. Wallace and A. Lemund(eds.). *Women, Minorities, and Employment Discrimination*. 153–188. Lexington, MA: Lexington Books.

Lowndes, V. and Pratchett, L.(2008). Public Policy and Social Capital. In D. Castiglione, J. W. Van Deth, and G. Wolleb(eds.). *The Handbook of Social Capital*. 677–707. N.Y.: Oxford University Press.

Lowndes, V. and Sullivan, H.(2004). Like a Horse and Carriage or a Fish on a Bicycle: How Well Do Local Partnerships and Public Participation Go Together. *Local Government Studies*, 30(1): 52−74.

March, J. G. and Olsen, J. P.(1989). *Rediscovering Institutions: The Organizational Basis of Politics*. New York: Free Press.

Martin, R. and Sunley, P.(2006). Path Dependence and Regional Economic Evolution. *Journal of Economic Geography*, 6: 395−437.

Nahapiet, J. and Ghoshal, S.(1998). Social Capital, Intellectual Capital, and the Organizational Advantage. *Academy of Management Review*, 23(2): 242−265.

North, D. C.(1990). *Institutions, Institutional Change and Economic Performance*. Cambridge: Cambridge University Press.

OECD(2001). *The Well−being of Nations: The Role of Human and Social Capital*. Paris: OECD.

Offe, C.(1996). *Modernity and the State: East, West*. Cambridge, Mass: MIT Press.

Ogilvie, S. C.(2005). The use and abuse of trust: social capital and its deployment by early modern guilds. *Economic History Yearbook*. 15−52.

Olson, M.(1965). *The Logic of Collective Action. Public Goods and the Theory of Groups*. Cambridge: Harvard University Press.

Ostrom, E.(1990). *Governing the Commons: The Evolution of Institutions for Collective Action*. N.Y.: Cambridge University Press.

Ostrom, E. and Ahn, T. K.(2007). The Meaning of Social Capital and Its Link to Collective Action. W07−19. *Workshop in Political Theory and Policy Analysis*. 1−34. Indiana University.

PIU(2002). *Social Capital: A Discussion Paper*. London: Cabinet Office, Performance and Innovation Unit.

Portes, A.(1998). Social Capital: Its Origins and Applications in Modern Sociology. *Annual Review of Sociology*, 24: 1−24.

PRI(Policy Research Initiative)(2005). *Social Capital as a Public Policy Tool*. Project Report. September. Canada.

Rubio, M.(1997). Perverse Social Capital−Some Evidence from Colombia. *Journal of Economic Issues*, 31: 805−816.

Sebenius, J.(1983). Negotiation Arithmetic: Adding and Subtracting Issues and Parties. *International Organization*, 37: 281−316.

Solow, R. M.(2000). Notes on social capital and economic performance. In P. Dasgupta and I. Serageldin(eds.). *Social Capital: A Multifaceted Perspective*. 6–9. Washington, D.C.: World Bank.

Taylor, M.(1982). *Community, Anarchy and Liberty*. N.Y.: Cambridge University Press.

Tura, T. and Harmaakorpi, V.(2005). Social Capital in Building Regional Innovative Capability. *Regional Studies*, 39(8): 1111–1125.

Warren, M. E.(2008). The Nature and Logic of Bad Social Capital. In D. Castiglione, J. W. Van Deth, and G. Wolleb(eds.). *The Handbook of Social Capital*. 122–149. N.Y.: Oxford University Press.

Wolf, C. Jr.(1990). *Markets or Governments*. Cambridge: The MIT Press.

Woolcock, M.(2001). The Place of Social Capital in Understanding Social and Economic Outcomes. *Isuma: Canadian Journal of Political Research*, 2(1): 1–17.

World Bank(2002). *Social Capital for Development*. Washington D.C.: World Bank.

Young, I. M.(2000). *Inclusion and Democracy*. Oxford: Oxford University Press.

제 7 장

사적 도시공간의 공적이용 -사회적 근접성의 영향*

제 1 절 머리말

헌법 전문은 "안으로는 국민생활의 균등한 향상을 기하고"라고 명시하고 있다. 모든 국민의 기본적인 생활 서비스의 균등한 이용보장을 선언하고 있다. 생활인프라 공급의 1차적인 책임은 지방정부에 있지만, 지방정부의 재정여건은 '3할 자치'라고 일컬어질 정도로 매우 열악하다. 생활인프라 공급과정에서 중앙정부의 역할확대 내지 재정소요액이 미미한 새로운 방안모색이 불가피한 상황에 있다(조판기, 2013: 14). 시민의 삶의 질적 수준의 토대가 되는 생활인프라는 지역사회 공동체 속에서 구현되는 것이다. 따라서 생활인프라의 형성 및 활용과정에서 사람들의 행위와 의사결정에 핵심적 변수가 무엇인지를, 그리고 어떻게 변

* 이 장은 박종화(2016). 사적 도시공간의 공적이용에서 사회적 근접성의 영향: '대구 담장허물기 사업'과 '안산 마을정원 만들기 사업'의 경험. 『지방정부연구』, 19(4): 369-393. 확대 보완하여 재작성한 것임.

화해 가는지를 파악하는 것이 중요하다. 사적 도시공간의 공적이용의 형태로 구현되는 생활인프라는 지역주민과 지방자치단체, 그리고 다양한 이해관계자가 연계되는 집합적 행동형태의 사업계획의 형태에 속한다. 공동체 내 개인이나 집단이 공통이익 성취과정에 필요한 행위를 자발적으로 수행하게 되면, 커뮤니티 구성원 모두가 혜택을 받을 수 있지만, 현실에서는 무임승차 등으로 인해 개인의 합리적 선택이 집합적으로는 비합리적 결과를 초래할 수 있다. 더욱이, 건물이나 가로 등의 활용과정에서 불특정 다수의 무임승차 형태로 인한 혼잡과 남용은 공동체 내 규범훼손으로 이어질 수 있다. 과거 전통적인 개발사업 중심의 하향적 형태의 청사진적 계획으로는 이러한 사항들을 제대로 수용할 수가 없다. 공급자 중심의 기존 도시계획 방식에 대한 변화가 불가피하며, 고도경제 성장과정에서 강조된 우리 시스템의 하향 경직성을 보완해 갈 필요가 있다(박재길, 2013: 3).

여기서의 논의의 목적은 집합적 행동형태에 속하는 또는 준하는 사적 도시공간의 공적이용 과정에서 사회적 근접성의 영향을 밝히는 것이다. 도시재생 및 사회적 근접성에 대한 관련 이론 및 제도의 검토, 구체적 검토대상 사례인 '대구 담장허물기 사업'과 '안산 마을정원 만들기 사업'에 대한 실태분석, 그리고 관련 이론과 실태분석 결과를 통한 정책적 함의 도출 형태로 논의한다. 실태분석 과정에서는 각종 2차적 자료 및 심층면담조사 결과를 활용하여 개별 사업의 어젠더(agenda) 형성단계, 조직단계, 활동단계, 성과확산단계별 사회적 근접성의 영향을 분석하고, 관련 정책적 함의를 지역 공동체 사업에 있어서의 조직 구조적, 실행 관계적, 성과 확산적 측면에서 제시한다.

이 장의 핵심적 내용을 보다 구체적으로 적시하면 다음과 같다.

첫째, 사적 도시공간의 공적이용성의 배경 및 필요성 탐색이다. 더불어 행복한 사회, 행복도시 추구과정에서 생산인프라와 생활인프라의 조화로운 발전이 필요한데, 국내도시들은 흔히 인구감소, 고령화, 저성장 추세 속에서, 역외 인구유출, 기존 주력 전통산업의 쇠퇴 및 국외유출, 노후 기반시설의 정비지체 등의 복합적 문제를 겪고 있다. 따라서 정부의 「도시재생활성화 및 지원에 관한 특별법」에 명시되어 있듯이, 쇠퇴하고 있는 도시지역의 경제 · 사회 · 문화 등 종합적 재생을 체계적으로 지원해 가야 하는 상황에 있다. 그런데 지방재정의 취약성으로 도시재생 과정의 제약성이 내재하고 있는데, 최소한의 재정적 소요로 사적 도시공간을 이용하여 쾌적한 도시환경을 조성하고 시민의 휴식과 정서함양에 이바지하는 공간 또는 시설을 마련할 수 있다면, 그와 같은 사례의 형성배경, 추진과정과 범위 등에 대한 이론적 배경 논의가 긴요하게 된다.

둘째, 이 장의 두 경험사례는 기본적으로 수익성 추구가 목적이 아니다. 완성 이후에 주변 어메니티(amenity)의 개선, 소통공간의 조성으로 지역 커뮤니티의 소통 및 공동체 형성기여, 그리고 궁극적으로 안정성과 사회적 측면의 요구수준까지 개선될 수 있지만, 그와 같은 긍정적인 측면들이 협력적 사업계획 시행 전이나 시행 중, 그리고 시행 후에도 항상 분명하게 지각될 수 있는 것은 아니다. 따라서 집합적 행동과정의 무임승차 유인을 줄이고 바람직한 사업을 확대 내지 확산시키기 위하여 기본 동력이 될 것으로 판단되는, 사회적 근접성(social proximity) 측면에 대한 이론적 논의가 필요하게 된다. 근접성 논의와 관련하여 보쉬마(Boschma, 2005)는 근접성의 다양성과 역동성 측면에 대한 논의를 발전시켜 근접성을 인식적 근접성, 조직적 근접성, 사회적 근접성, 제도적 근접성, 지리적 근접성 등으로 분류하고 있다. 여기서는 사회적 근접성을 보쉬마(Boschma, 2005)와 퍼트넘(Putnam, 2009)의 논의를 따라서 사회적 관계에 토대한 신뢰로 규정한다. 즉, 사회적 근접성은 신뢰, 규범, 네트워크, 제도 등을 구성요소로 하는 사회적 자본의 한 구성요소로 파악할 수 있다.

셋째, 실태분석 대상사례는 '대구 담장허물기 사업'과 '안산 마을정원 만들기 사업'이다. 대구 담장허물기 사업이 개인주택만을 대상으로 하는 것은 아니고 관공서나 대학병원 등을 포괄하고 있지만 여기서는 개인주택만을 검토대상으로 한다. 폐쇄된 물리적 공간을 열린 공간으로 변화시켜 열린사회로 변모시켜 가는 것이 주목적이다. 안산의 경우는 다가구·다세대 주택이 밀집된 전형적인 베드타운인 석수골에서, 2007년 이후 본격적으로 민간소유의 다가구 건축물들의 사이공간을 활용하여 공공공간을 조성하고 있다. 둘 다 본질적으로 수익성 추구가 목적은 아니고, 사실상의 사적 도시공간의 공적이용 사례에 속한다.

넷째, 이론적 논의와 실태분석 결과의 종합 및 정책적 함의 도출부분이다. 본 논의 주제는 이론적 측면에서 논란의 여지가 있지만, 실태분석의 결과는 그렇게 복잡하게 나타나지 않았다. 따라서 관련 분석결과의 정리를 통해 가능한 한 구체적으로 정책적 함의를 제시하고자 한다. 궁극적으로, 이 분석결과를 통해 한편으로는 집합적 행동과정의 무임승차 유인을 줄이고, 또 다른 한편으로는 국내・외 도시재생 과정에서 절실하게 필요한 최소한의 재원으로 쾌적한 도시환경의 조성 및 시민의 휴식과 정서함양에 이바지하는 공간 또는 시설 확산에 기여하고자 한다. 뿐만 아니라 고령화와 인구구조 변화시대에 더욱 절실한 소통 및 지역 공동체 형성에 기여할 수 있다. 그리고 가장 중요한 점으로서, 도시재생의 수요를 새로운 각도에서 대처할 수 있는 인식의 전환을 불러일으키고자 한다.

제2절 이론적・제도적 고찰

'사적 도시공간의 공적이용성'이 도시행정이나 도시계획에서 매우 중요한 영역인데, 기존 저서나 논문에서 직접적으로 거의 다루어지지 않았던 것은 특이하다. 산업화에 따른 도시계획 및 도시개발 초기단계에서는, 사적 토지수용 관련 정당보상(just compensation) 문제가 미국 수정헌법 제5조 이래 주목을 받아 왔다. 그 이후, 보상없이 사적 토지를 사용하기 위해, 사적 소유권의 공적통제 형태로 용도지역지구제(zoning)의 광범위한 활용과 관련 법적 분쟁완화 등이 도시계획 및 개발 관련 주된 연구초점이었다. 우리의 경우 그리 흔하지 않지만, 미국의 경우 널리 퍼져있는 외부 차단형 주거지(gated community)의 경우는 사적 소유권의 철저한 구현사례에 속한다. 그런데 시민이 자기소유 주택의 담장을 허물고 정원을 아름답게 가꿔서 지역주민들의 소통 및 여가공간을 만들고, 급속한 도시화 과정에 조성된 다가구주택이나 연립주택의 사이공간을 미니공원과 같이 조성하는 것은 시민들의 의식변화, CCTV와 같은 기술적 장치의 활용성 등이 수반되지 않으면 원천적으로 가능하지 않은 프로젝트들이다. 결과적으로, 시민들의 의식변화와 기술적 장치의 발전 등으로 '사적 도시공간의 공적이용'에서 새로운 장이 열린 것으로 판단된다. 따라서 그와 같은 흐름을 촉발 내지 강화하는 과정에서 핵심적 변수로서 부각되는 시민의식 관련 사회적 근접성의 영향을 밝힌다.

1 도시재생 패러다임의 변화와 생활인프라

우리나라 도시정책 환경이 급격하게 변화하고 있다. 고령화를 수반한 인구성장 침체, 저성장의 그림자를 드리우는 경제구조, 노후화된 생활인프라와 기존 도시산업의 쇠퇴 및 역외이탈 등은 수도권 일부 도시들을 제외하고 원도심의 쇠퇴 현상을 보여주고 있다. 대도시의 경우 재개발이나 재건축의 부진 속에 도시 기개발지의 불량화가 빠르게 진행되고 있고, 수도권 이외 소도시의 경우 거의 대부분 지속적인 인구유출을 경험할 정도로 도시쇠퇴가 심각한 상황이다. 저성장의 경제산업 구조와 인구의 역외이출 현상은 기성시가지의 인구감소를 초래하고 그렇잖아도 낙후되고 부족한 생활인프라가 더욱 열악해지는 악순환에 빠질 우려가 있다. 따라서 기성시가지에 새롭고 창조적인 생활인프라를 공급하여 높은 삶의 질이 사람들을 다시 끌어 들이는 선순환구조를 창조할 필요가 있다(조판기, 2013: 8).

> 도심재생의 패러다임 변화는 도시발전의 패러다임 변화와 함께 한다. 21세기 들어 도시발전 패러다임은 사람중심, 환경중심, 문화중심, 그리고 지속가능성 중심으로 전환되고 있다. 국가 간 경쟁을 넘어 이제 도시 간 경쟁시대에 접어들면서 도시는 새로운 성장전략과 도시 고유의 정체성을 요구받고 있기 때문이다. 이에 최근의 도심재생은 대규모 신규개발사업 방식에서 지역의 역사문화콘텐츠를 활용한 지역사회의 성장관리와 정비・복원 방식으로의 방향 전환이 나타나고 있으며, 도시정책 대상이 기반시설 구축 및 공간구조개편에서 생활환경의 질적 개선으로 이행하고 있다. 또한 기존 도심의 노후화, 도시의 지속적인 외연적 확산, 도심정비 재정의 상대적 취약성 등이 결부되어 지역사회 고유의 문화적 자산을 활용한 도심재생 방식이 주목받고 있는 것이다(이권희, 2017: 19).

우리의 경우 기성시가지 중 정비사업이 이루어지는 곳은 주로 전면철거 형태로 노후화된 주택을 철거하여 아파트단지를 만드는 방식으로 대부분 민간주도의 정비가 이루어졌다. 반면에, 정비사업이 이루어질 수 없는 여건의 지역은 부족한 공공투자로 노후화와 쇠퇴가 구조화되는 부정적 순환구조에 노출되었다. 도시화가 가속될 당시 부족한 주택공급을 저비용으로 단기간에 대처하기 위하여 조성된 다세대·다가구 주택 밀집지역은 만성적인 생활인프라 부족뿐만 아니라 저소득층과 노인계층 등의 집중 거주형태로 사회경제적 쇠퇴도 동시에 겪고 있는 것으로 알려져 있다(배웅규, 2013: 40-41).

새로운 도시재생 개념은 낙후된 도시지구의 물리적 재개발만을 의미하지 않는다. 침체하고 있는 도시에 물리적인 측면뿐만 아니라 사회·경제·환경적으로 새로운 기능을 창출하여 침체 흐름을 둔화시키고 새로운 성장과정에 재진입시키는 종합적인 처방과정이 도시재생(regeneration)이다. 이제 도시재생은 주민이 중심이 되어 삶의 질적 수준 제고를 목표로 나아가는 복합적인 활동을 의미한다. 생활 공동체로서의 도시공간에서 함께하는 사람, 장소, 제도 등 모든 사회적 상호관계를 포함하는 '도시 공동체 개발'의 중요성이 강조되고 있다. 즉, 그 공간영역 속에서 발현되는 사회·문화·경제·물리·환경 등 삶의 모든 측면이 도시공동체 재생의 대상이 된다(이은지·최현선, 2015: 76; 이권희·박종화, 2015: 62-63).

도시재생 패러다임이 변화함에 따라, 도시재생 정책에서 산업도시화를 지원하는 산업인프라 조성정책에서 삶의 질을 높이는 생활기반시설 확충으로 그 초점이 변화하고 있다. 사람들의 일상생활에 필요한 것들, 예컨대 쉬고 자녀를 양육하고 새로운 에너지를 보충하는 데 필요한, 공원, 학교시설, 도서관, 복지시설 등이 생활인프라이다. 이원훈·이창수(2007)는 도시시설의 하위개념으로서 '커뮤니티 시설'을 구분하며, 생활인프라는 기존 도시시설 중 생산활동보다는 주민의 일상생활의 질을 높이는 데 필요한 시설임을 강조한다. 생활인프라는 조성주체, 관리운영주체, 그리고 유형 등이 아주 다양한데, 흔히 소생활권 단위의 주택, 도로, 근린생활시설, 근린공공시설(주민자치센터, 파출소, 우체국 등)뿐만 아니라, 중생활권 및 대생활권 단위의 문화 및 집회시설, 종교시설, 판매시설, 의료시설, 교육연구시설, 사회복지시설, 공원, 운동시설, 위락시설 등을 포괄한다(이영아, 2013: 33).

> 경제성장을 가능하게 하였던 산업화·도시화 시대의 기반시설에서 이제는 삶의 질을 높이는 성장기반으로 생활권 단위의 생활기반시설 확충이 필요하다는 것이다.

이같은 전환을 예측할 때 국가 단위, 도시 단위에서 기반시설을 확충하는 하향식 방식에서 이젠 결국 살고 있는 동네를 포함하는 생활권 단위의 기반시설을 확충하는 상향식 방식으로 전환되어야 한다. 동네 단위의 생활기반시설 확충을 위해서는 종합적인 도시재생계획을 수립하고 장소 단위의 사업추진과 관리가 이루어져야 하며, 사회경제적 활력 창출이 가능하도록 공동체 활력 프로그램이 도입되어야 한다(배웅규, 2013: 43-44).

동네 단위의 삶의 질과 생활기반시설 확충을 위해서는 장소 단위의 사업추진과 관리가 필수적이며, 동시에 생활공간에서의 사회경제적 활력 창출이 가능하도록 공동체 활력 프로그램이 도입될 필요가 있다. 도시재생이 복합적 도시문제를 해결해주는 만능열쇠는 아니지만, 주민들의 자율적 의지에 토대한 민간주도의 공동체 형성 및 마을 만들기 사업 등의 적극적 계기를 만들어 갈 수 있다(배웅규, 2013: 43-46). 도시 공동체는 도시라는 공간영역 속에서 공통 목적달성을 위하여 서로 상호작용하면서 유대를 맺고 살아가는 사회적 집합체를 말한다. 따라서 도시 공동체는 특정의 공통 목적, 영역, 유대, 그리고 상호작용 등을 구성요소로 하고 있다. 제이콥스(Jacobs, 1961)가 이미 60여 년 전 그녀의 명저 『미국 대도시의 죽음과 삶(*The Death and Life of Great American Cities*)』에서 강조한 소규모 접촉과 교류 네트워크를 통한 도시 공동체 형성과 공동체성 구현의 장으로서의 '동네(neighborhood)'가 작동하기 위해서는 사회적 집합체에서의 신뢰관계로 나타나는 사회적 근접성 내지 사회적 자본이 중요한 것으로 보인다.

2 근접성 개념의 다의성과 사회적 근접성

근접성(proximity) 관련하여 대표적인 선행연구들은 토레와 길리(Torre and Gilly, 2000), 보쉬마(Boschma, 2005), 보쉬마와 프렌켄(Boschma and Frenken, 2010) 등이 두드러진다. 보쉬마(Boschma, 2005)는 근접성을 인식적, 조직적, 사회적, 제도적, 지리적 근접성 등의 다섯 가지로 분류하면서, 사회적 관계에 토대한 신뢰를 사회적 근접성으로 정의한다. 즉, 사회적 근접성은 이해관계자들 간 사회적으로 착근된 관계 내지 사회적 자본의 한 형태에 해당한다(Uzzi, 1997). 그런데 근접성은 상호작용적 협력에 기여할 수 있다는 주장과 그렇지 않을 수 있다는 상충적인 주장이 동시에 제기되고 있다. 적절한 근접성은 효과적인 조정과 통제에 기여할 수 있겠지만, 근접성이 지나치면 오히려 유연성과 개방성을 손상하고 고착을 초래할 수 있다는 것이다. 그런데 이 사례들의 경우는 기대이익 자체가 경제적 수익성과 거의 상관없는 사안들이어서 근접성 과다로 인한 문제점에 대한 우려는 크지 않을 것으로 보인다. 다만, 기타 도시 및 지역개발 사업수행과정에서 사회적 근접성 과다로 인한 집단이기 형태의 님비(NIMBY) 현상이 발생할 개연성은 있다.

보쉬마(Boschma, 2005: 63-71)에 의하면, 인식적(cognitive) 근접성은 공유지식을 토대로 효과적인 의사소통을 촉진하고 흡수역량을 높일 수 있다. 조직적(organizational) 근접성은 조직 간 뿐만 아니라 조직 내에 있어서 역할주체들 간 상호의존성 및 관련성의 정도를 말한다. 지리적(geographical) 근접성은 절대적 의미이든 상대적 의미이든 역할주체들 간 물리적 거리의 정도를 의미한다. 지식과 정보의 확산은 거리라는 변수에 영향을 받을 것으로 보인다. 사회적(social) 근접성은 신뢰에 토대한 사회적 관계성이며, 사회적 연계나 관계가 상호작용적 협력과 그 성과에 영향을 미친다. 그리고 그 성격상, 사회적 근접성은 시장을 통한 거래가 용이하지 않다. 사회적 근접성은 기회주의적 행태의 위험성을 완전히 제거하지는 못하지만 줄이는 것으로 알려져 있다. 보쉬마(Boschma, 2005: 67-68)는 제도적(institutional) 근접성 논의에서, 제도는 집합적 행동(collective action)을 위한 일종의 '접착제'로 기능한다는 점을 강조한다. 왜냐하면, 제도는 불확실성과 거래비용을 감소시키기 때문이다. 공식적 제도(가령 법과 규칙), 그리고 비공식적 제도(문화적 규범과 습관 등)는 역할주체와 조직들이 그들의 행위를 조정하는 정도와 방식에 영향을 미친다는 것이다. 담장허물기나 마을정원 가꾸기가 그 자체로 끝나는 것이 아니고, 콜먼(Coleman, 1988)이 언급하는 기능적 공동체를 형성하는 단계로의 연쇄적 발전을 생각할 수 있다. 즉, 여기서의 사회적 근접성은 사회적 신뢰로서 끝나는 것이 아니라, 발전적 과정에서 제도적 근접성, 네트워크 등을 포괄하는 사회적 자본과 동일한 의미로 진전될 수 있을 것으로 보인다(퍼트넘, 2009; 박종화, 2015). 사회적 근접성 내지 사회적 자본은 참여를 통한 협력형 도시재생 과정에서 유용한 원천이자 분석적 도구가 될 수 있다.

표 7-1 근접성의 형태와 특성

	핵심측면	과소 근접성	과잉 근접성	가능한 해법
인식적	지식	오해	신선함의 결여	다양하면서 보완적 역량을 가진 공통의 지식기반
조직적	통제	기회주의	관료주의	느슨하게 연계된 시스템
사회적	신뢰(사회적 관계 토대)	기회주의	경제적 근거 부재	착근관계와 시장관계의 혼합
제도적	신뢰(공통제도 토대)	기회주의	고착과 타성	제도적 견제와 균형
지리적	거리	공간적 외부성 부재	지리적 개방성 결여	로컬 차원의 '웅성거림'과 로컬 차원을 넘어서는 연계의 혼합

자료: 보쉬마(Boschma, 2005: 71).

3 생활밀착형 공공공간에서 사회적 근접성의 의미

원심력과 구심력의 조화와 같이, 한편으로는 글로벌 경제로의 흐름, 그리고 또 다른 한편으로는 지방화의 추세가 뒤엉키면서 지역사회 공동체의 중요성이 새롭게 조명 받고 있다. 우리의 경우 대략 1990년대 초·중반부터 주거지 정비 및 주거환경 개선을 위한 새로운 접근방식으로 '마을 만들기'가 시도되고 있다. 담장허물기 운동, 작은 도서관 만들기, 친환경 주차장 만들기 등이 '지역사회, 마을, 동네'와 같은 삶의 현장 속에서 삶의 질 향상, 사회적 결속, 문화적 다양성, 환경적 지속가능성 등을 포괄하는 형태로 펼쳐지고 있다. 2006년부터 추진되어 온 행정안전부의 '살기 좋은 지역 만들기', 국토교통부의 '살고 싶은 도시 만들기', 서울시의 '마을 공동체 만들기' 등이 전형적인 주민참여형 생활밀착형 공공공간 조성사업 프로그램들이다(이은지·최현선, 2015: 77-79).

도시 공동체의 개발은 사실 집합적 행동의 문제점 극복을 지향하는 도시재생의 한 방법이자 새로운 대안의 제시이다. 지역사회의 물리적 개선뿐만 아니라 공동체적 사회관계의 복원방안으로 이해되고 있다(Jacobs, 1961). 제임스 외(James et al., 1989)는 도시 공동체 개발을 특정한 지역사회 정체성의 토대 위에서 해당 주민들이 그들의 복합적 수요를 충족하기 위한 의도적인 사회적 활동 과정이라고 규정하고 있다. 즉, 도시 공동체 개발의 지역사회 정체성, 주민 참여성, 그리고 자발적 사회성 측면을 강조하고 있다. 고도 경제성장기를 거치면서 우리는 산업 활동의 활성화를 위해 전력, 공업용수도, 공항, 고속도로, 철도 등 생산인프라 공급에 집중하면서 생활인프라 확충에 소홀히 하였던 것이 사실이다. 심지어 시민들의 최소한의 생활편의 및 삶의 질 향상에 직결되어 있는 공원, 도서관, 주차장, 사회복지시설 등의 생활밀착형 공공공간 공급에 관심이 부족하였다는 것을 부인할 수 없다(배웅규, 2013: 37−39). 글로벌 경제와 지식기반사회로 이행한 현재의 시점에서는 시민의 삶의 질적 수준 제고를 통하여 지식근로자들이 선호하는 도시로 변모시킴으로써 도시경쟁력을 강화해갈 필요가 있다(소진광, 1998: 81−82).

다양한 생활인프라 가운데 사람들의 일상적인 삶 속에서 가장 가까이 위치하고 있고 따라서 동네 사람들 누구나 가장 흔히 접할 수 있는 공공공간을 생활밀착형 공공공간으로 개념화할 수 있다. 이러한 공간은 쌈지공원이나 소공원 같이 도시계획시설로 제도적인 틀 속에서 형성된 것도 있고, 또 도시텃밭이나 골목길 같이 일상적인 삶 속에서 자연발생적으로 조성된 것들도 있다. 대규모 개발사업의 경우는 대개 계획적으로 도시공간을 조성하는 과정에서 상당부분 공공공간을 확보하고 있다. 하지만, 기존 도시 주거공간의 경우에는 공공공간의 확보가 매우 어려운 상황에 있다. 그런데 생활밀착형 도시 공공공간 중 제대로 활용되고 있지 않은 공간을 발굴·활용할 수만 있다면, [그림 7−1]에서 잘 나타나듯이, 보다 많은 사람들에게 저렴한 비용이라는 경제적 가치, 사회적 행복이라는 사회문화적 가치, 공동체에 대한 교육적 가치 등을 제공하고, 궁극적으로는 로컬 정체성 창조에 기여할 수 있을 것으로 보인다. 더욱이, 상대적으로 생활밀착형 공공공간의 공급이 부족한 곳에 관련 공공공간을 확보·공급할 수만 있다면, 형평성의 가치 또한 제고할 수 있다(이상민, 2013: 49−50).

사회적 근접성은 개인적 측면과 집단적 측면, 즉 사적 측면과 공적 측면의 두 가지 속성을 갖고 있다. 개인적인 이해관계에 따른 선택은 사적 측면이고, 그 선택이 공동체에 미치는 외부성은 공적 측면이다(퍼트넘, 2009: 19−21). 시민적 참

그림 7-1 사적 도시공간과 공적 도시공간의 차이

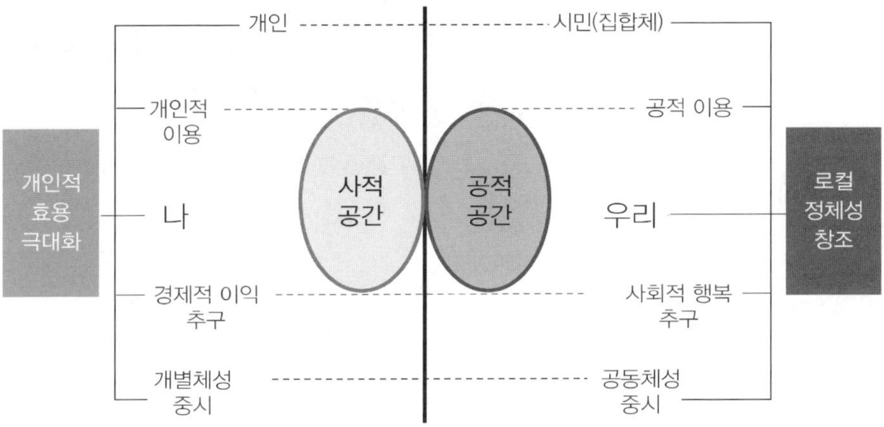

자료: 구자훈(2000: 53)의 내용 수정 이용.

여의 네트워크는 배신자의 잠재적 비용을 증가시켜 호혜성과 관련된 강력한 규범을 생성할 수 있다. 참여 네트워크에 의해 이해관계자들 간에 의사소통이 원활해지고, 거래 상대방의 신뢰도에 대한 정보흐름이 향상되며, 미래의 협력을 가능하게 하는 사회문화적으로 규정된 지형이 형성될 수 있다(Ostrom, 1990: 206; Knoke, 1990: 68−69; North, 1990: 37). 따라서 다른 조건이 동일하면, 참여자들 사이에 사회적 근접성 내지 사회적 자본 수준이 높을수록 상호 간에 신뢰가 확장되고 협력이 용이해지며 거래관계의 불확실성을 줄이고 일관성을 확보하는 데 기여할 수 있을 것으로 추정할 수 있다.

제 3 절 사례의 분석

이 경험사례는 사업의 추진결과뿐만 아니라 사업의 진행과정에 대한 분석이 중요하다. 사업 진행과정에 대한 파악을 위하여, 행정 내부문서와 언론 보도자료, 기타 관련 선행연구결과뿐만 아니라 면담조사 결과를 활용한다. 면담조사의 경우, 자유스러운 응답을 기본으로 하지만, 사업시행시기별(어젠더 형성단계, 조직단계, 활동단계, 성과확산단계) 및 사회적 근접성의 영향내용별(촉진, 중재, 조정 등) 관련 분석 자료를 획득하기 위하여 반구조화된 심층면담방식을 채택한다.

1 사례의 개요

대구시 자치행정과 내부자료에 의하면 담장허물기 사업은 공공기관과 개인주택 등을 대상으로 현재까지 867개소, 총연장 30.7km에 이를 정도로 거의 시 전역에서 추진되고 있다. 여기서는 사적 도시공간의 공적이용 측면과 관련 사회적 근접성의 영향분석이 주요 목적이므로, 경과분석 측면에서 시범지구이자 사실상 최초 발상지에 해당하는 대구 중구 삼덕동 개인주택 사례를 대상으로 한다.

표 7-2 대구 담장허물기 진척현황

구 분	계	'96~2006	2007	2008	2009	2010	2011	2012	2013	2014	2015
참여 개소	863	395	36	64	65	52	51	46	44	56	54
허문길이 (m)	30,790	15,677	2,570	2,913	1,850	1,731	1,918	1,378	861	770	1,122
조경면적 (m^2)	363,617	303,762	15,770	14,112	5,897	6,727	4,026	4,818	2,183	2,279	4,043

자료: 대구시 자치행정과 내부자료.

대구 중구 삼덕동은 간선도로와 경북대 병원이 인접한 구도심지역이다. 일제강점기 시대의 가옥이 남아있을 정도로 역사문화적 정체성이 있는 도시공간이다. 대구 YMCA 소속 김경민 씨는 단절된 도시환경에서 이웃 간의 친목도모의 기회마련과 동네 아이들에게 편안한 놀이공간 제공을 위해 자신의 집 담장을 허물고 정원을 가꾸고 주변의 담장을 꾸미기 시작했다(김수봉, 2004: 867). 공동체성의 회복을 위한 전제로서 개인주택 담장을 허무는 상징적 행위를 함으로써 소통과 교류의 기회를 모색한 것이다. 담장허물기뿐만 아니라 정원가꾸기, 벽화작업 등을 주민들과 함께 추진함으로써 지속적인 친밀감 형성에 기여하게 된다. 공동체 중심의 지역문화공간으로 '빗ᄉᆞᆯ미술관',[1] '마고재' 등을 마련하고, 그리고 소박한 문화행사 등을 활용함으로써 구성원들의 소통과 연대형성에 기여하게 된다(김은희 · 김경민, 2010: 33; 전지훈 외, 2015: 103 재인용). 즉, 담장허물기가 인식변화의 계기를 마련하게 되고, 관련 공동체 활동을 강화하게 되고, 이는 다시 공동체성을 강화할 수 있는 인식변화를 초래하는 선순환적 관계가 가능한 구도가 마련된 것이다.

대구 담장허물기 사업이 구체적으로 어떻게 시작되었는지 다소 불분명하지만, 대학교수의 선도적인 제안, 시민운동가의 실천, 대구시에서 1996년부터 1, 2차로 추진한 '푸른 대구가꾸기 사업' 등의 종합적인 결과로 판단된다. 1994년 대구광역시 서구청 주변 조경공사계획안과 1995년 경상감영공원(구 중앙공원 재정비) 계획안에 대한 김수봉(2004: 866－867)의 조사 자료에 의하면, 경북대 환경녹지연구소장을 맡고 있던 조경학과 K교수의 적극적 · 선도적 역할에 의하여 최초로 관련 계획안에 담장허물기 요소가 도입되었음을 알 수 있다. 더욱이, 1996년 동일 교수에게 경북대 병원 주변조경공사가 의뢰됨에 따라, 다시 담장허물기 요소가 도입되고, 대구의 중심지인 중구에 위치한 경북대 병원의 입지적 특성상, 시민들에게 도로, 가로, 담장이 아닌 열린 공간에서 나무 · 꽃 · 풀 등의 자연환경 요소와 편익시설을 담아냄으로써 획기적으로 개선된 병원 주변 환경을 보여주게 된다(김수봉, 2004: 867). 따라서 관공서의 담장허물기가 1996년에 먼저 시작되었고, 개인주택과 아파트, 그리고 기타 상업시설 등은 그 뒤에 추진된 것이다. 대구의 담장허물기 사업 관련 시민운동 조직체로서 '대구사랑운동시민회의'가 있다. 1996년 1월 발족된 대구사랑운동시민회의는 다양한 추진목적을 가진 조직체로서 공공부문과 시민단체, 직능단체, 종교단체, 대학 및 언론기관 등이 포괄된 조직체이다. 여기서 담장허물기 사업을 1998년 5월부터 추진목적 중의 하나로 설정하여 다루고 있다. 순수 시민운동단체는 아니지만, 시민단체가 주도하는 사안들을 공공기관이 지원하는 채널로서 기능하고 있는 것이다.

1) 일제 강점기 시절 일본인이 살았던 적산가옥이 2000년 '빗ᄉᆞᆯ미술관'으로 개관하게 된다. 빗살무늬토기처럼 문화와 예술이 삶의 현장과 생활을 통해 만나야 한다는 의미를 담고 있다(매일신문, 2013.7.5).

안산시 석수골은 단원구 선부2동 1043~1052번지 일대에 자리 잡고 있는 마을로서 대략 1,600가구, 3,600여 명의 주민이 생활하는 다가구·다세대 주택이 밀집한 마을이다. 원래 대단위 전원주택지로 조성될 계획되었지만, 경제논리에 밀려 건폐율과 용적률을 극대화하다 보니 전원주택 대신 다가구·다세대 주택만 빼곡하게 들어서게 된 저소득층 밀집지역이다. 주민 중 80% 정도가 임대거주자들이고 70% 정도가 맞벌이 부부 형태로 인근 반월공단에서 근무하고 있다. 지하 1층에서 지상 3층 정도의 170여 개 다가구·다세대 주택이 밀집한 주거여건상, 보행로와 주차장이 제대로 확보되어 있지 않고 어린이 놀이터와 기타 공공장소가 거의 전무한 열악한 생활공간이다. 많은 어른들이 대부분 마을 밖에서 직장생활을 하고 있고, 청소년들은 집안에서 컴퓨터 게임 등으로 소일하다 보니 석수골은 이웃 간 만남과 대화가 거의 없는 그런 상황에 처해 있었다. 그러다 안산의제 21과 안산 YMCA 등이 문화적 소외지역에 대한 도서관 건립사업 대상지 중의 한 곳으로 석수골을 선정하여 경일고교 교육문화관 일부를 빌려 사용하는 형태로 2006년 '별자리 마을도서관(현 석수골 작은 도서관)'을 개관하게 된다. 이후 마을도서관을 중심으로 마을 만들기 사업이 구상되고, 2007년 마을정원 조성사업을 통해 서로의 담장과 벽을 허물고 작은 정원을 만들어 이웃 간 소통과 관계회복의 기회를 마련하고, 다양한 지역 공동체 활동으로 나아가는 계기를 확보하게 된다(이소영, 2011: 239, 248; 전북일보, 2009.7.27). 추진조직으로는 석수골 마을 만들기 주민위원회, 선부2동 주민자치위원회, 그리고 안산시 좋은 마을 만들기 지원센터 등을 지적할 수 있다. 안산시 좋은 마을 만들기 지원센터는 지방자치단체 지원체계에 속하며, 2007년 제정된 안산시 좋은 마을 만들기 지원조례에 근거를 두고 2008년 3월에 설립된 센터이다. 현재 안산 YMCA가 위탁운영 중이며, 운영위원회, 기획교육위원회, 사무국 등으로 구성되어 활동하고 있다(이소영, 2011: 248-249).

2 사례의 내용분석

사적 도시공간의 공적이용 과정에서 사회적 근접성의 영향이 어떻게 나타나는지를 파악하기 위하여 내용분석의 틀, 분석대상 및 분석방법, 분석결과 등을 검토한다.

1) 내용분석의 틀

개별 도시별 정체성과 상황성이 각각 상이할 수 있으므로, 도시 공동체 개발에 있어서도 공통적인 개발 모형이나 프로그램이 제한되어 있다. 동일 맥락에서, 도시 공동체 개발과정에 대해서도 다양한 주장들이 제시되고 있다. 하이만(Hyman, 2002)은 도시 공동체 개발에서 주민모집－어젠더 형성－지역사회 조직화－지역사회 활동－발표와 메시지 전달이라는 순차적 진전과정에 주목한다. 싱(Singh, 2003)은 동일 맥락에서 개발－육성－비전 실행－지역사회 연계과정을 강조한다. 이규선 외(2012)는 추진사업 및 참여주체를 중심으로 마을 만들기 단계를 도입기－형성기－발전기로 구분하고 있다. 이은지 · 최현선(2015)은 주민모집－조직화－포괄적 계획－실천활동 등을 강조한다.

여기서는 선행연구 결과들과 실천적 과정에 초점을 두고, '대구 담장허물기 사업'과 '안산 마을정원 만들기 사업'의 진전과정을 지역 공동체사업 어젠더 형성단계, 조직단계, 활동단계, 성과확산단계로 구분하여 검토한다. 우선, 어젠더 형성단계는 실제 해당 도시 공동체가 공통적으로 직면하고 있는 문제들 중, 해결의 필요성이 있다고 인지된 어젠더가 발굴되고 형성되는 과정이다. 조직단계는 그 문제를 구체적으로 누가 풀어가야 할지를 파악하는 과정으로서 조직화할 자원의 평가 및 동원, 그리고 네트워크 형성 같은 역량강화 과정이다. 활동단계는 해당 역량의 범위 내에서 어젠더를 실천하는 과정이다. 성과확산단계는 평가와 피드백을 통해서 성공과 실패의 경험을 공유하고 확산시켜가는 과정이다.

그림 7-2 분석의 틀

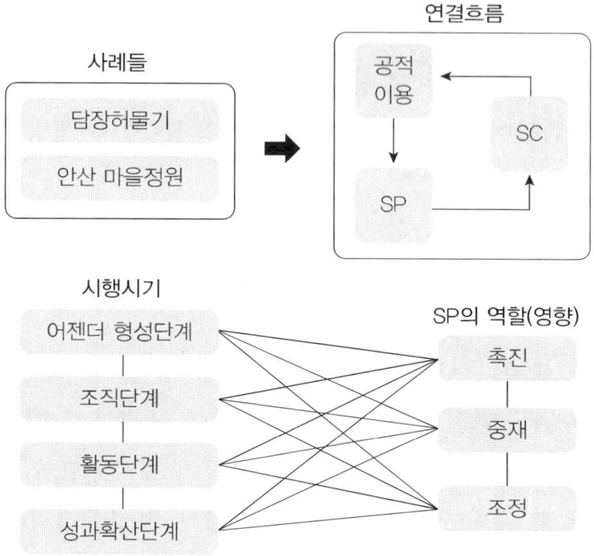

주: SP-사회적 근접성, SC-사회적 자본.

2) 분석대상 및 분석방법

이 분석의 대상은 대구 중구 삼덕동 '담장허물기 사업'과 안산 석수골 다세대 주택 '마을정원 사업'이다. 이 분석의 목적은 경제적 수익성을 목적으로 하지 않는 사적 도시공간의 공적이용 사례를 선정하고, 그 개발·활용·성과확산 과정에서 하이만(Hyman, 2002)의 주장처럼 사회적 근접성이 발현되고 있는지, 그리고 발현되고 있다면 그 영향은 어떠한지를 파악하여 관련 정책적 함의를 모색하는 것이다. '담장허물기 사업'과 '마을정원 사업'은 둘 다 경제적 수익성을 목적으로 하지 않는 사적 도시공간의 공적이용 형태이고, 더욱이 대구와 안산은 지역 대도시와 수도권 신흥개발 중소도시로서 입지와 도시발전 특성이 아주 대조적인 두 곳이다. 따라서 분석결과의 적용성과 시사성 측면에서 적합한 대상 사례로 판단된다.

내용분석의 틀에서 제시된 것처럼, 여기서는 두 사례를 지역사회 어젠더 형성단계, 조직단계, 활동단계, 성과확산단계로 구분하여 검토한다. 그리고 정책적 함의를 그 각 단계에 준하여 제시한다. 그 각 단계별로 다양한 이해관계자가 존재하고 있으므로 사회적 근접성의 영향을 분석하기 위하여 반구조화된 심층면담을 활용한 정성적(질적) 분석방법을 사용한다. 물론, 그 과정에서 기존 관련 연구들에서 밝혀져 있는 설문 및 면담조사 결과들을 보완적 자료로서 함께 활용한다. 대구 10명(공무원 3명, 시민운동가 1명, 주민 6명)과 안산 12명(공무원 4명, 시민운동가 1명, 주민 7명)이 심층면담 대상이다. 심층면담 과정에서 대상자의 개인적인 의견뿐만 아니라 사실관계 파악도 가능하다. 면담기간은 대구 중구 삼덕동의 경우는 2015년 11월 22~25일, 그리고 안산시 석수골의 경우는 2015년 12월 6~9일에 집중적으로 실시되었다. 주민의 경우 부분적으로, 눈덩이 표집(snowball sampling) 방식을 사용해서, 응답자로부터 유사 응답자를 소개받는 방식을 사용하였다. 면담조사의 용이성과 함께 해당 사업의 핵심적인 주체들 간의 관계파악이 고려되었다.

표 7-3 심층면담 주요 질문

단계	주요 질문
어젠더 형성단계	• 해당 사업을 어떻게 지각하고 반응했는지? • 해당 사업의 지각단계 전후에 선도자 내지 주도집단에 대한 사회적 근접성의 정도와 영향
조직단계	• 해당 사업 참여 주체와 구조 • 조직화 과정과 조직역량에 대한 사회적 근접성의 영향
활동단계	• 집행과정에 대한 참여정도와 사회적 근접성 • 사회적 근접성이 활동과정에 미친 영향
성과확산단계	• 해당 사업의 결과(성과)와 파급효과 • 해당 사업의 결과로 인한 사회적 근접성과 기타 근접성의 형성

3) 분석결과

심층면담은 개별 사안별 가부판단이나 가설검증 형태의 조사라기보다는, 조사대상자의 생생한 현장경험을 통해 그 경험이 함축하고 있는 의미를 파악하고자 하는 것이다(임도빈, 2009). 심층면담의 분석결과는 내용분석틀에서 밝혀진 것처럼 지역 공동체 사업에 있어서의 어젠더 형성단계－조직단계－활동단계－

성과확산단계로 나누어 정리한다.

(1) 어젠더 형성단계

사적 도시공간의 공적이용 형태는 직·간접 이해관계자들이 이의가 없다는 전제 하에서는 가급적 확대되는 것이 바람직하다. 따라서 '대구의 담장허물기 사업'과 '안산의 마을정원 만들기 사업'은 그 시작과정에서 무엇이 핵심적 요인이었는지가 쟁점이다. 특히, 여기서는 사회적 근접성 측면이 중요한 촉발요인으로 작동했는지 여부가 쟁점이 된다. 그런데 두 사례 모두 주민 간, 또는 주민과 지방자치단체 간 사회적 근접성 측면이 어젠더 형성단계에서 중요변수는 아니었던 것으로 보인다. 삼덕동에서 최초로 개인주택 담장을 허물고 관련 운동을 이끌어 갔던 김경민 씨에 대한 김수봉(2004: 867)의 면담기록에 의하면, "동네 아이들이 마땅히 뛰어 놀 공간이 없다. 한창 뛰어 놀아야 할 나이인데 …… 집 주변에서 동네 주민을 만나도 이야기할 장소가 없다. 뭔가 필요하다고 생각했다"는 정도이다. 저자의 면담결과 역시 기존 주민들 간 또는 주민들과 시민단체, 그리고 지방자체단체 간에 존재하고 있던 사회적 근접성이 관련 활동을 촉진시킨 핵심적인 요인으로 보기는 어려운 상황임을 나타내고 있다.

> 동네 담장허물기가 어떻게 진척되었는지 잘 기억이 나지 않는다. 그런데 집 가까이 있는 경북대 병원의 담장이 없어졌고, 또 어느 날 우리 동네 개인주택의 담장이 없어졌다. 사실 우리보다, 타지 사람들이 견학을 오고 언론에서도 관심을 가지고 해서 우리 동네에 뭔가 변화가 일어나고 있다는 생각을 했었다. 수성구 만촌동 사는 친구 이야기로는 그곳은 훨씬 더 활발하게 담장도 없어지고 꽃도 심고 동네 사람들과 이야기도 많이 나눈다는 이야기를 들었다. (대구 삼덕동 주민 K씨)

> 대구 YMCA 회원인 김경민 씨 개인주택 담장을 허무는 계기로 대구 삼덕동에서 담장허물기 운동이 시작되고 확산되어 나간 것은 1998년이니 이미 거의 이십 년이 다 되어가는 오래전 일입니다. 그때의 일이 어떻게 진척되어 갔는지, 그리고 그 이후의 진전 상황을 보다 상세하게 확인하기 위해서는 과거 연구나 보도자료 등을 살펴보아야 할 겁니다. 다만, 담장허물기가 초기에 호응을 받게 된 것은 시민운동가가 스스로 모범을 보여 뭔가 가시적으로 보여주었고 또한 나름대로 친숙함이나 믿음같은

것이 있었기 때문이 아닌가 생각이 듭니다. 그리고 대구 담장허물기가 공적 기관의 지시로 시작된 것은 아니고, 시민운동가나 전문가의 새로운 비전이나 인식에 의해 시작되었다는 것은 분명합니다. (대구 문화산업 시민운동가 L씨)

저소득층 밀집지역이고 문화소외지역으로 여기서 주민들의 삶의 질을 개선하기 위한 무언가가 필요한 상황이었습니다. 시장님도 도시 숲 조성에 대해 오래전부터 관심을 가지고 계셨고 애착도 많았던 것 같습니다. 마을정원 사업은 그와 같은 흐름에 부합하는 사업으로 보입니다. 다만, 정주의식이 약한 곳이므로 이곳에서 공동체 의식을 끌어내고 키워가는 것은 쉽지 않았을 것으로 보입니다.

(안산시청 청소담당 L계장)

2007년 마을정원 조성사업을 통해 주민 간 소통이 개선되었고 공동체 활동 또한 그전에 비해 활성화되었다고 생각합니다. 2006년 12월 '별자리 마을도서관'이 개관되고, 마을 만들기 주민위원회가 만들어지고, 그 당시 마을정원을 어떻게 만들어갈지에 대해 상의하기 위해 매주 한 차례 정도 모임이 있었죠. 의견 조정은 쉽지 않았고 우여곡절 끝에 2007년에 마을정원이 네 곳 준공되었는데, 준공된 후는 긍정적 반응이 많았던 것 같습니다. 시민단체인 안산 YMCA 역할이 중요했고 선도적 역할을 했다고 생각합니다. 2008년 행정안전부 '참 살기 좋은 마을가꾸기' 대상 수상 후, 지역주민단체 간 협력적 관계 맺는 것이 더 활성화되었던 것 같습니다. 그 계기로, 주민자치위원회와의 교류도 활발해졌죠. (안산 석수골 작은 도서관 관장 L씨)

두 사례 모두, 어젠더 형성단계에서는 선도적인 개인 또는 집단의 노력과 공공부문의 긍정적인 기여 등의 결합측면이 중요했던 것으로 판단된다. 대구의 경우에는 1994년 서구청 주변 환경공사계획안과 1995년 경상감영공원 계획안, 1996년 경북대 병원 주변조경공사 계획안에 이미 담장허물기가 포함되어 있었고, 1998년 삼덕동 주민들(초기에는 YMCA 회원)의 담장허물기가 이어졌으므로 선도적인 개인 또는 집단의 비전이 중요했고 여기에 다시 행정기관의 기여가 결합한 것으로 보여진다. 안산의 경우에는 공동체 공간마련에서부터 사업내용의 설정에 이르기까지 시민단체의 선도적 기여 측면이 어젠더 형성단계에서 중요했던 것으로 보인다. 다만, 그와 같은 어젠더 형성을 뒤에서 밀어주고 추진력을 부여한 것은 행정기관의 기여로 판단된다. 다만, 대구의 경우에는 안산 사례와는 달리, 사업형성 초기에도 선도적인 개인 또는 집단과 주민들 간 모범과 친숙함이라는 측면에서 어느 정도의 사회적 근접성이 존재하고 있었고, 그것이 관련 움직임을 보다 확산시켜 갔던 것이 아닌가 짐작된다. 안산 석수골 작은 도서관 L관장에 의하면, 석수골은 "단지 경제적 이유만으로 머무는 동네인지라 처음엔 주민들 사이에 만남 자체가 부자연스러웠다"면서 "열린 공간과 각종 행사를 통해 이웃 간 말문이 열리고 소통이 되면서 공동체 의식도 싹트게 되었다"는 사실을 지적하고 있다(전북일보, 2009.7.27).

(2) 조직단계

어젠더 형성단계에서 일반주민들이나 기존 주민조직들의 자발적 기여가 두드러지지 않았고, 이와 같은 흐름은 지역 공동체 사업의 조직화 단계에서도 유사하게 나타나고 있다. 즉, 특정한 공통 어젠더를 토대로 일반주민들의 모임 내지 조직이 강화되어 간 것으로는 보이지 않는다. 두 사례 모두에서 선도적인 개인 또는 집단의 주도적인 노력, 그리고 공공기관의 기여(예산 및 기술 지원, 성과표창 등) 등이 결합된 '민+준공공+관' 협력형 조직화 과정이 두드러진다.

> 조직구조상 대구시와 대구 YMCA가 집행과정에서 협조하고 있습니다. 대구사랑운동시민회의의 구성 및 집행 과정에서도 그렇습니다. (대구시 자치행정과 C팀장)

> 앞장서서 담장허물기 사업을 추진하고 관리해 가는 것은 시민단체가 하는 것이 바람직한 것으로 판단됩니다. 대신에, 조직화된 지원은 공공기관이 담당하는 것이 좋을 것으로 보입니다. 담장허물기가 기대와는 달리 많이 확산·진전되지 않는 것은 주민 인식의 변화가 선행되지 않기 때문으로 보입니다. 인식의 변화를 유도하기 위해 인센티브가 필요한 것으로 보이고, 그 과정에 언론의 협조도 유효할 것 같습니다.
> (대구시 녹지기획 K과장)

> 관주도보다는 주민들 협조로 진행함으로써 참여호응도가 높았던 것 같습니다. 자발적 참여로 주민들이 소속감 같은 것을 느끼는 것 같고, 여타 기초자치단체에서 벤치마킹을 위해 많이 찾는 편입니다. (안산 선부2동장 J씨)

사명감 같은 것을 가지고 있습니다. 주민들의 재능기부 같은 것을 끌어내면 좋을 듯한데, 통·반장님들과 정기적 모임이 소통과 연계에 도움이 될 것으로 보입니다.

(현 안산 선부2동 주민자치위원장 L씨)

주민들 의지도 물론 중요하지만, 예산확보가 실제 업무집행 입장에서는 중요합니다. 주민자치위원들이 사명감을 갖고 일을 하고 있으므로, 그런 부분에서 어떻게 도울 것인지를 고민하게 되더라고요. (안산 선부2동 사업담당 L씨)

여름철에는 마을정원이 상당히 도움이 됩니다. 꽃이 피면 이쁘고 그렇죠. 꽃, 나무 심는 것은 봉사자를 활용해야 되지 않나 생각합니다. 다만, 어떻게 봉사자를 조직해야 하는지는 제대로 생각해 보지 않았던 것 같습니다. 개인적으로, 신안산대학에서 조경강의를 들은 적이 있습니다. 교육받은 사람은 시민정원사로 활용가능한데, 이런 교육을 통해서 봉사자를 키워갈 수 있지 않을까 싶네요.

(안산 선부2동 주민 K씨)

조직과정에서 두 사례 모두 '민+준공공+관'의 협력형 모델을 강조하고 있다. 밀착형 생활인프라의 성격상 주민들의 협조와 참여, 그리고 행정기관의 기여가 중요한데, 그것이 저절로는 제대로 촉진되기 어렵다는 것이다. 뭔가 다른 촉매가 필요하고 그 촉매로서 시민운동단체의 중요성이 부각되는 것으로 판단된다. 이은지·최현선(2015: 90)의 지적처럼, 우리 지역사회 주민들은 상호교환관계를 잘 맺지 않고, 따라서 자발적 사회성에 토대한 협력적 상호작용을 잘 맺지 않기 때문에, 특히 초기 단계에서는 촉매역할을 하는 실체가 필요한 것으로 보인다. 특히, 대구시 녹지기획 K과장의 언급처럼, 이와 같은 과정에서 시민들의 인식수준 개선이 필요한데, 그것은 특히 갈등의 중재나 조정측면에서는 그 역할을 공공부문이 맡기도 곤란하고, 그리고 또한 시민들이 직접 맡기도 곤란하면 부득이 준공공적 실체가 그 역할을 수행해야하는 것이 아닌가 판단된다. 예컨대, 대구 삼덕동에서 시작한 담장허물기가 대구전역에서 참여가 863개소, 허문길이가 30.7km로 확산되고 있는데, 그것이 관에서 주도한 것이었다면 제대로 효과가 나타나기 어려웠을 것이다.

(3) 활동단계

두 사례 모두, 실행과정상에 기술적 어려움은 거의 없다. 주민참여적 상향적 의견수렴과정 및 공공부문의 인센티브 제공 형태의 개입방식 등으로 실행과정상에서는 갈등문제가 거의 부각되지 않았다. 다만, 대구 삼덕동의 경우 중구라는 입지적 특성과 오래된 대도시의 도심 낙후성 등이 맞물린 상태에서 부동산 가격의 상승을 기대하는 도심재개발 추진세력과 시민운동단체의 심각한 갈등사안은 여기서 언급될 필요가 있다(김은희 · 김경민, 2010; 전지훈 외, 2015: 103−104 재인용). 그런데 이와 같은 갈등사안은 이 연구의 주제와는 거리가 있는 것으로, 여기서는 갈등사안으로 다루지 않을 것이다. 왜냐하면, 고층아파트로 재개발되면 낡은 주택 소유자들의 자산가치가 급격하게 상승하는데, 그것을 공동체 정신 등으로 자제해 주기를 기대하는 것은 이 연구의 초점과는 거리가 있기 때문이다. 특별한 상황변화가 없는 가운데, 기존 담장을 유지하는지 또는 그것을 허물고 공공공간을 확대하는지, 그리고 그 과정에 사회적 근접성이 어떤 영향을 미치는지, 정책적으로 무엇이 필요한지를 파악하는 것이 이 분석의 목적이기 때문이다. 그 외, 대구 시민운동단체의 활동에 대한 역할인지 차이 문제는 갈등사안으로 보여진다. 그리고 안산의 경우는, 의사소통상의 문제 등으로 실행과정상의 갈등이 제기된 적이 있었다. 하지만, 거의 대부분의 경우에서 실행과정은 사회적 근접성을 형성하고 강화시켜 갔던 것으로 보인다. 특히, 기존 주민들 간, 그리고 기존 주민들과 시민단체들과의 사회적 근접성을 강화시켜 갔던 것으로 판단된다.

> (대구) YMCA 활동이 긍정적인 측면도 있고 노력도 많이 하지만 시대적으로 좀 덜 맞는 것이 아닌가 하는 생각도 듭니다. 인형축제도 하고 그런데 실제 주민들에게 구체적으로 어떤 혜택이 돌아오는지 모르겠습니다. 행사 날 주민들을 위한 저녁(소고기국, 떡국 등)을 제공하고 있지만, 괜히 동네만 시끄럽고 복잡하다는 주민도 있습니다. 오히려, 현재 동사무소에서 진행하고 있는 프로그램(댄스, 독서 등)을 강화해서 하는 것이 비용문제 등에서 더 낫지 않을까 하는 생각도 있습니다. 다만, 현재 동사무소에는 여유 공간이 없어 작은 도서관 등이 제대로 운영되지 못하는 문제는 있습니다.
>
> (대구 삼덕동 통회장 K씨)

골목에 담장없는 집이 나타나서 처음에 신선했지만 나의 문제로 생각하지는 않았던 것 같습니다. 그런데 그 후 그림대회 같은 것이 열리고 집의 아이가 그린 그림이 골목에 걸리고 상도 받았다고 해서 그런지, 갑자기 골목길 전체가 우리 공간으로 다가 왔던 기억이 있습니다. (대구 삼덕동 주민 P씨)

개인주택 담장허물기의 계기는 이웃 간의 소통개선, 삭막한 도시생활 분위기 개선 등이었습니다. 전체적으로 대략 800가구 정도가 참여했고, 매년 50가구 정도씩 하고 있습니다. 전반적으로, 시민들 반응은 양호한 편입니다. 담장허물기 심의위원회의 현장실사 후 공원조성이 가능한 곳 위주로 시행하고 있는데, 현재 신청자 중 1/3 정도는 심사과정에서 탈락이 되고 있습니다. 탈락이 되는 곳은 외진 골목집, 주차문제 등으로 민원이 제기되는 곳 등입니다. (대구시 자치행정과 C팀장)

도시는 살기 좋은 도시, 살고 싶은 도시로 변화되어 가야 한다고 생각됩니다. 택지개발 과정에서 개인주택 분양시 일정구역을 단위 개발하여 담장이 없어도 생활이 불편함이 없도록 계획하고자 합니다. 수성구의 해피타운 개발 경험에서도 알 수 있듯이, 일정구역을 정한 담장허물기가 필요한 것으로 보입니다.
(대구시 녹지기획 K과장)

주민들 설득에 애로가 없는 것은 아닙니다. 사업 참여를 중도에 그만두는 바람에 1,000만 원 사업비를 반납한 경험도 있습니다. 참여를 유도하고 있지만, 주민들 참여의식이 아직 낮다고 보아야 할 것 같습니다.
(구 안산 선부2동 주민자치위원장 C씨)

마을정원은 그 성격상 부정적인 측면은 거의 없죠. 처음에는 반대도 있었지만, 설득 후 작업에 들어갔고, 현재 주변 정돈도 잘되고 그렇답니다. 꽃도 같이 심고, 함께 화단 가꾸는 것은 공동체 삶에 대한 교육적인 효과가 큰 것 같습니다. 다만, 사후 관리문제가 있는 것 같네요. (안산 선부2동 주민자치위원 H씨)

반 지하집의 경우 사생활침해 문제가 있어서 사업진척에 어려움 있었답니다. 마을정원 조성 후 초기에는 예쁘고 좋다는 말이 많았는데, 돗자리 깔고 어른들이 놀고, 그 주변에 아이들이 노니까 쓰레기 관리 문제가 생겼고, 지속적인 관리가 중요합니다. 그리고 이전에는 거의 다 알고 지냈는데, 최근 새로 이사 오고 나가는 사람들 많아 지금 대개 옆집에 누가 사는지 모릅니다. 소통을 위해서는 어쨌든 대화하고 모이고 해야 하는데, 사실 잘 안 모입니다. 석수골의 경우, 체류기간이 짧아 정주의식이 약한 것 같고, 사업 관련 여러 부정적 측면들(프라이버시 침해, 청소부담 등)이 있는 것은 사실이지만, 본질적인 것은 친하지 않아서 문제인 것 같습니다.
(안산 선부2동 통장협의회 L씨)

이러나저러나 전체적으로 동네가 상당부분 깨끗하게 바뀐 것으로 보입니다. 관리문제가 많이 언급되고 있는데, 문제는 주인이 그곳에 살지 않고 대부분 세를 주고 있는 상황에 있습니다. 임대주택에 살고 있는 사람들은 소유 의식이 별반 없습니다. 시의 경우 양묘장이 있어, 주민들 의지만 있으면 꽃과 나무들을 공급해 줄 수 있습니다. 주민들의 자율적 의식을 어떻게 하면 높일 수 있을지 그런 부분을 사실 고민하고 있습니다. (안산 선부2동 사무장 K씨)

사후관리 문제들, 특히 담배꽁초 등 쓰레기 문제가 흔히 언급되는데, 집과 집이 붙어있는 다세대 주택의 특성상 그 쓰레기 청소를 내가 해야 할 일로 잘 생각 않습니다. 모두가 나 말고 다른 누가 해야 할 일이라고 생각하기 때문에, 기본적인 청결문제가 잘 지켜지지 않는 것 같습니다. (안산 선부2동 주민 S씨)

공동체 사업이나 의견수렴 과정이 민주적 훈련과정으로 생각하지만, 사실 주민들 만나는 것이 쉽지 않습니다. 그래서 조그마한 것에서부터 출발하고자 했던 것입니다. 때로는 저 자신도 정말 주민들이 변화하고 있는지에 대해 의구심이 들 때가 있답니다. 이게 정말 가능한 일일까? 하는 생각에서부터 주민 개인의 문제라기보다는 도시구조적인 문제 때문에 일이 제대로 진척되고 있지 않은 것이 아닌가 하는 의구심이 들곤 한답니다. 협의의 과정이란게 더디고 그렇죠. 인내심을 가지고 나아가야 한다고 생각합니다. 주민 때문에 힘들었지만 그래도 주민이 희망이라고 생각하기 때문이죠.
(안산 석수골 작은 도서관 관장 L씨)

다양한 역할주체들로 인한 상호 역할인지 갈등, 도시구조적 변화, 상호작용 경험 미비, 그리고 사후 관리문제 등이 언급되고 있다. 하지만, 석수골 작은 도서관 L관장의 지적처럼, 공동체의 의견수렴이라는 것 자체가 쉽지 않은 상황에서,

작은 출발에서 의미를 찾고 더디더라도 한걸음씩 나아가는 것 자체가 의미있는 결과를 낳을 수 있는 실질적인 방법이 될 수 있다. 동일 맥락에서, 석수골 마을 만들기 주민위원장 P씨는 "처음에 마을정원에 대해 말도 많고 중도에 번복하는 사례도 있어 그만 둘까 하는 생각도 들었다"면서 "하지만 작은 것부터 일궈나가면 뭔가 달라질 것이라는 생각에 포기하지 않았다"는 언급을 참고할 수 있다(전북일보, 2009.7.27). 안산시 마을지원센터 사무국장 L씨 역시 "안산의 마을 만들기는 이제 시작단계로 미완성"이라며 "지원센터와 시민단체, 주민자치위원회가 마을운동의 비전을 공유하고 전문인력과 지원예산 확대를 통해 정이 흐르는 지역 공동체를 세우는 데 주력할 계획이다"는 것을 언급하고 있다(전북일보, 2009.7.27).

(4) 성과확산단계

두 사례 모두에서 사례 대상건수가 확대되고 있는 것은 성과확산의 증거로 판단된다. 실행단계에서 형성되고 강화된 사회적 근접성이 성과확산에 긍정적인 영향을 미친 것으로 보인다. 하지만, 형성된 사회적 근접성이 2차, 3차 사회적 근접성 강화모임이나 제도형성으로 진전되어 사회적 자본으로 기능하고 있는 증거는 그렇게 많지 않다. 이는 공동체 발전과정에서 사회적 근접성 강화의 정의 외부성을 약화시키는 근거로 보인다. 아직 시간이 더 필요했을 수도 있고, 또는 다른 중재나 조정 방안의 필요성을 시사하는 것으로 보인다.

> 삼덕동 담장허물기가 전국 최초이다 보니 전국적으로 견학을 많이 옵니다. 그런데 공공시설과 달리 개인주택의 경우 담장을 허물고 나니 생활상에 불편한 점들도 있습니다. 옷차림에 신경이 쓰이고 물건을 놔둘 곳이 마땅찮은 경우도 적지 않습니다.
>
> (대구 삼덕동 통회장 K씨)

> 여기 사람들이 이미 담장허물기 운동에 대한 관심이 없어요. 대학생들이 공부한다고 찾아오는 경우들이 있는데 특별히 해줄 이야기도 없어요. 여기 이 동네를 조금만 둘러보면 온통 원룸 건물들이 들어서고 있고 동네 한 가운데에 초고층 청아람 아파트를 쳐다보면 다 알 수가 있어요.
>
> (대구 삼덕동 주민 C씨)

처음에는 왜 담장을 허무는지 의아해 하는 주민들도 있었지만, 담장없는 이 곳이 지금 주민들의 교류의 장이 되고 있습니다. 이곳 삼덕동은 재작년 청아람 고층아파트가 건설된 이후 사실상 담장허물기가 중단되었지만, 여기 담장허문 집들을 찾아보는 사람들은 요즘에도 많습니다. (대구 삼덕동 주민 K씨)

YMCA 초기 활동 측면을 인정하지만, 현재 삼덕동의 도시발전 구조상 개인주택 담장허물기가 잘 안어울리는 측면이 있습니다. 오래된 개인주택을 세를 많이 받을 수 있는 원룸 건축으로 많이 변경하고 있는데, 원룸 건축은 구조상 담장이 없죠. 게다가 원룸에 세들어 사는 사람들과 기존 주민들과의 사회적 근접성이 낮은데, 나머지 개인주택 소유주들도 자신의 영역을 지키기 위해 담장허물기에 호응하고 있지 않은 편입니다. 나이가 많을수록 울타리 경계를 통해 보호받고자 하지 않겠나 싶네요. 대구에서 원룸형 빌라가 제일 많은 곳이 중구이고, 중구에서도 삼덕동입니다.

(대구 삼덕동장 K씨)

대구 담장허물기는, 전국적으로 여타 시도에서 벤치마킹 수요가 많은 편입니다. 중국 산둥성 칭다오 지아오난시 공무원 및 일본 오사카 대학원생들의 연구방문이 있었고, 2002년 남아프리카공화국 세계환경정상회의시 우수사례로 발표되었고, 서울 경실련 및 부천 아젠다21 등 시민단체에서 벤치마킹했고, 심지어 고교 교과서에도 게재되었습니다. 현재는 처음부터 담장안하기 측면에 집중하고 있습니다.

(대구시 자치행정과 C팀장)

사후관리 측면은, 시민교육 차원의 노력이 필요한 것으로 보입니다. 그 과정에서, 선생님들의 협조를 얻어 어린이 교육을, 특히 초등학생 교육을 하는 것이 유효할 것으로 판단됩니다. 초등학생을 교육하면 그 효과가 '거울효과'와 같이 젊은 부모들의 인식변화에도 도움이 클 것으로 보입니다. 그 교육과정에서, 시민단체, 대학, 시정부, 언론 등이 협조하면 예상외의 긍정적 효과가 가능할 것으로 기대됩니다.

(대구시 녹지기획 K과장)

자치위원회는 다양한 봉사활동을 함께 수행하고 있습니다. 그 중, 동네 축제, 선부 성당과 연계한 무료급식활동, 매월 또는 격월 형태의 마을 소식지 발행, 아이들에게 책읽기를 권장하기 위해 성인들이 우선적으로 책 클럽 조직, 매월 책 토론회 개최,

초등학교와 유치원의 경우는 어른과 아이 함께 하는 책 읽는 모임, 책 읽는 아이들에게 포상하고, 그 포상금을 다시 빈곤국 아이들 도와주는 프로그램에 기부하도록 유도함으로써 아이들에게 봉사정신을 교육하고 있습니다. 필리핀 YMCA가 선부2동을 방문하여 감사의 표시를 하였습니다. (구 안산 선부2동 주민자치위원장 C씨)

석수골 작은 도서관은 주민들 작은 모임에 기여하고 있는 것 같습니다. 지역 특성상 맞벌이와 교대근무가 많아 엄마들이 주민들 작은 모임에 기여하기가 쉽지 않습니다. 하지만, 엄마들이 주민들 간에 작은 모임을 만들고 키워가기 위해서는 홍보활동 등이 필요한 것 같습니다. (안산 선부2동 동네 주민 P씨)

마을정원 사업이 작은 도서관 형성의 기반이 되었습니다. 하지만, '마을 만들기'를 통해 모든 도시문제가 해결되는 것이 아닌데, 주민들에게 '기대의 착각'을 갖도록 해서는 안 될 것 같습니다. 10~20년 후를 내다보고 해야 하고, 느슨함이 우리에게 필요하다고 생각합니다. '빨리빨리' 한다고 해결될 사안이 아닌데, 너무 성과지향적으로 가면 또 다른 부작용이 생길 수 있습니다. 마을 만들기 또한 경험축적이 필요한 것 같습니다. (안산 석수골 작은 도서관 관장 L씨)

두 사례 모두에서 상당부분 성과확산패턴을 식별할 수 있다. 특히, 경험을 공유하고자 하는 타 지역의 관심과 학습 및 모방기회의 제공은 성과확산이 분명하다. 다만, 그 과정에서 대구 중구 삼덕동의 경우 입지적 특성상 초고층아파트 개발과 원룸빌라의 유행은 불가피성은 인정되지만 막 싹이 트는 공동체성의 훼손부분을 충분히 짐작할 수 있다. 더욱이, 새로운 주택형태로 인한 이질성이 높은 외지인의 대량 유입은 그와 같은 공동체성의 훼손우려를 더 확대시켰을 것으로 짐작된다. 다만, 대구 녹지기획 K과장의 언급처럼 사후관리 측면을 시민교육 차원의 노력으로 진전시키고 그 과정에 언론 등을 참여시키면, 형성된 사회적 근접성의 2차적 또는 3차적 효과를 유도할 수 있을 것으로 판단된다. 다양한 지역사회 공동체 역할주체들의 협력과정과 경험이야말로, 사회적 근접성과 제도적 근접성, 그리고 네트워크 형성을 위한 토대가 될 것으로 보이기 때문이다. 안산의 경우, 주민자치위원회의 다양한 활동들은 그 결실을 지켜보아야 하겠지만 장기적으로 사회적 근접성과 제도적 근접성, 그리고 네트워크를 강화해가는 기초가 될 것으로 보인다. 다만, 그 과정에서 석수골 작은 도서관 L관장의 언급처럼, 마을 만들기를 통해 모든 도시문제가 해결되는 것은 아니라는 점, 성과지향적으로 갈 필요도 없다는 점, 그리고 다양한 경험축적이 필요하다는 점 등은 유의해야 할 사항으로 보인다.

3 사회적 근접성의 영향과 그 한계

두 사례 모두 관련 사업이 시작하는 과정에서 기존에 존재하던 사회적 근접성의 영향은 두드러지지 않은 것으로 보인다. 기본적으로 두 사례 모두 어젠더 형성은 선도적인 개인 내지 집단이 주도하고 행정기관의 기여가 결합되어 이루어진 것으로 판단된다. 안산의 경우는 특히 유동성과 익명성이 높은 다세대 주택의 특성상 기존에 존재하던 사회적 근접성의 영향은 미미하고, 선도적인 시민단체와 자가주택 소유 개인들의 동조, 그리고 공공부문의 기여 등이 결합되어 어젠더 형성이 진전된 것으로 파악된다. 즉, 두 사례 모두에서 기존에 사회적 근접성이 존재해서 관련 사업이 촉발되었다기보다는, 선도적인 개인 또는 집단의 노력, 그리고 행정기관의 기여 등이 결합되어 사업이 실질적으로 촉발되고, 그 사업의 진전과정에서 사회적 근접성이 강화되어 간 것으로 판단된다. 이은지 · 최현선(2015: 90)의 최근 연구결과처럼, 우리 지역사회 주민들은 상호교환관계를 잘 맺지 않으며 다양한 비공식적 활동에 참여하지 않는 경향이 있어서, 지역사회 일상적 문제에 대한 자발적 사회성에 토대한 협력적 상호작용을 기대하기가 쉽지 않은 것으로 보인다.

조직단계에서도, 어떤 공통 어젠더를 토대로 주민들이 공식적 또는 비공식적 모임을 지속하면서 주민조직이 자발적으로 구체화되어 갔던 것으로는 보이지 않는다. 오히려 두 사례 모두 선도적인 개인 또는 집단의 주도적인 노력과 행정기관의 기여 등이 결합되어 '민+준공공+관' 협력형태의 조직화 과정이 진전되어 갔던 것으로 보인다. 대구의 경우 선도적인 주민 일부의 자발적인 동조가 선행되고, 그 동조 주민들의 권유로 눈사람이 만들어지듯이 사업이 확대되는 계기가 마련된 것으로 보인다. 즉, 동네 주민들 간 약한 정도의 사회적 근접성이 존재하고 있는데, 그것이 어떤 '믿을 만한 계기' 또는 '가시적인 계기'가 주어지면 제한적인 범위 내에서 긍정적인 상호작용 결과로 발현된 것으로 보인다. 물론 그 과정에서 행정기관의 예산지원이나 CCTV 같은 기술지원, 그리고 사업계획의 지속성에 대한 신뢰 등이 함께 영향을 미쳤을 것으로 보인다. 안산의 경우에도 시민단체의 주도적인 노력으로 어젠더 형성이 이루어지고 공공기관의 참여나 기여가 결합되어 주민의 참여가 뒤 따르는 '민+준공공+관' 협력형태의 조직화 과정이 나타났다. 대구의 경우 안정적인 도시특성의 반영 등으로, 안산에 비해 초기 조직화 단계에서 주민들 간 동조과정이 상대적으로 보다 용이했던 것으로 보인다.

실행단계에서는, 주민참여적 상향적 의견수렴 특성과 실행상의 기술적 어려움이 거의 없는 사업이어서 큰 무리 없이 계획에 따른 실천이 이루어졌던 것으로 보인다. 대구의 경우 도심 고층아파트 재개발 관련 사안을 제외하면, 주민자치조직이나 시민단체, 그리고 기존 주민들 간 갈등 사안은 별반 두드러지지 않았는데, 이는 담장을 허무는 당사자들의 직접적인 이해관계만 긍정 또는 부정으로 부각되지, 기타 주변 이해관계자들은 거의 예외없이 정(正)의 외부성만 발현되기 때문으로 보인다. 조사과정에서 행정기관의 예산 지원액 절대 액에 따른 불만이나 갈등은 두드러지지 않은 것으로 보였다. 다만, 약 10년 전 김수봉 외(2006: 54-59)의 설문조사결과에 의하면, 담장허물기 운동의 활성화 방안으로서 '재정적 지원 확대'가 32.5%, '사후유지 및 관리의 지원'이 15.8%여서, 예산 관련 사안이 48.3%로 매우 중요한 것으로 인식되고 있었다. 실제 최근 면담과정에서도 사후관리상의 문제점들이 불평사안으로 언급되고 있는 것을 보면, 한편으로 추후관리 재원의 확보, 그리고 또 다른 한편으로는 비용부담 방식의 적절성 측면에 대한 주민 계도 내지 교육 등의 노력이 필요할 것으로 판단된다. 이는 갈등의 중재나 조정형태에 해당하는 것으로, 이와 같은 노력을 통해서 사회적 근접성이 강화될 수 있을 것으로 판단된다. 더 나아가서, 간접적이지만 대구사랑운동시민회의의 관련 규정 마련은 사회적 근접성이 제도적 근접성과 네트워크 관계를 강화시켜간 것으로 볼 수 있고, 결과적으로 어느 정도 사회적 자본화한 것으로 추론할 수 있다.

안산의 경우는 애초에 커뮤니케이션 문제로 마을정원 사업을 주민들이 개인 정원 형태를 만들어주는 것으로 오해해서 공적이용 방식에 이의를 제기하고 사업거부를 주장한 경우가 있었다. 홍보 및 계도를 통해서 불필요한 갈등을 줄이고 사업참여를 설득한 경우로서 시민단체와 자치단체의 중재노력이 작동한 영역이다. 두 사례 모두 실행과정을 통해서 직·간접 이해관계자들 간의 사회적 근접성이 강화된 것은 심층면담 조사에서 명료하게 드러난다. 다만, 그 강화된 사회적 근접성이 연쇄적 강화효과를 가져올 수 있는 2차 또는 3차 근접성 강화 모임이나 제도형성으로의 발전은 두 사례에서 상대적인 차이는 있지만 두 사례 모두 두드러지지는 않은 것으로 보인다. 대구의 경우, '빗소ㄹ 미술관', '마고재', '꾸러기 환경그림대회' 등은 2차적 근접성 강화모임으로 볼 수 있다. 그리고 '대구사랑운동 시민회의'의 분과활동으로 담장허물기 사업이 제도화된 것도, 제한적이지만 관련 사회적 근접성이 제도적 근접성으로 진전되는 징표로 볼 수 있다. 다만, 대구의 경우도 2차적인 사회적 근접성 강화모임이 모두 시민단체 주도로 진전된 것이므로 순수하게 주민들 간 형성된 사회적 근접성이 2차적 근접성 강화효과로 귀결된 것으로 추론하기에는 무리가 있다. 다만, 이런 과정을 통해 주민들 간 형성된 사회적 근접성이 2차적 또는 3차적 근접성 강화모임으로 귀결될 수 있을 것인지는, 대구시 녹지기획 K과장과 안산 작은 도서관 관장 L씨의 언급처럼, 좀 더 장기적인 시야에서 살펴볼 필요가 있을 것이다. 안산의 경우는 주민들의 유동성과 이질성이 높고, 동네 자체의 안정성도 낮아서 그런지 조직화된 2차 또는 3차 근접성 강화 움직임이 두드러지지 않았다. 아주 제한적인 범위 내에서 마을정원 가꾸기 사업과정 중 조성된 작은 도서관을 이용한 주민취미 동호회, 그리고 주민자치위원회 주도로 진행되는 다양한 봉사활동 등이 의미 있는 수준으로 보였다. 또 다른 중재요인 또는 조정요인의 필요성이 있는 것인지 추가적인 분석이 필요할 것으로 보인다.

성과확산단계에서는, 두 사례 모두 사례건수의 추세분석상 성과확산이 상당한 폭으로 진전된 것은 분명하다. 특히, 대구의 경우 담장허물기 사업이 시범지구에 한정되지 않고 시 전역에 걸쳐서 장기간에 걸쳐 상당부분 진전되고 있고 타 시·도에서도 모방 추진되고 있는 것은 성과확산의 분명한 결과로 판단된다.

제 4 절 정책적 함의

분석결과, 어젠더 형성과 조직 자체가 선도적인 개인 내지 집단의 자발적인 노력에 기인하는 것으로 보인다. 기존의 다양한 주민모임의 적극적인 기여보다는, 선도적인 개인 내지 중간지원조직의 노력과 기여가 중요한 것으로 보인다. 관련 사업의 지속성과 효과성 제고 측면에서, 이해관계자들의 자발적 사회성이 중요하지만, 두 사례 모두 사실상 행정기관의 기여 측면이 동시에 중요했던 것으로 보인다. 결과적으로, '민+준공공+관' 거버넌스 형성이 중요하고, 그 상대적인 비중은 개별적 상황별로, 그리고 사업의 진전과정에서 변화된 것으로 보인다. 도시재생 패러다임의 변화와 도시 공동체 형성 구상은 사실 공동체 구성원들 간에 특정 사안별 협력적 상호작용보다는, 개별 사안에 따른 협력적 상호작용 과정을 통해 형성된 사회적 근접성 등을 통해 또 다른 사안별 협력적 상호작용 과정이 촉발되고 다시 사회적 근접성 내지 제도적 근접성, 그리고 네트워크 등이 형성되는 2차적, 3차적 연쇄효과 발생을 염두에 두고 있는 것인데, 두 사례 모두 연쇄적 협력적 상호작용 측면은 그렇게 두드러지지 않은 것으로 보인다. 이와 같은 결과는 동네 공동체의 유기적 자생력이 미약하기 때문으로 보인다. 관련 정책적 함의를 사회적 근접성 관련 지역 공동체 사업에 있어서의 조직 구조적, 실행 관계적, 그리고 성과 확산적 차원에서 제시하면 다음과 같다.

1 조직 구조적 차원

두 사례 분석결과 분명한 것은 기존의 사회적 근접성이 생활밀착형 공공공간 조성의 시발 내지 격발의 핵심요인은 아니라는 점이다. 대구시 중구 삼덕동의 경우, 한 대학교수의 선도적인 제안과 한 시민운동가의 적극적 실천이 대구 담장 허물기 운동의 중요한 촉발요인이 되었다. 안산 석수골의 경우 안산의제 21과 안산 YMCA 등의 노력으로 2006년 12월 별자리 마을도서관이 만들어지고, 주민들이 자연스럽게 대화할 수 있는 장소가 마련된다. 즉, 시민단체의 선도적 노력으로 지역사회 공통사안을 논의할 수 있는 물리적·사회적 여건이 조성되고, 토지공사 초록사회위원회로부터 6,000만 원을 지원받음으로써 한양대 건축학부 공간분석연구실의 석수골 주거환경개선 연구용역과 컨설팅을 받을 수 있게 되고, 마을도서관을 거점으로 시민단체 전문가와 마을 만들기 주민위원회 등이 함께 고심해서 마을정원 조성사업을 구상하게 된다. 오스트롬과 안(Ostrom and Ahn, 2007)의 모형과 달리, 관련 사례들에서의 집합적 행위는 사회적 근접성을 토대로 해서 시발되는 것이 아니라 다른 상황적 요인과 인센티브 등이 결합해서 집합적 행위가 시발되고, 그 시발된 집합적 행위가 실제적인 이행과 확산을 해가는 과정에서 사회적 근접성 내지 사회적 자본이 중요한 역할을 하게 되는 것으로 보인다.

다시 말하면, 특정 개인의 비전과 노력, 상황적 요인, 행·재정적 인센티브 등에 의해 집합적 행위가 시발되면, 그 집합적 행위의 결실을 결정하는 데에 사회적 근접성이 중요하게 된다는 것이므로, 생활밀착형 공공공간 조성과정에서 단순히 주민주도형(민간주도형)보다는 시발은 시민단체와 민간부문이 공동으로 주도하고 그 이행과정은 민간부문, 비영리 시민단체, 그리고 공공기관 등이 주도하는 '민+준공공+관' 주도 형태가 실효적인 추진방식으로 판단된다. 생활밀착형 공공공간의 조성, 활용, 확산은 기본적으로 사회적 규범에 토대하고 있는 것이므로 시장규칙에 의존하고 있는 기존의 도시개발방식에 비해 훨씬 적은 비용으로 높은 기대효과가 예상되고, 더욱이 기존 도시개발 제도적 틀의 범위 내에서 거의 충돌없이 진척될 수 있는 것이므로 조성방식상의 자율성과 운영상의 공공성이 전제되면 적극적으로 추진해갈 필요가 있다. 다만, 생활밀착형 공공공간의 조성, 활용, 확산은 기본적으로 해당 지역사회 구성주체들의 행태변화를 전제하는 것이므로 지속적인 관련 정보의 축적 및 교육, 홍보 등이 수반될 필요가 있다. 그 과정에서 CCTV 같은 기술적 장치의 필요성과 관리능력 등이 요구되면 적극적으로 수용하는 수용역량 등이 중재 및 조정과정에서 중요할 것으로 보인다.

2 실행 관계적 차원

생활밀착형 공공공간은 조성자체보다 실효적인 운영 및 관리, 그리고 자생적 확산 메커니즘의 형성 측면이 훨씬 더 중요하다. 이것은 댄 애리얼리(D. Ariely)가 지적한 것처럼, 사회적 규범이 지배하는 영역이지 시장규칙이 지배적인 영역이 아니기 때문이다. 더욱이, 사회적 규범과 시장규칙이 충돌할 경우 사회적 규범이 밀리게 되고, 한번 시장규칙에 의해 훼손된 사회적 규범은 다시 작동하기가 어렵기 때문이다(애리얼리, 2008: 113－134). 결과적으로, 조성과정에서 특히 관련 지역사회 프로그램이 시발되는 시점에서 최소한의 공공부문의 지원을 기반으로 관련 지역사회 구성원들의 준통합적 자발성에 의해 프로그램이 추진되는 것이 바람직하다. 준통합적 자발성은 자발적인 추진형태로 프로그램이 진전되지만 실질적으로 관련 프로그램이 추진될 수 있는 최소한의 여건은 사전적으로 형성되어 있음을 전제한다. 다양한 지역사회 참여주체가 지역사회 필요성을 전제로 관련 프로그램을 추진하므로 당연히 상향적 접근방식을 취하게 된다. 다양한 조성방식이 가능한 것처럼 다양한 운영 및 관리 방식과 결과가 가능하기 때문에, 지역사회 단위에서의 새로운 방식과 형태를 열어가고 주도할 수 있는 유연하면서도 적극적인 참여주체들이 필요하다.

동네 공동체 복원 목적으로 추진되고 있는 대구 담장허물기와 안산 마을정원사업은 이상적으로는 주민주도형 대안적 정책모델제시가 바람직하다. 하지만, 두 사례 모두에서 아직 상황별로 쉽게 적용할 수 있는 실행모델이 개발되어 있지 않다. 그리고 실행경험이 축적되고 있는 과정의 특성상 중간지원조직(지역 활동가들로 구성된 지원센터 등)과의 연결성과 역할분담 등도 대개 명료하지 않다. 행정기관의 개입이 최소화할 때 주민들이나 중간지원조직의 역할범위가 확대될 수 있고 동네 공동체 형성 프로그램의 자율성과 지속성이 확보될 수 있을 텐데, 문제는 행정기관의 지원 내지 개입이 언제, 어느 정도까지 하는 것이 그 성과를 실제적으로 극대화할 수 있는지에 대해서 제대로 밝혀진 것이 없다. 하지만, 실행과정에서 주민참여를 유도하는 지방자치단체의 전향적인 자세는 프로그램의 성공적인 정착과정에서 중요한 것으로 보인다(김도희 · 하상근, 2013: 94). 특히, 대구 담장허물기 사업의 경우와 같이 개인은 행·재정적 지원책(담장철거 쓰레기 무상처리·조경자문 및 무료설계), 공공기관의 담장허물기 사업 병행실시(시민 참여 및 공동체 의식 형성 고양), 그리고 다각적인 홍보 및 계도활동 등 세 가지 측면에서의 전향적인 자세가 긴요한 것으로 판단된다.

대구의 경우 사업 실행관계의 지속성과 정당성 확보 등을 위해서 1999년부터 '대구사랑운동시민회의'라는 '민+준공공+관' 협력거버넌스를 통해서 관련 사업을 실천하고 있다. 담장허물기 사업을 위해서 대구사랑운동시민회의가 결성된 것은 아니지만, 대구사랑운동시민회의의 주요 기획사업 중의 하나로 담장허물기 사업이 포함되어 있다. 개인주택뿐만 아니라 상업시설, 종교·보육·복지시설 등의 담장허물기 사업을 포괄하고 있으며, 관련 신청이 접수되면 현장 방문조사, 자문위원회 개최 및 시비지원시설 선정(2개소 이상 인접하거나 특정 지역에서 단체로 신청할 경우 우선 선정), 담장철거 및 조경작업(향후 5년 간 담장미설치 약정서 징구 및 담장철거, 그리고 조경작업 실시), 그리고 인센티브(시비 지원시설로 선정 시 일정금액 내 조경시공, 담장철거 시 발생하는 일반쓰레기 무상매립 조치, 조경 무료설계 및 원가시공)를 부여한다('대구사랑운동시민회의' 홈페이지, 2015.10.1). 안산시의 경우 안산의제 21과 안산 YMCA 등의 선도적인 노력으로 '별자리 마을도서관'이 개관되고 주민 공동체가 형성되는 주요 계기가 만들어졌다. 주민 공동체 사업으로 큰 재원이 필요치 않은 마을정원 조성사업이 구상되고, 토지공사 초록사회위원회로부터 최소한의 씨앗 자금지원을 받음으로써 사업이 실질적으로 추진되게 된다. 작은 시작이었지만, 제2회 행정자치부(현 행정안전부) 주최 '2008 참 살기 좋은 마을가꾸기' 전국 콘테스트에서 대상을 수상함으로써 '정을 나눌 수 있는 마을 만들기'라는 수레바퀴가 보다 확실하게 굴러가게 된 것으로 판단된다. 즉, 시민운동단체들의 의식적 노력이 작은 씨앗을 척박한 대지에 뿌리게 되고, 그 열매가 또 다른 씨앗이 되어 뿌려지기 시작한 것이다.

새롭게 형성된 공적이용 형태의 사적공간에서 만나서 일상적 인사를 나누는 것도 중요하지만, 보다 중요한 것은 피상적 사회적 관계개선으로 끝나는 것이 아니라 축구동우회, 등산동우회, 음악동우회 등으로 진전되어 보다 친밀한 사회적 관계형성으로 나아가고, 더 나아가서 장기적으로는 커뮤니티의 문제해결 및 발전방안 도출에 머리를 맞대고 상의하고 협조하는 협력적 거버넌스 관계로 이행해가는 것이다. 물론 이런 관계형성이 님비 행위같이 소집단 이기주의로 나아갈 가능성이 없는 것은 아니다. 하지만, 소집단 이기주의는 그 사안대로 다시 풀어가야지 그런 상황을 우려해 지역사회 공동체 형성을 기피하는 것은 바람직하지 않은 것으로 보인다.

대구 중구 삼덕동의 지역문화 공간으로서 '빗ᄉᆞᄅ미술관', '마고재' 등과 그와 같은 복합문화공간 등에서 진행되는 삼덕동 인형마임축제, 꾸러기 그림대회 등은 대구 YMCA 등의 지원을 받았지만 기본적으로 '담장허물기'라는 새로운 주민공동체 운동의 파생적 실행형태로 파악할 수 있다(전지훈 외, 2015: 102-104). 다만, 대구 중구 삼덕동의 경우 도심이라는 입지적 특성 때문에, 특히 지난 5년 사이에 진전된 대규모 도시개발 형태의 고층아파트의 개발과 원룸건축의 바람을 막을 수는 없었던 것으로 보인다. 현재 시점에서 삼덕동을 둘러보면 2013년 4월에 준공된 35층 고층아파트가 동네 한가운데 새롭게 들어서 있고 주변에 다수의 원룸 건축 등이 연이어 건축되어 있는 것을 지켜볼 수 있다. 결과적으로, 고층아파트와 원룸 건축물이 다수 들어섬으로써 기존의 담장허물기 운동은 그 추진동력을 물리적 측면, 심리적 측면, 사회적 측면 등에서 상실하게 되고 사실상 지난 몇 년 간 중구 삼덕동에서 새롭게 개인주택 담장허물기가 진전되지 않고 있는 상황으로 변화된 것으로 보인다.

안산 석수골의 경우, 주민들의 소득수준, 자가주택 비율, 외국인 노동자 비율면 등에서 상당히 열악한 지역상황이다. 그럼에도 불구하고, 작은 행·재정적 지원으로 가꾸어진 '마을정원' 등이 주민들뿐만 아니라 중앙행정기관, 언론 등에서 주목함에 따라 이는 다시 해당 지방행정기관뿐만 아니라 주민자치위원들의 새로운 인식전환의 계기가 된 것으로 보인다. 더욱이, 작은 마을도서관이 만들어짐으로써 마을정원 조성 및 관리 관련 자연스러운 논의의 장이 될 수 있고, 더 나아가 일부이지만 젊은 주부들 위주로 음악동호회 등의 지역 주민들의 취미활동의 공간으로 현재 사용되고 있다.

범죄학자 샘프슨(R. J. Sampson)의 연구결과에 의하면, 주민들 사이에 교제 네트워크가 드물고 익명성이 두드러지는 곳, 공공장소의 통제 약화와 아무 지도도 받지 않는 10대의 또래 집단이 많은 곳, 단체의 기반이 취약하고 지역활동에서 사회적 참여가 낮은 특징을 보이는 지역 공동체들은 범죄와 폭력의 증가라는 위험에 직면하게 된다고 한다(퍼트넘, 2009: 507). 제이콥스(Jacobs, 1961) 역시 안전하고 잘 조직된 도시와 불안전하고 해체된 도시를 구분하는 가장 중요한 요소는 사회적 신뢰가 근간인 사회적 자본이라고 지적한다. 20세기의 도시계획과 재개발 계획을 강하게 비판하면서 그녀는 이웃들 사이에 일상적인 접촉을 최대화하도록 형성된 도시가 더 안전하고, 아이들도 더 주의 깊게 보살펴지고, 사람들은 자신들의 주변환경에 더 만족스러워 한다는 것이다(퍼트넘, 2009: 507－508).

안산사례의 경우 급속한 도시화에 따른 주택공급부족 과정 속에서 기반시설을 제대로 갖추지 못한 상태 속에서 다세대·다가구 주택형태가 고밀도로 급조된 형태로 볼 수 있다. 이 같은 저층주거지에는 물리적 쇠퇴와 함께 사회적 약자에 속하는 저소득층이 많이 기거하고 있다. 따라서 사회·경제적 쇠퇴도 함께 겪고 있어 삶의 질적 수준을 제고할 수 있는 생활밀착형 생활인프라 공급의 필요성이 매우 높은 곳으로 볼 수 있다(배웅규, 2013: 41).

3 성과 확산적 차원

대구의 담장허물기 운동은 정작 시발이 되었던 중구 삼덕동의 개별 주택 단위에서는 최근 더 이상 진전되지 않고 있다. 하지만, 중구 삼덕동의 담장허물기 운동은 적어도 세 가지 측면에서 긍정적인 성과 확산 흐름을 읽어 볼 수 있을 것으로 보인다. 첫째, 중구 삼덕동의 담장허물기를 통한 마을 공동체 형성노력은 대구의 여타 구에 긍정적 영향을 미쳐 <표 7－2>에 잘 나타나듯이 담장허물기 사업이 계속적으로 확산되고 있다. 둘째, 면담조사 결과와 현장조사에서 확연하게 드러나듯이, '담장허물기'의 파생적 효과가 다른 형태로 표출되고 있는 것이다. 담장허물기를 통해 주민들 간 형성된 유대감과 상호교류의 공동체성은 전지훈 외(2015: 102－104)의 언급처럼 지역의 다양한 창의적 공간을 형성하고 가꾸어 나가는 계기를 마련한다. '빗살미술관'과 '마고재', 그리고 아이들을 위한 다양한 공동체 활동들이 전형적인 예에 속한다. 기타 골목길이 매우 깔끔하게 정돈되어 있고 청결하게 관리되는 것 역시 지역주민들의 자율성 의식과 자발적인 협조에 근거하고 있는 것이다. 셋째, 대구지역 내의 한 구역 안에서 시작되었던 운동이 대구지역을 벗어난 다양한 자치단체의 벤치마킹 자료로 활용되고 여타 관련 운동의 준거자료로 활용되고 있는 것이다. 심지어 대구시 자치행정과 내부자료에 의하면, 외국인들이 찾아와서 학습하는 자료로도 활동되고 있다. 명백한 성과확산의 근거이다.

안산의 '마을정원' 역시 관련 자료 검토, 현장답사와 면담조사결과에 의하면, 17곳의 가시적 결실 후에 현재 추가적 마을정원 사업은 다소 부진한 것이 사실이다. 하지만, 이 경우 역시 적어도 세 가지 측면에서 긍정적인 성과확산 움직임을 포착할 수 있다. 첫째, 저자의 현장답사결과 마을정원 사업의 대외적인 인정에 근거하여 주민자치조직인 주민자치위원회가 상당부분 활성화되어 있다는 점이다. 평균 가구소득, 자가 주택 비율, 외국인 노동자 비율 등 여러 측면에서 여타 지역에 비해 상당히 열악한 곳임에도 불구하고, 주민자치위원회 주도로 마을정원 꾸미기를 넘어서 학교 등 공공기관의 담장허물기 운동으로 진전되고 있고, 관련 관리문제에 대해 학교장, 경찰서장 등과 협의를 주도할 만큼 주민자치위원회가 활성화되어 있다는 점이다. 여타 다른 마을가꾸기 프로그램을 고안해서 실천하고 있는 것도 동일 맥락에서 파악할 수 있다. 최근 자치위원회장이 연임 후 임기만료로 교체되었는데, 신·구 회장 모두 장년층 위원으로서 업무에 상당한 열의를 보이고 있는 것을 직접 면담결과 충분히 느낄 수 있었다. 둘째, 마을정원 사업은 최소한의 예산으로 저소득층 밀집 주거지의 생활밀착형 인프라 개발사업으로 알려짐에 따라, 전국 여러 지방자치단체에서 견학대상으로 삼고 방문학습을 하고 있다는 점이다. 긍정적인 성과확산의 예임에 분명하다. 셋째, 마을정원 가꾸기 사업 관련 조성된 별자리 도서관을 활용해서, 제한된 범위에서 2차적 주민동호회 움직임이 음악동우회 형태 등으로 나타나고 있는 점이다. 지역 공동체의 가장 핵심적 실체로 부각될 수 있는 젊은 주부들이 악기연주 등을 위해 소모임을 결성하고 주간시간에 별자리 도서관 일부 공간에서 정기적 연습 등 현재적 활동이 나타나고 있는 점이다.

현 정부의 중심 국정목표 중의 하나는 더불어 행복한 사회의 구현이다. 더불어 행복한 사회의 구현은 여러 가지 변수에 의해 결정되겠지만, 일자리 확보와 지역 공동체 형성을 통한 삶의 질적 수준 제고가 수레의 두 바퀴와 같은 역할을 할 것으로 보인다. 일자리 확보를 위해서는 생산인프라 확충이, 그리고 지역 공동체 형성을 통한 삶의 질적 수준 제고는 생활인프라 확충 등으로 가능하게 된다. 안산 석수골과 같이 인구의 유동성이 높고 저소득 주민들의 고밀도 집적 등으로 생활밀착형 시설의 공급이 열악한 곳에서는, 상황별 적실성이 높은 프로그램의 형성 및 집행을 위하여 지역 커뮤니티를 형성하는 주민뿐만 아니라 지방자치단체, 지역 준공공기관(NGO와 NPO 등), 지역주민 등의 협력적 상호작용이 긴요하다. 하향적인 공급자 중심적 기존 계획방식도 문제가 있지만, 순수한 상향적인 수요자 중심적 계획방식의 적용도 용이하지 않은 상황에서는 중간단계의 '민+준공공+관' 협력형 거버넌스 모형의 적실성이 강조될 수 있을 것이다. 대구의 경우에도 전형적인 하향적 또는 상향적 계획방식의 유효성은 그렇게 높아 보이지 않으므로 제한적인 시기(예: 사업실행단계)와 제한적인 부문(기본적인 사업시행 인센티브 부여)에만 공공부문의 기여가 강조되는 '민+준공공+관' 협력형 거버넌스 모형의 유효성이 강조될 수 있을 것이다.

담장허물기나 마을정원 조성 등의 생활밀착형 공공공간 조성은 특정한 지역사회 공간에서 일어나는 것이다. 하지만, 대상지의 특성상 조성 및 관리주체가 애매해지기 쉽고, 이용과정에서 갈등이 발생할 소지가 있으며, 분쟁 시 현 제도적 틀 안에서 대처하기가 쉽지 않을 수 있다. 본질적으로, 시장 메커니즘보다 사회적 규범에 의존해서 사실상 조성되고 활용되며 확산되어 나가야 할 것이기 때문에, 그에 따른 행태변화를 유도할 수 있는 새로운 접근방식이 필요할 것으로 보인다. 대구시 녹지기획 K과장의 지적처럼, 지역사회의 대표적 구성실체들인 주민, 준공공기관, 교육기관, 지방자치단체 등이 함께 인식적 개선에 토대한 생활 속의 협력적 거버넌스를 형성함으로써, 관련 사업의 촉진적 역할뿐만 아니라 중재와 조정의 역할을 담당함으로써 현대 도시적 삶의 많은 병리적 행태를 해결해 가야 할 것이다.

지금 우리 사회는 선진화 사회로 진입하고 있다. 이 경우, 우리 사회를 뒷받침하는 기반시설은 생산인프라와 생활인프라로 구분할 것이 아니라, 시민의 삶의 질적 수준 제고라는 측면에서 융합적으로 바라보는 인식의 전환이 필요하다는 배웅규(2013: 38)의 주장이 설득력이 있다. 시민들의 삶의 질적 수준을 높이는 것이 지식기반시대에 국토의 지속가능한 발전과 국가성장모델이 될 수 있을 것으로 보이기 때문이다. 그리고 단순한 시설공급이 아닌 자발적 사회성을 가꾸는 기회를 제공하는 대구 '담장허물기'와 안산 '마을정원' 사업 등은 주민의 인식전환을 통한 효과성 제고의 전형적인 사례가 될 수 있을 것으로 기대된다. 즉, 대구와 안산의 단순한 도시행정 수요를 넘어서서 주민, 준공공기관, 지방자치단체 간 인식의 차이와 마음의 벽을 허무는 생활공동체 형성을 위한 중요한 계기가 되어야 할 것으로 보인다. 더욱이 이와 같은 사례들은 사실상 기존에 존재하고 있었지만 간과되었던 공간에 적은 비용으로 새로운 숨결을 불어넣는 창조적인 행동이라는 측면에서 스마트 도시재생전략으로 규정할 수 있다. 다만, 이와 같은 운동이 성공적으로 정착되기 위해서는 1차적인 성공과 실패요인들에 대한 분석뿐만 아니라 2차, 3차적인 파생적인 흐름에 대한 보다 체계적인 분석과 교육, 그리고 홍보 등을 통한 공감대의 확산과 같은 소프트한 전략적 접근이 요구된다.

제 5 절 맺음말

'사적 도시공간의 공적이용'은 기존 도시정책의 주요 초점에서 벗어나 있었던 것으로 보인다. 도시행정이나 도시계획 관련 서적은 물론이고 최근 연구들 조차도 직접적으로 '사적 도시공간의 공적이용'을 포괄하지 못했던 것으로 보인다. 오히려 기존 도시정책은 사적 소유권의 공적 통제 형태로 용도지역지구제(zoning)나 종합계획(master planning) 방안의 이용(Levy, 2003: 24−48) 또는 사적 도시공간의 공적이용과 정반대의 움직임을 나타내어 왔던 것으로 보인다. 즉, 공적 도시공간의 사적 이용성 확대를 위한 움직임이 대부분의 도시 및 지역 개발과정에서 전형적으로 나타났다. 도시 및 지역 개발과정에서 발생한 부작용(혼잡, 공해 등)을 완화 내지 해소하기 위하여 공유지(公有地)를 활용하여 도로를 개설·정비하고 도시공원을 설치·확대해 왔다. 물론, 공유지가 부족하면 사유지를 구매 또는 수용하여 동일 사업을 진행해 왔기 때문에 관련 생활인프라 확보과정에서 엄청난 재원부담에 직면해 왔다. 다만, 아주 제한적으로 민간 건축물 조성과정에서 인센티브를 확보하기 위한 목적으로 제공되는 '공개공지(open space for public purposes)' 등이 사적 도시공간의 공적이용 형태에 해당하지만, 이런 경우는 사적 도시공간의 공적이용 내지 확대가 제도의 주목적은 아니다. 여기서의 검토사례인 대구시의 '담장허물기 사업'이나 안산시 석수골의 '마을정원 만들기 사업'의 경우는 민간소유(私有)의 공간들이 사실상 공유(共有)의 공공(公共)공간의 형태로 활용되고 있다.

결과적으로, 집합적 행동의 문제점 극복을 지향하는 사적 도시공간의 공적이용성 확대는 시의적절하고, 재원부담이 거의 없으며, 개발·이용 과정에서 시민들의 행태변화까지 바람직한 형태로 변화 가능하다는 측면에서 여러 측면에서 바람직한 방안으로 판단된다. 다만, 관련 대상영역의 범위와 영역확대가 현실적으로 이해관계 당사자들의 자발적 합의에 토대해야 한다는 점에서 용이하지 않다는 문제가 있다. 따라서 그 대상영역의 범위와 영역확대에 긴요한 사회적 근접성 측면을 분석할 의의가 있는 것이다.

분석결과는 다음과 같다. 첫째, 생산중심 인프라와 생활인프라를 조화롭게 발전시켜가는 과정에서, 지방자치단체의 재원부담이 상대적으로 낮은 사적 도시공간의 공적이용성을 확대시켜 갈 필요성이 있다. 그리고 이와 같은 방안은 도시재생 과정에서 새로운 관점 및 발상전환 흐름과도 부합한다. 즉, 정부가 2013년 6월 4일 「도시재생 활성화 및 지원에 관한 특별법」을 제정하고, 쇠퇴하고 있는 도시지역의 경제·사회·문화 등 종합적 재생을 체계적으로 지원하기 위한 노력과도 일치한다. 이와 같은 상황은 사례도시들의 경우뿐만 아니라 우리나라 거의 모든 도시들에 공통되는 사안으로 판단된다. 이것은 유사한 기능확대를 강조하는 서울시 '그린파킹 2006'사업, 인천시 '300만 그루 나무심기' 사업, 부산시 '내 사랑 부산운동' 등의 경우들에서도 부각되고 있다.

둘째, 사례도시들에 한정되는 것은 아니지만, 국내 도시들은 고령화, 핵가족화와 1인 가구 증가추세 등을 경험하고 있다. 그 과정에서 지역사회 공동체 의식이 상실되고 있고 소통문제가 심각한 것으로 알려져 있다. 생활인프라의 확충을 통해서 주민들의 안정감과 귀속감, 그리고 사회적 욕구를 충족시켜갈 필요가 있다. 분석결과, 관련 어젠더 형성과 조직화 자체가 선도적인 개인 내지 집단의 자발적인 노력에 기인하는 것으로 보인다. 즉, 지역사회 공통이슈에 대한 공통인지에 따른 어젠더 형성과 조직화라기보다는, 공통이슈에 대한 선도적인 인지가 선행되고, 그 선도적인 인지 개인 또는 집단의 노력으로 동조 폭이 확대된 것으로 보인다. 기존에 존재하고 있던 사회적 근접성이 관련 사업 시행을 촉발시켰다기보다는, 선도적인 개인 및 집단, 그리고 행정기관의 기여로 사업이 촉발되고, 그 실행과정에서 사회적 근접성이 영향을 발휘하고, 성과확산과정에서 사회적 근접성이 제도적 근접성, 네트워크 등에 영향을 미치는 선순환적 형태, 즉 사회적 근접성이 사회적 자본으로 제한적인 범위에서 강화되는 모습을 보여주고 있다.

셋째, 두 사례 모두 일반주민들의 자발적 사회성의 발현보다는 선도적인 개인과 집단의 존재, 가시적인 결과의 시현, 그리고 공공부문의 기여 등이 어우러져서 사업추동력이 강화되고 있기 때문에, 민간 주도의 사적 도시공간의 공적이용 형태보다는 시발은 준공공기관의 선도적인 개인 또는 집단이 주도하고, 그 이행과정은 주민, 준공공기관, 그리고 관 등이 주도하는 '민+준공공+관' 협력형 거버넌스 구조가 적합한 것으로 보인다. 따라서 운영상의 공공성이 전제되면, 조성방식과 사후관리 측면의 시민 자율성이 최대한 확보되어야 하는 것으로 판단된다. 궁극적으로, 사회적 규범에 토대해서 사적 도시공간의 공적이용성이 확대되어 나가야 하는 것으로 판단되기 때문이다.

넷째, 생활밀착형 공공공간의 조성·활용·확산은 기본적으로 해당 지역사회 구성원들의 행태변화를 전제하는 것이다. 따라서 지속적인 관련 정보의 축적 및 교육, 홍보 등이 강화될 필요가 있다. 그 과정에서 CCTV 등의 기술적 장치의 필요성이나 사후관리가 필요하면 적극적 수용과 지속적이고 신속한 관리가 필요할 것으로 판단된다. 이런 맥락에서, 다양한 구성실체로 조직화된 '대구사랑운동시민회의'의 역할과 한계에 대한 추가적 분석은 의의가 있을 것으로 보인다.

다섯째, 사적 도시공간의 공적이용을 통해 주민들 간 만남의 기회가 만들어지고 일상적인 인사를 나누는 것도 중요하지만, 보다 중요한 것은 피상적인 상호관계 개선에서 개별적인 목적(예: 음악, 축구 등)을 공유한 친밀한 사회관계 개선으로 나아가는 것이다. 그래서 궁극적으로 지역사회 공통사안에 대해 서로 협력하고 발전방안을 도출하는 사회적 근접성 내지 사회적 자본의 강화과정이 필요하다. 그런데 두 사례 모두 토크빌(A. de Tocqueville)이 언급(퍼트넘, 2009: 199)했던 '올바르게 이해된 자기이익'을 토대로 한 포괄적 호혜성의 강화로는 아직 제대로 진전되지 못한 것으로 판단된다. 다만, 이와 같은 결과는 사업 자체의 문제라기보다는 아직 새로운 씨앗이 두 번째, 세 번째 연속적인 결실을 맺지 못했기 때문으로 판단되고, 따라서 추가적인 시간이 필요하거나 또 다른 촉발적인 계기의 필요성을 시사하는 것으로 판단된다.

사회적 생산력 및 소득수준 증대, 주 40시간 근무제 정착과 휴가제도의 확산, 급속하게 발전하고 있는 정보통신네트워크는 최근 확산되고 있는 자기개발욕구, 자기 즐거움에 대한 관심, 유사한 생각이나 취미를 교류하고 공유하고자 하는 욕구 등은 일과 여가를 동시에 즐기려는 새로운 문화소비 형태로 나타나고 있다. 특히 이러한 변화는 생활권 주변의 사적 도시공간 및 시설에서 흔히 발견되고 있다(김효정, 2008). 다만, 이런 시설은 서점이나 카페, 백화점, 갤러리 등과 같이 기본적으로 수익성 추구를 목적으로 하는 것이므로, 여기서의 '사적 도시공간의 공적이용' 사례에 속하는 것은 아니다. 하지만, 이와 같은 시설 역시 기본적인 기능에서 유사하고, 현대인의 문화소비성향을 반영하고 있고, 삶의 질 제고에서 중요한 기여를 수행하게 될 것으로 예상되기 때문에, 공공정책에서 새로운 조명이 필요할 것으로 판단된다. 또한 공공부문 역시 최근에 다기능 복합화를 지향하는 생활밀착형 문화여가시설을 확충하고자 노력하고 있다. 작은 도서관 사업이나 생활친화적 공간조성 사업, 지역문화커뮤니티 조성사업, 지역유휴공간을 통한 문화시설 확충사업 등이 전형적인 사례가 될 수 있다(김효정, 2013: 19-22). 이 경우는 '공적 도시공간의 사적이용성'의 사례에 속하지만 기능적 측면에서는 생활인프라로서 작동하는 것이다.

참고문헌

구자훈(2010). 도시설계적 관점에서 본 공공디자인 정책의 평가. 『건축』, 54(5): 52-56.

김도희 · 하상근(2013). 울산광역시 남구 민관협력거버넌스의 추진실태분석에 따른 성공요인과 정책적 효과분석: 지역재생을 위한 '지붕없는 미술관' 신화마을 조성사업을 중심으로. 『지방정부연구』, 17(3): 93-123.

김수봉(2004). 한국의 공동체 도시환경 개선사업 평가: 대구 광역시 담장 허물기 사업을 사례로. 『한국환경과학회지』, 13(10): 863－870.
김수봉 · 정응호 · 이승지(2006). 대구광역시 담장 허물기 운동의 정체성과 나아갈 방향. 『한국주거학회논문집』, 17(3): 51－60.
김은희 · 김경민(2010). 『그들이 허문 것이 담장 뿐이었을까』. 한울.
김효정(2013). 생활밀착형 문화 · 여가시설 확충. 『국토』, 8: 15－22.
박재길(2013). 생활밀착형 인프라 공급이 필요한 시대. 『국토』, 8: 2－3.
박종화(2015). 사회적 자본의 분포 불균등성: 처방적 정책논리의 탐색. 『한국행정논집』, 27(1): 1－22.
배웅규(2013). 도시와 농촌이 융합하는 재생시대의 생활인프라 확충과제. 『국토』, 8: 37－47.
소진광(1998). '삶의 질' 개념과 도시정책적 함의. 『지역사회개발연구』, 23(1): 65－84.
애리얼리, 댄(2008). 『상식 밖의 경제학(장석훈 역. 원저 *Predictably Irrational* by D. Ariely』. 청림출판.
이권희(2017). 도심재생에서 역사문화콘텐츠의 활용이 사회적 자본 형성에 미치는 영향. 경북대학교 박사학위논문.
이권희 · 박종화(2015). 역사문화 콘텐츠의 활용이 도시민의 사회적 자본 형성에 미치는 영향: 대구 역사문화 콘텐츠 활용의 경험. 『국토연구』, 86: 59－75.
이규선 · 성순아 · 황희연(2012). 청주시 사직2동 마을만들기 단계별 특성연구: 추진사업 및 참여주체를 중심으로. 『국토계획』, 47(4): 145－157.
이상민(2013). 참여중심의 생활밀착형 공공공간 확충. 『국토』, 8: 48－54.
이소영(2011). 지역 커뮤니티 활성화를 위한 공공디자인 추진방안. 『창조적 지역발전전략』. 한국지방행정연구원. 221－341.
이영아(2013). 사회적 약자를 위한 생활인프라 공급과제. 『국토』, 8: 29－36.
이원훈 · 이창수(2007). 미래지향적인 커뮤니티 시설유형 설정에 관한 연구. 『국토계획』, 42(4): 95－113.
이은지 · 최현선(2015). 도시 커뮤니티 형성 과정의 탐색: 서울시 서대문구 마을공동체 만들기 사례를 중심으로. 『국토연구』, 84: 75－94.
이재완(2014). 서울시 마을 공동체 사업의 주민참여 결정요인에 관한 연구: 정책인지도를 중심으로. 『지방정부연구』, 17(4): 409－437.
임도빈(2009). 질적 연구방법의 내용과 적용전략. 『정부학 연구』, 15(1): 155－187.
조판기(2013). 생활인프라 공급실태와 정책과제. 『국토』, 8: 6－14.
전지훈 · 최문형 · 정문기(2015). 지역의 공동체활동과 문화 및 지역발전과의 관계에 대한 연구: 코인스트리트, 나가하마, 삼덕동의 사례를 중심으로. 『한국행정논집』, 27(1): 87－114.

퍼트넘, 로버트 D.(2013). 『나홀로 볼링-사회적 커뮤니티의 붕괴와 소생(정승현 역, *Bowling Alone: The Collapse and Revival of American Community* by R. D. Putnam, 2000)』. 페이퍼로드.

Boschma, R. A.(2005). Proximity and Innovation: A Critical Assessment. *Regional Studies*, 39(1): 61-74.

Boschma, R. A. and Frenken, K.(2010). The spatial evolution of innovation networks: a proximity perspective. In R. Boschma and R. Martin(eds.) *The Handbook of Evolutionary Economic Geography*, 120-135. Cheltenham, UK: Edward Elgar.

Coleman, J. S.(1988). Social Capital in the Creation of Human Capital. *American Journal of Sociology*, 94: s95-s120.

Hyman, J. B.(2002). Exploring social capital and civic engagement to create a framework for community building. *Applied Development Science*, 6(4): 196-202.

Jacobs, J.(1961). *The death and life of Great American Cities*. New York: Random House.

James, C., Kim, F., and Jerry, R. Jr.(1989). Community Development. In C. James and R. Jerry, Jr.(eds.). *Community Development in Perspective*. Ames: Iowa State University Press.

Knoke, D.(1990). *Political Networks: The Structural Perspective*. N.Y.: Cambridge University Press.

Levy, J. M.(2003). *Contemporary Urban Planning*(6th ed.). N.J.: Prentice Hall.

North, D. C.(1990). *Institutions, Institutional Change and Economic Performance*. N.Y.: Cambridge University Press.

Ostrom, E.(1990). *Governing the Commons: The Evolution of Institutions for Collective Action*. N.Y.: Cambridge University Press.

Ostrom, E. and Ahn, T. K.(2007). The Meaning of Social Capital and Its Link to Collective Action. *Workshop in Political Theory and Policy Analysis*. W07-19. 1-34. Bloomington, IN: Indiana University.

Singh, S. M.(2003). Neighborhood Strengthening through Community Building. *Comm-ORG Papers*. http://Comm-org.wisc.edu/papers.htm

Torre, A. and Gilly, J. P.(2000). On the analytical dimension of proximity dynamics. *Regional Studies*, 34: 169-180.

Uzzi, B.(1997). Social structure and competition in interfirm networks: the paradox of embeddedness. *Administrative Science Quarterly*, 42: 36–67. Inthaca, N.Y.: The Johnson School at Cornell University.

경남일보(2013.10.17). 주민이 참여해야 마을이 산다: 마을 만들기 원조 대구 삼덕동.
대구사랑운동시민회의 홈페이지(2015.10.1). 담장허물기 참여시설접수. http://www.daegulove.or.kr/bbs/board.php?bo_table=notice&wr_id=120
매일신문(2013.7.5). 1998년 삼덕동 가정집 담장 허물기 첫 발.
전북일보(2009.7.27). 마을 도서관 통해 공동체 첫걸음.

제 3 부

사회적 자본의 측정 이론과 경험

제 8 장 사회적 자본의 측정
제 9 장 사회적 자본 측정의 실제

제 8 장

사회적 자본의 측정

제 1 절 머리말

지난 20여 년 사이에, 사회적 자본이란 용어가 사회과학에서 가장 논란이 된 어휘 중 하나가 되었다. 사회적 자본 개념은 다양한 사회적 및 정치적 '질환(ills)'에 대한 대처방안이 되는 '무엇'으로서 주목받고 있다. 사회적 자본은 지역사회 유대감과 공동체 의식의 상실, 민주주의에 대한 믿음의 쇠퇴, 근린 노후화, 교육적 성취의 감소, 소소한 형태의 범죄의 증가, 부패의 확산, 그리고 보건문제 등을 다룰 수 있는 '무엇'으로 기대되고 있다(van Deth, 2008; Engestrom, 2000: 2).

사회적 자본은 물리적 자본이나 금융적 자본의 보완물 내지 촉매물(catalysts)이자, 권력과 행동역량의 원천으로서의 성격이 강조되고 있다. 사회적 자본 개념은 개발과정에서 '잃어버린 연결고리(the missing link)'로서 주목받고 있으며, 동시에 보다 광범위한 경제적 발전의 원천으로서의 성격이 강조되고 있다(Fine,

2001; Burt, 2000; Grootaert, 1998; Knack and Keefer, 1997). 동일 맥락에서, 보스웰(Bothwell, 1997: 249)은 "사회가 가지고 있는 사회적 자본의 양이 많으면 많을수록, 그 사회에서의 거래는 보다 능률적이 되고, 그래서 그 사회는 더욱 생산적이 된다"라고 주장한다. 퍼트넘(Putnam, 2009) 역시 사회적 자본은 우리를 더 스마트하게 하고, 건강하게 하고, 안전하게 하고, 부유하게 하고, 그리고 정의롭고 안정적인 민주주의를 보다 잘 꾸려 나갈 수 있도록 한다고 하며 사회적 자본의 긍정적인 측면을 강조하고 있다.

그런데 사회적 자본은 그 중요성에 비해 개념의 다양성과 무형적인 특성으로 인해 사회적 자본의 크기나 범위를 측정하기가 용이하지 않다(이동원 · 정갑영 외, 2009: 126; van Deth, 2008). 개념 정의의 다양성으로 인해 척도의 이질성이 불가피하고, 암묵적이고 관계적인 내용으로 인하여 측정이나 성문화가 여의치 않으며, 기능적 개념의 강조 등으로 결과를 기초로 조작화하는 과정에서 결과와 지표의 뒤죽박죽이 나타날 수 있기 때문이다. 그런데 측정이 여의치 않으면 그 개념의 현실 적용성은 현저히 낮아지게 된다. 저명한 경영학자인 피터 드러커(P. Drucker)의 유명한 언급처럼 측정할 수 없는 것은 현실에서 관리할 수 없기 때문이다. 문제점 파악 및 개선방안 도출에서 심각한 장애에 직면하게 될 수밖에 없다. 따라서 여기서는 사회적 자본 측정과정에 핵심적인 요소인 사회적 자본의 정의와 형태를 우선 밝히고자 한다. 이어서 사회적 자본 개념의 다양성을 전제로 사회적 자본의 측정상의 유의점과 적용 가능한 척도와 지표를 검토한다.

제 2 절 사회적 자본의 정의와 형태

사회적 자본이란 무엇인가? 사회적 자본의 측정 및 관련 문제점에 대한 논의는 사회적 자본의 정의에서 시작할 수밖에 없는데, 정작 사회적 자본이 정확히 무엇을 뜻하는지가 분명하지 않다. 최근 사회적 자본 개념이 거의 일상용어처럼 이용되고 있지만, 그 개념의 배후에 있는 아이디어는 사회과학에서 새로운 것이 아니다. 하나의 개념으로서 사회적 자본은 거의 100여 년의 역사를 가지고 있다(Portes, 1998: 2). 지난 20여 년 간 현대적 사회적 자본 개념의 유행은 부르디외(Bourdieu, 1986), 콜먼(Coleman, 1988, 1990), 퍼트넘(Putnam, 2000, 2009) 등에 의해 불이 지펴졌다. 그런데 사회적 자본 연구의 이 세 선도자들은 각기 다른 이론적 전통에 토대하고 있다.

사회적 자본은 행위자들이 그들의 사회적 자본 자원을 어디서 획득하는가에 따라서 내재적 사회적 자본(internal social capital: ISC)과 외재적 사회적 자본(external social capital: ESC)의 두 가지 범주로 구분된다(Acquaah et al., 2014). 내재적 사회적 자본은 어떤 조직(특정 기업 근로자들), 어떤 공동체(어떤 동네 사람들), 또는 어떤 시스템(어떤 모임의 멤버들)의 개별 구성원들 사이에서의 사회적 네트워크 구조와 연결성, 또는 연계 등으로부터 얻어지는 것을 지칭한다. 반면에, 외재적 사회적 자본은 어떤 행위자, 조직, 또는 공동체와 그 각각의 중요한 외재적 이해관계자들 간의 사회적 네트워크 구조로부터 유도되는 것이다.

1 사회적 자본의 정의

자본의 고전 사회학적 논의를 배경으로 하는 부르디외(Bourdieu, 1986: 248)는 사회적 자본을 "상호 친숙함과 인지의 제도화된 관계성의 지속적인 네트워크를 보유함으로써 개인이나 집단에게 귀속되는 실질적인 자원(actual resources)과 가상적인 자원(virtual resources)의 총합"이라고 정의한다. 부르디외(P. Bourdieu)는 사회적 자본을 집합적인 현상이자 동시에 개인적인 현상으로 규정하고, 해당 자원에 대한 접근성과 네트워크를 중시한다.

합리적 선택이론(rational choice theory)에 의거하고 있는 콜먼(Coleman, 1988: s98)은 사회적 자본을 단일 실체가 아니고 다양한 실체이며 다음 두 가지 요소를 공통적으로 가지고 있다고 보았다. 첫째, 그 실체들은 모두 사회적 구조의 어떤 측면으로 구성된다. 그래서 그 실체들은 그 구조 내에서 행위자들—일반 사람이든 기업인이든—의 특정 행동을 촉진한다. 둘째, 다른 형태의 자본처럼 사회적 자본은 생산적이다. 사회적 자본이 부재했을 때에는 가능하지 않았을 특정 목적의 성취를 가능하게 한다. 물리적 자본이나 인적 자본처럼 사회적 자본은 완전히 대체 가능한 것은 아니고, 대개 특정 활동에 한정된다. 특정 행동을 촉진하는 데 가치 있는 어떤 주어진 사회적 자본 형태는 다른 행동에는 가치가 없거나 심지어 해가 될 수도 있다. 따라서 그는 사회적 자본의 공동체적 기능성을 강조한다. 결과적으로, 사회적 자본이 집합적 행동에 긍정적인 영향을 미칠 수 있을 것으로 본다.

미국의 공동체 논의를 배경으로 하는 퍼트넘 외(Putnam et al., 2000)는 사회적 자본을 어떤 조정된 행동형태를 촉진함으로써 사회를 보다 능률적으로 만들 수 있는 사회적 조직의 특성, 가령 신뢰, 규범, 네트워크 등으로 정의한다. 따라서 그는 사회적 자본의 문화적 측면(사회적 규범 및 가치, 신뢰, 의무 등)과 구조적인 측면(사람 간의 연계, 네트워크 간 연계)을 강조한다. 퍼트넘(R. D. Putnam)의 사회적 자본 정의는 집합체(공동체)에 초점을 둔다. 세계은행(World Bank)이나 경제협력개발기구(OECD)의 사회적 자본 정의 역시 모두 집합체(공동체)에 초점을 두고 있다. 세계은행은 사회적 자본을 어떤 사회의 사회적 상호작용의 질과 양을 규정하는 제도, 관계성, 그리고 규범 등으로 규정한다. 경제협력개발기구는 사회적 자본을 집단 내와 집단 간의 협력을 촉진하는 공유규범, 가치, 이해 및 네트워크로 정의한다(Cote and Healy, 2001: 41; Acquaah et al., 2014: 11 재인용).

이 세 선도자의 다양한 이론적 배경을 결합하고자 하는 이론적 노력들이 있었지만(Nahapiet and Ghoshal, 1998; Adler and Kwon, 2002), 이 다양한 배경들은 경험적 연구에서 아직 각각 차별적으로 나타나고 있다(Tura and Harmaakorpi, 2005). 나하피에트와 고샬(Nahapiet and Ghoshal, 1998: 243)은 사회적 자본을 "관계성의 네트워크에 착근되어 있는, 관계성의 네트워크를 통해 이용 가능한, 그리고 관계성의 네트워크로부터 유도되는 실질적 및 잠재적 자원의 총합"으로 정의한다. 애들러와 권(Adler and Kwon, 2002)은 사회적 자본을 넓게 정의하는데, 사회적 자본을 어떤 행위자의 사회적 관계의 구조와 내용으로부터 유도되는 것으로서 개인 또는 집단에게 이용 가능한 호의(goodwill)에 해당한다고 본다.

나하피에트와 고샬(Nahapiet and Ghoshal, 1998: 244)은 사회적 자본의 세 가지 측면을 분석적으로 분리한다. 사회적 자본의 구조적 측면(structural dimension)

은 전체적으로 네트워크의 패턴에 대한 것이다. 행위자들 간 연결의 구조 또는 패턴을 지칭하는 것으로서 당신이 누구에게 연결되고, 당신은 어떻게 그들에게 다가가고, 당신은 어떻게 자원과 정보를 공유하는지에 대한 것이다. 사회적 자본의 관계적 측면(relational dimension)은 네트워크 멤버들 간의 개인적 관계성(personal relationships)을 말한다. 사람들이 상호작용의 역사를 통하여 서로서로 발전시켜가는 개인적 관계성의 종류로서 우정, 존중, 평판, 신뢰성 등을 포함한다. 사회적 자본의 인식적 측면(cognitive dimension)은 사람들이 무엇을 느끼는가(가치와 인지)를 지칭하는 것으로서 가령 일단의 공통 목표와 비전, 공유의 표상, 가치, 의미의 해석 및 체계 등의 사회적 자산(social assets)을 말한다.

그림 8-1 사회적 자본의 여러 측면

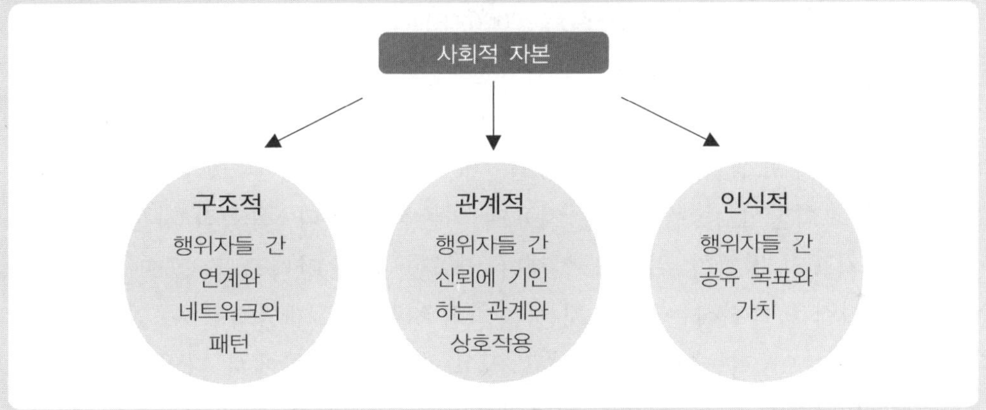

자료: 애큐어 외(Acquaah et al., 2014: 16).

나하피에트와 고샬(Nahapiet & Ghoshal, 1998: 245)은 네트워크에서 사회적 자본의 두 가지 중요한 생산적인 효과를 식별한다. 첫째, 사회적 자본은 행동능률성을 제고한다. 특히, 가외성을 최소화하고, 점검과정의 필요성을 낮추어서 거래비용을 줄이는 형태 등으로의 정보분배의 효과적인 방법을 창출함에 의해서 그렇다. 둘째, 사회적 자본은 적응적 능률성(adaptive efficiency)의 기회를 창출한다. 협력적 행태를 자극함에 의해서 사회적 자본은 창조적 상호작용과 집합적 학습과정을 촉진하게 된다.

그런데 사회적 자본에 대한 개념상의 명료성과 일치성에 대한 결여는 '어의적인 후유증(semantic fallout)'을 낳고 있다(Farr, 2004: 7, 10). 로체(Roche, 2004: 107)는 사회적 자본에 대해 '어떤 모호한 개념(a nebulous concept)'이라 비판하고 있으며, 애덤 외(Adam et al., 2003)는 사회적 자본을 '많은 표현형(phenotype)적 응용성이 있는 유전자형(genotype)'으로서 언급한다(van Deth, 2008). 조직적인 수준에서 사회적 자본의 다양한 측면, 특징, 척도, 결과, 요인, 지표 등은 공통적인 이해를 더 어렵게 한다. 개념정의의 다양성으로 인해 척도의 이질성이 불가피할 수 있다(Schuller et al., 2000: 26). 더욱이 사회적 자본에 관련된 많은 부분이 암묵적이고 관계적이어서 쉬운 측정이나 코드화를 어렵게 한다(OECD, 2001: 43). 뿐만 아니라 사회적 자본의 기능적 개념 강조로 인해 결과를 기초로 조작화(operationalizations)하게 되고 동의어 반복이나 결과와 지표의 뒤죽박죽이 나타날 수 있다(Stone, 2001: 5; Ferguson, 2006: 8).

사회적 자본에 대한 엄밀하고 구체적인 사전적 정의의 결여는 상황별 접근의 중요성을 제기한다. 예컨대, 퍼트넘(Putnam, 2009) 같은 학자들은 사회적 자본을 측정하기 위해 투표행위, 동네 술집모임, 카드 게임 파티나 피크닉 파티, 또는 헌혈활동이나 교회참석 등 광범위한 지표에 의존하고 있다. 사회적 자본의 조작화에서 이들 지표의 정확한 위상이 언제나 명료한 것은 아니지만, 그 메시지는 개인들 간에 협력을 촉진하는 어떤 것은 사회적 자본으로 개념화될 수 있다는 것이다. 사회적 자본이 기능별로 정의되고 있고, 다양한 상황에서 다양한 방식으로 포착될 수 있으므로 사회적 자본 개념의 실질적인 의미는 선험적인 용어들로 고정될 수 없다는 것이다. 왜냐하면, 사회적 자본 개념의 실질적인 의미는 특정 상황에서만 나타나기 때문이다(van Deth, 2008).

만일 사회적 자본의 의미가 그 개념이 이용되는 실제적인 상황에 의존하고 있다면, 우리는 '상향적 접근'이 필요하다(van Deth, 2008). 어떤 상황에 있을지 알 수 없으므로, 미리 모든 상황을 상정하고 사회적 자본에 대한 선험적 정의를 내리기가 사실상 불가능하기 때문이다. 따라서 상황변수를 일단 배제하고 내재적 공통 특징(결정인자)부터 밝혀서 정의하고 점점 더 포괄적인 정의로 나아가는 방법이 보다 현실적인 접근방법이 될 수 있다. 예컨대, 나란얀과 캐시디(Naranyan and Cassidy, 2001)의 주장처럼 사회적 자본은 대부분 사회적 네트워크(구조와 연계), 신뢰, 규범(호혜성) 및 가치, 시민연계 등을 포함한다. 그리고 린(Lin, 2001)의 언급처럼 사회적 자본은 조직, 기관, 공동체 내에서, 그리고 그들 간에 사회적 관계의 네트워크의 결과로서 개인, 조직, 또는 집합체에 귀속되는 자원, 지식 및 정보로 넓게 파악할 수 있다.

따라서 여기서 사회적 자본의 결정인자와 정의는 다음 [그림 8-2]와 같이 나타낼 수 있다.

그림 8-2 사회적 자본의 결정인자와 정의

결정인자	정의
사회적 네트워크	개인, 집단, 조직 또는 커뮤니티가 그 편익을 위하여 사회적 네트워크, 신뢰, 공유규범, 시민연계 등을 통해 자산 또는 자원, 지식, 그리고 정보를 확보 또는 획득하는 능력
신뢰 및 호혜성	
사회적 규범, 가치, 그리고 사회적 구조	
사회적 네트워크	

자료: 애큐어 외(Acquaah et al., 2014: 36).

2 사회적 자본의 형태

사회적 자본은 사회적 네트워크 연계의 강도와 다양성을 기초로 세 가지 종류, 즉 인연적(bonding) 사회적 자본, 교량적(bridging) 사회적 자본, 연계적(linking) 사회적 자본으로 분류될 수 있다. 물리적 자본의 형태는 공장, 기계, 도로 등으로 나타나고, 인적 자본의 형태는 다양한 지식과 기술 등으로 표시할 수 있다(Schultz, 1961). 사회적 자본의 형태는 신뢰, 네트워크, 제도 등으로 나타난다.[1)]

1) 오스트롬과 안(Ostrom and Ahn, 2007)은 신뢰 그 자체는 사회적 자본의 형태가 아니라고 본다. 신뢰는 사회적 자본의 형태들(신뢰성, 네트워크, 제도 등)을 성공적인 집합적 행동으로 연계하

1) 신 뢰

사회적 자본의 구조적인 측면은 대개 사회적 네트워크로 형상화되지만 사회적 자본의 문화적인 측면은 신뢰, 시민규범, 가치 등으로 나타나게 된다. 물론 사회적 자본의 구조적인 측면인 사회적 네트워크가 사회적 자본의 문화적인 측면인 신뢰, 시민규범, 가치 등의 발전을 촉진하고, 사회적 자본의 문화적인 측면이 또한 사회적 자본의 구조적인 측면을 발전시키게 된다. 상호신뢰가 존재하는 경우에는 의당 협력파트너가 나를 속일 가능성이 줄어드는 것이다. 따라서 애로우(Arrow, 1972: 357)는 "사실상 모든 상업적 거래는 그 자체 내에 신뢰의 요소를 가지고 있다. 확실히 일정기간에 걸쳐 진행된 어떤 경우의 상업적 거래에서도 그렇다. 세계 각국의 경제적 낙후성의 많은 부분이 상호신뢰의 결여에 의해서 설명될 수 있다"라고 주장한다.

여기서 행위자 A가 원하는 상품을 행위자 B가 A에게 전달하기 전에 A가 대금을 지불해야만 하는 비즈니스 거래 사례 한 가지를 생각해 보자(Ostrom and Ahn, 2007). 만일 A가 돈을 지불하고 B가 상품을 전달하면, A와 B는 거래가 이뤄지지 않을 경우에 비해 훨씬 더 좋아진다. 그런데 B는 A가 돈을 지불한 이후에 조차도 상품을 A에게 전달하지 않을 유혹에 빠질지 모른다. 이와 같은 신뢰성 내지 신뢰의 결여는 A에게 순전한 손실을 남겨주게 될 것이다. 만일 A가 처음부터 B를 신뢰하지 않고 거래를 포기한다면, B는 자기 상품을 A에게 팔고 자신의 부(富)를 증진시킬 기회를 상실하게 될 것이다. 따라서 신뢰성 내지 신뢰는 현대 생활에서의 많은 복잡한 거래의 완성에 필수불가결한 요건이 되는 것이다. 즉, 신뢰는 신뢰하는 사람과 신뢰받는 사람 양자 모두에게 그들의 부 내지 복지를 증진하는 기회를 내재하고 있다.

과잉 예약 67% 달한 설 귀성 열차표는 낮은 '신뢰 · 배려 인프라' 수준을 드러내는 부끄러운 우리 모습이다. 노쇼(No Show)는 타인에게 손해 끼치는 갑(甲)질, 자칫하

는 사회적 자본 형태들의 결과(outcome)로 본다. 하지만, 현실에 있어서 신뢰성, 네트워크, 제도와 신뢰의 관계가 구분이 여의치 않거나 단순히 원인과 결과 간의 관계가 아니라 상호상승적인 순환적 관계가 나타날 수 있으므로 여기서는 구분하지 않고 신뢰를 사회적 자본의 형태로 간주한다.

면 한국 전체가 '불량상품'되는 부메랑으로 돌아 올 듯하다. 환불 수수료 높이는 등 가격장치로 소비자 행태 매너 있게 유도해야 할 시점에 있다. (과제는) 우리 사회 곳곳에서 벌어지는 서비스 상거래 밑바닥에, 신뢰와 배려라는 인프라를 깔아 비효율과 불공정을 줄이는 것이다. 가령 작게는 건당 500~1,000원 벌기 위해 종종걸음을 치는 택배기사를 30분씩 기다리게 하는 것, 음식점 노쇼로 왕창 사둔 음식 재료를 못 쓰게 만드는 행위 하나하나가 타인에게 얼마나 손실을 끼치는 '갑질'인지는, 거래 상대방에 대한 배려심이 없다면 도무지 이해를 못 하는 '경제 문맹'들이 하는 행위다. 이렇게 해서 발생하는 사회적 비용이 연간 수조원이다. 한국 찾는 외국 관광객을 '일회성 거래'로만 여기고 바가지 왕창 씌우는 상술이 판치면 한국은 '두 번 다시 오고 싶지 않는 나라'가 된다. 낮은 신뢰로, 한국 전체를 재구매하기 싫은 불량상품으로 만들어 버리는 부실 경제행위다(강경희, 2016.2.18).

표준적 비협력 게임이론인 '죄수의 딜레마(the prisoner's dilemma) 게임'을 보면 이기적인 개인들은 상대가 배신을 선택하든 협력을 선택하든 자신은 배신할 때 더 큰 이익을 얻게 되어 있다. 그리고 상대방도 동일한 선택상황에 직면해 있기 때문에 서로 배신할 수밖에 없는 결정구조가 탄생하게 된다. 따라서 '딜레마'이다. 그런데 여기서 '죄수의 딜레마 게임'의 구조를 조금 변형시켜, 그와 같은 결정이 단기간에 한번에 끝나는 것이 아니고 중·장기적으로 개인들 간의 반복적인 상호작용 — 활발한 네트워크 — 이 존재한다면 어떻게 될까? 이기적인 개인은 반복적인 거래를 통한 중·장기적 이익 때문에 서로서로 신뢰에 보답할 가능성이 커진다. 여기서 사회적 자본의 또 다른 형태인 네트워크를 검토해 볼 필요가 있다.

사회적 상호작용 구조에 의해 신뢰성 내지 신뢰가 형성되는 것으로 보인다. 하지만, 사회적 상호작용 구조에 착근되어 있는 인센티브로 신뢰를 모두 설명할 수는 없다. 왜냐하면, 우선 어느 사회든 야마기시(Yamagishi, 2001: 143)가 강조하는 일반적 신뢰(generalized trust) — 다른 사람들의 신뢰성에 대한 기본적인 기대—의 수준이 있고, 그 일반적 신뢰수준에 의해 우리의 행위수준이 결정되기 때문이다. 한 번도 본 적이 없고 다시 만날 가능성도 없으며 외부제재의 가능성도 없는 경우라도 우리는 도움을 요청하는 누군가를 만나게 되면 그 사람의 '순수한 동기'를 신뢰해야 할지를 고민하게 되고 판단하게 된다. 이 경우, 신뢰할 만한 개인들의 분포는 피신뢰자의 관찰할 수 있는 특징(만일 이것들이 관찰될 수 있다면), 가령 용모, 의상, 성별, 연령, 언어, 그리고 기타 등등에 토대하게 될 것이다 (Frey and Bohnet, 1996; Ostrom and Ahn, 2007: 12－13 재인용).

화폐적 지불구조를 이용하는 다양한 실험결과에 의하면, 피신뢰자의 입장에 있는 개인들의 상당한 숫자는 되갚음을 정말 선택한다. 그와 동시에 모두가 되갚음 선택을 하는 것은 아니고 차이가 나타난다.

> 남녀 대학생 50명을 스튜디오로 초대해 각각 25명씩 두 방에 안내하고, 그 각각에게 1번부터 25번까지 번호를 부여한다. 한 쪽 방은 '제안자'의 방이 되고, 다른 쪽 방은 '응답자'의 방이 된다. 물론 서로는 친분관계가 없는 사람들이다.
>
> 신뢰게임의 규칙:
>
> • 천 원짜리 열 장, 1만 원을 제안자에게 지급한다.
> • 제안자는 응답자에게 보낼 금액을 결정한다.
> • 응답자는 제안자가 낸 금액의 세 배를 받는다.
> • 응답자는 다시 제안자에게 되돌려 줄 금액을 결정한다.
>
> 여기서 제안자는 1만 원을 다 자신이 가질 수도 있고, 전부 응답자에게 줄 수도 있다. 제안자와 응답자들은 어떤 선택을 할까가 신뢰게임의 요점이다. 제안자들이 응답자에게 건넨 평균 금액은 7,520원이었다. 응답자가 제안자에게 되돌려 준 금액은 평균 11,240원, 그러니까 받은 금액의 50% 정도를 되돌려 준 것이다. 응답자의 선택 기준에 대해 물어 본 결과,
>
> "애초에 1만 5천 원 윗선을 예상했는데 얼굴도 모르는 상태에서 제안자가 1만 원을 다 주었어요. (제가 받은 3만 원 중) 그 믿음에 보답하기 위해 1만 8천 원을 넣었어요. 3천 원은 감사의 표시예요. 그 쪽에서 호의를 베풀었기 때문에 같이 베풀었어요. 믿음을 받았기 때문에 믿음을 돌려 드린 거라고 생각해요." "돌려주지 않았어요. …… 상대방이 누구인지도 모르고, 상대방도 저를 모르기 때문에 조금 이기적이지만 그런 선택을 했습니다. '돈 앞에 장사 없다'고 하잖아요. 미안한 감정도 있었지만 어찌 되었던 간에 선택이기 때문에 후회는 없습니다."
>
> 여기서 돈을 되돌려 받은 제안자들의 반응을 물어 본 결과,
>
> "하나도 안 받을 생각을 하고 3천 원만 갖고 나머지를 다 넣었는데 9천 원을 받았어요. 생각보다 많이 받아서 기분은 좋아요." "1만 8천 원이 들어 있었어요. 저의 진심이 통한 것 같았어요. 1만 5천 원이 최대라고 생각했는데 1만 8천 원을 받으니까

뿌듯했어요. 믿는 마음에 올인한 것을 좋게 봐준 거 아닐까요?" "1만 원이요. 예상보다 조금 적어요. 제가 그 당사자를 모르지만 신뢰한다는 것을 어필하려고 8천 원을 넣었는데."

제안자가 가진 돈의 평균 75% 정도를 응답자에게 주는 것을 통해 사람은 물질적인 이익만 추구하는 존재가 아니라는 것을 보여준다. 적어도 내가 호의를 보이면 상대편도 호의를 보일 거라는 믿음이 있다는 것을 알 수 있다. 응답자 역시 자신이 받은 금액의 50% 정도를 돌려줌으로써 제안자의 믿음이 틀리지 않았음을 확인시켜 주었다. 이러한 호혜성의 원칙은 사회적인 쟁점을 해결할 때, 쟁점의 당사자 모두에게 이익이 되는 방향으로 문제를 해결하는 윈-윈(win-win) 전략이다(KBS 사회적 자본 제작팀, 2011: 54-61).

현대 시장경제와 민주적 정치질서의 잠재성은 친밀한 관계와 가까운 네트워크의 경계 너머에 있는 다른 사람들과의 관계와 이해에 상당부분 의존하고 있다. 성공적인 시장경제와 민주주의의 바로 그 조건은 아주 많은 사람들이 다양한 규모의 집합적 행동을 성취하기 위하여 다른 사람들을 대할 때 — 그들 중 많은 사람들은 서로서로 모르고, 그리고 반복된 상호작용 또는 네트워크를 구체화하기 어렵다 — 서로서로 믿을 수 있는 방식으로 연결되어 있는지의 여부에 달려 있는 것이다. 이들 관계성 중, 많은 것들이 아마 단일적 상황 또는 아주 제한된 숫자만 반복되는 상황으로 특징화될 것이다. 그런 사회적 관계성의 수립 및 유지는 그 구조에 의해 제공되는 인센티브에 의해서는 설명되어질 수 없는 사람들의 신뢰성에 상당부분 의존하고 있는 것이다(Ostrom and Ahn, 2007).

채프먼대 경제학과 바트 윌슨 교수의 신뢰게임의 변형실험

A, B 두 집단에 10달러씩 똑같이 나눠준다. 두 집단의 사람들은 상대편의 선택결과를 볼 수 없다. 여기서 A집단에 제안을 한다. "게임을 끝내고 각자 10달러씩 가지고 돌아가거나 B에게 10달러를 건네거나 둘 중 하나를 선택하세요." 만약 여기서 A가 후자를 선택하면 실험자는 A가 준 10달러의 세 배에 해당하는 30달러를 B에게 준다. 이제 B는 40달러를 가지게 되는데, 여기서 B에게 새로운 선택을 제안한다. "A에게 15달러를 나눠주거나 또는 40달러를 자신이 모두 갖는 것 중 하나를 선택하세요." 물론 A와 B집단 모두 사전에 게임 규칙을 숙지하고 있다.

자, 여기서 어떤 선택결과가 이뤄질까? 선택의 기로에서 방황할 때 경제학의 기본 원리는 '부분 게임 완전 균형'이다. 결정의 순간에서 사람은 자신에게 가장 큰 이익이 되는 전략을 우선적으로 선택한다는 원리다. 즉, B의 경우 25달러와 40달러 중 하나를 선택하라고 하면 40달러를 선택하게 된다는 것이다. 실험의 결과는 흥미롭다. A집단의 절반은 10달러를 받고 게임을 끝냈고, 나머지 사람들은 10달러를 B에게 건넸다. 그 다음에 B집단의 3분의 2는 15달러를 A에게 돌려주었고, 나머지 3분의 1은 40달러를 모두 가져갔다. 왜 B집단의 3분의 2는 '부분 게임 완전균형' 원리와 배치되게 15달러를 A에게 돌려주었을까? 분명한 것은 사람은 언제나 물질적인 이익만 추구하는 존재는 아니라는 것이다. 특히, 인간은 다른 사람의 행동을 바탕으로 전략적인 선택을 하려는 심리적 기제가 있는 것이다. 역사적으로 사람은 다른 사람들과 신뢰관계를 맺고 살아 왔으며, 그 관계 속에서 자신의 이익만을 추구하지 않았기 때문에 사회가 발전하고 진화해 온 것이다(KBS 사회적 자본 제작팀, 2011: 64－66).

2) 네트워크

퍼트넘 외(Putnam et al., 2000)는 사회적 교환의 촘촘한 네트워크를 일반적 호혜성 규범의 발전에 핵심적인 요건으로 규정한다. 사회적 네트워크가 촘촘하면 그렇지 않은 경우에 비해 거래 상대방의 신뢰성에 대한 정보전달이 용이하게 되고 사회적 교환의 패턴으로서 호혜성 규범의 융성이 촉진되기 때문이다.

네트워크 멤버들에게 정보를 두루 효율적으로 전달하는 역량을 가진 촘촘한 수평적 네트워크(dense horizontal networks) — 인연적 사회적 자본 — 에서는 순전히 이기적인 동기만을 가지고 있는 사람들의 경우도 믿을 만한 방식으로 행동하는 인센티브를 만든다. A와 B 사이의 거래는 반복적인 성격의 것이 아니라 하더라도, A가 B와의 거래에서 믿을 만하게 행위하는지의 여부에 따라서 A와의 미래 거래에 영향을 받고, 그리고 거래에 대한 정보를 획득하는 C와 D라는 다른 행위자가 있다면, A는 B를 배신하지 않을 인센티브가 있다. A는 B와의 거래로부터의 미래이익에 대한 전망이 아니라, C와 D와의 미래 거래에 대한 기대이익이 있기 때문이다(Ostrom and Ahn, 2007).

크리슈나(Krishna, 2002)와 베이커(Baker, 2005) 등의 인도의 벽지 커뮤니티 연구결과를 보면, 어려운 상황에서 새로운 투자유치나 산사태 등 환경재난 대처

과정에서 인연적 사회적 자본과 교량적 사회적 자본이 어떻게 기능하는지를 동일 맥락에서 보여주고 있다. 인연적 사회적 자본과 교량적 사회적 자본을 모두 갖고 있는 로컬 커뮤니티들은 그 중 하나만을 가지고 있는 커뮤니티에 비해 큰 문제점을 해결하는 데 보다 효과적이었다. 그렇다면, 현대사회의 특징인 촘촘한 대면적 네트워크를 거의 형성할 수 없는 상황에서는 어떻게 개인들 간의 협력을 유지할 수 있을까? 이에 대해 다양한 연구결과들은 평판을 이용하여 협력을 유지할 수 있음을 강조하고 있다. 예컨대, 현대의 이베이(eBay) 피드백 시스템(Janssen, 2006; Resnick et al., 2006) 등은 전형적인 예이다.

3) 제 도

광의로 제도는 행동규정, 규칙, 제재 등을 일컫는다. 법적 규칙과 기타 공식적 제도는 집합적 행동문제를 해결하는 데 비효과적인 수단이며, 심지어 사회적 협력의 바로 그 기초를 손상할 수 있다는 다양한 연구결과들이 제시되고 있다. 하지만, 그렇다고 해서 다양한 영역에서 공식적 제도의 중요한 역할을 부인하는 정도로 나아가서는 안 된다. 법의 지배(a rule of law), 민주적인 분위기(democratic atmosphere), 그리고 잘 구조화된 정부(a well-structured government)는 어떤 사회의 경우에도 가치 있는 사회적 자본이다(Ostrom and Ahn, 2007). 다만, 어떤 사회도 공식적 법률이 일상생활에서 발생하는 모든 사안들을 다 포괄할 수는 없고, 그 빈칸은 당연히 수많은 작동규칙들로 채워져 가게 될 것이다. 그 과정에서 개인들은 법률상의 권리와 의무(dejure rights and duties)가 비실용적이거나 부적절한 것으로 판단될 때는 실제의 권리와 의무(de facto rights and duties)를 할당하는 그들 나름대로의 작동규칙을 고안할지 모른다(Ostrom, 1992: 20).

어떤 일반적인 공식적 규칙들의 집합체도 모든 맥락에서 작동규칙의 성공적인 적용 및 발전을 보장하는 식으로 존재하고 있는 것은 아니다. 개인들에 의해 이용되는 규칙들은 다른 형태의 사회적 자본의 창조를 장려하거나 또는 지체시킬지 모른다. 그리고 인적 자본과 물리적 자본의 수준과 영향에도 또한 영향을 미칠지 모른다(Ostrom and Ahn, 2007).

일반적으로 신뢰는 개인의 성향·관계 또는 제도를 기반으로 구축하는 것이

가능한데, 법이 공정하게 집행되고 계약이 보호되는 사회에서는 제도에 대한 신뢰가 개인에 대한 신뢰를 보완하는 것이 가능하다. 반면, 법·제도가 불투명하고 잘 준수되지 않는 사회에서는 타인에 대한 신뢰는 전적으로 개인적인 평판이나 인간관계에 의존하게 된다(Levi, 1998; 이동원·정갑영 외, 2009: 96–98 재인용).

엄격한 회원제로 운영되는 뉴욕시 다이아몬드 딜러스 클럽(DDC)의 회원들 간 명시적인 계약서 없이 거래 시 수십 만 달러 상당의 보석을 서로 빌려주고 빌려오고 하는 관행은 법·제도와는 또 다른 비공식적인 제도가 작동하고 있는 예에 속한다. '마잘(Ma–zal)'이라는 구두 약속을 통해 서로 믿고 거래하는 것은 누군가가 속일 경우 거래처는 물론 자신이 속한 가족, 종교, 지역 커뮤니티로부터 제명당하는 큰 불이익을 겪게 되기 때문에 강한 결속력과 상호규범을 토대로 하는 커뮤니티가 실제적으로 작동하고 있는 것이다(이동원·정갑영 외, 2009: 90).

제 3 절 사회적 자본의 측정상의 유의점과 지표

사회적 자본 분석수준이 개인, 집단, 또는 커뮤니티 등으로 다양하게 존재하고 있다. 하지만, 분석의 단위(the unit of analysis)는 개인, 집단, 또는 커뮤니티가 아니라, 이들 실체들 간에 존재하는 사회적 관계(social relations)임에 유의할 필요가 있다(PRI, 2005). 개인적 수준에서의 사회적 자본은 대개 사회적 네트워크를 나타내는 지표들을 이용하는 설문조사 방식으로 진행된다(van Deth, 2008; Acquaah et al., 2014: 23–26). 사회적 자본의 구조적인 측면은 신뢰의 정도, 사회적 네트워크 구조 및 지위, 네트워크 멤버십의 수, 회합 멤버십과 사회적 참여, 사회적 연결성과 관계성(예: 인연적 사회적 자본, 교량적 사회적 자본, 연계적 사회적 자본 등), 그리고 사회적 자원의 양을 이용하여 측정한다. 사회적 자본의 구조적 측면은 신뢰와 유대, 네트워크 구조, 네트워크 연계, 회합 멤버십과 자원봉사활동 등을 이용하여 측정되어 왔다(Bourdieu, 1986). 사회적 자본의 관계적 측면의 측정은 사회적 네트워킹과 관계성, 그리고 신뢰에 초점을 두어 왔다. 보다 구체적으로, 사회적 상호작용, 사회적 관계성, 사회적 네트워킹, 사회적 자원, 사회적 응집성, 연관성 등을 포함한다. 사회적 자본의 인식적 측면의 측정은 신뢰, 호혜성, 안전감, 공유 목표, 공유 문화, 다문화 관점 등에 초점을 맞추는 지표를 이용하여 측정되어 왔다.

1 사회적 자본의 측정상의 유의점

사회적 자본의 추상적인 성격과 그 정의에서의 일치성의 결여는 보편적인 측정수단의 모색에 큰 장애요소가 되고 있다(Acquaah et al., 2014). 사회적 자본에 대한 경험적 연구를 위한 출발점으로 사회적 자본의 정의와 형태에 대하여 개괄적 검토를 했다. 검토결과, 다음과 같은 점들은 분명한 것으로 보인다(Tura and Harmaakorpi, 2005).

첫째, 공공정책 연구에서, 사회적 자본은 종속변수로서 뿐만 아니라, 특정 연구 의문점의 파악에 기여할 수 있는 독립변수로서 탐색할 필요가 있다. 공공정책과 사회적 자본 간의 관계는 쌍방향적인 영향관계이고, 따라서 선순환적인 연계고리 모색이 중요하다. 연구전략의 선택은 공공정책 목적들과 다양한 정책영역의 특정 수요에 강하게 의존한다. 개인적 사회적 자본과 집합적 사회적 자본에 대한 연구를 진척하기 위하여, 새로운 혁신적인 도구들과 전통적인 기법들이 결합될 필요가 있다.

둘째, 사회적 자본은 단일 원천이 아닌 여러 요소로 이루어진 다측면적인 현상이다. 루스카넨(Ruuskanen, 2001: 45−47)은 사회적 자본의 세 가지 기본적인 원천을 구분한다: 사회적 규범 및 통제(social norms and control), 공통 정체성(common identity), 그리고 계몽된 합리성(enlightened rationality).[2] 이들 원천이 거래비용의 감소 또는 사회적 지원 획득과 같은 편익을 창출하는 것이다. 따라서 사회적 자본의 경험적인 분석에서는 그와 같은 점이 고려되어야 한다. 다만, 개별 경험적 연구에서 사회적 자본 개념의 범위를 제한하는 것은 물론 가능하다.

셋째, 로르센 외(Laursen et al., 2007)나 스톤(Stone, 2001: 4−6)이 우려하는

2) 이기적인 행동의 단기편익보다는 협력의 장기편익을 선호하는 것 등을 지칭한다.

것처럼, 사회적 자본 연구는 흔히 사회적 자본 그 자체의 원천 내지 지표라기보다는 사회적 자본의 행태적 결과(behavioral outcomes)의 측정에 의존해 왔다. 울콕(Woolcock, 1998)은 사회적 자본은 그 효과 또는 결과(예: 자원)보다는 오히려 원천이나 결정인자(예: 사회적 연계 또는 사회적 네트워크)에 의해 식별되어야 한다고 주장해 왔다. 예컨대, 사회적 자본의 행태적 결과로 볼 수 있는 시민참여(civic engagement)(공식적 회합의 멤버십, 투표행동 등)의 수준이 흔히 사회적 자본의 근사지표로서 이용되어 왔다. 나라얀과 캐시디(Narayan and Cassidy, 2001)는 사회적 자본을 측정하기 위해 이용되어 온 일부 대리물(proxies)들, 가령 정치적 참여, 안전, 사회적 응집성 등은 실질적으로 사회적 자본의 결과라고 주장한다. 뿐만 아니라, 자살률이나 실업률 등 지표들이 사회적 자본의 역(逆)지표로서 이용되어 왔다. 사회적 자본의 행태적 결과들이 사회적 자본의 타당한 지표일 수도 그렇지 않을 수도 있지만, 행태적 결과 그 자체는 사회적 자본의 척도로 이용할 수는 없다. 동어 반복적(tautological)인 문제점이 있다.

> 사회적 자본의 지표로서 사회적 자본의 결과에 의존하고 있는 연구는 필연적으로 사회적 자본이 그 결과에 관련되어 있을 수밖에 없다. 하지만, 왜 그런지 사실 그런지 어떤지에 대한 여부를 설명하는 경험적 수단은 결여되어 있다(Stone, 2001: 5).

넷째, 사회적 자본은 그 제도적 맥락 속에서 분석되어야 한다. 예컨대, 어떤 주어진 회합의 멤버들 간 전반적인 신뢰수준이 높다는 어떤 경험적 관찰은 그들 간의 신뢰수준이 높다는 것이지 다른 어떤 것을 밝혀주는 것은 아니다. 행위자의 사회적 자본과의 그 관련성을 이해하기 위해서는 우리는 그 신뢰수준이 어떻게 행동역량으로 '전이되는지(transferred)'를 이해할 필요가 있다. 즉, 어떻게 그 높은 신뢰수준이 행위자가 필요한 자원을 동원하는 기회를 증진하는지를 이해할 수 있어야 한다. 예컨대, 경험적 탐색은 네트워크 구조(사회적 자본의 존재여부)와 네트워크 역동성(사회적 자본의 작동방식)에 초점을 둘 필요가 있다. 개인적인 수준에서의 사회적 자본과는 달리 집단과 커뮤니티 수준에서의 사회적 자본은 집단과 조직 간에 존재하는 역동성 규명이 핵심이다.

다섯째, 분석의 단위(the unit of analysis)는 개인, 집단 또는 커뮤니티가 아니다. 오히려 분석의 단위는 이들 실체들 간에 존재하는 사회적 관계(social relations)이다. 다만, 이들 사회적 관계가 개인, 집단, 또는 커뮤니티에 자산과 같이 간주되고 작동하기 때문에, 분석수준에서는 개인, 집단, 또는 커뮤니티 수준에서 접근되고 있는 것이다.

2 사회적 자본의 지표

사회적 자본 측정 관련 기존 연구결과를 검토하면, 대개 사회적 자본의 양적 척도를 이용하고 있다. 개별 연구자들의 서베이 결과뿐만 아니라 세계은행(World Bank), 경제협력개발기구(OECD), 세계가치관조사협의체(www.worldvaluessurvey.org) 등과 같은 국제적 기관들이 조사한 서베이 자료와 사회적 자본 지수를 주로 이용하고 있다. 다만, 최근에 행태적 이론 또는 진화적 게임 이론에 토대한 집합적 행동 관련 모형들은 사회적 자본 관련 의문점을 밝히는 과정에서 흔히 실험적 방법에 의존하고 있다(Ostrom and Ahn, 2007).

사회적 자본 측정은 단일지표(예: 사회적 네트워크)를 이용할 수도 있고, 복합지수를 이용할 수도 있다. <표 8-1>은 사회적 자본을 측정하기 위해 이용된 대표적인 기존 지표들이다.

표 8-1 사회적 자본을 측정하기 위해 이용된 지표들

지 표	출처 및 연도	사회적 자본 지표(SCI)
세계가치관 조사(WVS)(유럽가치관 조사 포함)	http://www.worldvaluessurvey.org	• 일반적 신뢰 • 제도화된 신뢰 • 회합 멤버십 • 시민 규범
퍼트넘의 사회적 자본 지표도구	Putnam(2009)	• 커뮤니티 조직생활 • 공적문제 참여 • 커뮤니티 자원봉사성 • 비공식적 사회성 • 사회적 신뢰

일반사회조사 (GSS)	전국여론연구센터 시카고대(격년조사)	• 신뢰("일반적으로 말해서, 대부분의 사람들을 신뢰할 수 있다고 보는가 또는 사람들을 대하는 데 있어서 항상 조심해야 한다고 생각하는가?") • 공정성(fairness)("대부분의 사람들이 기회만 있으면 당신을 이용하려고 한다고 생각하는가 또는 다른 사람들이 공정하기 위해 노력하고 있다고 생각하는가?") • 도움이 됨(helpfulness)("거의 대부분 사람들이 도움을 주기 위해서 노력하고 있다고 생각하는가 또는 대개 사람들은 자기 자신의 이익만 챙긴다고 생각하는가?")
글로벌 사회적 자본 조사	Narayan & Cassidy(2001)	• 집단특성(회합 멤버십 포함) • 일반화된 규범 • 연대감(togetherness) • 일상 사회성 • 근린 연결성과 커뮤니티 참여 • 자원봉사성 • 신뢰(제도적 신뢰 포함)
New South Wales 연구	Onyx & Bullen(2000)	• 로컬 커뮤니티 참여 • 사회적 맥락에서 친활동성 • 신뢰감과 안전감 • 근린 연결성 • 가족과 친구 연결성 • 다양성에 대한 용인성 • 삶의 가치 • 업무 연결성
사회적 자본의 여러 가지 측면	Harpham(2008)	• 공식 및 비공식 조직의 정도와 참여 • 네트워크로부터의 정보와 정서적 및 도구적 지원 • 인지된 신뢰와 호혜성 • 공유 규범
세계은행의 사회적 자본 평가도구 (SOCAT)	Grootaert & Van Bastelaer (2002)	구조적 사회적 자본 • 로컬회합의 멤버십(회합멤버십의 수, 내적 이질성, 민주적 의사결정의 정도) • 네트워크(범위, 멤버십의 내적 다양성) 인지적 사회적 자본 • 신뢰의 지표(신뢰 기대, 신뢰를 요구하는 행태) • 규범준수 사회적 응집성 • 집합행동의 지표(자발적 협력)

사회적 자본 측정도구 (SCMT)	Kitchen, Williams & Simone (2012)	사회적 자본 인식 • 일몰 후 안전 • 대인 간 신뢰 • 도움 접근성 • 다문화주의에 대한 관점 사회적 자본 행동 • 자원봉사 활동 • 시정 투표

자료: Acquaah et al.(2014: 29–30).

기존 연구들이 공통적으로 인정하는 사회적 자본의 구성요소는 대략 다음 네 가지 정도로 정리할 수 있다(Acquaah et al., 2014: 22–23, 29–30).

- 네트워크, 관계와 연계
- 신뢰
- 시민참여와 자발적 활동(협력, 정치적 참여, 사회적 참여, 회합 멤버십, 커뮤니티 자원봉사활동)
- 시민규범, 공유규범 및 가치

집단과 조직적 수준에서의 사회적 자본 측정지표들은 개인적인 수준에서 이용되었던 지표들과 유사하다(Acquaah et al., 2014: 27–28). 객관적인 자료를 이용하여 측정하는 경우도 있지만, 거의 대부분 설문조사 방식을 이용하는 것으로 알려져 있다. 여기서 사회적 자본의 구조적 측면은 네트워크 구조적 특성, 네트워크 연계성, 회합 멤버십과 제도적 링크, 신뢰 등을 이용하여 측정된다. 사회적 자본의 관계적 측면은 사회적 네트워크 관계성과 신뢰에 초점을 둔 측정형태로 검토되어 왔다. 사회적 관계성, 사회적 연결성, 관계적 신뢰, 통일성 등의 지표를 포함한다. 다만, 동일한 특성이 연구자에 따라서 구조적 또는 관계적인 것으로 이름 붙여질 정도로 구조적 네트워크와 관계적 네트워크 간의 분별은 그렇게 분명하지 않다. 예컨대, 인연적, 교량적, 연계적 관계성이 구조적 사회적 자본 및 관계적 사회적 자본 양자의 형태로 측정되고 있다. 인식적 사회적 자본을 측정하기 위해 이용된 지표들은 대개 태도적이고 가치토대적인 것으로서 공유규범, 가치, 의무 등을 포함한다.

커뮤니티나 국가적 수준에서의 사회적 자본 측정은 부르디외(Bourdieu, 1986: 249)가 언급하는 '집합체 소유 자본(collectivity-owned capital)' 또는 퍼트넘 외(Putnam et al., 2000)가 강조하는 커뮤니티 차원의 자원에 주목한다. 사회적 자본의 구조적 측면은 신뢰, 신뢰성, 네트워크 구조적 특성, 회합멤버십, 자원봉사활동 관련 지표들을 이용한다. 사회적 자본 관계적 측면의 척도는 사회적 관계성, 사회적 응집성, 사회적 상호작용성에 초점을 두었다. 사회적 자본의 인식적 측면의 척도는 시민규범, 호혜성, 신뢰, 사회적 지원, 감정적 유대, 그리고 집합적 목표 등을 강조해 왔다(Acquaah et al., 2014: 23-28).

정의상 설문조사 방법은 개별적인 인식, 태도, 그리고 속성에 대한 정보를 만들어 낸다. 그런데 집합적인 현상을 다루는 것은 만일 그 집합적 현상들이 개인적인 특성들의 총합으로서 개념화될 수 없다면 측정문제가 복잡하게 된다. 가령, 네트워크의 밀도와 같은 경우는 개인적인 지표값의 단순 합계와 평균값 사용 등이 가능하겠지만 개인적 신뢰 등의 경우 단순합계와 평균값이 집합재로서의 시민들의 신뢰를 제대로 표출할 수 있을지는 분명하지 않다(van Deth, 2008). 개인은 집합체에 속해 있지만 개인들의 낱낱의 정보는 집단과 조직 간에 존재하는 역동성에 대해서 밝혀주는 것이 없다. 그런데 어떤 커뮤니티의 진정한 사회적 자본을 구성하는 것은 바로 이런 역동성이다(PRI, 2005).

그 외, 사회적 자본 측정 과정에서 커뮤니티 관찰방식과 개인과 집단 수준에서 실험방식 등이 빈번하지는 않지만 이용되고 있다(van Deth, 2008). 특히, 사회적 배제(social exclusion) 문제 등의 경우 커뮤니티 관찰방식 등이 유용할 것으로 보인다. 리더스 다이제스트 사에서 1970년대 초반과 1990년대 후반에 세계 여러 도시에서 실시했던 '돈 든 지갑의 의도적 분실'과 회수율 실험은 사회적 자본 수준 내지 형성정도에 대한 전형적인 실험사례에 속한다.[3] 실험설계(게임을 포함

3) 리더스 다이제스트 사는 1990년대 후반 유럽, 미국, 아시아의 주요 도시에 50달러 상당의 현금과 연락처가 든 지갑을 무작위로 놓아둔 후 회수율을 실험했다. 노르웨이의 오슬로(Oslo) 등에서는 지갑 회수율이 100%인 반면, 남부 이탈리아의 라벤나(Ravenna), 독일의 바이마르(Weimar)에서는 20%만이 회수되었다. 리더스 다이제스트 사의 실험결과와 세계가치관조사의 신뢰도 간에는 0.67이라는 비교적 높은 상관관계가 나타났다. 말과 실제 행동의 차이 등 설문조사의 여러 가지 한계점에도 불구하고, 실험결과는 설문조사에 기초한 지역별 신뢰에 대한 예상을 크게 벗어나지 않았다(Knack and Keefer, 1997; 이동원 · 정갑영 외, 2009: 131 재인용).

해서)는 사회적 자본을 측정하기 위한 혼합방법전략(mixed-method strategies)의 부분으로서 흔히 이용되고 있다(Rothstein, 2005: 95-97).

제 4 절 맺음말

<표 8-1>에 잘 나타나 있듯이 사회적 자본의 지표는 다양하게 존재하고 있다. 스톤(Stone, 2001: 35)의 언급처럼, 사회적 자본은 다측면 개념(multidimensional concept)이므로, 그 지표 역시 다양하다. 사실 사회적 자본이 '많은 표현형적 응용을 가진 어떤 유전자형'이라면 사회적 자본의 경우 많은 척도와 지표를 가지고 있는 것은 당연하다(Adam et al., 2003: 158).

사회적 자본 측정의 분명한 의의에도 불구하고 기존 사회적 자본 측정 관련 연구는 다음 한계점을 가지고 있는 것으로 지적되고 있다(이동원 · 정갑영 외, 2009: 141-143).

첫째, 사회적 자본의 다차원성(multi-dimensionality)으로 인해 연구자들이 각각 다른 측면의 사회적 자본 측정 가능성이 있다. 이러한 연구결과는 사회적 자본에 대한 다양한 이론적 · 경험적 접근을 가능하게 하는 장점이 있지만, 사회적 자본에 대한 포괄적 측정을 어렵게 하는 제약점을 지니고 있다.

둘째, 많은 기존 연구들이 사회적 자본의 기본적 결정인자들인 네트워크, 신뢰, 참여, 규범과는 직접적인 연관이 없는, 즉 대표성이 부족한 변수들을 이용함으로써 사회적 자본 개념에 대한 혼란을 초래할 수 있다. 예컨대, 관련 연구에서 흔히 사용되는 헌혈이나 교육 등의 변수들은 사회적 자본의 기본 결정인자라기보다는 사회적 자본의 결과(outcomes)로 볼 수 있다.

셋째, 사회적 자본 측정과정에서 가장 흔히 이용되는 일반적 신뢰변수가 다소 미시적이라는 점이다. "대부분의 사람을 믿을 수 있는가"라는 질문에 대한 개개인의 응답을 합계해서 평균한 사회적 신뢰수준은 신뢰가 형성되는 사회적 · 역사적인 상황과는 연결고리가 약한 문제가 있다(Foley and Edwards, 1999). 그 외,

자발적인 단체 활동을 사회적 자본 수준의 대리변수(proxy)로 흔히 이용하는데, 자발적인 단체 활동이 신뢰와 사회협력을 촉진할 수도 있지만 남을 신뢰하는 사람일수록 단체 활동에 참여할 가능성이 높을 수도 있다.

참고문헌

강경희(2016). 조선일보. 칼럼. 2월 18일.

린, 난(2008). 『사회자본(김동윤 · 오소현 역. 원저. *Social Capital* by N. Lin. 2001)』. 커뮤니케이션북스.

이동원 · 박준 · 강민형 · 채승병 · 최홍(2009). 사회적 자본 확충을 위한 정책과제. 삼성경제연구소. *CEO Information*, 722: 1−21.

이동원 · 정갑영 외(2009). 『제3의 자본』. 삼성경제연구소.

최창현(2014). 『행정학전자사전』.

KBS 사회적 자본 제작팀(2011). 『사회적 자본』. 문예춘추사.

퍼트넘, 로버트 D.(2009). 『나 홀로 볼링−사회적 커뮤니티의 붕괴와 소생(정승현 역. 원저. *Bowling Alone: The Collapse and Revival of American Community* by R. D. Putnam. 2000)』. 페이퍼로드.

퍼트넘, 로버트 D. 외(2000). 『사회적 자본과 민주주의(안청시 외 역. 원저. *Making Democracy Work−Civic Traditions in Modern Italy* by R. D. Putnam. 1993)』. 박영사.

Acquaah, M., AmoaKo−Gyampah, K., and Nyathi, N. Q.(2014). *Measuring and Valuing Social Capital−A Systematic Review*. Network for Business Sustainability South Africa(also available at nbs.net/knowledge).

Adam, F. and Rončević, B.(2003). Social Capital: Recent Debates and Research Trends. *Social Science Information*, 42(2): 155−183.

Adler, P. S. and Kwon, S.(2002). Social Capital: Prospects for a New Concept. *Academy of Management Review*, 27(1): 17−40.

Arrow, K.(1972). Gift and Exchange. *Philosophy and Public Affairs*, 1(4): 343−362.

Baker, M.(2005). *The Kuhls of Kangra: Community−managed Irrigation in the Western Himalaya*. Seattle: University of Washington Press.

Bothwell, R. O.(1997). Indicators of a Healthy Civil Society. In J. Burbidge(ed.).

Beyond Prince and Merchant: Citizen Participation and the Rise of Civil Society. 249−262. New York: Pact Publications.

Bourdieu, P.(1986). The Forms of Capital. In J. G. Richardson(ed.). *Handbook of Theory and Research for the Sociology of Education*. Westport, CT: Greenwood Press.

Burt, R. S.(2000). The Contingent Value of Social Capital. In E. L. Lesser(ed.). *Knowledge and Social Capital: Foundations and Applications*. 255−286. Boston, MA: Butterworth−Heinemann.

Coleman, J. S.(1988). Social Capital in the Creation of Human Capital. *American Journal of Sociology*, 94: s95−s120.

______(1990). *Foundations of Social Theory*. Cambridge, MA: Belknap Press.

Cote, S. and Healy, T.(2001). *The Well−being of Nations. The role of human and social capital*. Paris: Organization for Economic Cooperation and Development (OECD).

Engeström, J.(2000). Sizing up Social Capital, Paper Presented at Activity Theory and Knotworking. *2000 Summer Seminar of the Kansai Association for Activity Theory*, Osaka, Japan, 7 September 2000.

Farr, J.(2004). Social Capital: A Conceptual History. *Political Theory*, 32(1): 6−33.

Ferguson, K. M.(2006). Social Capital and Children's Wellbeing: A Critical Synthesis of the International Social Capital Literature. *International Journal of Social Welfare*, 15: 2−18.

Fine, B.(2001). *Social Capital Vs Social Theory: Political Economy and Social Science at the Turn of the Millennium*. London: Rouledge.

Foley, M. and Edwards, B.(1999). Is It Time to Disinvest in Social Capital? *Journal of Public Policy*, 19(2): 199−231.

Frey, B. S. and Bohnet, I.(1996). Cooperation, communication, and communitarianism: An experimental approach. *Journal of Political Philosophy*, 4(4): 322−336.

Grootaert, C.(1998). Social Capital: The Missing Link? Social Capital Initiative. *Working Paper*, No.3. Washington, D.C.: The World Bank.

Grootaert, C. and van Bastelaer, T.(eds.)(2002). *The Role of Social Capital in Development*. Cambridge: Cambridge University Press.

Janssen, M.(2006). Evolution of cooperation when feedback to reputation scores is voluntary. *Journal of Artificial Societies and Social Simulation*, 9(1). http://jass.soc.surrey.ac.uk/9/1/17

Harpham, T.(2008). The measurement of community social capital. In I. Kawachi, S. V. Subramanian, and D. Kim(eds.). *Social Capital and Health*. 51－62. New York: Springer.

Kitchen, P., Williams, A., and Simone, D.(2012). Measuring social capital in Hamilton, Ontario. *Social Indicators Research*, 108: 215－238.

Knack, S. and Keefer, P.(1997). Does Social Capital Have an Economic Payoff? A Cross－Country Investigation. *Quarterly Journal of Economics*, 112(4): 1251－1288.

Krishna, A.(2002). *Active Social Capital: Tracing the Roots of Development and Democracy*. New York: Columbia University Press.

Laursen, K., Masciarelli, F., Prencipe, A.(2007). Regions matter: how regional characteristics affect external knowledge acquisition and innovation. *Danish Research Unit for Industrial Dynamics(DRUID) Working Paper*. No.07－20.

Levi, M.(1998). A State of Trust. In V. Braithwaite and M. Levi(eds.). *Trust and Governance*. 77－101. New York: Russell Sage.

Lin, N.(2001). *Social Capital*. Cambridge: Cambridge University Press.

Nahapiet, J. and Ghoshal, S.(1998). Social Capital, Intellectual Capital, and the Organizational Advantage. *Academy of Management Review*, 23(2): 242－265.

Narayan, D. and Cassidy, M. F.(2001). A dimensional approach to measuring social capital: Development and validation of a social capital inventory. *Current Sociology*, 49: 59－102.

OECD(2001). *The Well－being of Nations: The Role of Human and Social Capital*. Paris: OECD.

Onyx, J. and Bullen, P.(2000). Measuring social capital in the five communities. *The Journal of Applied Behavioral Science*, 36(1): 23－42.

Ostrom, E.(1992). *Crafting Institutions for Self－Governing Irrigation Systems*. San Francisco, CA: ICS Press.

Ostrom, E. and Ahn, T. K.(2007). The Meaning of Social Capital and Its Link to Collective Action. W07－19. *Workshop in Political Theory and Policy Analysis*. Indiana University. 1－34.

Portes, A.(1998). Social capital: Its Origins and Applications in Modern Sociology. *Annual Review of Sociology*, 24: 1－24.

PRI(Policy Research Initiative)(2005). *Social Capital as a Public Policy Tool*. Project Report. Canada.

Putnam, R. D.(2000). *Bowling Alone: The Collapse and Revival of American Community*. New York: Simon & Schuster.

______(1993). The Prosperous Community: Social Capital and Public Life. *American Prospect*, 13: 25−42.

Putnam, R. D., Leonardi, R. and Nanetti, R.(1993). *Making Democracy Work: Civic Traditions in Modern Italy*. Princeton: Princeton University Press.

Resnick, P., Zeckhauser, R., Swanson, J., and Lockwood, K.(2006). The value of reputation on a eBay: A controlled experiment. *Experimental Economics*, 9(2): 79−101.

Roche, M.(2004). Social Policy and Social Capital: A clear Case of Putting Merit before Method? *Social Policy and Society*, 3(2): 97−111.

Rothstein, B.(2005). *Social Traps and the Problem of Trust*. Cambridge: Cambridge University Press.

Ruuskanen, P.(2001). *Sosiaalinen pääma−käsitteet, suuntaukset ja mekanismit*. VATT−tutkimuksia 81. valtion taloudellinen tutkimuskeskus, Helsinki.

Schuller, T., Baron, S., and Field, J.(2000). Social Capital: A Review and Critique. In S. Baron, J. Field, and T. Schuller(eds.). *Social Capital: Critical Perspectives*. 1−38. Oxford: Oxford University Press.

Schultz, T. W.(1961). Investment and Human Capital. *American Economic Review*, 51: 1−17.

Stone, W.(2001). *Measuring Social Capital: Towards a Theoretically Informed Measurement Framework for Researching Social Capital in Family and Community Life*. Melbourne: Australian Institute of Family Studies.

Tura, T. and Harmaakorpi, V.(2005). Social Capital in Building Regional Innovative Capability. *Regional Studies*, 39(8): 1111−1125.

van Deth, J. W.(2008). Measuring Social Capital. In D. Castiglione, J. W. van Deth, and G. Wolleb(eds.). *The Handbook of Social Capital*. New York: Oxford University Press.

Woolcock, M.(1998). Social Capital and Economic Development: Toward a Theoretical Synthesis and Policy Framework. *Theory and Society*, 27: 151−208.

Yamagishi, T.(2001). Trust as a Form of Social Intelligence. In K. Cooke(ed.). *Trust in Society*. 121−147. New York: Russell Sage Foundation.

제 9 장

사회적 자본 측정의 실제

제 1 절 머리말

제8장에서 사회적 자본의 측정 관련 기본적인 이론적 논의를 살펴보았다. 여기서는 설문조사 결과 및 각종 이차적 자료를 이용하여 실제 사회적 자본을 측정한 세 가지 경험적 사례를 간략히 검토해 보고자 한다. 모두 논문 또는 저술로 최근 출판된 연구결과들로서 사회적 자본 이슈를 다양한 대상에 투영하고 적용한 것들이다.

첫 번째는 권태형 · 박종화(2010: 97－116)의 연구로서 사회적 자본이 도시경쟁력에 미치는 영향분석으로 우리나라 82개 도시가 표본이다. 만약 사회적 자본 개념을 도시경쟁력 제고과정에 실제 이용할 수 있다면, 사회적 자본에 대한 논의가 관념적 가치나 논의 수준을 벗어날 수 있다. 따라서 사회적 자본이 도시경쟁력에 어떤 영향을 미치는지를 분석하기 위해, 사회적 자본과 도시경쟁력의 지표를 추출하고 회귀분석을 통해 변수들 간의 영향의 방향과 강도를 측정한 것이다. 사회적 자본은 다양한 구성요소로 이루어져 있는 것으로 파악되고 있는데, 그 구성요소들 중 특정 요소가 도시경쟁력에 긍정적 또는 부정적 영향을 어느 정도 미치고 있는지를 파악할 수 있으면, 그 관련 요소의 강화 또는 약화 과정을 통해서 도시경쟁력 제고가 가능할 것이라는 것이 기본적인 연구 논점이다.

두 번째는 박종화(2013: 123–149)의 연구로서 벤처기업 연계협력 관계의 경험, 신뢰, 그리고 성과를 지역의 산 · 학 · 연 · 관 연계협력 대상 실체와 연계하여 벤처기업의 업종별 · R&D 역량별 차이 측면에서 분석한 것이다. 우리나라의 경우 벤처기업의 총수가 수만 개에 이르고 그 업종이나 R&D 역량도 천차만별인 것으로 알려져 있다. 벤처기업의 생존과 발전과정에서 산 · 학 · 연 · 관 연계협력이 절실하다면, 그 과정에서 무엇이 중요한지, 그리고 그 중요한 것이 벤처기업의 업종별 · R&D 역량별 차이를 나타내는지를 분석해 볼 필요가 있다. 따라서 여기서는 대구 · 경북권 342개 벤처기업에 대한 구조화된 설문조사 결과를 이용하여 빈도분석과 교차분석 등의 기본적인 통계분석을 실시한 것이다. '고위험성 하의 고수익성'을 기대하는 벤처기업은 그 속성상 지역의 협력 파트너와의 보완적인 연계형성이 긴요한 것으로 보인다. 그런데 연계협력은 기본적으로 관련 대상 실체들 간 신뢰를 토대로 하고, 연계협력 경험은 다시 신뢰수준에 영향을 미치게 될 것이다. 여기서 신뢰에 토대한 연계협력의 결과로 성과를 예상할 수 있다면, 그 성과수준은 다시 연계협력 경험과 신뢰수준에 영향을 주게 될 것이다. 신뢰 · 연계협력 · 성과의 상호작용 삼각형 관계를 벤처기업의 업종별 · R&D 역량별 차이측면에서 분석하고자 하는 것이 여기서의 연구 논점이다.

세 번째는 이권희 · 박종화(2015: 59–75)의 연구로서 역사문화 콘텐츠 활용의 경험을 통해 역사문화 콘텐츠의 활용이 도시민의 사회적 자본 형성에 미치는 영향을 분석한 것이다. 역사문화 콘텐츠의 활용이 주민이나 이용자들의 사회적 자본 수준을 제고할 수 있다면, 역사문화 콘텐츠의 보전 · 개발 · 이용 측면에 새로운 시각을 열어줄 수 있다. 더욱이 사회적 자본의 다양한 종류가 언급되고 있고, 역사문화 콘텐츠의 활용을 통해 장기적으로 콜먼(Coleman, 1988)이 강조하는 기능적 공동체 형성으로 나아갈 수 있다면 그간의 관계성 분석은 큰 의미를 가질 수 있다. 여기서는 대구도심 역사문화 콘텐츠 활용 관련, 교과와 연계된 체험학습 프로그램에 직접적으로 참가한 교사, 학생, 학부모 등과 지역 거주민, 지역상인 등 간접적으로 역사문화 콘텐츠 활용 프로그램을 경험하는 대구시민을 대상으로 설문조사한 결과를 바탕으로 분석한 것이다. 유효 설문지 292부가 표본이고, 역사문화 콘텐츠 활용에 따른 주민인식 변인과 사회적 자본 형성 관련 주민인식 변인을 추출하여 요인분석과 회귀분석을 실시한 것이다. 주요 가설은 세 가지로서 ① 역사문화 콘텐츠 활용에 따른 주민 인식변화는 비시장적 상호작용 측면과 시장적 상호작용 측면이 함께 발현된다는 것, ② 역사문화 콘텐츠 활용에 따른 주민인식 변화는 지역의 사회적 자본 형성에 긍정적인 영향을 미친다는 것, 그리고 ③ 교량적 사회적 자본과 인연적 사회적 자본의 형성요인별 주요 주민 인식적 영향변수들의 내용적 특성에서 차이가 있다는 것 등이다.

그 외, 여기서는 직접적으로 소개하지 않지만 글로벌한 차원에서 사회적 자본 지수분석과 그 지수들과 주요 사회・경제적 지표들 간의 관계분석에 대해서는 삼성경제연구소 이동원・정갑영 외(2009)의 연구를 참조할 것을 권하고 싶다. 분석기법과 관계성 기술이 명료하고 평이해서 일반인에서 전문가까지 사회적 자본 측정사례 검토에 유용할 것으로 판단된다. 이 연구결과는 글로벌한 차원에서 사회적 자본의 태도적인 측면(신뢰와 사회규범) 및 사회적 자본의 인프라적인 측면(네트워크와 사회구조)과 사회적 협력 및 결속 간의 관계를 분석한 것이다. 세계가치관조사, 세계개발지표, 국제투명성지표 등 다양한 이차적 자료를 활용하여, 사회적 자본 지수를 개발하고 주요 사회・경제적 지표 간의 관계를 다양한 통계적 분석기법을 활용하여 분석한 것이다.

이하에서는 세 가지 사회적 자본 측정 경험사례를 분석틀과 분석결과 위주로 간략히 소개하고 관련 정책적 함의를 함께 제시한다.

제 2 절 사회적 자본의 측정사례

사회적 자본의 측정사례는 국내・외적으로 이미 많이 제시되어 있다. 여기서는 저자가 단독 또는 공동으로 참여한 사회적 자본과 도시경쟁력 간의 관계분석, 벤처기업 연계협력의 경험·신뢰·성과 간의 관계분석, 그리고 역사문화 콘텐츠의 활용이 도시민의 사회적 자본 형성에 미치는 영향분석 등의 세 가지 연구사례를 검토한다.

1 사회적 자본과 도시경쟁력

1) 사회적 자본과 도시경쟁력의 관계

많은 지역학자들은 도시경쟁력의 핵심요소가 기업 사이의 관계 내지는 지역사회의 신뢰관계 등 산업외적인 요인들에 있음을 지적하고 있다. 그리고 경영학자와 지역학자들이 연구한 결과로서 산업경쟁력은 산업이 위치한 도시나 지역과 밀접한 관련을 맺고 있다는 것이다(김원배, 1997). 김원배(1997)는 도시의 입지적 자산에 근거하여 도시 내에서 일어나는 제반행위는 도시의 잠재력 또는 기반적 역량을 구성하고, 이러한 역량은 입지적 자산과 상호환류과정을 거치면서 기반역량의 증대(위축) 또는 입지자산의 확충(감소)을 가져오게 된다고 설명하고 있다. 도시 간의 입지자산과 기반역량에서의 차이는 기능적 측면에서 도시 간의 특성화를 유발하게 되고 이러한 기능적 측면은 캔터(Kanter, 1995)가 언급한 도시의 핵심역량을 구성하게 된다. 도시의 핵심역량은 동태적인 것으로서 그 도시가 지닌 입지자산과 기반역량과의 상호환류과정을 거치면서 증대되기도 하고 축소되기도 한다. 이러한 환류과정에서 중요한 것은 핵심역량의 장소적 내재화로 보고 있다.

복합적인 속성을 지닌 무형의 자산으로서 사회적 자본은 도시경쟁력에서 중요한 기능을 한다. 도시 공동체는 기본적으로 사회적 관계로 맺어져 있기 때문에 사회적 관계에서 발생하는 모든 문제는 직접적 또는 간접적으로 사회적 자본과 관련되어 있기 때문이다. 도시 공동체 내에서 이루어지는 정치적·경제적·사회적·문화적 관계에서 사회적 자본은 윤활유 역할을 하면서 거래비용을 감소시키거나 갈등을 최소화시키면서 공동체를 유지시키고 발전시켜 나가는 데 중요한 역할을 한다.

사회적 자본은 규칙, 관계, 지위 등으로 구성되어 있는 사회적 구조로 이루어진 사회적 시스템과 불가분의 관계를 가지면서 그 시스템의 역량에 영향을 미친다. 사회적 자본은 입지적 자산의 사회적 환경의 성격을 지니고 있다. 그것이 환류과정을 반복하면서 기반역량으로 자리 잡고 도시의 고유한 핵심역량으로 나타나게 된다. 따라서 도시경제의 장기적 발전을 가능하게 하는 혁신은 사회적 자본이 기름진 토양으로 자리 잡고 있을 때 더욱 촉진될 수 있다. 고유한 지역으로서 어떤 도시는 그 지역만의 독특한 사회적 자본의 토양에서 다른 도시와 차별되는 생산역량을 가질 수 있게 된다.

사회적 자본이 도시의 입지적 자산과 기반역량에 영향을 미치고 핵심역량을 강화함으로써 도시의 경쟁력 제고로 이어진다면, 그 중에서 국가적 단위의 경제적 성과는 대체로 거래 상대방에 대한 신뢰의 공간적 환경으로서 공적인 제도(public institutions)에 대한 신뢰에 의해 영향을 받고, 지방적 단위의 경제적 성과는 흔히 인연적(bonding) 사회적 자본과 교량적(bridging) 사회적 자본에 의해 영향을 받는다(Wolleb, 2008). 인연적 사회적 자본은 응집력이 강한 소규모 공동체에서 긴밀한 결속(close ties)으로 이루어진다. 이러한 집단에서는 기회주의적 행동이 용납되기 어려운데, 그 이유는 구성원들 사이의 협동을 불러일으키는 문화적 조건이 강하면 강할수록 일탈을 감시하고 제재하기가 더욱 용이하기 때문이다. 그러나 그것은 집단적 이익이 공동체의 전반적 이익과 일치하지 않을 수 있거나 집단적 결속이 외부의 자극을 차단하여 보수적 행동을 유도할 수 있기 때문에 경제발전을 저해할 수 있다. 한편, 교량적 사회적 자본과 약한 연계(weak ties)는 집단적 폐쇄를 벗어나 새로운 관계와 지식, 그리고 광범위한 정보의 전파를 가능하게 할 수 있다.

인연적·교량적 사회적 자본의 역할에 대한 대부분의 연구는 실제로 지방단위 수준에 초점을 두었는데, 그것은 공동체 단위에서 경제적 과정을 설명하는 데 유용한 개념으로 입증되었기 때문이다(Wolleb, 2008). 미시적 수준으로부터, 네트워크를 만들어 가는 데 있어 회사의 역량은 그 지방의 특징과 그 지역 공동체의 인연적·교량적 사회적 자본의 축적에 의존한다. 지방경제와 관련되는 회사,

국가경제와 관련되는 지방경제는 그들의 행동을 지배하는 규칙, 인센티브, 윤리적 표준 등의 틀 안에서 작동한다. 일반적으로 경제에서 사회적 자본이 개입되는 여지는 시장실패에서 비롯된다고 본다. 이에 대한 이론적 기초는 거래비용과 불완전계약에 관한 이론이다(Wolleb, 2008). 즉, 계약의 완전함과 거래비용 사이에는 상충(trade-off)관계가 존재하는데, 계약이 완전할수록 위험이 적은 반면 거래비용이 증가하며, 계약이 불완전할수록 위험은 커지는 대신 거래비용은 감소하는 것이다. 이 관계에서 사회적 자본은 거래의 비용과 위험을 줄이면서 거래의 기회를 증대시켜 더 큰 경제적 효율을 가져오는 역할을 하는 것이다.

포쉬(Foschi, 2008)는 소액신용대부(microcredit) 관련 연구에서 결속력 있는 집단들이 사회적 자본의 원천으로서 정보의 불균형과 신용대부의 위험을 줄이면서 시장실패를 막는다고 보고 있다. 즉, 사회적 자본은 집단 구성원들 사이의 수평적 관계를 통해 정보의 불균형을 막으며, 이것은 집단 구성원들이 감추어진 정보나 행동에 따른 문제를 극복하게 하며 불완전한 실행의 한계를 누그러뜨리게 된다는 것이다. 레이저(Raiser, 2008)는 회사의 협력과 관련한 연구에서 유사한 관찰을 하고 있는데, 회사들은 네트워크에 연결되어 있어서 신용에 대한 명성을 잃지 않으려고 무임승차를 회피하고자 애쓰고 있으며, 이로써 회사는 거래의 위험을 줄이고 더 많은 투자를 하며 더 많은 거래에 참여한다는 것이다. 사회적 자본의 경제적 중요성에 관한 또 하나의 측면은 집합적 행동에 관련된 것이다(Wolleb, 2008). 이것은 최선의 결과를 가져오는 것이 경쟁이 아니라 협동이라는 것이다. 집합적 행동은 회사, 기관, 상이한 경제주체, 지역의 행동주체 등에 의해 수행된다. 집합적 행동의 목적은 대개 정상적인 시장기능에 의해서는 전혀 생산되지 않거나 충분하지 않는 공동이용재(common-pool goods) 또는 공공재(public goods)의 생산 또는 보전이다.

사회적 자본이 지역의 발전에 효과적인 정책도구가 되는 이유는 다음과 같다(Wolleb, 2008). 사회적 자본을 통해 극복 가능한 시장실패의 원인은 불충분한 지식, 부적절한 정보, 위험산정의 곤란 등이다. 사회적 자본은 특히 지역 단위에서 이 점들에 대해 효과적인데, 지역 단위에서는 다양한 프로젝트에 함께 참여하는 동안 개인적으로 서로를 만나고 이해하기 때문이다. 이를 통해 정보가 전파되며, 지식과 신뢰에 대한 사회화가 이루어지고, 상호적 관찰이 촉진되는 것이다. 사회적 제재도 지역 단위에서 더욱 효과적인데, 그것은 경제적 · 사회적 차원이 긴밀하게 연결되어 있기 때문이다. 지역의 공동이용재를 보호하거나 지역의 공공재를 생산하는 측면에서도 지역은 주체들이 반복적으로 상호작용하고 공동의 문제를 가지는 곳이며, 관점들을 비교할 기회와 선호 차이를 극복할 기회를 더 많이 가지는 곳이기 때문이다.

이상의 논의를 종합해보면 사회적 자본은 도시 공동체의 윤활유 역할을 하면서 거래비용을 감소시키거나 갈등을 최소화하면서 공동체의 발전에 중요한 역할을 한다. 사회적 자본은 도시의 사회적 환경으로서 입지적 자산과 기반역량에 영향을 미치고 핵심역량을 강화한다. 특히, 도시경제의 장기적 발전을 가능하게 하는 혁신은 사회적 자본이 기름진 토양으로 자리 잡고 있을 때 더욱 촉진될 수 있고, 그 도시만의 독특한 사회적 자본의 토양에서 차별적인 생산역량을 가질 수 있어 궁극적으로 도시의 경쟁력 제고로 이어질 수 있다. 물론 도시의 경쟁력이 경제적인 측면만으로 볼 수는 없지만 여기서는 삶의 질 측면보다는 경제적 측면을 중심으로 한 분석에 초점을 두고자 한다.

2) 연구모형과 연구범위 및 방법

이 연구는 사회적 자본이 도시역량에 영향을 미치고 그것이 다시 생산성을 통한 소득수준에 영향을 줌으로써 궁극적으로 도시경쟁력에 영향을 미친다고 본다. 그 분석의 흐름을 도식화하면 [그림 9-1]과 같다. 여기서는 크게 두 개의 변수를 설정하기로 한다. 즉, 독립변수로서 사회적 자본과 종속변수로서 도시의 소득수준을 설정하여 그 설명력의 정도를 분석한다. 특히, 독립변수로서 사회적 자본의 구성요소별 영향의 정도를 분석해 봄으로써 정책적 함의를 도출하고자 한다.

연구의 범위는 다음과 같다. 실증분석의 공간적 범위는 한국의 지방자치단체로서 서울특별시를 포함한 7개의 광역시와 기초자치단체로서 75개의 시 등 모두 82개 전국의 도시를 대상으로 한다. 다만, 제주도의 제주시와 서귀포시는 2006년 7월 1일부터 제주특별자치도로 변경되면서 자치단체가 아닌 행정시로 바뀜에 따라 도시의 성격뿐만 아니라 통계자료의 일관성에 한계가 있어 제외하였다. 또한

그림 9-1 분석모형도

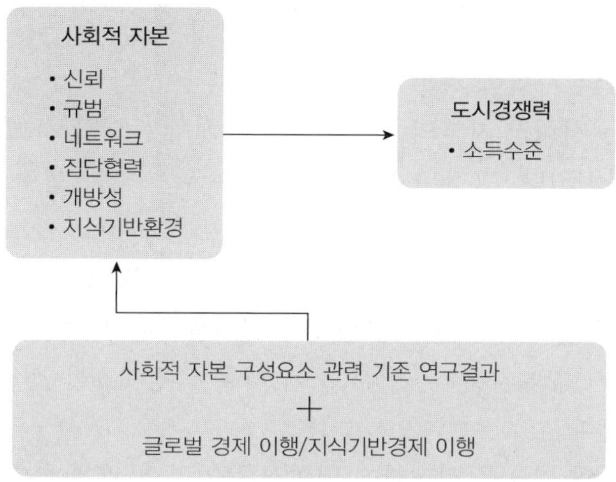

도시의 성격을 지녔지만 군단위의 읍은 연구대상에서 제외하였다. 읍은 자치단체로서의 자격을 갖추지 않아 글로벌 시대의 독립적인 경쟁단위로서 한계와 통계자료에도 한계가 있기 때문이다. 분석의 시간적 범위는 2006년 말 기준시점의 횡단면적 분석을 원칙으로 했다. 그러나 통계자료수집의 한계 때문에 자료의 본질적 성격이 왜곡되지 않도록 주의하면서 2006년 기준 최근 연도의 자료도 일부 활용하였다.

연구의 방법은 다음과 같다. 첫째, 사회적 자본과 도시경쟁력에 관련된 이론적 고찰 및 선행연구를 토대로 목적변수(종속변수)와 설명변수(독립변수)의 구성요소 및 측정지표를 파악한다. 둘째, 각종 통계자료를 활용하여 상관분석 및 회귀분석을 실시한다. 도시별 인구를 포함한 근간이 되는 통계자료는 행정안전부의 『한국도시연감』(2007)의 통계자료이다. 그리고 통계청 자료, 지역발전위원회·산업통상자원부 지역경제산업 종합정보서비스(http://renet.go.kr) 등 관련 자료를 활용한다.

3) 변수의 구성요소 및 측정지표

분석상의 독립변수와 종속변수, 그리고 각각의 측정지표는 다음과 같다.

첫째, 이 연구의 사회적 자본 구성요소

이 연구에서는 사회적 자본의 구성요소로 앞에서 논의한 사회적 자본의 보편적인 요소를 포함시켰다. 그것은 신뢰, 규범, 네트워크, 집단협력 등이다. 여기서 규범은 경우에 따라서 제도적 측면을 포함하고 있다. 그리고 글로벌 환경 아래에서 도시의 경제적 생산성에 장기적이고 근본적으로 영향을 미쳐 도시의 경쟁력 제고효과를 가져오는 변수로서 개방성과 지식기반환경 요소를 추가하였다.

이 연구에서 사회적 자본의 구성요소에 따른 측정지표를 선정하면서 고려한 사항은 다음과 같다.

- 사회적 자본의 지표를 선정함에 있어서 불가분의 관계에 있는 것이 연구의 목적에 대한 고려이다. 그것은 사회적 자본의 범위가 연구자의 접근방법에 따라 매우 넓고 다양하기 때문이다. 이 연구의 목적은 사회적 자본이 도시 경쟁력에 미치는 영향에 관한 것이다. 따라서 우선 측정의 초점을 도시의 경쟁력과 관련된 사회적 자본의 구성요소를 선정하는 데 두고 그 중에서도 경제적 경쟁력에 중점을 둔다. 좀 더 구체적으로는 경제적 생산성과 관련한 분석이기 때문에 이와 관련된 지표를 선정한다.
- 도시경쟁력 분석의 수준은 국가나 개인적 분석 단위가 아닌 도시 단위이므로 공동체를 중심으로 한 연구범주에 속한다고 볼 수 있다. 이럴 경우 국가적인 차원에서 독특하게 다루어야 할 요소나 개인적인 속성이 강한 요소는 원칙적으로 이 연구의 측정대상에서는 제외한다. 예를 들면, '제도'의 경우 어느 도시에나 동일하게 적용되는 것일 경우에 제도 그 자체만으로는 도시별 차별을 전제로 한 연구에서는 의미를 부여하기 어렵다고 볼 수 있다.
- 도시를 하나의 유기체로 본다면 공동체적 속성을 가진 요소를 찾아내는 것이 필요한데 대체로 그러한 자료는 공공기관에서 관리하는 자료가 유용하다. 그러한 대표적인 최근 자료가 정부에서 발간하는 『2007 한국도시연감』이어서 이를 주로 활용하고 그 밖에 통계청을 비롯한 정부의 도시 관련 통계자료를 활용한다.

• 대표성이 강한 최소수의 핵심적 구성요소와 지표를 발견하기 위하여 총 6개 구성요소의 22개 지표에 대해 상관계수와 변수 간의 다중공선성 문제 등 다각적인 통계기법과 분석을 통해 6개 지표를 선정하였다.

둘째, 사회적 자본 측정지표

6개 사회적 자본 구성요소를 조작적으로 측정하기 위한 대표적 측정지표로서 금융대출규모, 법규위반율, 비영리민간단체의 수, 투표참가율, 외국인수 비율, 독서율 등을 각각 선정하였다.

• 신뢰: 금융대출규모(1인당 금융대출규모)

신뢰는 사회적 자본을 구성하는 가장 보편적인 요소이며 다른 구성요소와도 밀접한 연관성이 있다. 신뢰는 인간의 내면적인 요소이기 때문에 도시공동체의 일반적 지표 중에서 적절한 대용지표를 발견하는 데 상당한 한계를 가지고 있다. '금융대출규모'는 고도의 신뢰를 필요로 하는 것으로서 신뢰가 많이 쌓이거나 경제적 담보능력이 클수록 금융대출의 규모는 일반적으로 크다.[1] 따라서 금융대출규모를 신뢰의 지표로 사용한다.

• 규범: 법규위반율(인구 십만 명당 범죄발생건수)

규범이란 마땅히 따르고 지켜야 할 본보기로서 일반적으로 수용되는 행위의 표준이다. 그것은 도덕적인 것으로부터 법으로 강제된 것에 이르기까지 매우 다양하다. 제도는 관습 · 도덕 · 법률 등의 규범이나 사회구조의 체계로서 사회규범적인 성격과 사회구조적인 성격을 함께 가지고 있다. 그런데 정치제도를 포함한 경제적 · 사회적 제도는 국가 단위의 비교연구에서는 매우 중요한 요소이지만 도시 단위의 비교연구에서는 대개 통제의 범위를 벗어난 것이어서 주로 규범준수 측면만을 분석의 대상으로 고려한다. 이 연구에서는 법적 구속력이 강한 측면의 지표로서 형사벌적인 '법규위반율'을 지표로 선정했다. 즉, 여기서의 법규위반은 '범죄발생'[2]으로서 사회질서의

1) 한국은행 자료에 따르면, 2006년도 18개 국내은행 대출총액 중 대출종류별 비율은 신용대출 41.5%, 보증대출 6.7%, 담보대출 51.9%이다. 이 중 인적신뢰와 연관성이 큰 것은 신용대출과 인보증 대출로서 그 비중은 대출총액의 48.2%에 이른다.

2) 『한국도시연감』(2007)에 나타난 2006년 기준 범죄발생의 구성을 보면 강력범(1%), 절도범(12%), 폭력범(17%), 지능범(14%), 풍속범(1%), 특별법범(51%), 기타 형사범(4%) 등으로 다양한 유형

유지 차원에서 필요한 다양한 규범들의 위반사항을 광범위하게 포함하고 있다.

- 네트워크: 비영리민간단체의 수(인구 십만 명당)

도시의 경쟁력과 관련하여 '하드 네트워크(hard network)'와 '소프트 네트워크(soft network)'가 중요하다(Malecki, 2002). 하드 네트워크에서는 인터넷이 가장 중요한 요소이므로 도시의 인터넷 보급률이 지표로서 유용성이 크나 현재 도시별 통계자료 구득에 애로가 있다. 소프트 네트워크는 내부적 네트워크와 외부적 네트워크로 구분된다. 내부적 네트워크는 주로 조직의 내부적 일상의 커뮤니케이션과 외부적 네트워크를 통하여 얻은 정보를 공유하는 것에 초점이 두어진다. 그러나 도시경쟁력과 연관지어 본다면 도시는 공동체 외부의 정보 및 지식의 원천과의 연계가 중요하다. 그런데 그 연계성은 도시민의 각종 단체에의 가입비율로 측정하는 것이 보다 일반적이겠지만 자료 구득의 한계 때문에 그 도시가 보유하고 있는 비영리민간단체 수의 상대적 양을 지표로 활용한다.

- 집단협력: 투표참가율(지방선거투표율)

도시가 발전하는 데 있어서 도시민의 공동체에 대한 관심과 협력은 중요하다. 도시의 비전과 목표를 구성원들이 공유하고 이를 달성하기 위해 힘을 결집해가기 위해서는 기본적으로 공동체적 시민의식의 형성이 필요하다. 공동체 구성원의 발전은 공동체 전체의 발전과 불가분의 관계가 있기 때문이다. '새마을운동'과 '방사성폐기물처리장유치'는 공동체 발전에 있어서 집단협력의 중요성을 보여준 대표적 사례들이다. 집단협력의 척도로서 공동체적 시민의식을 바탕으로 공동체의 이슈에 참여하는 대표적 방식 중의 하나는 지역 공동체의 대표를 선출하는 선거에 참여하는 것이다. 이런 점에서 집단협력의 지표로 지방선거참여율을 이용한다.

- 개방성: 외국인수 비율(인구 천 명당 등록외국인수)

글로벌 경쟁 환경에서 시민들이 글로벌 규범을 인식하고 실천하는 것은 도시경쟁력을 제고하는 데 매우 중요하다. 시민의식이 폐쇄적인 것에서 벗어나 개방성을 가지기 위해서는 외부의 사람을 많이 접촉하거나 외부의 정보

의 법규범에 해당하는 특별법의 위반이 과반수를 차지하고 있다.

를 많이 축적하지 않으면 안 된다. 이러한 개방성의 정도는 일상적으로 얼마나 외국인을 자주 접할 기회가 있는가를 통해 측정코자 하는 '국제화'3)와도 밀접한 관련성을 지닌다. 이 연구에서는 한 도시에 등록되어 있는 외국인의 비율을 도시경쟁력과 관련이 있는 사회적 자본으로서 '개방성'의 지표로 활용한다.

- 지식기반환경: 독서율(시민 1인 기준 공공도서관 연간이용 책 권수)

  글로벌 경제시대에 도시의 경제적 생산성을 크게 좌우하는 것은 지식기반의 축적이고 그것의 산업적 발현 형태가 지식기반산업의 발전이라고 할 수 있다. 글로벌 경쟁시대에 도시의 경제적 효율성은 지식기반환경에 얼마나 친숙하게 노출되어 있느냐와 밀접한 관계가 있다. 지식이 활발하게 창조되고 유통되며 적용될 때 부문별 혁신이 일어나 도시의 전반적 생산성이 높아져 도시의 소득수준이 향상될 수 있다. 이러한 지식기반환경을 조성하는 분위기의 척도로서 독서하는 습관의 정도에 주목했다. 그 중에서 일반 시민들이 가장 편하게 이용할 수 있는 곳은 공공도서관이라고 판단하고 '도서관의 도서이용 빈도'를 지표로 활용한다.

셋째, 도시경쟁력의 측정지표

도시경쟁력의 가장 중요한 부문의 하나는 도시의 경제적 측면이다. 대체로 도시의 경제가 쇠퇴하면 도시 그 자체가 활력을 잃게 되어 점점 쇠퇴의 길을 걸을 수 밖에 없다. 따라서 도시경쟁력에서 경제적 측면은 어떤 경우에도 도외시될 수 없고 중요한 검토대상일 수밖에 없다. 다만, 어떤 측면에 중점을 둘 것인지는 연구의 목적과 자료의 구득 가능성 측면에서 고려하게 된다. 어떤 도시의 경제적 측면의 경쟁력을 그 도시의 경제적 수준으로 판단한다면, 경제적 수준을 좌우하는 것은 그 도시의 경제적 생산수준이라 할 수 있으며, 일반적으로 어떤 지역의 생산수준은 지역내총생산(GRDP)으로 표현된다. 지역내총생산은 일정한 지역 안에서 생산되는 최종생산물의 합계를 말하며, 어느 지역에 거주하는 주민에 의한 것인지에 관계없이 해당 지역에서 발생한 부가가치는 모두 계상되는 특징을 가

3) 통계청의 '국가통계포털'상의 'e-지방지표'에서는 '인구 천 명당 외국인수'를 '국제화'의 척도로 사용하고 있다.

지고 있다. 따라서 이것은 어떤 지역의 경제규모 또는 생산수준을 파악하는 데 유용한 지표로 쓰인다. 그런데 현재 공식적 통계로 발표되는 것은 광역시·도 단위이기 때문에 기초자치단체를 포함하여 공동체로서의 모든 도시를 대상으로 하는 연구에서는 자료의 구득에 한계가 있다.

일반시의 생산성을 간접적으로 나타내는 것으로 1인당 조세부담액을 고려할 수 있다. 이때 지방자치단체 단위로 용이하게 포착되는 것이 1인당 지방세부담액이다. 지방세의 구성을 보면 보통세로서 취득세, 등록세, 면허세, 주민세, 재산세, 자동차세, 주행세, 종합토지세, 담배소비세, 도축세, 지역개발세 등과 목적세로서 공동시설세, 지방교육세, 사업소세, 도시계획세 등이다. 그러나 이러한 세목은 생산과는 직접적으로 관련되지 않는 것이 많아 그 도시의 생산성을 대변하기에는 부적합하다. 따라서 개인의 생산성과 관련된 대표적인 조세로서 소득세를 고려할 수 있는데, 소득세는 종합소득, 양도소득, 퇴직소득 등으로 구성되어 있다. 이 중 종합소득은 이자, 배당, 부동산임대, 사업, 근로, 연금 등으로 개인의 생산적 활동과 대체로 근접해 있다. 생산적 활동의 또 하나의 축은 법인으로서 법인세는 순자산 증가에 따른 과세를 원칙으로 사업소득과 양도소득을 합산하여 과세표준을 산출하므로 법인의 생산적 활동과 깊이 연관되어 있다. 그러나 생산과 지역의 일치성이라는 관점에서 보면 법인세보다는 소득세가 더 유용하다고 판단되어 이 연구에서는 도시의 1인당 소득세를 도시의 생산성을 중심으로 한 소득수준을 측정하는 대용지표로 활용하고자 한다.

이상의 논의사항을 정리하면 <표 9-1>과 같다.

표 9-1 변수의 구성요소 및 측정지표

변수구분	성 격	구성요소	지표성격	지 표	자료출처
종속(목적) 변수 (Y)	도시 경쟁력 (y)	경제적 생산성 (소득수준) (y_1)	소득수준	1인당 소득세(2006)(원)	2007 한국도시연감 (행정안전부)
독립(설명) 변수 (X)	사회적 자본 (x)	신뢰 (x_1)	대출규모	1인당 금융대출 (2006)(원)	2007 한국도시연감 (행정안전부)
		규범 (x_2)	법규위반율	범죄발생건수 (십만 명당)(2006)(건)	2007 한국도시연감 (행정안전부)

		네트워크 (x_3)	민간단체수	비영리민간단체수 (십만 명당)(2006)(개소)	2007 민간단체 현황 (행정안전부)
		집단협력 (x_4)	투표참가율	지방선거투표율 (2006)(%)	중앙선거관리위원회
		개방성 (x_5)	외국인수 비율	외국인등록수 (천 명당)(2006)(명)	2007 한국도시연감 (행정안전부)
		지식기반환경 (x_6)	독서율	1인당 공공도서관 연간이용 책 권수 (2006)(권)	2007 한국도시연감 (행정안전부)

2 벤처기업 연계협력과 사회적 자본

1) 벤처기업 연계협력과 사회적 자본 간의 관계

그라노베터(Granovetter, 1985) 등의 사회적 신뢰관계 연구결과를 토대로 콜먼(Coleman, 1990)은 비즈니스 커뮤니티 내에서 연계협력의 긍정적인 편익을 사회적 자본의 개념을 이용하여 설명한다. 사회적 자본은 개인이든 집단이든 사회적 관계로부터 유래되는 것이며, 그 사회적 관계에 배태되어 있는 사용 가능한 실제적이고 잠재적인 모든 자원의 총합이다(Nahapiet and Ghoshal, 1998: 243). 따라서 사회적 자본은 특정 행위의 촉진 또는 제어, 관련 기대, 정보채널, 규범, 제재 등으로 구성될 수 있다. 퍼트넘 외(Putnam et al., 2000) 역시 사회적 자본이 연계관계 내에서 조정과 협력을 촉진하는 등 생산적 상호작용에 기여할 수 있다고 본다.

사회적 자본과 연계협력 간의 관계는 연계협력의 어떤 특성에 초점을 두느냐에 따라 연계협력의 구조에 초점을 두는 입장, 관계에 초점을 두는 입장, 또는 그 관계의 강도에 초점을 두는 입장 등으로 나뉜다(Burt, 1997). 그 외, 지역 착근성에 초점을 두는 입장(Granovetter, 1973), 연계관계의 형성동기와 속성에 초점을 두는 입장(퍼트넘, 2009) 등으로 나눌 수 있다. 퍼트넘(Putnam, 2009)이 연계협력의 형성동기와 속성에 따라 인연적(bonding) 사회적 자본과 교량적(bridging) 사회적 자본으로 구분한 것을 제외하면, 사회적 자본과 연계협력 간의 관계는 기본적으로 구조와 관계, 그리고 강도의 형태로 구분 가능하다.

연계협력 관계 내 역할주체들 간의 신뢰는 흔히 개별적인 접촉과 근접성을 통해서 제고되는 것으로 알려져 있다(Boschma, 2005). 즉, 접촉경험과 신뢰수준 간의 긍정적 상호작용의 가능성을 강조하고 있는 것이다. 1970년대 중・후반경부터 많은 수의 상호의존적인 유연하면서도 전문적인 소규모 기업들로 구성된 산업지구가 제3이탈리아의 부상과 함께 주목받게 된다. 중소규모 기업들의 연계협력관계를 통해 규모의 경제를 실현하게 된다. 집합적으로 시장을 지배하되 그들 간에는 치열한 경쟁을 통해 혁신을 달성한다. 그들 간에는 동일한 문화적 배경, 신뢰와 협력의 영향 등이 거래적 연계 또는 경제적 연계를 유지하는 데 핵심이다(Brown and McNaughton, 2002).

신성장이론가들인 크루그먼(Krugman, 1991), 펠드먼(Feldman, 1994) 역시 성장과정에서 성장의 엔진으로 인적 자본 외에도 사회적 상호작용과 외부효과를 강조한다. 브라운과 맥노턴(Brown and McNaughton, 2002)은 외부효과를 수동적 외부효과와 능동적 외부효과로 구분하고 있는데, 연계협력 관계에서 상호신뢰에 토대한 외부효과는 벤처기업이 연계협력 관계를 활용함으로써 얻어지는 외부효과임으로 능동적 외부효과에 해당한다.[4] 예컨대, 원료의 공동조달, 공동생산, 공동연구개발 등이 해당한다.

비선형적 혁신모형에서 강조되듯이, 최근 혁신은 순차적・단선적 기술개발 과정의 결과라기보다 기업 내 종사자들 간의 상호작용뿐만 아니라 가치사슬에 연계되어 있는 기업 및 대학, 그리고 기관들 간 상호작용 과정의 결과로 받아들여지고 있다. 그리고 그 상호작용 과정의 개념적 틀 및 내재적 메커니즘으로써 연계협력 관계가 주목받고 있는 것이다. 결과적으로, 기존 관련 연구들은 공통적으로 연계협력 과정의 복합성과 동태성, 그리고 사회적 관계의 중요성 등을 강조하고 있는 것으로 보인다. 보다 구체적으로, 클러스터론과 지역혁신체계론 모두 연계협력 관계의 구조와 연결성을 상황변수와 연계시켜 지역 경쟁력 내지 역량

4) 수동적 외부효과는 개별 벤처기업이 특별한 노력 없이 함께 입지함으로써 얻어지는 외부효과를 말한다. 예컨대, 숙련된 노동력 확보의 용이성, 전문화된 투입물, 그리고 기술적 파급효과 등이다.

을 설명하고 있다. 그 과정에서, 다주체 간의 복합적 연계성 측면으로 인해 사회적 자본으로서의 신뢰변수가 함께 강조되고 있는 것으로 보인다. 전체적으로, 이와 같은 접근방식이 문제가 있는 것으로 보이지는 않는다. 하지만, 연계협력 과정의 복합성과 동태성 측면에서 특정 산업 차원의 분석을 강조하는 클러스터론과 지역 단위의 체계성을 강조하는 지역혁신체계론은 산·학·연·관 분석 단위의 구체성과 연결성이 상당부분 결여될 수 있다는 비판을 받을 수 있을 것으로 보인다.

벤처기업의 경우 '고위험성과 고수익성'이라는 독특하면서도 불안정적인 속성으로 인하여, 여타 기업들에 비해 연계협력 수요가 보다 높게 나타날 것으로 전망된다. 내부자원의 제약이라는 벤처기업의 내재적 속성상 학습과 혁신이 중요하고, 생존 및 경쟁전략으로 기술개발이 강조되고, 그리고 위험성을 줄여가는 노력이 상당부분 불가피할 것으로 보이기 때문이다. 따라서 어떤 벤처기업이, 어떤 지역혁신 주체들과, 어떤 연계 경험을 가지고 있으며, 그리고 그 연계성과는 어떠한지에 대한 분석이 필요하다.

2) 벤처기업의 연계협력 분석개요

벤처기업 연계협력 관계의 경험, 신뢰 그리고 성과를 지역의 산·학·연·관 연계협력 대상 실체와 연계하여 벤처기업의 업종별·R&D 역량별 차이를 분석하는 것이 이 연구의 목적이다. 벤처기업의 핵심적 속성은 '고위험성 하의 고수익성' 기대이다. 이와 같은 벤처기업의 속성에 부합하면서, 동시에 벤처기업이 생존 및 발전을 이루어가기 위해서는 지역의 보완적 파트너와 협력적 연계형성이 기본이다. 그런데 연계협력은 기본적으로 관련 대상 실체들 간 신뢰를 토대로 하고, 연계협력 경험은 다시 신뢰수준에 영향을 미치게 될 것이다. 신뢰에 토대한 연계협력의 결과로 성과를 예상할 수 있다면, 그 성과수준은 다시 연계협력 경험과 신뢰수준에 영향을 주게 될 것이다. 그리고 성과수준이 신뢰수준에 영향을 미치듯이, 신뢰수준 또한 성과수준에 영향을 미치게 될 것으로 보인다. 결과적으로, 그 관계는 신뢰·연계협력·성과를 꼭짓점으로 하는 삼각형 형태의 상호작용적 관계로서 [그림 9-2]와 같이 표시할 수 있다.

그림 9-2 신뢰 · 연계협력 · 성과의 상호작용 삼각형

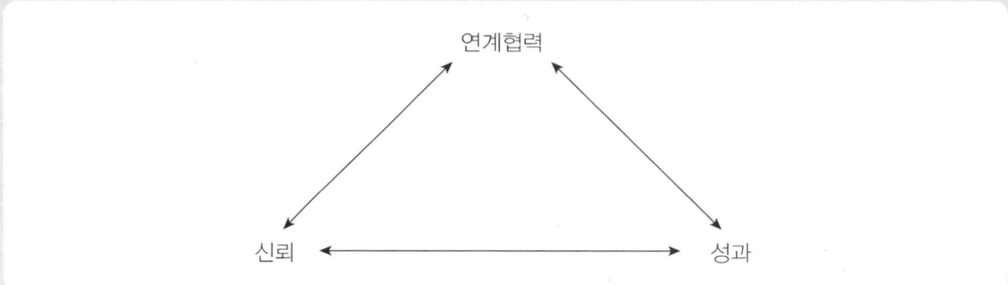

신뢰 · 연계협력 · 성과의 상호작용 삼각형 모형은 단순하지만 실제 탐색 · 이행 · 환류 등의 과정을 모두 포괄하면 그 관계는 훨씬 복잡다양하게 나타나게 된다. 그리고 이 연구는 지역 벤처기업들이 연계협력 과정에서 다양한 지역혁신 역할주체들[대학, 정부, 대기업, 동종 중소(벤처)기업, 연구기관/기업지원기관]과 업종별 · R&D 역량별로 어떠한 특성 차이를 나타내는지를 분석하고자 하는 것이므로 관련 내용을 도식적으로 표현하면 [그림 9-3]과 같다. 초기 탐색과정에서 적극적 탐색 및 선택과정으로 이행하는 과정에서 연계협력 파트너에 대한 직 ·

그림 9-3 벤처기업 연계협력 모형

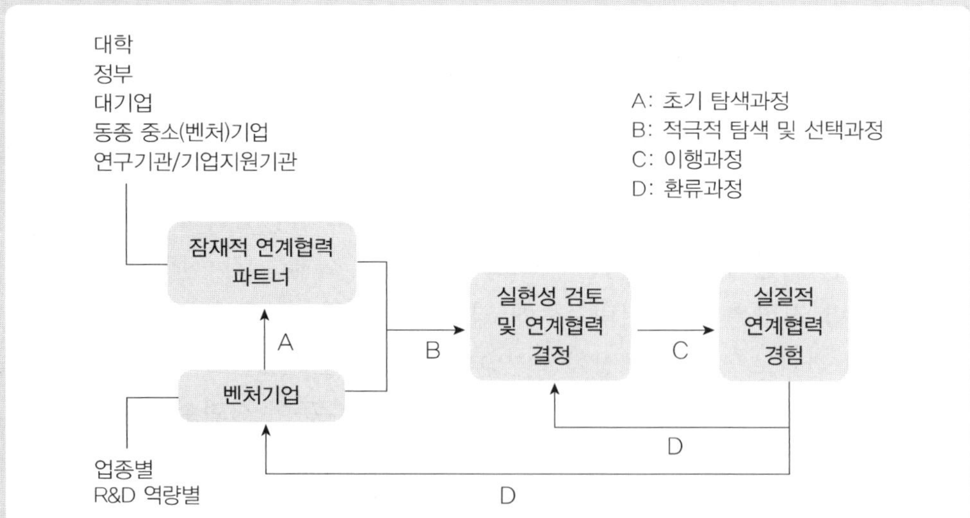

자료: 박종화(2006: 178) 수정 보완함.

간접적 정보에 토대한 신뢰관계 형성이 중요할 것으로 보인다. 성과경험이 양호한 경우, 반복적 연계협력 관계 형성은 물론이고 관련 기업에 긍정적인 평판 정보가 확산될 것으로 판단된다.

따라서 여기서는 벤처기업이 다양한 지역혁신 역할주체들과의 연계협력 경험에서 업종별 · R&D 역량별 차이가 있는지 여부를 먼저 분석한다. 이어서 연계협력 경험이 있는 경우에 흔히 상호작용적 학습 및 혁신모형에서 강조되는 협력대상과의 신뢰관계가 업종별 · R&D 역량별로 어떻게 차이가 나는지를 밝힌다. 끝으로, 벤처기업이 다양한 지역혁신 역할주체들과 연계협력의 결과인 성과인식 부분에서 업종별 · R&D 역량별 차이가 있는지의 여부를 분석한다.

실태분석을 위해 대구 · 경북지역 벤처기업에 대해 구조화된 설문지를 이용한다. 평균값 비교가 필요한 문항은 Likert 5점 척도를 이용한다. 응답은 업종과 R&D 역량 등으로 구분하고, 빈도분석과 교차분석 등의 기본적 통계분석을 실시한다. 교차분석은 비모수적 검증방식인 χ^2(Chi−square)분석 방식을 이용하되, 조사의 성격상 개별 항목(cell)의 빈도수가 5 이하인 경우는 추정치의 신뢰성 문제 등으로 빈도분석과 평균값 분석만 이용한다.

설문지는 2012년 4월 3일부터 1개월 간에 걸쳐 배포 및 회수되었다. 전체 2,606개 기업 중 13.1%인 342개 기업으로부터 분석 가능한 유효 설문지를 획득하였다.[5] 벤처업종은 여러 기준에서 분류가능하나 여기서는 분석목적상 일반제조업종, 첨단제조업종, 서비스업종 등 크게 세 가지로 구분하였다. 벤처기업의 R&D 역량은 연구조직이나 연구개발비 비중 등으로 표시 가능한데, 여기서는 양자의 의미가 사실상 유사해서 연구조직의 충실성 기준을 중심으로 '연구개발인력 있음', '연구개발전담부서 있음', '기업부설연구소 있음' 등으로 구분하였다.[6] 연계협력 파트너는 지역혁신체계나 클러스터 논의에서 흔히 산 · 학 · 연 · 관 연계 등을 상정하고 있으므로, 그 틀을 기본으로 하되, 분석성격상 산업계를 동종 중소(벤

5) 2011년 5월 기준 전국 26,713개 벤처기업 중 대구 · 경북지역 소재 벤처기업은 9.8%인 2,606개에 이른다. 동기에 수도권 점유비는 전체의 57%에 이른다.

6) '기업부설연구소의 존재' 자체가 R&D 역량의 높음을 그 자체로 담보하는 것은 아니다. 하지만, 벤처기업에서 독자적인 부설연구소를 갖는다는 것은 단순히 '연구개발 인력의 존재'나 '연구개발 전담부서의 존재'에 비해, 상대적으로 R&D의 중요성을 인지하고 있고 R&D 예산액 지출규모 또한 높을 것으로 추론할 수 있다.

처)기업과 대기업으로 구분하여 5개 실체를 상정하였다.

3 역사문화 콘텐츠 활용과 사회적 자본 형성

1) 역사문화 콘텐츠와 사회적 자본과의 연계성

최근 역사와 문화는 각자의 장르를 넘어 융·복합적 결합을 통한 새로운 콘텐츠로 그 의미가 조명되고 있다. 역사문화 콘텐츠에 대한 학술적 정의가 분명하게 정립되어 있는 것은 아니지만, 역사문화 자산을 구성하는 내용물 내지 실체로서 흔히 건물, 시설, 가로 등으로 존재하고 있는 것으로 받아들여지고 있다(이권희·박종화, 2014: 804-805). 따라서 대상물 그 자체의 실체적인 의미보다 그 속에 담겨져 있는 역사성과 시대정신, 그리고 보전의 가치개념이 결부되어 있다는 것이 초점이다. 역사문화 콘텐츠는 대개 장소성을 내재하고 있다. 역사문화 콘텐츠는 도시와 지역의 정책지표가 되고 있으며 도시의 이미지를 규정하는 요소로서 활용되는 등 국내·외적 관심과 활용 방안이 다양하게 나타나고 있다(권영상, 2011: 240). 즉, 역사문화 콘텐츠는 도시와 지역의 미래경쟁력에 중요한 창조적인 어떤 실체로 이해되면서 도시와 지역의 경쟁력을 높이는 핵심전략 요소 중의 하나로 떠오르고 있다.

역사문화 콘텐츠의 활용이란 역사문화 콘텐츠를 단순히 이용하는 것이 아니라 그것이 지닌 가치, 기능 또는 능력을 잘 살려 지속가능하게 이용하는 행위를 의미한다. 즉, 역사적, 학술적, 경관적 가치 또는 기능, 능력을 살려 효율적으로 사용하는 행위를 지칭한다. 따라서 여기서는 도시에 대한 평가가 인구, 인프라 등 물리적 측면과 함께 개방과 배려 등의 사회문화적 측면이 동시에 강조되고 있다는 사실에 유의하여 역사문화 콘텐츠 활용을 통해 얻을 수 있는 지역 정체성과 공동체 회복 등의 가치에 주목하고자 한다. 즉, 역사문화 콘텐츠 활용이 해당 도시민의 사회적 자본의 형성에 어떤 영향을 어느 정도로 미치는가를 밝혀보고자 한다.

역사문화 콘텐츠는 맹목적 보존보다 일상적 생활공간으로 끌여 들여 다양한 방안으로 활용하고자 하는 인식이 나타나면서, 점·선적 보존정책에서 면적·공간적 활용정책으로 이어지고 있다. 김항집(2011: 123), 김남희(2013: 136), 강인호 외(2014: 75) 등의 선행연구들은 역사문화 콘텐츠의 활용이 지역에 미칠 수 있는 영향으로서 지역 정체성의 확보, 지역 공동체의 형성, 그리고 지역경제 활성화의 측면 등을 강조하고 있다. 따라서 역사문화 콘텐츠의 활용, 지역 공동체 네트워크 형성과 순기능 효과, 지역 사회적 자본 간의 선순환적 사회적 관계 형성을 상정할 수 있다. 그런데 사회적 자본은 어떤 것이라기보다는 그 기능에 따라 묶음이 되는 다양한 종류의 사회적 관계들이다. 그와 같은 사회적 관계는 워렌(Warren, 2008: 133－135)이 지적하고 있는 것처럼, 한 가지 맥락에서는 긍정적인 효과가 나타날지 모르지만 또 다른 맥락에서는 부정적인 효과가 발현될 수 있다(박종화, 2011: 63). 즉, 사회적 자본은 개념적 분석에 치중하는 것보다 상황적 분석이 필요하다(박종화, 2015: 3). 동일 맥락에서, 퍼트넘(R. D. Putnam)은 사회적 관계 내에 착근된 성질의 복잡성과 관련하여 사회적 자본을 인연적 사회적 자본과 교량적 사회적 자본으로 분별한다(Putnam, 2000; Warren, 2008: 133－135; 박종화, 2015: 3－4 재인용). 인연적 사회적 자본은 배타적인 성격상 유사한 사람들의 집단들에서 표출된다. 회원제 컨트리클럽 같이 회원만 혜택을 봄으로써 사회적 관계에서 일종의 접착제 역할을 하는 것이다. 특정적인 호혜성을 토대로 '삶을 헤쳐 나가는 수단(getting by)'으로 작동할 수 있지만, 동시에 부정적인 외부성의 생성가능성이 높다. 이에 반해, 교량적 사회적 자본은 포용적인 성격상 다양한 사회적 계층을 망라하는 외부지향적 집단들에서 나타난다. 소위 그라노베터(Granovetter, 1973)의 '약한 연계(weak ties)' 형태 등에서 나타나는 포괄적인 호혜성을 토대로 '삶에서 앞서 나가는 수단(getting ahead)'으로 작동한다.

최근 경쟁력 있는 도시를 만들고자 그 도시만의 고유한 역사문화 콘텐츠를 경제적 가치와 연결하여 활용하고자하는 사례가 크게 늘고 있다. 하지만, 역사문화 콘텐츠가 과거와 소통하며 가치를 나누고 끊임없이 새로운 가치를 창조해 나가는 측면이 있다는 사실에 대한 구체적인 이해는 부족한 실정이다. 더구나 역사문화 콘텐츠는 도시의 정체성을 확보하고 지역주민들의 자긍심 고취를 통해 지역민들 간의 결속을 다질 수 있는, 사회적 자본의 형성에 중요한 자원임에도 이를 설명하는 이론이나 사례연구는 활발히 진척되지 않고 있다. 따라서 이 연구는 유·무형의 역사문화 콘텐츠가 가지는 지역 내 네트워크 형성, 공동체 커뮤니티 형성 등 공동체 복원의 동인이자 사회적 자본의 형성요인으로서의 활용가치와 함께 관련 인식의 지평을 넓혀나가고자 한다.

2) 연구분석의 틀

(1) 연구모형 및 가설설정

이 연구는 사회적 자본 형성에서 역사문화 콘텐츠 활용의 영향을 분석하기 위해, 주민설문 조사결과를 토대로 역사문화 콘텐츠 활용에 따른 주민인식적 변화요인과 사회적 자본 형성 관련 주민인식적 변화요인을 우선 추출한다. 그 다음, 추출된 다양한 변인들에 대해 요인분석을 실시하여 주요 인식적 영향변수와 주요 사회적 자본 형성 변수를 도출한다. 그리고 그 추출된 주요 인식적 영향변수를 독립변수로 하고, 주요 사회적 자본 형성 변수를 종속변수로 하여 회귀분석을 실시한다. 최종적으로, 분석된 결과를 토대로 가설검증을 실시하고 관련 정책적 함의를 제시한다. 이와 같은 일련의 분석과정은 [그림 9-4]의 연구모형으로 나타낼 수 있다.

그림 9-4 연구모형

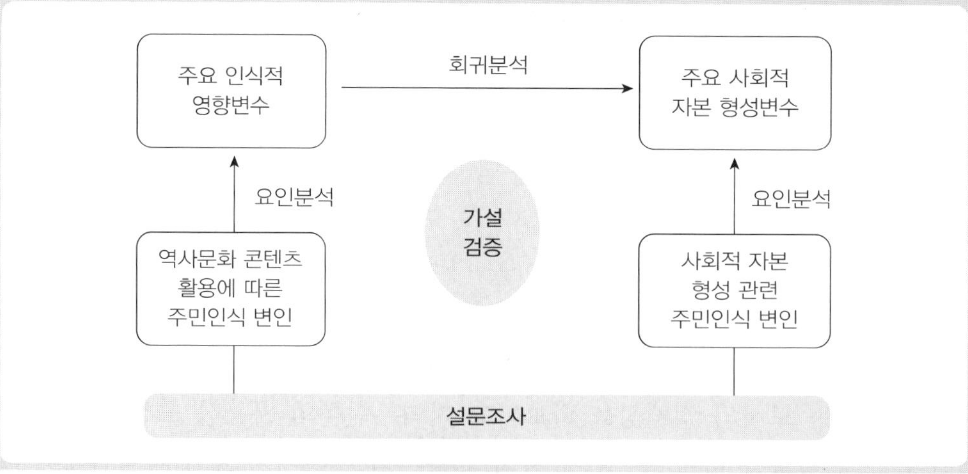

이 연구의 목적과 기존 논의 결과를 연계 정리하면 크게 다음 세 가지의 연구 가설을 제시할 수 있다.

가설 H_1: 역사문화 콘텐츠 활용에 따른 주민인식 변화는 비시장적 상호작용 측면과 시장적 상호작용 측면이 함께 발현된다.

역사문화 콘텐츠는 해당 지역사회의 정체성을 회복하고 공동체 형성을 도모하는 일상적인 생활자원으로 활용되고 있다(권영상, 2011: 247). 이는 박제화된 역사자산 혹은 박제화되고 있는 문화공간에 대한 새로운 가치인식의 결과에서 비롯된 것이라고 할 수 있다. 역사문화 콘텐츠의 활용은 정치·경제학적 관점에서 볼 때 새로운 가치 창출의 원천이며, 사회학적 관점에서 국민의 문화 향유권 보장 및 집단의 기호화 과정이며, 역사적 관점에서 새로운 전통을 만드는 것으로 이해할 수 있다. 더욱이 역사문화 콘텐츠를 개발·보전·발전시켜 문화·교육·관광 등이 어우러질 경우 도심 커뮤니티의 역량강화 및 정체성 제고, 그리고 궁극적으로 도시경제의 활성화에도 기여할 수 있을 것으로 기대된다.

가설 H_2: 역사문화 콘텐츠 활용에 따른 주민인식 변화는 지역 사회적 자본 형성에 긍정적인 영향을 미친다.

역사문화 콘텐츠의 경우 지역주민들의 자긍심과 정체성이 녹아있는 자산이라는 측면과 경쟁력 있는 도시를 만들고자 하는 바람이 맞물리면서 사회적 자본 형성에 긍정적인 영향을 미칠 것으로 보인다. 심홍진 외(2014: 484)는 지역주민의 사회적 자본 형성요인에 관한 연구에서 뉴스미디어 이용, 커뮤니케이션, 공동체 의식 등에 주목하고, 공동체 의식 중 지역애착심의 긍정적인 효과를 강조하고 있다.

가설 H_3: 교량적 사회적 자본과 인연적 사회적 자본의 형성요인별 주요 주민인식적 영향 변수들의 내용적 특성에서 차이가 있다.

가설 H_{3a}: 교량적 사회적 자본의 형성요인의 경우, 주민인식 영향변수들 중에서도 보다 보편적이고 비시장적인 가치의 상대적인 중요성이 보다 높게 나타난다.

가설 H_{3b}: 인연적 사회적 자본의 형성요인의 경우, 보다 동질적인 집단 내의 교류와 시장적 가치추구의 상대적인 중요성이 보다 높게 나타난다.

퍼트넘(Putnam, 2009)이 제시한 교량적 사회적 자본과 인연적 사회적 자본의 구분에 따르면, 교량적 사회적 자본은 그 사회적 관계에서 성격이 포용적이고 다양한 사회적 계층을 망라하는 외부지향적 집단들에서 나타나는 것으로 알려져 있다. 반면에, 인연적 사회적 자본은 성격에 있어서 배타적이고 유사한 사람들의 내부지향적 집단들에서 발견된다. 즉, 이 연구의 사회적 자본 형성요인들 중에서도 교량적 사회적 자본에 가까운 것과 인연적 사회적 자본에 가까운 것들이 나타나게 될 것이고, 그 각각에 대한 주민인식적 영향변수들에 있어서도 차이가 나타나게 되면 차별화된 정책적 고려에서 중요한 의미를 가질 수 있다(Granovetter, 1985: 481).

(2) 설문내용, 대상, 분석방법

이 연구 설문지는 연구대상의 인구통계학적 특성(거주지, 거주기간, 성별, 혼인여부 및 자녀수, 연령, 직업 등)을 측정하는 7개 문항, 역사문화 콘텐츠 활용에 관한 주민인식을 측정하는 11개 문항, 사회적 자본을 형성하는 변인을 측정하는 18개 문항 등 총 36개의 문항으로 구성되어 있다. 역사문화 콘텐츠 활용에 대한 주민인식에 관련한 문항들은 구서일 · 김우성(2014: 343), 이권희 · 박종화(2014: 808), 김혜연(2011: 14－15) 등의 선행연구에서 사용한 관심 및 만족도, 역사문화 콘텐츠 가치평가, 그리고 공동체 등의 문항을 바탕으로 하였다. 사회적 자본 형성의 변인과 관련된 문항은 이승철(2012: 442－443), 김승현(2008: 74), 소진광(2004: 104) 등의 연구에서 사용된 신뢰, 네트워크, 규범, 참여 등의 내용을 수정, 보완하여 예비조사를 거쳐 사용하였다.

각 변수의 하위척도별 내적 일관성을 알아보기 위하여 신뢰도 계수 크론바하 α의 값을 산출하였다. 역사문화 콘텐츠의 활용에 대한 주민인식의 신뢰도값은 0.596~0.887, 사회적 자본 형성의 신뢰도값은 0.530~0.736으로 나타나 이 연구의 측정도구로 사용된 설문내용이 각 변인별 요인을 상당부분 신뢰성 있게 측정할 수 있음을 알 수 있다.[7] 설문조사는 2014년 9월 1일~11월 30일까지 진행되었으

7) 넌나리(Nunnaly, 1978)는 탐색적인 연구 분야에서는 크론바하 α값이 0.6 이상이면 충분하다고 보고 있다.

며, 설문지는 응답자가 직접 작성하는 자기평가 방식으로 기입하도록 구성되었다. 설문은 대구도심 역사문화 콘텐츠 활용 관련, 교과연계된 체험학습 프로그램에 직접적으로 참가한 교사, 학생, 학부모 등과 지역 거주민, 지역상인 등 간접적으로 역사문화 콘텐츠활용 프로그램을 경험하는 대구시민을 대상으로 하였다. 설문조사에 참가한 응답자는 320명이었으나, 회수한 설문지 중 응답이 불분명하거나 누락된 설문 28부를 제외한 292부를 최종적으로 분석하였다.

표본의 특성을 살펴보면 남자는 전체 응답자의 32.9%, 여자는 전체 응답자의 67.1%를 차지하였고, 기혼은 46.2%, 미혼은 53.8%를 차지하였으며, 기혼자의 경우 자녀수는 2명인 경우가 응답자 전체의 27.7%를 차지하여 가장 높은 빈도를 나타내었다. 연령별로 10대는 17.8%, 20대는 26.0%, 30대는 13.7%, 40대는 23.6%, 50대는 9.9%, 60대 이상은 8.9%를 차지하였다. 직업의 경우에는 회사원 16.1%, 공무원 5.5%, 전문직 5.5%, 교사 6.5%, 자영업 14.7%, 주부 15.4%, 학생 20.9%, 기타 15.4%로 나타났다. 대구거주기간은 1년 미만 거주 1.4%, 1~5년 미만 거주 4.5%, 5~10년 미만 거주 9.6%, 10~20년 미만 거주 38.0%, 20년 이상 거주 46.6%로 나타나 10년 이상 거주하고 있는 응답자 비율이 높은 것으로 나타났다. 그리고 현재 거주지가 도심에 거주하고 있다고 응답한 비율은 전체의 59.6%, 도심이 아닌 곳에 거주하고 있다고 응답한 비율은 전체의 40.4%를 차지하고 있는 것으로 나타났다. 결과적으로, 표본이 비교적 고르게 분포되어 있음을 알 수 있다.

292개의 유효 자료에 대해 요인분석을 실시하였고, 확인된 요인에 대한 신뢰도와 타당도를 크론바하 α를 이용하여 검증하였다. 그리고 그 도출된 주요 요인을 이용한 다중회귀분석을 실시해 역사문화 콘텐츠 활용에 따른 주요 주민인식적 영향변수가 주요 사회적 자본 형성 변수에 미치는 영향을 분석하였다.

제 3 절 사회적 자본 측정 경험의 분석결과

사회적 자본의 측정 관련, 세 가지 사례에 대해서 다양한 분석방식을 이용하여 분석한 결과는 다음과 같다.

1 사회적 자본과 도시경쟁력 간의 분석결과

사회적 자본과 도시경쟁력 간의 관계에 대한 상관분석과 회귀분석의 결과는 다음과 같다.

1) 상관분석결과

<표 9-2>는 종속변수인 일인당 소득세와 사회적 자본 측정지표 간에 상관관계를 정리한 것이다. 네트워크와 집단협력을 나타내는 측정지표의 상관계수를 제외하고는 모두 유의수준 10%에서 통계적으로 의미가 있다. 특히, 일인당 소득세와 지식기반환경 측정지표 간의 상관계수는 0.615, 일인당 소득세와 규범 측정지표 간의 상관계수는 0.607, 그리고 일인당 소득세와 신뢰 측정지표 간의 상관계수는 0.418로 비교적 중간 내지 강한 정의 상관성을 보여주고 있다. 다만, 규범변수의 경우 법규위반율을 지표로 설정했으므로 법규위반율이 높을수록 일인당 소득세가 높은 것이 된다. 도시의 이질성과 역동성 등이 반영된 것으로 보인다.

표 9-2 일인당 소득세 지표와 사회적 자본 측정지표 간의 상관관계

		일인당 소득세	신뢰: 대출규모	규범: 법규위반율	개방성: 외국인수 비율	네트워크: 민간단체수	집단협력: 지방선거 투표참가율	지식기반 환경: 독서율
일인당 소득세	Pearson 상관계수	1	.418(***)	.607(***)	.217(*)	.067	-.113	.615(***)
	유의확률 (양쪽)		.000	.000	.070	.579	.350	.000

주: * $p \le 0.10$, ** $p \le 0.05$, *** $p \le 0.01$.

2) 회귀분석결과

사회적 자본이 도시의 경쟁력에 미치는 영향을 알아보기 위해 측정지표를 활용하여 회귀분석을 실행하였다. 분석결과는 <표 9-3>과 같다.

표 9-3 사회적 자본이 도시경쟁력에 미치는 영향

독립변수 \ 종속변수			도시경쟁력(일인당 소득세)
독립변수	사회적 자본	신뢰	.183(.019)**
		규범	.508(.000)***
		네트워크	−.091(.259)
		집단협력	−.027(.721)
		개방성	.096(.236)
		지식기반환경	.506(.000)***
R^2(수정된 R^2)			.714(.687)
F(유의확률)			26.621(.000)***

주1: 회귀계수는 표준화 회귀계수의 값으로 표기.
주2: * $p \le 0.10$, ** $p \le 0.05$, *** $p \le 0.01$.
주3: 괄호안의 수치는 p값(유의수준)을 나타냄.

도시의 경쟁력에 대한 6개 사회적 자본 변수의 설명력은 68.7%로서 상당히 높은 것으로 나타나고 있다. 이 중에서 '규범', '지식기반환경', '신뢰' 등의 변수가 통계적 유의성을 가지면서 도시의 경쟁력에 상당한 영향을 미치고 있다. 그 영향력의 상대적 비중(표준화 회귀계수)을 보면 '규범'과 '지식기반환경'의 변수가 '신뢰'변수에 비해 도시의 경쟁력에 세 배가량 높은 영향을 미치는 것으로 보인다. 반면, '개방성', '네트워크', '집단협력' 등의 변수는 통계적 유의성을 보이지 않고 있다. '신뢰'요소의 상대적 비중은 떨어지지만 도시의 경쟁력에 의미 있는 영향을 미치고 있다. 여기서의 구체적인 지표는 금융대출의 규모인데, 금융대출은 신뢰를 바탕으로 하는 것이므로 도시의 경제활동이 활발하게 이루어지기 위해서는 금융적 신뢰가 잘 형성되어야 한다고 볼 수 있다.

'규범'이란 설명변수가 도시의 경쟁력에 상당히 높은 영향을 미치고 있는 것은 사실이지만 그 의미는 다시 되새겨볼 필요가 있다. 즉, 구체적 변수의 의미를 바탕으로 한 통계적 해석은 "법규위반율이 높은 도시일수록 도시의 경쟁력이 높다"는 것이 된다. 달리 말하자면, 우리나라에서 생산성이 높은 도시에서 법규위반율이 상대적으로 높다는 것이다. 이처럼 '경제적 수준'과 '규범 또는 법규준수'의 상관관계가 일반적으로 생각되는 이론적 맥락과 일치하지 않는 것은 한국의 특수한 상황, 즉 짧은 기간 동안 급속한 경제적 성장을 이룩하면서 빚어진 '문화적 지체(cultural lag)' 현상의 일면이 아닌가 생각된다. 이것은 사회의 질서를 위반하는 행위가 상대적으로 많이 일어나는 도시일수록 이질성과 역동성이 높고 결과적으로 생산성이 높게 나타나기 때문이 아닌가 판단된다.

'지식기반환경'은 도시의 경쟁력에 상당히 의미 있는 영향을 미치는 것으로 나타나고 있다. 구체적인 지표로서 도서 대출율, 즉 독서율이 높은 도시일수록 도시의 경쟁력이 높은 것으로 나타나는 데, 도시의 분위기를 지식기반환경으로 바꾸어 가는 것이 도시의 경쟁력을 높이는데 중요한 요소가 될 것임을 추론할 수 있다.

2 벤처기업 연계협력, 신뢰, 성과 간의 분석결과

분석의 결과는 분석목적상 연계협력 관계의 경험성, 연계협력 활동에 대한 신뢰성, 그리고 연계협력 결과의 성과성 등으로 정리한다.

1) 연계협력 관계의 경험성

벤처기업협회의 최근 조사결과(2011)에 의하면, 연계협력 활동이 벤처기업에 도움이 되었거나 될 것이라는 긍정적인 응답이 70~80%에 이른다. 그런데 <표 9-4>에 의하면, 연계협력 파트너별 연계협력 활동의 경험은 18.7~42.7%로 대기업과의 연계협력 경험이 가장 낮고, 대학과의 연계협력 경험 비율이 상대적으로 가장 높다. 대학과의 연계협력 경험 비율이 상대적으로 가장 높음에도 불구하

표 9-4 벤처 업종별 · R&D 역량별 연계협력 활동의 경험

(단위: 기업 수, %)

구 분			연계협력 활동 경험		
			있음	없음	χ^2
대학과의 연계협력 활동 경험					
	전체	342	146(42.7)	196(57.3)	-
업종	일반제조업종	224	82(36.6)	142(63.4)	$\chi^2=10.985$ $df=2$ $(p=.004)$
	첨단제조업종	77	39(50.6)	38(49.4)	
	서비스업종	41	25(61.0)	16(39.0)	
R&D 역량	기업부설연구소	101	62(61.4)	39(38.6)	$\chi^2=41.639$ $df=3$ $(p=.000)$
	연구개발전담부서	62	35(56.5)	27(43.5)	
	연구개발인력만	82	30(36.6)	52(63.4)	
	개발인력없음	97	19(19.6)	78(80.4)	
정부와의 연계협력 활동 경험					
	전체	342	67(19.6)	275(80.4)	-
업종	일반제조업종	224	35(15.6)	189(84.4)	$\chi^2=6.485$ $df=2$ $(p=.039)$
	첨단제조업종	77	21(27.3)	56(72.7)	
	서비스업종	41	11(26.8)	30(73.2)	
R&D 역량	기업부설연구소	101	35(34.7)	66(65.3)	$\chi^2=27.167$ $df=3$ $(p=.000)$
	연구개발전담부서	62	15(24.2)	47(75.8)	
	연구개발인력만	82	9(11.0)	73(89.0)	
	개발인력없음	97	8(8.2)	89(91.8)	
대기업과의 연계협력 활동 경험					
	전체	342	64(18.7)	278(81.3)	-
업종	일반제조업종	224	35(15.6)	189(84.4)	$\chi^2=4.072$ $df=2$ $(p=.131)$
	첨단제조업종	77	19(24.7)	58(75.3)	
	서비스업종	41	10(24.4)	31(75.6)	
R&D 역량	기업부설연구소	101	31(30.7)	70(69.3)	$\chi^2=14.165$ $df=3$ $(p=.003)$
	연구개발전담부서	62	10(16.1)	52(83.9)	
	연구개발인력만	82	12(14.6)	70(85.4)	
	개발인력없음	97	11(11.3)	86(88.7)	
동종 중소(벤처)기업과의 연계협력 활동 경험					
	전체	342	75(21.9)	267(78.1)	-
업종	일반제조업종	224	30(13.4)	194(86.6)	$\chi^2=28.043$ $df=2$ $(p=.000)$
	첨단제조업종	77	28(36.4)	49(63.6)	
	서비스업종	41	17(41.5)	24(58.5)	

R&D 역량	기업부설연구소	101	30(29.7)	71(70.3)	χ^2 =10.462 df =3 (p =.015)
	연구개발전담부서	62	16(25.8)	46(74.2)	
	연구개발인력만	82	18(22.0)	64(78.0)	
	개발인력없음	97	11(11.3)	86(88.7)	
연구기관 및 기업지원기관과의 연계협력 활동 경험					
	전체	342	121(35.4)	221(64.6)	-
업종	일반제조업종	224	67(29.9)	157(70.1)	χ^2 =8.504 df =2 (p =.014)
	첨단제조업종	77	35(45.5)	42(54.5)	
	서비스업종	41	19(46.3)	22(53.7)	
R&D 역량	기업부설연구소	101	62(61.4)	39(38.6)	χ^2 =54.675 df =3 (p =.000)
	연구개발전담부서	62	21(33.9)	41(66.1)	
	연구개발인력만	82	27(32.9)	55(67.1)	
	개발인력없음	97	11(11.3)	86(88.7)	

주: χ^2: Chi-square, df: 자유도, p: 유의수준.

고, 그 비율은 벤처기업들이 희망하고 있는 연계협력 경험 비율과 상당한 차이가 있다. 다양한 협력대상 실체들과의 경험여부에 대한 보다 상세한 분석이 필요함을 시사하는 것이다. 지식기반경제와 글로벌 경제로의 이행과정에서, 기술개발을 위한 상호작용형 학습모형이 강조되는 것은 기업이 첨단적일수록 기술개발 과정에서 연계협력 활동의 필요성이 높아질 것이라는 점을 함축하고 있는 것이다. 동일 맥락에서, R&D 역량이 높을수록 연계협력 활동이 보다 적극적인지 등이 규명될 필요가 있다.

보다 구체적으로, 표본 벤처기업 전체 342개 중, 대학과의 연계협력 활동의 경험여부와 벤처기업의 업종별·R&D 역량별 차이가 분명하게 나타나고 있다(χ^2 검증에서 유의수준 0.5% 이내). 일반제조업종에 비해 첨단제조업종, 첨단제조업종에 비해 서비스업종으로 이행할수록 대학과의 연계협력 활동에 보다 적극적이다. R&D 역량에서, 연구개발인력만 있는 경우에 비해 연구개발전담부서가 있는 경우 그리고 연구개발전담부서만 있는 경우에 비해 기업부설연구소가 있는 벤처기업이 대학과의 연계협력 활동에 대해 보다 적극적이다(36.6% 대 61.4%).

정부와의 연계협력 활동의 경험여부와 벤처기업의 업종별·R&D 역량별 차이가 분명하게 나타나고 있다(χ^2 검증에서 유의수준 5% 이내). 일반제조업종에 비해 첨단제조업종과 서비스업종이 정부와의 연계협력 활동에 보다 적극적이다. 다만, 첨단제조업종이 서비스업종에 비해 정부와의 연계협력 활동에 대해 다소 더 적극적이다(27.3% 대 26.8%). R&D 역량에서, 연구개발인력만 있는 경우에 비해 연구개발전담부서가 있는 경우, 그리고 연구개발전담부서만 있는 경우에 비해 기업부설연구소가 갖추어진 벤처기업이 정부와의 연계협력 활동에 대해 보다 적극적이다(11.0% 대 34.7%).

대기업과의 연계협력 활동의 경험여부와 벤처기업의 업종별·R&D 역량별 차이가 다소 불분명하지만 존재하고 있는 것으로 보인다(χ^2검증에서 업종별 차이는 유의수준 15%로 사실상 기각수준, R&D 역량별 차이는 유의수준 0.5% 이내). 일반제조업종에 비해 첨단제조업종과 서비스업종이 대기업과의 연계협력 활동에 보다 적극적이지만, 그 비율 차이는 15.6%에서 24.7%이며, 따라서 χ^2검증에서 유의수준은 15% 정도이다. R&D 역량에서는, 연구개발인력만 있는 경우에 비해 연구개발전담부서가 있는 경우, 그리고 연구개발전담부서만 있는 경우에 비해 기업부설연구소가 있는 벤처기업이 대기업과의 연계협력 활동에 대해 보다 적극적이다(14.6% 대 30.7%).

동종 중소(벤처)기업과의 연계협력 활동의 경험여부와 벤처기업의 업종별·R&D 역량별 차이가 분명하게 나타나고 있다(χ^2검증에서 유의수준 2.0% 이내). 일반제조업종에 비해 첨단제조업종이, 그리고 첨단제조업종에 비해 서비스업종이 동종 중소(벤처)기업과의 연계협력 활동에 보다 적극적이다(13.4% 대 41.5%). R&D 역량에서, 연구개발인력만 있는 경우에 비해 연구개발전담부서가 있는 경우, 그리고 연구개발전담부서만 있는 경우에 비해 기업부설연구소가 구비된 벤처기업이 동종 중소(벤처)기업과의 연계협력 활동에 대해 보다 적극적이다(22.0% 대 29.7%).

연구기관 및 기업지원기관과의 연계협력 활동의 경험여부와 벤처기업의 업종별·R&D 역량별 차이가 분명하게 나타나고 있다(χ^2검증에서 유의수준 2.0% 이내). 일반제조업종에 비해 첨단제조업종이, 그리고 첨단제조업종에 비해 서비스업종이 연구기관 및 기업지원기관과의 연계협력 활동에 보다 적극적이다(29.9% 대 46.3%). R&D 역량에서, 연구개발인력만 있는 경우에 비해 연구개발전담부서가 있는 경우, 그리고 연구개발전담부서만 있는 경우에 비해 기업부설연구소가 갖추어진 벤처기업이 연구기관 및 기업지원기관과의 연계협력 활동에 대해 보다 적극적이다(32.9% 대 61.4%). 특히, 기업부설연구소가 갖추어진 경우에 연구개발전담부서만 있는 벤처기업에 비해 그 비율이 거의 두 배(33.9% 대 61.4%)에 이르는 것은 특이하다. 협력 파트너의 속성이 반영된 결과로 판단된다.

2) 연계협력 활동에 대한 신뢰성

잠재적 협력 파트너와의 연계협력 결정과 지속적인 관계형성은 우연적인 요소들이 있겠지만 기본적으로 상대 파트너에 대한 신뢰와 연계협력 결과의 성과에 토대할 것이다. <표 9-5>에 의하면, 연계협력 활동에 대한 파트너별 신뢰도는 Likert 5점 척도상 대학 3.8, 정부 4.0, 대기업 3.7, 동종 중소(벤처)기업 3.6, 연구기관/기업지원기관 3.9이다. 3.6~4.0까지 아주 높은 편은 아니지만 모두 긍정적이다.

표 9-5 벤처 업종별 · R&D 역량별 연계협력 활동의 신뢰

(단위: 기업 수, %)

구 분			평균(점)	전혀 신뢰 안됨	별로 신뢰 안됨	보통	대체로 신뢰	매우 신뢰	무응답
대학과의 연계협력 활동 신뢰									
전체		146	3.8	3(2.1)	3(2.1)	39(26.7)	75(51.4)	24(16.4)	2(1.4)
업종	일반제조업종	82	3.7	2(2.4)	3(3.7)	23(28.0)	41(50.0)	13(15.9)	
	첨단제조업종	39	3.9	1(2.6)		9(23.1)	20(51.3)	7(17.9)	2(5.1)
	서비스업종	25	3.9			7(28.0)	14(56.0)	4(16.0)	
R&D 역량	기업부설연구소	62	3.9			16(25.8)	34(54.8)	10(16.1)	2(3.2)
	연구개발전담부서	35	3.7	2(5.7)	1(2.9)	8(22.9)	20(57.1)	4(11.4)	
	연구개발인력만	30	3.8	1(3.3)	1(3.3)	8(26.7)	14(46.7)	6(20.0)	
	개발인력없음	19	3.7		1(5.3)	7(36.8)	7(36.8)	4(21.1)	
정부와의 연계협력 활동 신뢰									
전체		67	4.0		1(1.5)	13(19.4)	38(56.7)	15(22.4)	

업종	일반제조업종	35	3.9			8(22.9)	21(60.0)	6(17.1)	
	첨단제조업종	21	4.0		1(4.8)	3(14.3)	11(52.4)	6(28.6)	
	서비스업종	11	4.1			2(18.2)	6(54.5)	3(27.3)	
R&D 역량	기업부설연구소	35	4.0		1(2.9)	5(14.3)	21(60.0)	8(22.9)	
	연구개발전담부서	15	4.1			2(13.3)	10(66.7)	3(20.0)	
	연구개발인력만	9	4.0			2(22.2)	5(55.6)	2(22.2)	
	개발인력없음	8	3.8			4(50.0)	2(25.0)	2(25.0)	
대기업과의 연계협력 활동 신뢰									
	전체	64	3.7	1(1.6)	1(1.6)	21(32.8)	32(50.0)	9(14.1)	
업종	일반제조업종	35	3.8	1(2.9)		9(25.7)	21(60.0)	4(11.4)	
	첨단제조업종	19	3.6		1(5.3)	9(47.4)	6(31.6)	3(15.8)	
	서비스업종	10	3.9			3(30.0)	5(50.0)	2(20.0)	
R&D 역량	기업부설연구소	31	3.7		1(3.2)	9(29.0)	18(58.1)	3(9.7)	
	연구개발전담부서	10	3.9			3(30.0)	5(50.0)	2(20.0)	
	연구개발인력만	12	3.8	1(8.3)		3(25.0)	5(41.7)	3(25.0)	
	개발인력없음	11	3.5			6(54.5)	4(36.4)	1(9.1)	
동종 중소(벤처)기업과의 연계협력 활동 신뢰									
	전체	75	3.6		4(5.3)	27(36.0)	36(48.0)	8(10.7)	
업종	일반제조업종	30	3.6		2(6.7)	12(40.0)	12(40.0)	4(13.3)	
	첨단제조업종	28	3.5		2(7.1)	11(39.3)	14(50.0)	1(3.6)	
	서비스업종	17	3.9			4(23.5)	10(58.8)	3(17.6)	
R&D 역량	기업부설연구소	30	3.7			10(33.3)	18(60.0)	2(6.7)	
	연구개발전담부서	16	3.6		2(12.5)	3(18.8)	10(62.5)	1(6.3)	
	연구개발인력만	18	3.6		1(5.6)	8(44.4)	6(33.3)	3(16.7)	
	개발인력없음	11	3.5		1(9.1)	6(54.5)	2(18.2)	2(18.2)	
연구기관 및 기업지원기관과의 연계협력 활동 신뢰									
	전체	121	3.9	1(.8)	2(1.7)	29(24.0)	70(57.9)	19(15.6)	
업종	일반제조업종	67	3.9	1(1.5)	1(1.5)	13(19.4)	41(61.2)	11(16.4)	
	첨단제조업종	35	3.9			12(34.3)	16(45.7)	7(20.0)	
	서비스업종	19	3.7		1(5.3)	4(21.1)	13(68.4)	1(5.3)	
R&D 역량	기업부설연구소	62	3.8		1(1.6)	16(25.8)	37(59.7)	8(12.9)	
	연구개발전담부서	21	3.8	1(4.8)		5(23.8)	11(52.4)	4(19.0)	
	연구개발인력만	27	4.0			5(18.5)	17(63.0)	5(18.5)	
	개발인력없음	11	3.7		1(9.1)	3(27.3)	5(45.5)	2(18.2)	

보다 구체적으로, 대학과의 연계협력 경험이 있는 벤처기업 146개 중 업종별 · R&D 역량별 대학에 대한 신뢰도 차이가 거의 없다. 일반제조업종에 비해 첨단제조업종과 서비스업종이 대학과의 연계협력 활동에 대한 신뢰도가 높지만 그 정도 차이는 미미하다(Likert 5점 척도 3.7~3.9). 다만, 대체로 신뢰 이상의 비율이 업종을 불문하고 65%를 넘는다. R&D 역량에 있어서는, 개발인력이 없는 경우에서부터 기업부설연구소가 있는 경우에 이르기까지 대학과의 연계협력 활동에 대한 신뢰도가 거의 유사하다(Likert 5점 척도 3.7~3.9). 파트너 대학에 대한 신뢰수준은 해당 벤처기업의 첨단성 여부와 R&D 역량 수준과 별반 상관없다는 것이다.

정부와의 연계협력 경험이 있는 벤처기업 67개 중 업종별 · R&D 역량별 정부에 대한 신뢰도 차이가 거의 없다. 일반제조업종에 비해 첨단제조업종과 서비스업종이 정부와의 연계협력 활동에 대한 신뢰도가 높지만 그 정도 차이는 미미하다(Likert 5점 척도 3.9~4.1). 다만, 대체로 신뢰 이상의 비율이 업종을 불문하고 77.0%를 초과한다. R&D 역량에 있어서도, 개발인력이 없는 경우에서부터 기업부설연구소가 갖추어져 있는 경우까지 정부와의 연계협력 활동에 대한 신뢰도는 거의 차이가 없다(Likert 5점 척도 3.8~4.1). 특히, 연구개발 인력만 있는 경우에서 부터 기업부설연구소가 갖추어진 경우까지는 그 차이가 더욱 미미해서 Likert 5점 척도상 4.0~4.1이다.

대기업과의 연계협력 경험이 있는 벤처기업 64개 중 업종별 · R&D 역량별 연계협력 활동에 대한 대기업에 대한 신뢰도 차이는 미약하다(Likert 5점 척도 3.6~3.9). 첨단제조업종에 비해 일반제조업종이, 그리고 일반제조업종에 비해 서비스업종이 대기업과의 연계협력 활동에 대한 신뢰도가 높다. 다만, 긍정적인 대체로 신뢰 이상의 비율이 업종을 불문하고 47.0%를 초과하고, 부정적인 별로 신뢰안됨 이하의 비율은 업종을 불문하고 6%에 미치지 못한다. R&D 역량에 있어서는, 개발인력이 없는 경우에서부터 기업부설연구소가 갖추어져 있는 경우까지 대기업과의 연계협력 활동에 대한 신뢰도는 큰 차이는 없지만, 다소 존재하고 있는 것으로 보인다(Likert 5점 척도 3.5~3.9).

동종 중소(벤처)기업과의 연계협력 경험있는 벤처기업 75개 중 업종별 동종 중소(벤처)기업에 대한 신뢰도 역시 차이가 약간 존재하고 있다(Likert 5점 척도 3.5~3.9). 첨단제조업종에 비해 일반제조업종이, 그리고 일반제조업종에 비해 서비스업종이 동종 중소(벤처)기업과의 연계협력 활동에 대한 신뢰도가 높다. 다만, 긍정적인 대체로 신뢰 이상의 비율이 업종불문 53.0%를 초과하고, 부정적인 별로 신뢰 안됨 이하의 비율은 업종을 불문하고 6%에 미치지 못한다. R&D 역량에서는, 개발인력이 없는 경우에서 기업부설연구소가 갖추어진 경우까지 동종 중소(벤처)기업에 대한 연계협력 활동에 대한 신뢰도 차이는 미미하다(Likert 5점 척도 3.5~3.7).

연구기관 및 기업지원기관과의 연계협력 경험있는 벤처기업 121개 중 업종별·R&D 역량별 연계협력 활동에 대한 연구기관 및 기업지원기관에 대한 신뢰도 차이가 미미하다. 서비스업종의 경우 신뢰도 수준이 가장 낮고, 일반제조업종과 첨단제조업종의 경우 그 값이 동일하다(Likert 5점 척도 3.7~3.9). 다만, 긍정적인 대체로 신뢰 이상의 비율이 업종을 불문하고 65%를 초과하고, 부정적인 별로 신뢰 안됨 이하의 비율은 업종을 불문하고 6%에 미치지 못한다. R&D 역량에서, 개발인력이 없는 경우에서부터 기업부설연구소가 갖추어져 있는 경우까지 연구기관 및 기업지원기관에 대한 신뢰도 차이는 미약하다(Likert 5점 척도 3.7~4.0).

3) 연계협력 결과의 성과성

성과인식이 연계협력 대상별로 어떻게 나타나는지는 잠재적 연계협력 가능성을 나타낼 것으로 판단된다. 그리고 더 나아가 해당 벤처기업의 업종별·R&D 역량별 성과인식 차이를 판별할 수 있다면 정책적 함의 모색에 유용할 것이다. <표 9-6>의 자료에 의하면, 연계협력 활동에 대한 대상별 성과인식 차이가 별로 크지 않다. Likert 5점 척도상, 대학 3.6, 정부 3.9, 대기업 3.6, 동종 중소(벤처)기업 3.5, 연구기관/기업지원기관 3.8 등이다. 3.5~3.9까지, 매우 긍정적인 것으로 볼 수는 없지만, 연계협력 대상 불문 일단 비교적 긍정적인 성과인식이라고 볼 수 있다. 긍정적인 대체로 성과있음 이상의 비율이 연계협력 대상 불문 48% 이상이다. 그리고 부정적인 별로 성과없음 이하의 비율은 대상 불문 8%에 미치지 못한다.

보다 구체적으로, 대학과 연계협력 경험 있는 벤처기업 146개 중 업종별·R&D 역량별 대학과의 연계협력 활동에 대한 성과인식 차이가 미약하다(Likert 5

점 척도 3.6~3.7). 긍정적인 대체로 성과있음 이상 비율이 업종불문 58%를 초과하고, 부정적인 별로 성과없음 이하 비율이 업종불문 9%에 미치지 못한다. R&D 역량에 있어서는, 성과인식이 기업부설연구소가 있는 경우만 Likert 5점 척도상 3.9이고, 나머지는 모두 3.4~3.5로 별 차이가 없다. 따라서 긍정적인 대체로 성과있음 비율이 기업부설연구소가 있는 경우는 75%를 초과하고 나머지는 모두 42.1~54.3% 정도이다. 그리고 부정적인 별로 성과없음 이하 비율은 R&D 역량 수준 불문 15%에 미치지 못한다. 기업부설연구소가 있는 경우는 부정적인 비율이 1.6%에 불과하다.

표 9-6 벤처 업종별 · R&D 역량별 연계협력 활동의 성과

(단위: 기업 수, %)

구 분			평균(점)	전혀 성과 없음	별로 성과 없음	보통	대체로 성과	매우 성과	무응답
대학과의 연계협력 활동 성과									
	전체	146	3.6	2(1.4)	9(6.2)	45(30.8)	74(50.7)	13(8.9)	3(2.1)
업종	일반제조업종	82	3.6	1(1.2)	6(7.3)	26(31.7)	40(48.8)	8(9.8)	1(1.2)
	첨단제조업종	39	3.7		2(5.1)	12(30.8)	21(53.8)	3(7.7)	1(2.6)
	서비스업종	25	3.6	1(4.0)	1(4.0)	7(28.0)	13(52.0)	2(8.0)	1(4.0)
R&D 역량	기업부설연구소	62	3.9		1(1.6)	13(21.0)	39(62.9)	7(11.3)	2(3.2)
	연구개발전담부서	35	3.5	1(2.9)	4(11.4)	11(31.4)	16(45.7)	3(8.6)	
	연구개발인력만	30	3.4	1(3.3)	3(10.0)	11(36.7)	12(40.0)	2(6.7)	1(3.3)
	개발인력없음	19	3.4		1(5.3)	10(52.6)	7(36.8)	1(5.3)	
정부와의 연계협력 활동 성과									
	전체	67	3.9		2(3.0)	16(23.9)	37(55.2)	11(16.4)	1(1.5)
업종	일반제조업종	35	3.8		1(2.9)	9(25.7)	19(54.3)	5(14.3)	1(2.9)
	첨단제조업종	21	3.9		1(4.8)	3(14.3)	14(66.7)	3(14.3)	
	서비스업종	11	3.9			4(36.4)	4(36.4)	3(27.3)	
R&D 역량	기업부설연구소	35	4.0		1(2.9)	6(17.1)	20(57.1)	7(20.0)	1(2.9)
	연구개발전담부서	15	3.7		1(6.7)	3(20.0)	10(66.7)	1(6.7)	
	연구개발인력만	9	3.9			3(33.3)	4(44.4)	2(22.2)	
	개발인력없음	8	3.6			4(50.0)	3(37.5)	1(12.5)	
대기업과의 연계협력 활동 성과									
	전체	64	3.6	1(1.6)	4(6.3)	21(32.8)	29(45.3)	8(12.5)	1(1.6)

업종	일반제조업종	35	3.7		2(5.7)	12(34.3)	15(42.9)	5(14.3)	1(2.9)
	첨단제조업종	19	3.3	1(5.3)	2(10.5)	7(36.8)	8(42.1)	1(5.3)	
	서비스업종	10	4.0			2(20.0)	6(60.0)	2(20.0)	
R&D 역량	기업부설연구소	31	3.7		1(3.2)	10(32.3)	18(58.1)	2(6.5)	
	연구개발전담부서	10	3.7			4(40.0)	5(50.0)	1(10.0)	
	연구개발인력만	12	3.6	1(8.3)	2(16.7)	2(16.7)	3(25.0)	4(33.3)	
	개발인력없음	11	3.4		1(9.1)	5(45.5)	3(27.3)	1(9.1)	1(9.1)
동종 중소(벤처)기업과의 연계협력 활동 성과									
	전체	75	3.5		5(6.7)	33(44.0)	29(38.7)	7(9.3)	1(1.3)
업종	일반제조업종	30	3.6		2(6.7)	11(36.7)	13(43.3)	3(10.0)	1(3.3)
	첨단제조업종	28	3.3		3(10.7)	16(57.1)	8(28.6)	1(3.6)	
	서비스업종	17	3.8			6(35.3)	8(47.1)	3(17.6)	
R&D 역량	기업부설연구소	30	3.6		1(3.3)	13(43.3)	14(46.7)	2(6.7)	
	연구개발전담부서	16	3.4		2(12.5)	6(37.5)	7(43.8)	1(6.3)	
	연구개발인력만	18	3.6		1(5.6)	9(50.0)	5(27.8)	3(16.7)	
	개발인력없음	11	3.4		1(9.1)	5(45.5)	3(27.3)	1(9.1)	1(9.1)
연구기관 및 기업지원기관과의 연계협력 활동 성과									
	전체	121	3.8		3(2.5)	36(29.8)	64(52.9)	17(14.0)	1(0.8)
업종	일반제조업종	67	3.8		2(3.0)	17(25.4)	37(55.2)	10(14.9)	1(1.5)
	첨단제조업종	35	3.8			12(34.3)	17(48.6)	6(17.1)	
	서비스업종	19	3.6		1(5.3)	7(36.8)	10(52.6)	1(5.3)	
R&D 역량	기업부설연구소	62	3.9			18(29.0)	33(53.2)	10(16.1)	1(1.6)
	연구개발전담부서	21	3.6		2(9.5)	7(33.3)	10(47.6)	2(9.5)	
	연구개발인력만	27	3.9			8(29.6)	15(55.6)	4(14.8)	
	개발인력없음	11	3.6		1(9.1)	3(27.3)	6(54.5)	1(9.1))	

정부와의 연계협력 경험이 있는 벤처기업 67개 중 업종별 정부에 대한 성과인식 차이가 거의 없다. 일반제조업종에 비해 첨단제조업종과 서비스업종의 경우 정부와의 연계협력 활동 성과인식 수준이 상당히 높지만 그 차이는 거의 무시할 수 있는 수준이다(Likert 5점 척도상 3.8~3.9). 다만, 긍정적인 대체로 성과있음 이상 비율은 첨단제조업종이 81.0%로 가장 높고 서비스업종이 63.7%로 가장 낮다. R&D 역량에 있어서는, 개발인력이 없는 경우에서 기업부설연구소가 갖추어진 경우까지 정부와의 연계협력 활동에 대한 성과인식에서는 큰 차이는 아니지만 약간의 차이가 나타난다(Likert 5점 척도 3.6~4.0). 긍정적인 대체로 성과있

음 비율이 연구개발인력만 있는 경우부터 기업부설연구소가 있는 경우까지 66.6~77.8%로 비교적 높다. 대기업과의 연계협력 경험이 있는 벤처기업 64개 중 업종별 대기업에 대한 성과인식 차이는 상당부분 나타나고 있다. 첨단제조업종에 비해 일반제조업종과 서비스업종이 대기업과의 연계협력 활동 성과인식 수준이 비교적 높고, 그 차이도 어느 정도 나타나고 있다(Likert 5점 척도 3.3~4.0). 즉, 긍정적인 대체로 성과있음 이상 비율이 첨단제조업종의 경우 47.4%, 일반제조업종의 경우 57.2%, 그리고 서비스업종의 경우는 상당히 높아서 80.0%에 이른다. 그런데 첨단제조업종의 경우가 일반 제조업종에 비해 대기업과의 연계협력 성과인식이 상대적으로 낮게 나타나는 것은 일반적인 기대와는 차이가 있는 것으로 보인다. R&D 역량에 있어서는, 개발인력이 없는 경우에서 기업부설연구소가 존재하는 경우까지 대기업과의 연계협력 활동에 대한 성과인식 차이가 미약하다(Likert 5점 척도 3.4~3.7).

동종 중소(벤처)기업과의 연계협력 활동의 경험있는 벤처기업 75개 중 업종별 동종 중소(벤처)기업에 대한 성과인식 차이는 어느 정도 나타나고 있다(Likert 5점 척도 3.3~3.8). 다만, 이 경우 역시 첨단제조업종의 경우 성과인식 수준이 3.3으로 가장 낮고, 서비스업종이 3.8로 가장 높다. 즉, 긍정적인 대체로 성과있음 이상 비율이 첨단제조업종의 경우 32.2%로 가장 낮고, 일반제조업종의 경우 53.3%, 그리고 서비스업종의 경우 64.7%로 가장 높다. 그런데 첨단제조업종의 경우에도 부정적인 별로 성과없음 이하 비율은 10.7%에 불과하다. 첨단제조업종의 경우 업종성격상 동종 중소(벤처)기업과의 연계협력 활동에 대한 성과인식이 상대적으로 낮은 것이 아닌가 판단된다. R&D 역량에 있어서는, 개발인력이 없는 경우에서 기업부설연구소가 갖춰진 경우까지 동종 중소(벤처)기업에 대한 성과인식은 거의 차이가 없다(Likert 5점 척도 3.4~3.6). 다만, 긍정적인 대체로 성과있음 비율이, 개발인력없음 36.4%, 연구개발인력만 44.5%, 연구개발전담부서 51.1%, 기업부설연구소 53.4% 등이다. R&D 역량이 높을수록 긍정적인 인식이 높은 것을 알 수 있다. 부정적인 성과인식은 R&D 역량수준 불문 13%에 미치지 못한다.

연구기관 및 기업지원기관과의 연계협력 경험있는 벤처기업 121개 중 업종별·R&D 역량별 연구기관 및 기업지원기관에 대한 성과인식 차이가 미미하다. 서비스업종의 경우 성과인식 수준이 가장 낮지만 업종불문 연구기관 및 기업지원기관과의 연계협력 활동 성과인식 수준 차이는 거의 없다(Likert 5점 척도 3.6~3.8). 다만, 긍정적인 대체로 성과있음 이상 비율이 업종불문 57.9% 이상이고, 부정적인 별로 성과없음 이하 비율이 업종불문 6% 미만이다. R&D 역량에 있어서도, 개발인력이 없는 경우에서 기업부설연구소가 갖춰진 경우까지 연구기관 및 기업지원기관에 대한 성과인식 차이는 미미하다(Likert 5점 척도 3.6~3.9). 다만, 부정적인 별로 성과없음 이하 비율이 R&D 역량 수준 불문 10%에 미치지 못한다.

4) 분석결과의 종합

변화하는 환경흐름에 벤처기업이 능동적으로 대처해 가기 위해서, 다양한 지역혁신 역할주체들과의 연계협력이 필요한 것으로 보인다. 따라서 이 연구는 분석모형에서 제시했듯이 벤처기업 연계협력 대상 실체와 연계하여 벤처기업의 업종별 · R&D 역량별 차이 중심으로 연계협력 관계의 경험성, 신뢰성, 그리고 성과성을 분석하였다. 분석결과는 <표 9-7>와 같이 종합적으로 정리할 수 있다. <표 9-7>에 의하면, 첫째, 연계협력 대상 실체가 무엇이든 거의 상관없이 5% 유의수준에서 업종별 · R&D 역량별 연계협력 경험에서 차이가 있다(협력대상 실체가 대기업인 경우에만, 벤처업종별 연계협력 경험상의 차이가 유의수준 15% 정도로 불분명하고, 그 이외는 모두 유의수준 5%에서 업종별 · R&D 역량별 연계협력 경험에서 차이). 즉, 대기업과의 연계협력 관계를 제외하고는, 연계협력 대상 실체가 누구이든 첨단 · 서비스 업종일수록 연계협력 경험에서 보다 적극적이다. 그리고 연계협력 대상을 불문하고 R&D 역량수준이 높을수록 연계협력 경험에서 보다 적극적이다.

둘째, 연계협력 활동에 대한 신뢰부분에 있어서는 부분적으로 차이가 없는 것은 아니지만 협력대상 실체와 거의 무관하게 업종별 · R&D 역량별 차이가 별반 두드러지지 않는다. 첨단제조업종의 경우 대기업이나 동종 중소(벤처)기업에 대한 연계협력 관계에서의 신뢰수준이 상대적으로 다소 낮게 나타나고 있지만, 전체적으로 업종불문 · R&D 역량불문 대체로 신뢰 이상의 긍정적인 비율이 별로 신뢰 안됨 이하의 부정적인 비율에 비해 확연히, 그리고 현저하게 높다(대략

표 9-7 연계협력 경험 · 신뢰 · 성과에 대한 분석결과표–벤처연계협력 실체별 · 업종별 · R&D 역량별

구분		경험	신뢰	성과
대학	업종	차이*** 첨단 · 서비스 업종일수록 적극적	차이 미미(L 3.7~3.9) 업종불문, 대체로 신뢰 이상 적어도 65%, 별로 신뢰 안됨 이하 최대 6.1%	차이 미미(L 3.6~3.7) 업종불문, 대체로 성과 이상 적어도 58.6%, 별로 성과없음 이하 최대 8.5%
	R&D 역량	차이*** R&D 역량 높을수록 적극적	차이 미미(L 3.7~3.9) R&D 역량불문, 대체로 신뢰 이상 적어도 57.9%, 별로 신뢰 안됨 이하 최대 8.6%	차이 약간(L 3.4~3.9) R&D 역량불문 대체로 성과 이상 적어도 42.1%. 단, 기업부설연구소 있는 경우 그 비율 74.2%, R&D 역량불문 별로 성과없음 이하 최대 14.3%
정부	업종	차이** 첨단 · 서비스 업종 일수록 적극적	차이 미미(L 3.9~4.1) 업종불문, 대체로 신뢰 이상 적어도 77.0%, 별로 신뢰 안됨 이하 최대 4.8%	차이 미미(L 3.8~3.9) 업종불문, 대체로 성과 이상 적어도 63.7%, 별로 성과없음 이하 최대 4.8%
	R&D 역량	차이** R&D 역량 높을수록 적극적	차이 미약(L 3.8~4.1) R&D 역량불문, 대체로 신뢰 이상 적어도 50%, 별로 신뢰 안됨 이하 최대 2.9%	차이 약간(L 3.6~4.0), R&D 역량불문 대체로 성과 이상 적어도 50.0%, 단, 연구개발전담부서나 기업부설연구소가 있는 경우 그 비율은 73.4% 이상, 별로 성과없음 이하 최대 6.7%
대기업	업종	차이 불분명 (유의수준 15%)	차이 미약(L 3.6~3.9) 업종불문, 대체로 신뢰 이상 적어도 47%, 별로 신뢰 안됨 이하 최대 6%	차이 어느 정도(L 3.3~4.0) 업종불문, 대체로 성과 이상 적어도 47.4%. 단, 서비스업종 그 비율 80.0%, 별로 성과없음 이하 최대 17.8%
	R&D 역량	차이*** R&D역량 높을수록 적극적	차이 약간(L 3.5~3.9) R&D 역량불문, 대체로 신뢰 이상 적어도 45.5%, 별로 신뢰 안됨 이하 최대 6%	차이 미약(L 3.4~3.7), R&D 역량불문 대체로 성과 이상 36.4%. 단, 연구개발전담부서나 기업부설연구소가 있는 경우 그 비율은 60.0% 이상, 별로 성과없음 이하 최대 25.0%
동종 중소 (벤처) 기업	업종	차이** 첨단 · 서비스 업종일수록 적극적	차이 약간(L 3.5~3.9) 업종불문, 대체로 신뢰 이상 적어도 53.3%, 별로 신뢰 안됨 이하 최대 7.1%	차이 어느 정도(L 3.3~3.8), 대체로 성과 이상 첨단제조업종 32.2%, 일반제조업종 53.0%, 서비스업종 64.7%, 업종불문, 별로 성과없음 이하 최대 20.7%
	R&D 역량	차이** R&D 역량 높을수록 적극적	차이 미미(L 3.5~3.7) R&D 역량불문, 대체로 신뢰 이상 적어도 36.4%. 단, 기업부설연구소 있는 경우 그 비율 66.7%, 별로 신뢰 안됨 이하 최대 12.5%	차이 미미(L 3.4~3.6), R&D 역량불문 대체로 성과 이상 적어도 36.4%. 단, 연구개발전담부서나 기업부설연구소 있는 경우 그 비율 50.1% 이상, 별로 성과없음 이하 최대 12.5%

<table>
<tr><td rowspan="2">연구
기관
(지원
기관)</td><td>업종</td><td>차이**
첨단 · 서비스
업종일수록
적극적</td><td>차이 미미(L 3.7∼3.9)
업종불문, 대체로 신뢰 이상 적어도 65.7%, 별로 신뢰 안됨 이하 최대 5.3%</td><td>차이 미미(L 3.6∼3.8), 업종불문, 대체로 성과 이상 적어도 57.9%, 별로 성과없음 이하 최대 5.3%</td></tr>
<tr><td>R&D
역량</td><td>차이**
R&D 역량 높을수록 적극적,
기업부설연구소
효과 큼</td><td>차이 미약(L 3.7∼4.0)
R&D 역량불문, 대체로 신뢰 이상 적어도 63.7%, 별로 신뢰 안됨 이하 최대 9.1%</td><td>차이 미약(L 3.6∼3.9) R&D 역량불문, 대체로 성과 이상 적어도 57.1%, 별로 성과없음 이하 최대 9.5%</td></tr>
</table>

주: 무응답 비율은 전체의 2%에 미치지 못하므로 고려하지 않음.
L: Likert 5점 척도.
*** $p \leq .01$, ** $p \leq .05$, *$p \leq .10$.

50~60% 대 5~7%). 결과적으로, 연계협력 대상 실체, 업종별 차이, R&D 역량 차이 등과 거의 무관하게 연계협력 활동에 대한 신뢰수준이 상당히 높고 긍정적인 것을 알 수 있다.

셋째, 연계협력 결과인 성과부분에 있어서 벤처업종별 · R&D 역량별 · 연계협력 실체별 차이가 상당히 미미하고 두드러지지 않는다. 연계협력 실체가 대학, 정부, 연구기관/기업지원기관인 경우, 벤처기업 업종별 연계협력 성과인식 차이는 미미한 것으로 보인다. 그런데 첨단제조업종의 경우 대기업이나 동종 중소(벤처)기업과의 연계협력 성과수준이 상대적으로 낮게 나타나고 있다. 벤처기업의 R&D 역량별 연계협력 성과인식에 있어서도, 다소 간의 차이는 인지되고 있지만, 그 차이는 대체적으로 미약 내지 약간 정도인 것으로 보인다. 그리고 기업부설연구소가 있는 경우 대체로 성과있음 이상의 긍정적인 비율이 74.2%와 73.4%로 상당히 높다. R&D 역량수준이 높은 기업부설연구소가 있는 경우에 긍정적인 성과인식 비율이 상대적으로 높게 나타나는 것은 연계협력 실체가 대기업과 동종 중소(벤처)기업인 경우에도 동일하다. 공통적으로 분명한 것은, 연계협력 결과인 성과인식에서 업종불문 · R&D 역량불문 긍정적인 성과인식이 부정적인 성과인식에 비해서 확연히, 그리고 현저하게 높다(대략 60~70% 대 8~10%). 다만, R&D 역량부분에서 연구개발인력만 있는 경우에 대기업과의 연계협력 성과에 대해서는 예외적으로 별로 성과없음 이하의 부정적인 인식비율이 25.0% 정도로 비교적 높게 나타난다. R&D 역량이 아주 낮은 상태에서는 대기업과의 연계협력 성과가 사실상 구체화되기 어려울 수도 있기 때문이 아닌가 판단된다.

3 역사문화 콘텐츠 활용과 사회적 자본 형성 간의 분석결과

1) 요인분석

역사문화 콘텐츠 활용 관련 주민 인식과 사회적 자본의 다양한 구성요소와 형태를 알아보기 위해 바틀렛(Bartlett)의 단위행렬 점검을 통해 변수들이 서로 독립적인가를 점검하였으며, KMO(Kaiser−Meyer−Olkin)의 표본적합도 MSA를 통해 요인분석의 적합성을 살펴보았다. 요인추출을 위해 주성분분석을 이용하였으며, 요인추출 기준의 고유값(eigen value)은 1.0 이상으로 하여 직교 회전방식을 사용하였다.

<표 9−8>은 역사문화 콘텐츠 활용에 따른 주민인식 변인들을 요인분석한 결과를 요약한 것이다. 주민인식에 대한 Bartlett의 단위행렬은 3217.321일 때 유의확률은 .000이고 KMO의 표본적합도 MSA값은 .867로 나타나 요인분석을 위한 변수의 선정이 적절하였음을 보여주고 있다. 이를 바탕으로 17개 문항의 요인분석 결과 5개의 요인이 추출되었고, 전체 변량의 64.918%를 설명하는 것으로 나타

표 9-8 역사문화 콘텐츠 활용에 대한 주민인식 요인분석

(n = 292)

Bartlett의 단위행렬(χ^2 = 3217.321, df = 231, p = .000) Kaiser−Meyer−Olkin의 MSA=.867					
요인분석	요인1	요인2	요인3	요인4	요인5
문항내용	공동체 학습 및 교류	교육 · 문화 예술 가치인식	지역사회 안전 및 발전	지역사회 관심 및 만족도	경제 활성화
참여자 간에 협력이 잘 이루어졌다	.791	.228	.075	.122	−.131
공동체 학습에 도움이 된다고 생각한다	.779	.158	.080	.089	.033
이웃과 교류가 강화된다고 생각한다	.771	.119	.072	.132	−.217
소통 및 관계형성에 도움된다고 생각한다	.730	−.043	.157	.176	.186

도심 역사문화 체험학습의 교육적 가치 도심 역사문화 체험학습의 역사적 가치 도심 역사문화 체험학습의 문화예술 가치 도심 역사문화 체험학습의 관광적 가치	.201 .268 .158 .179	.841 .807 .735 .713	.194 .114 .223 .239	.145 .076 .188 .283	.092 -.153 .145 -.215
지역사회에 대한 애착이 강화된다 자역사회의 안전성이 높아진다 지역사회 소득증진 기회 확대된다 지역사회에 대한 성취 자긍심이 생긴다	.214 .129 -.014 .004	.207 .039 .235 .239	.751 .743 .731 .659	.122 .147 .007 .073	-.088 -.046 .191 .217
대구도심 역사문화 콘텐츠에 관심 많다 살고 있는 동네에 관심 많다 대구지역이 자랑스럽다	.084 .253 .203	.225 .288 .059	.148 .198 .298	.707 .663 .636	.418 -.150 -.156
개발제한 등 경제적 성장기회 제약받는다 대구 경제 활성화에 도움된다	-.097 .416	-.153 .208	.083 .268	-.007 .057	.671 .590
고유값(eigen value)	3.884	3.577	3.113	2.042	1.666
분산 %	17.654	16.259	14.150	9.283	7.572
누적 %	17.654	33.913	48.063	57.346	64.918
신뢰도(크론바하 α)	0.688	0.881	0.789	0.675	0.620

났다. 공동체 학습 및 교류의 적재치는 .730 이상, 교육 · 문화예술 가치인식의 적재치는 .713 이상, 지역사회의 안전 및 발전의 적재치는 .659 이상, 지역사회 관심 및 만족도의 적재치는 .636 이상, 경제 활성화에 관한 적재치는 .590 이상으로 나타났다.

<표 9-9>는 사회적 자본 형성 관련 주민인식 변인들을 추출하고자 실시한 요인분석결과를 나타낸 것이다. 사회적 자본 형성에 대한 Bartlett의 단위행렬은 3370.405일 때 유의확률은 .000이고, KMO의 표본적합도 MSA값은 .834로 나타나 요인분석을 위한 변수의 선정이 적절하였음을 보여주고 있다. 이를 바탕으로 19개 문항의 요인분석 결과 7개의 요인이 추출되었고, 전체 변량의 61.892%를 설명하는 것으로 나타났다. 소통과 참여의지의 적재치는 .735 이상, 협력의 적재치는 .736 이상, 공적참여의 적재치는 .674 이상, 사적신뢰의 적재치는 .658 이상, 공적신뢰에 대한 적재치는 .719 이상, 사적참여의 적재치는 .649 이상, 네트워크에 관한 적재치는 .605 이상으로 나타났다. 여기서 경제 활성화와 지역사회 안전 및 발전은 시장적 상호작용 측면이 강하고, 나머지는 모두 비시장적 상호작용 측면이 강하다. 따라서 가설 H_1인 역사문화 콘텐츠 활용에 따른 주민인식 변화는 비

시장적 상호작용 측면과 시장적 상호작용 측면이 함께 발현된다는 것이 입증되었음을 알 수 있다.

표 9-9 사회적 자본 형성에 관한 요인분석

(n = 292)

Bartlett의 단위행렬(χ^2 = 3370.405, df =378, p =.000) Kaiser-Meyer-Olkin의 MSA=.834							
요인분석 / 문항내용	요인1 소통과 참여 의지	요인2 협력	요인3 공적 참여	요인4 사적 신뢰	요인5 공적 신뢰	요인6 사적 참여	요인7 네트 워크
참여자 간 소통이 잘 이루어졌다	.837	.053	.139	.010	.042	.077	.136
다른 사람에게 추천하고 싶다	.825	.027	.113	.105	.016	.030	.113
향후 다른 심화프로그램에 참여하고 싶다	.802	.024	.174	.097	.116	.024	.049
시민 및 주민의 참여확대가 중요하다	.735	.196	.008	.104	.147	.157	.174
주민, 참여자, 운영자 간 공조시스템구축 중요하다	.048	.782	.108	0.75	.019	.002	.163
민관 협력활동에 긍정적 인식을 갖게 되었다	.085	.777	.058	.019	.020	.022	.047
참여자 간 협력이 잘 이루어졌다	.156	.736	.201	.118	.041	.056	−.048
여론조사에 참여한다	.170	.089	.758	.038	.071	.209	.054
지역축제와 문화행사 참여한다	.067	.064	.721	.140	.045	.210	.035
불법 및 위법에 대해 신고한다	.062	.007	.674	.050	.081	.045	.049
가족을 신뢰한다	.061	.116	.011	.749	.007	.108	.130
직장동료를 신뢰한다	.045	.088	.125	.738	.216	.135	.128
이웃을 신뢰한다	.135	.092	.305	.658	.110	.148	.205
공무원을 신뢰한다	.093	.080	.220	.281	.760	.045	.086
공공기관에 대해 신뢰한다	.314	.267	.110	.056	.719	.179	.020
혈연, 지연, 학연 등의 인연을 중시한다	.086	.054	.147	.172	.017	.759	.047
친목단체에 활동한다	.283	.218	.244	.010	.016	.649	.029
네트워크의 유대강화가 중요하다	.076	.156	.212	.081	.118	.129	.628
이웃과의 네트워크가 강화된다	.025	.059	.026	.054	.121	.155	.605
고유값(eigen value)	4.418	3.501	3.237	1.711	1.706	1.497	1.258
분산 %	15.777	12.502	11.567	6.112	6.094	5.347	4.492
누적 %	15.777	28.279	39.846	45.959	52.052	57.400	61.892
신뢰도(크론바하 α)	0.738	0.629	0.719	0.601	0.612	0.568	0.585

2) 회귀분석

요인분석을 통해 도출된, 역사문화 콘텐츠 활용에 대한 주요 주민인식 변수들이 사회적 자본 형성요인 변수들에 미치는 영향을 각각 살펴보기 위해 일곱 번의 다중회귀분석을 실시한 결과가 <표 9－10>이다.[8)]

<표 9－10>에 의하면, 역사문화 콘텐츠 활용에 대한 주요 주민인식 변수들, 즉 독립변수들은 예외 없이 사회적 자본 형성 변수들, 즉 종속변수들에 유의수준 0.1% 미만으로 유의한 영향을 미치는 것으로 나타난다. 독립변수들 간 상대적인 영향력의 정도를 나타내는 표준화 계수 β값은 상당부분 차이가 있지만, 계수의 부호는 모두 정의 값으로 독립변수와 종속변수들 간에는 정의 관계에 있음을 알 수 있다. 개별 모형의 설명력을 나타내는 결정계수(R^2)의 값은 .825에서 .493까지 다양하지만 거의 대부분 50% 이상의 설명력을 보여주고 있다. 따라서 개별 모형들의 설명력의 범위 내에서 가설 H_2가 입증되고, 역사문화 콘텐츠 활용이 지역사회적 자본 형성에 긍정적인 영향을 미치고 있음을 알 수 있다.

표준화 계수인 β값을 통해서 살펴볼 때, 사회적 자본 형성요인으로서의 소통과 참여의지 변수의 경우에 공동체 학습 및 교류 변수와 교육 · 문화 · 예술 가치인식 변수의 영향이 상대적으로 더 중요하다. 반면에, 지역사회 안전 및 발전 변수와 경제 활성화 변수의 상대적 영향력이 약하다. 이는 소통과 참여의지 변수에 대한 공적규율이나 시장적 가치 측면의 상대적 영향력이 낮음을 보여주는 것으로 판단된다. 이 모형의 경우 모형설명력이 82.5%로 매우 높은 편이다. 협력 변수의 경우, 공동체 학습 및 교류 변수와 경제 활성화 변수의 영향이 상대적으로 더 중요하다. 반면에, 지역사회 관심 및 만족도 변수와 교육 · 문화예술 변수의 상대적 영향이 약한 편이다. 이는 공동체의 학습 및 교류 활동이나 경제 활성화 노력과정에서 협력 형태의 조성이 상대적으로 용이함을 시사한다. 반면에, 지역사회 관심이나 자긍심 또는 역사문화 콘텐츠 활용의 교육 · 문화 · 예술 가치인식 등은 상대적으로 협력 행태 조성에 미약한 영향을 미칠 수 있음을 보여준다. 모형의 설명력은 62.1%이다.

8) 일곱 번의 회귀분석에서 공차(tolerance)값은 0.731~0.826이고, VIF(variance inflation factor)값은 1.211~1.328이다. 다중공선성(multi－collinearity) 검증에서 요구하는 공차값 0.1 초과 및 VIF값 10 미만을 충족하여 독립변수들 간 다중공선성의 문제는 없는 것으로 나타났다.

공적참여 변수의 경우, 지역사회 관심 및 만족도 변수와 교육 · 문화 · 예술 가치인식 변수의 영향이 상대적으로 중요하고, 경제 활성화 변수나 공동체 학습 및 교류 변수의 영향이 상대적으로 미약하다. 공적참여 변수는 내용상 교량적 사회적 자본에 해당하는데, 해당 지역사회에 대한 관심이나 자긍심, 그리고 역사문화 콘텐츠 활용의 교육 · 문화 · 예술적 가치인식이 중요한 것으로 나타난다. 반면에, 인연적 사회적 자본에 해당하는 사적참여 변수의 경우에는 공동체 학습 및 교류 변수와 경제 활성화 변수가 상대적으로 중요하고, 교육 · 문화 · 예술 가치인식 변수와 지역사회 안전 및 발전 변수, 그리고 지역사회 관심 및 만족도 변수의 중요성이 상대적으로 매우 미약하다. 인연적 사회적 자본의 경우 동질적 집단의식이나 이해관계 추구에 집착하는 행태적 선호가 반영된 것으로 보인다. 모형의 설명력은 각각 55.4%와 53.1%이다.

공적신뢰 변수의 경우 지역사회 안전 및 발전 변수와 교육 · 문화 · 예술 가치인식 변수, 그리고 지역사회 관심 및 만족도 변수가 상대적으로 더 중요하고, 경제 활성화 변수와 공동체 학습 및 교류 변수의 영향이 상대적으로 미약하다. 사적신뢰 변수의 경우, 지역사회 관심 및 만족도 변수와 공동체 학습 및 교류 변수가 상대적으로 더 중요하고, 지역사회 안전 및 발전 변수와 경제 활성화 변수가 상대적으로 덜 중요하다. 여기서, 지역사회 안전 및 발전 변수는 공적신뢰 측면에서는 중요하지만, 사적신뢰 측면에서는 별로 중요하지 않음을 알 수 있다. 지역사회 관심 및 만족도 변수는 공적신뢰 측면과 사적신뢰 측면 모두에서 중요하고, 반면에 경제 활성화 변수는 공적신뢰 측면과 사적신뢰 측면 양자 모두에서 그 상대적 중요성은 떨어진다. 모형의 설명력은 각각 52.8%와 49.3%이다. 네트워크 변수의 경우 교육 · 문화예술 가치인식 변수와 지역사회 관심 및 만족도 변수가 상대적으로 더 중요하고, 공동체 학습 및 교류 변수와 지역사회 안전 및 발전 변수의 상대적 중요성이 미약하다. 모형설명력은 50.6%이다.

3) 분석결과의 종합

사회적 자본 형성에 있어서 역사문화 콘텐츠의 활용 관련 주민인식과 사회적 자본 형성 변수 간의 관계를 규명하기 위하여 요인분석과 회귀분석을 실시했다. 통계적 분석결과를 요약하면 <표 9-10>과 같다.

역사문화 콘텐츠 활용에 대한 주민인식 요인분석을 실시한 결과, 공동체 학습 및 교류, 교육·문화·예술 가치인식, 지역사회 안전 및 발전, 지역사회 관심 및 만족도, 경제 활성화 등 5개의 주요 요인이 추출되었고, 전체 변량의 64.918%를 설명한다. 여기서, 공동체 학습 및 교류 변수, 지역사회 관심 및 만족도 변수, 그리고 교육·문화·예술 가치인식 변수는 비시장적 상호작용 측면이 강하고, 경제 활성화 변수와 지역사회 안전 및 발전 변수는 시장적 상호작용 측면이 강하다. 따라서 가설 H_1이 입증됨을 알 수 있다.

표 9-10 회귀분석결과: 사회적 자본 형성요인별 역사문화 콘텐츠 활용에 따른 주민인식 요인의 영향

변인	소통과 참여의지			협력			공적참여			사적신뢰			공적신뢰			사적참여			네트워크		
	표준화 계수	t값	유의 확률	표준화 계수	t값	유의 확률	표준화 계수	t값	유의 확률	표준화 계수	t값	유의 확률	표준화 계수	t값	유의 확률	표준화 계수	t값	유의 확률	표준화 계수	t값	유의 확률
공동체 학습 및 교류	0.728	18.075	0.000	0.572	10.825	0.000	0.312	6.205	0.007	0.475	5.294	0.000	0.329	4.890	0.008	0.772	18.117	0.000	0.236	3.626	0.027
교육문화 예술 가치인식	0.506	12.429	0.000	0.382	6.136	0.000	0.588	10.613	0.000	0.395	4.110	0.002	0.582	9.605	0.000	0.273	4.228	0.008	0.581	9.683	0.000
지역사회 안전 및 발전	0.372	8.932	0.000	0.385	6.108	0.000	0.343	6.120	0.001	0.225	3.206	0.010	0.585	9.831	0.000	0.255	4.025	0.015	0.257	4.235	0.019
지역사회 관심 및 만족도	0.410	9.205	0.001	0.317	4.027	0.001	0.767	17.402	0.000	0.532	8.963	0.000	0.576	9.524	0.001	0.358	5.677	0.002	0.418	8.027	0.000
경제 활성화	0.347	8.438	0.001	0.452	9.826	0.000	0.305	6.706	0.015	0.278	3.841	0.005	0.345	4.998	0.004	0.569	9.036	0.000	0.306	6.506	0.008
P	87.525($p<.001$)			36.992($p<.001$)			29.503($p<.001$)			15.835($p<.001$)			28.277($p<.001$)			28.903($p<.001$)			24.920($p<.001$)		
R^2	.825			.621			.554			.493			.528			.531			.506		

사회적 자본 형성에 관한 요인분석 결과, 소통과 참여의지, 협력, 공적참여, 사적신뢰, 공적신뢰, 사적참여, 네트워크 등 7개의 주요 요인이 추출되었고, 전체

변량의 61.892%를 설명한다.

역사문화 콘텐츠 활용에 따른 주민인식 요인들이 사회적 자본 형성요인들에 미치는 영향을 각각 알아보기 위해 일곱 차례의 회귀분석을 실시한 결과, 예외 없이 5개 독립변수들이 종속변수들 각각에 유의한 영향을 미치는 것으로 나타났다. 표준화 계수 β값은 독립변수들 간에 상당부분 차이가 있지만, 그 부호는 모두 정의 값으로 긍정적인 영향 관계에 있음을 보여준다. 7개 회귀모형들의 모형 설명력은 결정계수값을 통해 0.825에서 0.493까지로 나타났다. 독립변수와 종속변수 간에 긍정적인 영향관계를 통해 가설 H_2가 입증됨을 알 수 있다.

가설 H_3의 경우 7개 회귀모형의 표준화 계수 β값과 유의확률값을 이용해서 쉽게 입증할 수 있다. 하지만, 보다 구체적인 형태의 H_{3a}와 H_{3b}의 경우 다소 불명료한 점이 나타나는 것으로 보인다. 예컨대, 교량적 사회적 자본의 형성요인으로 볼 수 있는 공적참여 변수의 경우에 지역사회 관심 및 만족도 변수나 교육·문화·예술 가치인식 변수의 영향이 상대적으로 중요하고, 인연적 사회적 자본에 해당하는 사적참여 변수의 경우에 공동체 학습 및 교류 변수와 경제 활성화 변수가 상대적으로 중요한 것은 H_{3a}와 H_{3b}를 입증하는 근거로 판단된다. 그런데 또 다른 인연적 사회적 자본 형성요인으로 볼 수 있는 사적신뢰 변수의 경우, 지역사회 관심 및 만족도 변수와 공동체 학습 및 교류 변수가 상대적으로 더 중요하고, 지역사회 안전 및 발전 변수와 경제 활성화 변수가 상대적으로 덜 중요하다. 여기서, 지역사회 관심 및 만족도 변수의 상대적인 중요성과 경제 활성화 변수의 상대적인 덜 중요함은 앞의 분석결과와 불일치한다. 다만, 경제 활성화 변수는 공적신뢰 측면과 사적신뢰 측면 양자 모두에서 그 상대적인 중요성이 떨어지므로, 경제 활성화 내용은 신뢰 측면과는 상호작용성이 낮은 관계에 있음을 추론할 수 있다. 그리고 지역사회 안전 및 발전 변수는 공적신뢰 측면에서는 중요하지만, 사적신뢰 측면에서는 그 중요성이 떨어진다. 그 내용적 특성에 따른 차이로 판단된다. 결과적으로, 가설 H_{3a}와 H_{3b}의 경우 대체적으로 입증되었다고 볼 수 있고 결과를 받아들일 수 있지만, 세부적인 영역에서는 보다 포괄적인 추가 분석의 필요성을 시사하고 있는 것으로 판단된다.

제 4 절 사회적 자본 측정 결과의 정책적 함의

세 가지 사례분석 결과 관련 정책적 함의는 다음과 같다.

1 사회적 자본과 도시경쟁력 간의 분석결과의 정책적 함의

도시경쟁력을 결정하는 요소는 매우 다양하고 복잡하며 어느 하나의 요소가 결정적인 요소로 작용하지는 않을 것이다. 많은 요소들 중에 영향력을 미치는 근간을 찾아내어 이를 튼튼하게 만들어 가는 것이 중요할 것이다. 그와 같은 맥락에서, 사회적 자본이 중요 요소가 될 수 있다. 특히, 글로벌 경제흐름과 지식기반 경제로의 이행추세 하에서 사회적 자본은 도시의 생산성 제고 과정에서 중요한 역할을 할 것으로 판단된다.

따라서 여기서는 도시경쟁력을 대변하는 중요한 구성요소로서 도시생산성과 사회적 자본의 중요한 구성요소로서 주로 언급되는 신뢰, 규범, 네트워크, 집단협력 등에 개방성과 지식기반환경 요소를 추가하여 분석하였다. 분석결과, 경제활동의 추세가 점차 지식기반경제로 옮겨가고 있음을 반영한 '지식기반환경'이 도시의 생산성에 크게 영향을 미치고 있는 것으로 나타났다. 그리고 '규범' 요소로서 법규위반율이 도시의 생산성과 정의 상관관계에 있는 것으로 드러났다. 경제적 측면의 '신뢰'로서 금융적 신뢰는 생산성과 유의미한 관계에 있다는 사실을 알 수 있었다. 기존 연구결과와 달리 '네트워크' 변수, '집단협력' 변수, 그리고 '개방성' 변수 등은 이 연구에서 통계적으로 유의한 결과를 보여주지 못했다.

도시정부가 도시경쟁력 제고 차원에서 정책적으로 고려할 필요가 있는 사항을 분석의 직접적 추론결과와 간접적 추론결과로 나누어 언급하면 다음과 같다.

1) 직접적 추론결과

도시도 하나의 유기체라는 전제에서 우리나라 도시는 공동체 단위로서 독특한 속성이 있는지를 분석한 결과, 독서율로 측정한 지식기반환경 형태의 사회적 자본 수준이 도시의 생산성에 영향을 준다는 사실을 확인했다. 사람들과의 사회적 관계에서 지식기반환경 분위기가 형성되고 확산될 때 그 도시는 지식기반환경이 제대로 조성되고 있다고 볼 수 있다. 이렇게 지식이 창조되고 공유되며 전파됨으로써 새로운 지식을 재창조해내는 선순환구조를 형성할 것이고, 이것이 도시의 생산성 제고로 이어진다고 볼 수 있다. 따라서 도시정부는 도시적 분위기를 정보와 지식이 쉽게 공유될 수 있는 여건을 조성하는 데 역점을 두어야 할 것으로 보인다.

규범에 대한 준수 정도와 도시의 생산성과는 밀접하게 연계되어 있을 것으로 예상된다. 그런데 도시의 법규위반율과 도시의 생산성과는 정의 상관관계를 보여주고 있다. 이 관계는 대략 두 가지 측면에서 해석할 수 있을 것으로 보인다. 첫째는, 법규위반율이 높은 도시는 도시민의 안전감을 손상시키지만 오히려 이질적이고 역동적인 실체일 가능성이 있다는 점이다. 다시 말하면, 산업 활동으로 급격하게 팽창하고 있는 도시는 안정적인 도시 형태에 비해 상대적으로 생산성이 높게 나타날 수 있는 것이다. 둘째는, 고도경제성장시대의 산물로서 가치혼돈 내지 무질서 의식이 아직까지 우리 사회를 지배하고 있는 것일 수도 있다. 그런데 우리 사회는 글로벌사회의 행동규범을 이해하고 수용하여 실천하지 않으면 안 되는 시점에 와 있는 것으로 보인다.[9] 우리나라는 아직 법규위반율이나 국제청렴도 지수가 선진국에 비해 많이 떨어져 있지만, 국제사회는 점점 글로벌 규범준수와 거래의 투명성을 요구하고 있고 이러한 표준에 우리의 행동양식을 맞추어 가지 않으면 안 되는 상황에 직면해 있기 때문이다. 이러한 규범은 한 도시의 문제를 넘어서 국가 전체의 분위기로 이어져야만 하는데 도시 단위에서부터 시작해나갈 필요가 있다.

사회적 자본에 대한 논의에서 가장 중요한 요소이면서 다른 구성요소와도 밀

9) 법질서의 준수 관련하여 우리나라는 경제협력개발기구(OECD) 29개국 중 23위로 하위권이다 (이동원 · 박준 외, 2009: 11).

접한 관련을 가지고 있는 것이 '신뢰'이다. 대출규모로 측정한 경제적 '신뢰'는 도시의 생산성에 영향을 미치고 있는 것으로 나타났다. 신뢰는 거래비용의 감소를 가져와 사회의 전반적인 비용감소의 효과를 누릴 수 있다. 특히, 금융적인 신뢰의 경우 소득에만 의존하는 담보대출이 아니라 기업체의 경우 거래에서 쌓인 신뢰나 기술력에 대한 신뢰를 근거로 한 금융대출의 관행은 한 지역의 경쟁력 제고에도 매우 중요한 요소가 될 것으로 보인다. 또한 신뢰는 일상적 거래관계에서도 매우 중요하다. 공동체 구성원에 대한 신뢰도 그 자체가 어떤 도시경쟁력의 척도가 될 수 있기 때문이다. 따라서 도시정부는 도시지역 전반에 걸친 신뢰도 증진 시책을 적극적으로 개발해 가야 할 것으로 보인다.

2) 간접적 추론결과

주변의 환경이 점점 세계화되고 있다는 것은 전반적으로 세계 모든 국가와 개방된 상태에서 경쟁해야 한다는 의미이기도 하다. 이것은 제도적인 측면에서 원천적으로 폐쇄를 통한 독과점 이익을 누릴 수 없다는 것이고, 문화적 측면에서는 우리의 의식이 세계적 수준에 도달하지 않으면 안 된다는 것이다. 도시경쟁력 차원에서 도시민의 의식이 얼마나 세계적 수준에 도달하고 있는지에 따라 외부의 자원을 유치하는 데 차이가 날 것으로 예견할 수 있다. 이 연구에서 도시에 거주하는 외국인수를 통한 개방성 지표가 도시의 생산성에 영향을 미치지만 그 영향력은 미약하고 통계적 유의성도 나타나지 않았다. 하지만, 외국인의 거주여건이 용이하도록 환경을 조성해나가는 것은 글로벌 경제로의 이행흐름과 함께 향후 보다 중요한 의미를 갖게 되지 않을까 판단된다.

이 연구의 실증분석에서는 '네트워크'가 도시의 생산성에 영향을 미치고 있는 것으로 나타나지 않았다. 이것은 도시 단위로 본 지표선정의 한계일 수 있다고 보인다. 도시 단위에서 네트워크의 지표를 상대적 비영리민간단체수로 측정했으나 관점에 따라 다양한 조직의 네트워크가 있을 수 있으며, 다만 공식적 통계로 잡히기 어려울 수 있기 때문이다. 특히, 전문분야별 네트워크의 중요성은 이미 많은 연구에서 밝혀지고 있으며, 특히 신산업에서 클러스터의 중요성은 매우 중요한 것임을 고려할 때 분석 단위를 도시가 아닌 조직 단위의 공동체로 좁히면 아마 그 결과는 다를 수도 있을 것으로 보인다.

이 연구에서 '선거참여율'로 측정한 '집단협력의 정도'는 통계적으로 유의하지 않은 것으로 나타났다. 하지만, 참여는 도시공동체의 공동관심사에 대한 협력적 문제해결에 있어서 중요한 요소로 판단되므로 참여를 어떻게 유도할 것인가가 도시의 생산성 이외의 여타 영역에서 계속 중요한 측면으로 남게 될 것으로 보인다.

2 벤처기업 연계협력, 신뢰, 성과 간의 분석결과의 정책적 함의

지역경쟁력 제고과정에서 지역혁신 역할주체들 간의 상호작용적 학습과 협력적 연계관계 형성을 강조하는 것이 지역혁신체계론과 사회적 환경이론, 그리고 클러스터론의 핵심이다. 따라서 여기서도 지역 벤처기업의 생존 및 발전과정에서 다양한 지역혁신 역할주체들과의 연계협력이 중요할 것으로 판단해서, 연계협력 경험 · 신뢰 · 성과의 삼각 축을 벤처기업의 업종별 · R&D 역량별 차이 중심으로 분석하였다. 이 연구결과의 정책적 함의는 크게 다음 세 가지로 정리할 수 있다.

첫째, 연계협력 대상 실체가 무엇이든 거의 상관없이, 첨단 · 서비스 업종일수록, 그리고 R&D 역량수준이 높을수록 연계협력 경험에서 보다 적극적이다. 단, 대기업과의 연계협력 경험의 경우 벤처기업의 업종별 차이는 상당부분 불분명하다. 따라서 대체로 벤처기업의 연계협력 관계를 촉진하기 위해서는 연계협력 실체가 무엇이냐는 것보다, 해당 벤처기업의 업종별 · R&D 역량별 실태를 먼저 파악해 볼 필요가 있다. 우리나라는 현재 과거 제조업 중심의 산업구조에서 서비스업 산업의 지속적인 성장으로 서비스업 중심의 산업구조로 이행하고 있다. 1997년에서 2007년까지 종사자 기준 제조업 성장률은 0.7%임에 반해, 서비스업 성장률은 27.9%이다. 특히, 경제의 첨단화 · 서비스화 흐름과 함께 지식기반산업의 비중이 꾸준히 확대되고 있는 추세이다(산업입지연구소, 2010: 2). 따라서 우리나라 벤처기업 업종별 변화추세와 외부환경 변화추세는 연계협력 활동 수요를 팽창시키는 방향으로 변화하고 있는 것으로 보인다.

둘째, 현재 연계협력 경험 비율이 벤처기업들의 희망수준에 비해 상당히 저조하다. 그런데 업종 및 R&D 역량수준을 불문하고 대학, 정부, 대기업, 동종 중소(벤처)기업, 연구기관/기업지원기관과의 연계협력 활동에 대한 신뢰수준이 긍정적인 경우가 부정적인 경우에 비해 확연히, 그리고 현저하게 높다. 결과적으로, 지역 차원에서 벤처기업과 연계협력 대상들 간 신뢰 등의 사회적 자본 수준을 단순히 현재보다 상당부분 제고하더라도 연계협력 활동 경험이나 성과 등이 현저하게 높아지지 않을 가능성이 높다. 룬드발과 존슨(Lundvall and Johnson, 1994: 26)과 스토퍼와 스코트(Storper and Scott, 1995: 519) 등의 비선형적 기술혁신이나 상호작용적 혁신모형에서 강조하는 사회적 관계 내지 사회문화적 맥락이 의미 없다는 것이 아니라, 그 영향과 관계 측면에서 보다 세밀하고 깊이 있는 분석이 필요할 것임을 시사하는 것이다. 따라서 현 수준에서는 연계협력 관계에서의 관련 실체들 간 단순 신뢰수준의 제고보다, 협력대상 실체별 차별화된 접근 내지 중소(벤처)기업들이 장기적인 토대에서 다양한 실체들과 결합적 학습관계 형성 및 통합적 파트너가 될 수 있는 조직적 환경의 조성 내지 제도적 충실성(institutional thickness)의 창조가 긴요할 것으로 판단된다(Asheim and Isaken, 2003: 34-36).

셋째, 연계협력 성과 부분에서 대체로 연계협력 대상 실체별 · 업종별 · R&D 역량별 차이가 두드러지지 않는다. 그런데 협력대상 실체가 대기업과 동종 중소(벤처)기업의 경우 첨단제조업종이 일반제조업종과 서비스업종에 비해 연계협력 성과인식이 상대적으로 낮은 편이다. 특히, 대기업과의 연계협력 관계에 있어 첨단제조업종이 일반제조업종에 비해 성과인식이 상대적으로 낮은 것은 일반적인 기대와는 차이가 있는 것으로 보인다. 기술보안 등의 측면에서 첨단제조업종의 벤처기업이 대기업에 대한 신뢰수준이 낮을 수 있고 연계협력 자체를 기피할 수 있을 것이다. 하지만, 시너지 효과가 클 것으로 생각되는 양자 간의 연계협력 성과자체를 낮게 인식하는 것은 보다 면밀한 추가 분석이 필요할 것으로 보인다. 기피 의식이나 우려가 성과인식에 부정적인 영향을 미쳤을 수도 있고, 그들 간의 연계협력 성과를 낮추는 또 다른 요인이 있을 수도 있기 때문이다. 그런데 이 분석에서 전체적으로 분명한 것은, 긍정적인 성과인식이 부정적인 성과인식에 비해 확연히, 그리고 현저하게 높다는 것이다. R&D 역량수준이 높은 기업부설연구소가 있는 경우 대학 · 정부 · 대기업 · 동종 중소(벤처)기업과의 연계협력에 대해 긍정적인 성과인식 비율이 보다 확연하게 높다. 연계협력 과정에서 해당 벤처기업의 R&D 역량이 상대적으로 매우 높을수록 성과인식이 긍정적인 것은 연계협력 활동을 제대로 활용할 수 있다는 자신감의 반영 등으로 판단된다.

그런데 중소(벤처)기업들이 연계협력 성과를 제고하기 위해 모두 기업부설연구소나 연구개발전담부서를 갖출 수는 없을 것이다. 따라서 정책적으로는 개별 중소(벤처)기업의 사정에 따라, 그와 같은 효과를 향유하면서 조직 내부적으로는 보다 낮은 수준의 R&D 역량을 갖추어도 되는 새로운 연계협력의 조합 형태를 상정할 수 있다. 여기서 러보그와 리피츠(Leborgue and Lipietz, 1992: 341)가 강조하고 있는 산업조직의 '준통합성(quasi－integration)' 논제가 고려될 수 있다. 한편으로는 전문화된 역량의 공동활용에 의한 비용감소와 또 다른 한편으로는 투자와 재정적 위험성을 줄여갈 수 있는 지역산업집단 차원의 준통합적 연계망 형성 및 활용을 용이하게 하는 제도적 방안이 고려될 수 있기 때문이다. 물론 여기서의 제도적 방안은 고수준의 R&D 역량을 공식적 조직형태가 아닌 차원에서 결합해서 공동활용할 수 있는 정도의 규모와 유연성을 갖춘 중개기구 내지 중개기관이 될 수 있을 것으로 판단된다(박종화, 2006).

3 역사문화 콘텐츠 활용과 사회적 자본 형성 분석결과의 정책적 함의

무형의 자산으로 인식되던 역사문화 콘텐츠의 잠재력이 다양하게 논의되면서 활용가치가 점점 확장되고 있다. 도시재생정책을 보완하는 요소는 물론 삶의 질을 재는 바로미터(barometer)의 관점에서 언급되고 있다. 동일 맥락에서, 역사문화 콘텐츠의 이러한 기제는 성숙사회와 사회 경제발전의 요인으로 주목받는 사회적 자본 형성요인에 영향을 미치는 주요 요인이 될 수 있을 것이다. 특히, 최근 역사문화 콘텐츠는 흩어진 기억과 흔적의 소생을 통해 무너진 공동체를 다시 묶어내는 보완재로서의 가치가 인식되고 있으므로, 사회적 자본 구축과정에 중요한 요소가 될 것으로 판단된다(이권희 · 박종화, 2014: 811).

사회적 자본 형성에 있어 역사문화 콘텐츠 활용이 미치는 영향을 분석한 결과를 토대로 정책적 고려사항을 언급하면 다음과 같다. 첫째, 역사문화 콘텐츠 활용에 따른 주민인식 변화는 비시장적 상호작용 측면과 시장적 상호작용 측면이 함께 발현되는 것으로 보인다. 공동체 학습 및 교류, 지역사회 관심 및 만족도, 그리고 교육 · 문화 · 예술 가치인식 측면 등은 비시장적 상호작용 측면이 강하다. 반면에, 경제 활성화와 지역사회 안전 및 발전은 상대적으로 시장적 상호작용 측면이 강하다. 따라서 역사문화 콘텐츠 활용의 의의를 순전히 문화예술적 콘텐츠의 보전이나 향유 차원의 비시장적 효과만을 갖는 것으로 보는 것은 관련 정책 효과의 범위를 지나치게 축소하고 한정하는 편협한 정책적 시각으로 간주될 수 있다. 동일한 맥락에서, 역사문화 콘텐츠 활용의 의의를 소득증대나 물리적 개발 기회의 측면에서만 바라보는 것 역시 제한적인 정책적 시각으로 간주될 수 있다.

둘째, 역사문화 콘텐츠 활용에 따른 주민인식 변화는 지역사회가 새로운 무형적 자본 형태로 주목하고 있는 사회적 자본 형성에 긍정적인 영향을 미친다. 이 결과는 역사문화 콘텐츠 활용의 의의를 확장하는 중요한 근거가 될 수 있다. 왜냐하면, 침체하고 있는 도심부 재개발 과정에서 흔히 기존 주민의 소외현상과 공동체 해체현상 등의 문제점이 지적되고 있는데, 기존의 역사문화 콘텐츠를 잘 활용하면 관련 문제점 해결에 대한 새로운 돌파구를 모색할 수 있을 것으로 보이기 때문이다. 더욱이, 도시재정의 제약이나 위기 등이 거의 보편적인 문제점으로 부각되고 있는 시기에 훨씬 적은 재원으로 관련 문제점에 대처할 수 있는 가능성을 제시하고 있다(Landry, 2000). 결과적으로, 역사문화 콘텐츠 활용의 의의를 보다 확장된 정책적 시각에서 조명해 볼 필요가 있음을 시사한다.

셋째, 형성되는 사회적 자본의 종류나 관련 주민인식적 영향 변수들의 내용을 감안한 차별화된 정책적 접근방식이 필요할 것으로 판단된다. 왜냐하면, 퍼트넘(Putnam, 2009)이 제시한 인연적 사회적 자본과 교량적 사회적 자본의 경우 그 속성이나 내용이 다르고, 따라서 그 영향변수들도 내용 측면에서 상이한 것으로 분석결과 나타나고 있기 때문이다. 우선, 교량적 사회적 자본의 형성요인의 경우에는 주민인식 영향 변수들 중에서도 보다 보편적이고 비시장적인 가치의 상대적 중요성이 거의 대부분 보다 높게 나타나고, 인연적 사회적 자본의 형성요인의 경우에는 상당부분 보다 동질적인 집단 내의 교류와 시장적 가치추구의 상대적인 중요성이 보다 높게 나타나고 있다. 따라서 정책적으로는 우선 교량적 사회적 자본의 형성요인에 영향이 큰 공적참여 기회의 확대, 지역사회 관심 및 만족도 증진 노력, 교육·문화·예술 가치인식의 확장노력 등이 필요하다. 그 외, 인연적 사회적 자본의 형성요인의 경우에는 세부적인 추구목적에 따라 차별화된 노력이 요구됨을 알 수 있다. 예컨대, 사적참여의 경우에는 경제 활성화의 영향이 중요한데, 사적신뢰의 경우에는 경제 활성화의 상대적 영향력이 미약하다. 개발제한 등의 측면에서는 직접적인, 그리고 동질적인 이해관계가 크게 걸려 있으므로 사적참여 수준이 높게 나타남에 반해, 해당 사안 자체가 사적신뢰 여부와는 별개로 나타날 수 있기 때문으로 보인다.

제 5 절 맺음말

사회적 자본의 측정이 현실세계에서 어떻게 이루어질 수 있는지를 살펴보기 위하여 저자가 최근 단독 또는 공동으로 참여한 세 가지 연구사례를 함께 검토하였다. 우선, 사회적 자본과 도시경쟁력 간의 관계를 검토하였고, 이어서 최근 지역과 국가경쟁력 제고과정에서 주목받고 있는 벤처기업의 신뢰·연계협력·성과의 상호작용 삼각형을 분석하였다. 이어서, 물리적 도시재생을 넘어서는 도시재생의 사회문화적 측면을 검토하기 위하여 역사문화 콘텐츠의 활용이 도시민의 사회적 자본 형성에 미치는 영향을 추적해 보았다.

첫 번째 사례에서는 우리나라 지방자치단체 성격을 지닌 전 도시를 대상으로 하여 사회적 자본을 독립변수로 하고 도시의 생산성을 종속변수로 하여 상관분석 및 회귀분석을 실시한 것이다. 분석결과, 우리나라 도시의 경우 사회적 자본이 도시경쟁력에 영향을 미치고 있다는 것이었다. 즉, 사회적 자본과 도시경쟁력의 중요한 요소인 생산성 내지 소득수준 사이에는 유의미한 관계가 있는 것으로 나타났다. 사회적 자본의 구성요소로서는 신뢰, 규범, 네트워크, 집단협력, 개방성, 지식기반환경 등을 이용하였다. 특히, 이 중에서 개방성 및 지식기반환경은 글로벌 경제로의 흐름과 지식기반사회로의 이행추세를 반영한 것이다. 구성요소별 지표로서는 대출규모, 법규위반율, 민간단체의 수, 투표참가율, 외국인수 비율, 독서율 등을 각각 이용하였다. 도시경쟁력을 구성하는 요소는 다양하지만 그 중에서 도시의 경제적 수준을 좌우하는 생산성 내지 소득수준을 반영하는 일인당 소득세 지표를 활용하여 분석하였다. 분석결과 나타난 중요한 특징은 사회적 자본이 도시의 소득수준에 미치는 영향의 설명력은 비교적 높았으며 구성요소별로 미치는 영향의 강도와 방향성은 다르게 나타났다.

벤처기업의 속성상 학습과 혁신이 필수적이고, 그 과정에서 다양한 지역혁신 역할주체들과의 연계협력이 강조되고 있다. 잠재적 연계협력 수요를 실제적 연계협력 결과로 발전시켜 가기 위해서는, 연계협력 과정의 배후논리에 대한 이해와 함께 연계협력 세부쟁점에 대한 보다 엄밀한 실태 분석이 필요하다.

따라서 두 번째 사례에서는 벤처기업 연계협력의 배후논리 관련 이론적 고찰, 연계협력 관계의 쟁점이라 볼 수 있는 경험 · 신뢰 · 성과 측면에 대해 지역혁신 역할주체별, 업종별, R&D 역량별 차이분석을 실시하였다. 벤처기업 연계협력 대상 실체로서의 지역혁신 역할주체들은 산 · 학 · 연 · 관 연계흐름과 함께 대학 · 정부 · 대기업 · 동종 중소(벤처)기업 · 연구기관/기업지원기관 등을 이용하였다. 조사분석에는 대구 · 경북권 2,606개 벤처기업 중 13.1%인 342개 벤처기업이 이용되었다.

분석결과 관련 정책적 함의는 다음과 같다. 첫째, 연계협력 대상 실체가 무엇이든 거의 상관없이 업종별 · R&D 역량별 연계협력 경험에서 차이가 있다. 대기업과의 연계협력 관계를 제외하고는 연계협력 대상 실체가 누구이든 첨단 · 서비스업종일수록 일반제조업종에 비해 연계협력 경험에서 보다 적극적이다. 그리고 벤처기업의 R&D 역량수준이 높을수록 연계협력 대상을 불문하고 연계협력 경험에서보다 적극적이다. 따라서 벤처기업의 연계협력 관계를 촉진하기 위해서는 연계협력 실체가 무엇이냐는 것보다, 해당 벤처기업의 업종별 · R&D 역량별 실태를 먼저 파악해 볼 필요가 있다.

둘째, 연계협력 활동에 대한 신뢰부분에 있어서는 부분적으로 차이가 없는 것은 아니지만, 협력대상 실체와 거의 무관하게 업종별 · R&D 역량별 차이가 별반 두드러지지 않는다. 첨단제조업종의 경우 대기업이나 동종 중소(벤처)기업에 대한 신뢰수준이 상대적으로 다소 낮게 나타나는 것을 제외하고는, 연계협력 대상 실체, 업종별 차이, R&D 역량 차이 등과 거의 무관하게 연계협력 활동에 대한 신뢰수준이 상당히 높고 긍정적이다. 따라서 정책적으로는 단순 신뢰수준 제고 노력보다 결합적 학습 내지 통합적 파트너가 용이하게 구성될 수 있는 조직적 환경의 조성 내지 제도적 충실성 등이 고려될 수 있을 것이다.

셋째, 연계협력 결과인 성과부분에 있어서 벤처업종별 · R&D 역량별 · 연계협력 실체별 차이가 상당히 미미하고 두드러지지 않는다. 첨단제조업종의 경우 대기업이나 동종 중소(벤처)기업에 대한 연계협력 성과인식이 상대적으로 다소 낮게 나타나고 있지만, 공통적으로 연계협력 결과인 성과인식에서 업종불문 · R&D 역량불문 긍정적인 성과인식이 부정적인 성과인식에 비해서 확연히, 그리고 현저하게 높다. 특히, R&D 역량수준이 높은 경우 긍정적인 성과인식이 보다 확연하게 높다.

역사문화 콘텐츠는 공동체 구성원들이 그 가치를 보존하려는 의식과 관심으로 인해 신뢰의 규범을 만들며, 지역 및 단체 간 교류 등의 광범위한 사회적 그물망을 형성하는 단초로 작용할 수 있다.

따라서 세 번째 사례에서는 대구 역사문화 콘텐츠 활용의 경험 관련 설문조사 형태의 주민인식 조사결과를 토대로, 역사문화 콘텐츠 활용이 사회적 자본 형성에 어떠한 영향을 미치는지를 검토하였다. 보다 구체적으로, 도시재생 패러다임이 변화하고 있는 상황에서, 공동체 의식의 부상과 사회적 자본과의 관계, 그리고 역사문화 콘텐츠와 사회적 자본과의 연계성을 기존 연구를 토대로 분석하였다. 이 연구목적을 구체화하기 위해 크게 세 가지의 연구가설을 설정하고 요인분석과 회귀분석을 이용하여 가설검증을 시도하였다.

주요 분석결과는 첫째, 역사문화 콘텐츠 활용에 따른 주민인식 변화는 비시장적 상호작용 측면과 시장적 상호작용 측면이 함께 발현된다는 것이다. 둘째, 역사문화 콘텐츠 활용에 따른 주민인식 변화는 사회적 자본 형성에 긍정적인 영향을 미친다는 것이다. 셋째, 교량적 사회적 자본과 인연적 사회적 자본의 형성 요인별 주요 주민인식적 영향 변수들의 내용적 특성에서 차이가 있다는 것이다.

보다 세부적으로 교량적 사회적 자본의 형성요인으로 볼 수 있는 공적참여 변수의 경우에 지역사회 관심 및 만족도 변수와 교육·문화·예술 가치인식 변수의 영향이 상대적으로 중요하고, 인연적 사회적 자본에 해당하는 사적참여 변수의 경우에 공동체 학습 및 교류변수와 경제 활성화 변수가 상대적으로 중요하게 부각되었다. 다만, 사적신뢰와 공적신뢰의 변수들의 경우 참여변수와는 상당부분 이질적인 분석결과가 나타났다. 관련 분석결과를 토대로 한 정책적 고려사항으로서 우선 역사문화 콘텐츠 활용의 의의를 시장적 측면이나 비시장적 측면 어느 한쪽으로 제한하지 말고 보다 포괄적인 정책적 시각을 견지할 필요성이 있다는 것, 역사문화 콘텐츠의 보전·이용 노력이 병행 추진될 필요성이 있다는 것, 그리고 정책적 대처방식에서 사회적 자본의 종류나 관련 주민인식적 영향 변수들의 내용 차이를 감안한 차별화된 접근방식의 필요성 등이 제시되었다.

저출산과 고령화, 그리고 산업구조의 변화 등으로 인한 도심부로부터의 인구유출 현상과 도심부 쇠퇴경향은 창조적 도시재생 패러다임을 요구하고 있다. 날로 관심이 높아지는 건강과 안전한 도시, 문화 복지, 교육에 대한 충분한 서비스 공급은 도시재생의 핵심 전략이 될 전망이다. 분석결과에서도 나타났듯이 사회적 자본의 요소 중에서 사회활동 참여의지가 높게 나타난 것은 주민이 직접 참여하는 생활도시재생 현상이 자연스럽게 받아들여지는 측면으로 해석된다. 역사문화 콘텐츠는 관광, 교육적 요소 이외에도 문화적 도시재생 측면에서의 정책개발의 관점, 나아가 지역사회 공동체 회복을 위한 현실적 방안을 찾는 데도 의의가 있을 것이다.

참고문헌

강인호·김선명·이계만·이도석(2014). 지역역사문화 및 생태자원의 개발 진단 및 활용방안. 『한국지방자치학회보』, 26(1): 75−96.

구서일·김우성(2014). 해양레저스포츠 이벤트를 통한 지역주민의식이 사회자본 형성에 미치는 영향. 『한국사회체육학회지』, 55: 341−349.

권영상(2011). 면(面)적인 역사문화환경에 대한 참여 거버넌스 비교. 『대한건축학회논문

집－계획계』, 27(4): 239－248.
권태형 · 박종화(2010). 사회적 자본이 도시경쟁력에 미치는 영향분석. 『지방정부연구』, 14(3): 97－116.
김남희(2013). 국토 및 도시개발과 매장문화재보존의 갈등관리 방안. 『국토』, 378: 136－140.
김승현(2008). 사회적 자본의 구성요소와 상관관계에 관한 연구. 『한국정치학회보』, 42(2): 67－88.
김원배(1997). 도시경쟁력의 개념과 강화전략의 틀. 『국토』, 193: 6－13.
김항집(2011). 역사문화자원과 연계한 지방중소도시의 도시재생 방안. 『한국지역개발학회지』, 23(4): 123－148.
김혜연(2011). 사회적 자본이 지역주민의 삶의 만족도에 미치는 영향에 관한 연구. 『한국사회복지행정학』, 13(3): 1－29.
박종화(2006). 지역혁신체계상의 중개모형－대구전략산업기획단의 경험－. 『국토계획』, 41(4): 171－187.
______(2011). 지역혁신체계에서의 사회적 자본의 역기능성. 『국토연구』, 69: 63－82.
______(2013). 벤처기업의 연계협력의 경험, 신뢰 그리고 성과: 대구 · 경북지역의 실태를 중심으로. 『도시행정학보』, 26(4): 123－149.
______(2015). 사회적 자본의 분포 불균등성: 처방적 정책논리의 탐색. 『한국행정논집』, 27(1): 1－22.
산업입지연구소(2010). 『기업의 입지동향 및 변화추이 분석과 정책과제』. 한국산업단지공단.
소진광(2004). 사회적 자본의 측정지표에 관한 연구. 『지역개발학회지』, 16(1): 89－118.
심홍진 · 이연경 · 김지현 · 김용찬(2014). 지역민의 사회자본 형성 요인에 관한 연구. 『한국언론학회보』, 58(4): 484－506.
이권희 · 박종화(2014). 도심 역사문화 콘텐츠의 도심재생 영향에 대한 시론적 분석: 대구도심 교육 프로그램에 대한 인식조사를 중심으로. 『한국행정논집』, 26(4): 793－814.
______(2015). 역사문화 콘텐츠의 활용이 도시민의 사회적 자본 형성에 미치는 영향: 대구 역사문화 콘텐츠 활용의 경험. 『국토연구』, 86: 59－75.
이동원 · 박준 · 강민형 · 채승병 · 최홍(2009). 사회적 자본 확충을 위한 정책과제. *CEO Information*, 722: 1－21. 삼성경제연구소.
이동원 · 정갑영 외(2009). 『제3의 자본』. 삼성경제연구소.
이승철(2012). 마을공동체의 동제의식과 사회적 자본 연구: 동해안 영동지역을 중심으로. 서울: 고려대학교 한국학연구소. 『한국학연구』, 43: 429－459.

퍼트넘, 로버트 D.(2009). 『나 홀로 볼링－사회적 커뮤니티의 붕괴와 소생(정승현 역. 원저. *Bowling Alone: The Collapse and Revival of American Community* by R. D. Putnam. 2000)』. 페이퍼로드.

퍼트넘, 로버트 D. 외(2000). 『사회적 자본과 민주주의(안청시 외 역. 원저. *Making Democracy Work－Civic Traditions in Modern Italy* by R. D. Putnam. 1993)』. 박영사.

행정안전부(2007). 『한국도시연감』.

Asheim, B. T. and Isaksen, A.(2003). SMES and the regional dimension of innovation. In B. T. Asheim et al.(eds.). *Regional Innovation Policy for Small－Medium Enterprises*. 21－46. Cheltenham, UK: Edward Elgar.

Boschma, R. A.(2005). Proximity and Innovation: A Critical Assessment. *Regional Studies*, 39(1): 61－74.

Brown, P. and McNaughton, R. B.(2002). Global Competitiveness and Local Networks: A Review of the Literature. In R. B. McNaughton and M. B. Green(eds). *Global Competition and Local Networks*. 3－37. Burlington, VT: Ashgate.

Burt, R. S.(1997). The Contingent Value of Social Capital. *Administrative Science Quarterly*, 42: 339－365.

Coleman, J. S.(1988). Social Capital in the Creation of Human Capital. *American Journal of Sociology*, 94: s95－s120.

______(1990). *Foundations of Social Theory*. Cambridge, MA: Belknap Press.

Feldman, M.(1994). *The Geography of Innovation*. Dordrecht: Kluwer Academic Publishers.

Foschi, L.(2008). Microfinance and Social Capital. In D. Castiglione, J. W. Van Deth, and G. Wolleb(eds.). *The Handbook of Social Capital*. 467－90. New York: Oxford University Press.

Granovetter, M. S.(1973). The strength of weak ties. *American Journal of Sociology*, 78: 1360－1380.

______(1985). Economic action and social structure: the problem of embeddedness. *American Journal of Sociology*, 78: 1360－1380.

Kanter, R. M.(1995). *World Class: Thriving Locally in the Global Economy*. New York: Simon & Schuster.

Krugman, P.(1991). *Geography and Trade*. Leuven: Leuven University Press.

Landry, C.(2000). *The Creative City: a Toolkit for Urban Innovators*. London: Earthscan

Publications.

Leborgne, D. and Lipietz, A.(1992). Conceptual fallacies and open questions on post−Fordism. In M. Storper and A. J. Scott(eds). *Pathways to Industrialization and Regional Development*. 332−348. London: Routledge.

Lundvall, B. A. and Johnson, B.(1994). The Learning Economy. *Journal of Industry Studies*, 1(2): 23−42.

Malecki, E. J.(2002). Hard and Soft Networks for Urban Competitiveness. *Urban Studies*, 39: 929−945.

Nahapiet, J. and Ghoshal, S.(1998). Social Capital, Intellectual Capital and the Organizational Advantage. *Academy of Management Review*, 23(2): 242−266.

Nunnaly, J. C.(1978). *Psychological Theory*(2nd ed.). New York: McGraw−Hill.

Putnam, R. D.(2000). *Bowling Alone: The Collapse and Revival of American Community*. New York: Simon & Schuster.

Putnam, R. D., Leonardi, R. and Nanetti, R.(1993). *Making Democracy Work: Civic Traditions in Modern Italy*. Princeton: Princeton University Press.

Raiser, M.(2008). Social Capital and Economic Performance in Transition Economies. In D. Castiglione, J. W. Van Deth, and G. Wolleb(eds.). *The Handbook of Social Capital*. 491−519. New York: Oxford University Press.

Storper, M. and Scott, A.(1995). The wealth of regions. *Futures*, 27(5): 505−526.

Warren, M. E.(2008). The Nature and Logic Of Bad Social Capital. In D. Castiglione, J. W. Van Deth, and G. Wolleb(eds). *The Handbook of Social Capital*. 122−149. N.Y.: Oxford University Press.

Wolleb, G.(2008). Introduction: Social Capital and Economic Development. In D. Castiglione, J. W. Van Deth, and G. Wolleb(eds.). *The Handbook of Social Capital*. 373−385. New York: Oxford University Press.

제 4 부

미래의 과제와 비전

제10장 한국사회에서의 사회적 자본

제 10 장

한국사회에서의 사회적 자본

제 1 절 머리말

현대 사회적 자본 개념의 토대를 쌓은 대표적 이론가 세 사람으로 흔히 부르디외(P. Bourdieu), 콜먼(J. S. Coleman), 퍼트넘(R. D. Putnam)이 꼽힌다. 그 중 현재 유일한 생존 학자인 하버드대 퍼트넘(R. D. Putnam) 교수는 최근 빈부격차 문제와 미래 세대를 함께 비춘 『우리 아이들(*Our Kids*)』이란 저서에서 다음을 우리 모두에게 묻고 있다.

> 1950년대 나의 고향 마을은 아메리칸드림을 구현할 수 있는 곳이었다. 마을의 모든 아이들은 그들의 배경과 관계없이 상당한 기회를 부여받았다. 그러나 반세기가 지난 지금 오하이오 주 포트클린턴(Fort Clinton)에서의 삶은 찢겨진 스크린에 나타난 '아메리칸 악몽'이 되었다. 포트클린턴에는 도시를 가로지르는 선로가 있다. 이 선로

를 기점으로 낙후된 지역에 거주하는 아이들은 부유한 지역에 사는 아이들처럼 준비된 미래를 상상하는 것이 거의 불가능하다. 슬프게도 포트클린턴의 이야기는 오늘날 미국의 전형적인 모습을 나타낸다. 이러한 변화가 어떻게 일어났는지, 왜 그것이 문제가 되는지, 그리고 우리 사회의 저주받은 행로를 바꾸기 위해 무엇을 시작해야 하는가(퍼트넘, 2016: 11).

퍼트넘(R. D. Putnam) 교수가 지적하는 미국의 1950년대와 1960년대에도 사회경제적 계급 차이가 없었던 것은 아니지만 감당할 수 없을 정도의 장벽은 아니었다는 것이다. 그런데 이제 젊은이들은 자신이 어디서 태어났는가에 따른 기회격차(opportunity gap)가 점점 더 확대되고 있다고 느끼고 있고, 그것이 '불편한 진실'이라는 점을 그가 지적하고 있는 것이다. 타인의 성공을 질시하거나 소득과 부의 불평등 자체에 대해 배가 아픈 것이 아니라, 문제의 본질은 미국사회에서 기회의 평등과 사회적 유동성이 지난 두 세대 간 뿌리 채 흔들리고 있는 것이 아닌지에 대한 우려를 나타내고 있는 것이다(퍼트넘, 2016: 22－53).

우리 사회의 경우도 미국의 현실과 크게 다르지 않다. 1인당 국민소득 3만 달러로 풍요의 양상이 뚜렷하지만 개개인의 삶은 더 팍팍해졌다. 물질적 풍요 속에서 청년세대의 일자리 걱정이 깊어졌고, '지위재(地位財)'를 둘러싼 경쟁이 더 치열해지면서 소위 '풍요의 역설' 내지 '절망의 문화'가 확산되고 있다(이재열, 2015. 8.12). 최근 한국노동연구원의 연구결과(홍민기, 2017)와 현대경제연구원과 매일경제신문의 공동조사결과(이상덕 외, 2016; 윤성주, 2017: 6－7 재인용)에 의하면, 지난 반세기에 경제성장과 사회의 발전을 이끌었던 두 축인 중산층과 계층이동성이 무너지고 있고, 현 경제·사회의 전반적인 구조에 대한 국민들의 불신이 매우 높다. 우리 국민들 역시 사회통합을 이루어가기 위해 무엇보다도 '기회의 균등'을 중요한 것으로 인식하고 있다.

마음의 여유가 없는 이들은 현실적이다. 가족 가치의 변화가 대표적이다. 더 이상 효(孝)를 명분으로 맺은 신사협정은 작동하지 않는다. 여성들의 자기 결정권이 커진 만큼 전통적인 가족 개념도 바뀌었다. 이탈(exit)의 출구가 차단된 사회에서 경쟁을 받아들일 수밖에 없다. 자유시장경제에 대한 수용성도 높아졌다. 퇴직 후 30년이 걱

> 정스러운 베이비붐 세대와 과거에 비해 직업 불안정성이 크게 늘어난 젊은 세대 모두에게 각자도생(各自圖生)을 넘어설 대안이 절실하다. 그러나 경쟁의 정당성을 지탱해 줄 공정한 규칙이 보이지 않는다. 뒤처진 이들을 위한 비빌 언덕이던 가족도 사라졌다. 앞으로 광복 100년까지 30년. 새로운 시대를 이끌어갈 인프라로서 공정성과 신뢰, 투명성 등 '사회적 자본'의 중요성이 다시금 확인된다(이재열, 2015.8.12).

우리 사회는 일반적 신뢰수준이 낮은 사회에 속한다. 세계가치관조사(World Values Survey 2005~2006)에 의하면, 북유럽국가들인 핀란드와 스웨덴에서는 각각 10명 중 5.9명과 6.8명이 대부분의 사람을 믿을 수 있다고 응답한 반면에, 우리나라에서는 10명 중 3명만이 대부분의 사람을 믿을 수 있다고 답했다. 이와 같은 신뢰수준은 다민족 국가인 미국(4.0명)보다도 낮고, 중국(5.2명)이나 베트남(5.2명) 같은 개발도상국가들에 비해서도 현저하게 낮은 수준이다. 정부에 대한 신뢰수준이 개인보다 더 낮고, 법·제도가 공정하게 집행되고 있다고 믿는 사람도 적다. 특히, 국회에 대한 우리 사회의 신뢰도는 10.1%에 불과해 71개 조사대상국 중 최하위로 나타났다. 반면, 언론에 대해서는 64.7%가 신뢰한다고 응답해 경제협력개발기구(OECD) 평균 41.1%에 비해 높은 신뢰수준을 보여주었다. 그 외, 우리 사회의 경우 99% 이상이 가족을 신뢰하지만 처음 만난 사람에 대한 신뢰도는 13%에 불과했다. 어느 사회든 타인에 비해 가족을 신뢰하는 것이 당연하지만 우리의 경우 그 신뢰 격차가 너무 크다. 그래서 후쿠야마(Fukuyama, 1996)는 한국사회를 '신뢰의 반경(radius of trust)'이 좁은 사회라고 규정했다. 우리 사회는 민주화가 진전되고 권위주의가 청산되는 과도기에 해당하는 1980~1990년대를 거치면서 신뢰수준이 급격하게 감소하고 있는 것으로 나타나고 있는데, 취약한 사회적 자본 수준이 선진화를 가로막고 성장통증을 확대시키고 있는 것으로 보인다(이동원·정갑영 외, 2009: 13-14, 89-95).

신뢰수준이 높은 사회일수록 교육, 보건, 범죄율, 경제·사회적 기회 등의 측면에서 좋은 결과를 가져오는 것으로 알려져 있다. 결국 한 사회의 신뢰수준이 그 사회의 사회적 안정은 물론이고 국가의 부(富)에도 영향을 미치는 것이다. 그렇다면 과연 어떻게 하면 한 사회의 신뢰수준을 증진할 수 있을까가 자연스럽게 논의의 초점이 된다(이동원·정갑영 외, 2009: 15). 사회적 자본의 형성은 자발적 네트워크 활동 등의 사회적 상호작용(social interaction)과 법·제도 등의 공적제도(formal institution)에 의해 가능한 것으로 알려져 있다. 사회적 상호작용 측면의 강조는 자발적 네트워크(voluntary associations) 활동을 통해 신뢰와 협동을 학습하게 된다는 것이다. 문제는 이와 같은 흐름은 그 특성상 자연적인 것이기 때문에 경로 의존적(path dependent)으로 느리게 축적된다는 것이다. 즉, 역사가 사회적 자본을 만드는 것이다. 예컨대, 퍼트넘 외(Putnam et al., 2000)는 북부 이탈리아에 비해 남부 이탈리아의 사회적 자본 결핍현상은 이미 12세기에 결정되었다고 보고 있다. 공적제도에 대한 강조는 국가가 법·계약 등 공적제도를 효율적으로 집행하게 되면 사회적 자본이 형성된다는 것이고, 반면에 공적제도가 미비하고 유효성이 떨어지면 민간 차원의 자구 노력의 형태로 마피아(Mafia)나 중국의 관시(關係)[1] 등이 활성화된다는 것이다. 불공정하고 예측하기 어려운 법·제도는 상거래 계약을 어렵게 하며 개인 간 협력을 기피하게 하는 주요 원인이 된다(이동원·정갑영 외, 2009: 45−52).[2]

한·중·일 삼국의 정서적 특질을 가장 상징적으로 나타내는 말이 있다면, 중국은 '관시(關係)', 한국은 '정(情)', 일본은 '와(和)'일 것이다. 모두 덕(virtue)으로서의 장점이 있지만, 자칫 잘못하면 악덕(vice)으로 변질될 수 있는 이중성이 있다.

중국의 '관시'는 관심(關心)을 주고받는 사이를 말한다. 중국어의 관심은 '흥미(interest)'라는 의미도 있지만, '챙기는 마음(caring mind)'의 뜻이 앞선다. 따라서 중국에서 관계가 형성된다는 것은 서로 관심을 두는, 즉 챙기는 사이가 된다는 것이다. 이는 반대로 말하면 관계가 없으면 서로 관심을 두지 않는다는 것이다. 중국에서의 무관심은 '흥미가 없음'을 넘어 '나는 너를 챙기지 않을 것임'을 뜻한다.

한국의 '정'은 나눔의 정서이다. '구분하고 끊는 것'보다 '나누고 잇는 것'에 가치를

1) 중국인의 '관시'는 '나'를 중심으로 한 관계에 따라 타인을 차등 대우하는 문화적 전통으로서 '차등서열구조'로 불린다. 한국인의 경우 인간관계라 하면 흔히 집단을 중심으로 관계를 맺는 것이 중요한데, 중국인의 경우는 개인을 매개로 한 관계형성이 중요하다.

2) 아프리카 카메룬에서는 지불되지 않은 상업송장(invoice)을 받아 내기 위해 소송을 걸 경우 2년에 이르는 기간과 송장금액의 3분의 1에 해당하는 소송비용이 소요되는 것으로 알려져 있다. 결과적으로, 상대방이 거래계약을 제대로 이행하지 않아도 법적 제도를 통해서 권리구제를 받을 가능성이 낮기 때문에 사회적 신뢰수준이 매우 낮게 되어 있다. 이런 사회에서는 타인을 믿고 거래하기 위해서는 전적으로 개인적 평판이나 인간관계에 의존할 수밖에 없다(이동원·정갑영 외, 2009: 16).

부여한다. 따라서 한국에서는 나누고 이어야 사람 도리를 한다고 평가받는다. 이는 반대로 말하면 맺고 끊는 것이 분명하면 사람 도리가 시원치 않아 덧정 없다는 말 들을 각오를 해야 한다는 것이다. 나눔의 정과 맺고 끊음이 흐릿한 온정주의 사이의 경계선은 때때로 희미하다.

일본의 '와'는 전체를 중심으로 서로 구속되는 것이다. '와'는 둥글고 균열이 없음을 의미하며, 빠져나오거나 다투는 상황에 알레르기 반응을 보인다. 따라서 일본에서는 정해진 규칙에 순종하고 인내하는 것을 구성원의 첫째 덕목으로, 그에 서로 구속됨을 사회의 근간으로 삼는다. 이는 반대로 말하면 불화(不和)를 야기하는 구성원은 시시비비를 떠나 배신자로 비난받고 배척될 수 있음을 의미한다(신상목, 2017.11.24: A35).

법・제도가 공정하고 효율적으로 집행되는 사회에서는 계약의 공정한 이행 및 보상을 담보함으로써 사회 전체의 거래비용을 낮추게 된다. 동일 맥락에서, 하딘(Hardin, 1992)은 강력한 정부가 계약 이행력을 높이고 절도 등을 처벌함으로써 사회적 신뢰수준을 제고할 수 있음을 강조한다. 사회질서 유지와 국가경영 과정에서 법・제도의 중요성을 강조하는 연구결과들은 그 연원이 오래된다.

잘못(過)을 처벌(刑)함에 있어서는 대신도 피할 수 없으며, 선행(善)을 상(賞)줌에 있어서는 필부도 빠트려선 안 된다. 대신이라고 해서 처벌을 면제하고 필부라고 해서 상을 주지 않으면 안 된다. 법은 엄정하고 공평무사해야 한다. 그러므로 윗사람의 잘못을 바로잡고, 아랫사람의 거짓, 속임수를 꾸짖으며, 난을 다스리고 오류를 결단하고, 열외를 인정하지 않고 공평하게 바로잡고 백성들이 따라야 할 준칙을 하나로 통일하는 데는 법보다 나은 것이 없다.

관리들을 독려하고 백성들에게 위엄을 보이고, 방탕하고 위태로운 것을 물리치고 거짓된 것을 중지시키는 데는 형보다 나은 것이 없다. 형이 엄중하면 감히 귀족이 천민을 업신여길 수 없고, 법이 자세하면 임금이 존중되고 침해당하지 않는다. 임금이 존중되고 침해당하지 않으면 임금이 강해지고 나라의 핵심을 장악할 수가 있다.

그렇기 때문에 선왕들이 이러한 것을 귀하게 여겨 전한 것이다. 임금이 법을 놓아버리고 법을 사사롭게 쓰면 상하분별이 어려워지고 나라의 질서가 문란해진다[한비자의 유도(有度)편; 신영복, 2015: 176 재인용].

물론 엄정한 법집행만이 좋은 사회를 이루어나가는 요체가 되는 것은 아니다. 역설적으로 엄정한 법집행이 오히려 사회 내부의 소통과 교류를 저해할 수 있다는 동·서양의 연구결과들 또한 적지 않다. 나이트(Knight, 2001)는 법이 생산적인 교류와 사회적 신뢰수준 제고에 부응하기 위해서는 해당 사회의 일반적 상황에 부합하는 유연성을 갖추어야 함을 강조한다. 예컨대, 그 사회의 일반적인 상식 내지 비공식적 규범과 조화를 이룰 수 있어야 하고, 해당 사회의 다양한 이해관계를 수용할 수 있도록 유연해야 한다는 것이다. 소득계층이나 민족 구성이 다양하고 이질적인 사회에서는 공정(fair)한 법집행에 대한 해석이 해당 집단별로 다양하고 이질적일 수 있기 때문이다.

여기서는 한국사회에서의 사회적 자본의 현황과 형성배경, 개발정책과의 연계성, 국외의 경험에서 얻는 교훈, 한국사회에서의 사회적 자본 확충을 위한 방향 등에 대해 개괄적으로 검토하고자 한다.

제 2 절 한국사회와 신뢰

최근 우리 사회는 새로운 도약과 혁신 패러다임의 변화과정에서 신뢰 변수가 부각되고 있다. 공공부문은 물론이고, 민간부문의 대표적인 연구소들도 새로운 성장동력으로 무형적 자본에 해당하는 신뢰자본에 주목하고 있다. 현대경제연구원은 2014년 7월 조사에서 우리 사회는 국민 10명 중 7명 정도(68.4%)가 우리나라의 공동체 의식 수준을 낮게 인식하고 있음을 밝히고 있다. 공동체를 위해 사람들이 자발적으로 휴지를 줍지 않을 것이라는 의견도 55.4%에 이른다. 우리 사회의 사회적 자본 지수는 경제협력개발기구(OECD) 회원국 32개 국가 중 29위에 불과하다. 전체적으로 공동체 의식 수준이 낮은 이유로서 물질 만능주의 문화(35.2%), 개인주의 문화(24.3%), 지나친 경쟁 강요(20.6%), 혈연·지연·학연 중심의 문화(11.1%), 진솔한 대화 등 대면관계의 부족(5.7%), 세대 간 갈등(3.1%) 등이 지적되었다(현대경제연구원, 2014: i).

삼성경제연구소에서 신뢰와 사회규범, 네트워크 및 사회구조 등 4개 분야의 28개 항목으로 분류하고 총 44개의 변수를 활용하여 추정한 우리 사회의 사회적 자본 수준은 경제협력개발기구(OECD) 29개국 중 하위권인 22위로 나타났다. 경제협력개발기구(OECD) 국가 중 우리보다 사회적 자본 수준이 취약한 국가는 남유럽의 그리스와 포르투갈, 구 공산권 국가인 헝가리와 폴란드, 남미의 멕시코 등으로 나타났다. 우리 사회의 사회적 자본 수준은 신뢰와 사회규범, 사회구조 부문에서 전반적으로 선진산업사회에 비해 낮은 수준으로 나타났다. 신뢰부문에서는 특히 일반적 신뢰, 경찰에 대한 신뢰, 금융시장 신뢰, 정부의 소유권 보호 항목에서 매우 취약했다. 사회규범 측면에서는 법질서 준수와 부패, 시민의식 항목에서 사회적 자본 수준이 낮았다. 사회구조 측면에서는 정부정책의 효과성이 부족하고 사회갈등 해소 메커니즘 역시 미흡했다. 우리 사회에서는 혈연, 학연, 지연 등을 중심으로한 폐쇄적 네트워크와 배타적 집단주의가 사회협력을 저해하고 각종 사회분열의 원인으로 부각되었다(이동원 · 정갑영 외, 2009: 19-21).

신뢰는 사회통합의 핵심 조건 중 하나이다. 신뢰의 대상이 유독 가족으로 편중되는 우리 사회에서 타인과 공중 전반에 대한 신뢰, 즉 사회적 신뢰의 확충은 사회 통합의 전제 조건이자 통합의 지속성을 위한 필요조건이다. 2014년 서울 시민의 이웃에 대한 평균 신뢰도는 10점 만점에 5.54점으로 가족에 대한 평균 신뢰도 8.80점에 비해 3.26점 낮게 나타났다. 이웃을 신뢰한다는 응답비율은 39.9%에 불과했다. 보통과 불신의 비율은 각각 41.2%와 18.9%였다. 응답자의 연령이 낮아질수록, 학력수준이 높아질수록 이웃에 대한 신뢰도는 낮게 나타났다(서울연구원, 2016: 104-105).

우리 사회의 신뢰수준이 낮게 나타나는 데는 여러 가지 사유가 있을 것이다. 그 모든 사유 규명이 여기서의 논의 목적은 아니다. 여기서는 기존 연구들에서 그 중요 요인으로 흔히 언급되고 있는 일제 강점기와 6 · 25 전쟁의 경험, 압축성장과 제로섬(zero-sum) 기업문화 등에 대해 검토한다.

1 일제 강점기와 6 · 25 전쟁의 경험

식민통치와 전쟁의 경험은 한 사회의 사회구조와 문화를 바꾸는 데 결정적으로 중요한 계기가 되었을 것으로 보인다. 사람의 인식과 관계형성은 자기 자신만으로 이루어지는 것은 아니다. 이스턴(D. Easton)의 개방체제모형에 잘 묘사되어 있듯이, 고등생명체로서의 인간의 인식과 관계는 외적 투입요소, 상황변수와 상호작용을 통해서 형성되는 것이다. 인간은 출생과 동시에 아무런 보살핌 없이 자연 상태에 방기되면 그 어느 누구도 생존할 수 없다. 주변의 보살핌을 통해서 인간은 생존하게 되고, 동시에 사회성을 키워가는 것이다. 그런데 그 생존과 성장과정에서 전쟁이나 자연재해, 또는 식민지배의 경험을 장기간 경험하게 되면 사람들의 인식과 행태, 그리고 관계형성 등이 크게 변화하게 될 것이다.

영국 왕립 지리학회 소속의 지리학자인 이사벨라 버드 비숍(Isabella Bird Bishop) 여사는 1894년에서 1897년 사이 조선을 방문한 후 『조선과 그 이웃 나라들(*Korea and her Neighbours*)』(1897)이라는 저술을 남겼다.

> 엄청난 권력남용, 공금낭비가 성행할 뿐만 아니라 통치체제 자체가 이미 거대한 권력남용, 국익의 낭비였다. 현재 조선의 정치체제는 모든 인생을 근면과 생업으로부터 파산시키고 강탈해가면서 바닥도 끝도 보이지 않는 몰락과 부패, 타락으로 출렁거리는 거대한 바다에 비유할 수 있다. 관직과 재판판결이 다른 상품과 다름없이 사고팔렸으며, 조정은 급속히 기울어가고 있었다. 조정의 단 하나 남은 권한은 피지배자들을 먹이로 삼을 수 있는 권리뿐이었다(박희봉, 2016: 5 재인용).

비숍(I. B. Bishop) 여사는 개화파들의 실패한 개혁, 뿌리 깊은 세도정치의 암울한 현실 모습을 보았고, 매관매직이나 관리들의 수탈로 인해 사회의 역동성이 제대로 발현될 수 없는 '족쇄 찬 사회'의 어두운 모습을 기록했다. 파이를 키워서 나눌 생각이 아니라, 피지배계층의 파이를 뺏어서 배를 불리고자 하는 도둑정치(kleptocracy)의 모습을 적나라하게 묘사했다.

(시베리아의) 조선 남자들에게는 고국의 남자들이 갖고 있는 그 특유의 풀죽은 모습이 사라져버렸다. 토착 조선인들의 특징인 의심과 나태한 자부심, 자신보다 나은 사람에 대한 노예근성이 주체성과 독립심, 그리고 아시아인의 것이라기보다는 영국인의 것에 가까운 거친 남자다움으로 변했다. 활발한 움직임이 우쭐대는 양반의 거만함과 농부의 낙담한 빈둥거림을 대체했다. 돈을 벌 수 있는 많은 기회도 있었고 관리나 양반의 착취는 없었다. 안락과 어떤 형태의 부도 더 이상 관리들의 수탈 대상이 되지 않았다(박희봉, 2016: 12 재인용).

동일한 조선사람인데도 시베리아에 살고 있는 조선인의 완전히 다른 기질과 모습을 기술함으로써, 풀죽고 무기력한 조선인의 모습이 조선인의 본래적 기질이라기보다는 제도적 차원의 문제임을 비숍(I. B. Bishop) 여사는 강력히 시사하고 있다. 이는 기본적으로 남아메리카와 북아메리카의 성장격차를 제도적 관점에서 분석한 노스(C. North)의 추론과도 상당부분 일치한다.

우리는 20세기 초반 35년 동안 혹독한 식민지배의 경험을 겪었다. 20세기 중반 3년 간의 6·25 전쟁 경험 역시 그 참혹함이 이루 말할 수 없을 것이다. 기존 일반적인 상황에서 통용되는 호혜성, 규범, 네트워크 등이 크게 변화되었을 것임을 쉽게 추론할 수 있다. 경제협력개발기구(OECD) 국가 중 우리 사회의 낮은 신뢰수준이 일제 강점기와 6·25 전쟁의 경험 탓으로만 돌릴 수는 없지만, 그 두 상황이 중요한 영향을 미쳤을 것으로 판단된다. 조선일보와 서울대 아시아연구소가 광복 70주년을 맞아 사회와 가족 가치분야에 대해 국민의식을 조사한 결과에 의하면,[3] 우리 국민은 '우리 민족이 광복 이후 겪은 가장 큰 사건'으로 6·25 전쟁(39.7%)을 꼽았다. 8·15 광복(15.9%)이 그 다음을 차지했고, IMF 외환위기(12.1%)와 세월호 침몰(7.2%), 5·18 광주민주화운동(6.4%), '88 올림픽(5.8%) 등이 뒤를 이었다. 2005년 조사 때도 6·25 전쟁(46.5%)이라는 응답이 가장 많았고, 2위는 광복 그 자체(7.5%)로 조사되었다(박은호, 2015).

공자는 제자인 자공(子貢)의 "정치란 무엇입니까?"라는 질문에 식(食)·병(兵)·신(信)의 세 가지라고 답을 했다. 그 중 부득이 하나를 버려야 한다면, 먼저 병(兵)을 버려야 하고, 그 다음은 식(食)을 버려야 한다고 했다. 한 나라가 존

3) 2015년 6월 12일부터 30일까지 미디어리서치가 전국 성인 1,000명을 일대일 방문 면접해 실시한 조사결과로 표본오차는 95% 신뢰수준에 ±3.1%포인트다.

립하고 뻗어나가기 위해서는 신뢰가 기본이 되어야 한다고 보았던 것이다(無信不立). 한 나라가 내외적 요인에 의하여 사회적 분열과 신뢰상실 상태로 이행하면, 역사적으로 혁명이 발생하거나 새로운 왕조가 탄생하거나 또는 타국의 지배를 받게 되는 것이다. 기본적인 신뢰가 붕괴될 수밖에 없었던 사회, 하지만 역으로 그런 사회에서 생존하고 성공하기 위해서는 그 기본적인 신뢰를 충족시켜주는 것이 무엇보다도 중요하게 부각될 수 있는 것으로 보인다. 우리 국민이 얼마나 기본적인 신뢰에 목말라하고 있었는지에 대한 흥미로운 일화 두 가지를 소개한다.

1972년 1월, 서울 명동의 코스모스백화점 내 고작 13.2m^2(4평) 공간에 매장을 임대한 한 젊은이는 기타와 현악기 부속을 팔기 시작했다. 매장 이름은 백화점 이름을 따 '코스모스악기'로 지었다. 그는 악기를 다룰 줄 몰랐다. 그런 사장을 의심스러운 눈초리로 쳐다보는 고객들에게 그는 이렇게 말했다. "다른 건 몰라도 품질에 대한 보증은 확실히 하겠다. 작은 결함이라도 있으면 모두 책임지겠다"고.

45년이 흘렀다. 입점했던 코스모스백화점은 진작(1992년)에 사라졌다. 젊은이도 노신사가 되었다. 하지만, 코스모스악기는 백화점의 몰락과 달리 여전히 건재하다. 한국 최대의 악기 판매업체로 성장해 서울 서초동 예술의 전당 앞에 어엿한 10층짜리 사옥을 올렸다.

"외국 업체랑 거래할 때 악기를 들여오면서 단 하루도 대금 날짜를 늦춰본 적이 없어요. 그게 소문이 나니까 지금은 업체 쪽에서 먼저 '코스모스랑 거래하고 싶다'고 연락이 와요." 민 회장은 악기 사업의 가장 중요한 철학으로 '신용'을 꼽았다. 거래업체와의 관계뿐 아니라 고객과도 마찬가지이다. 민 회장은 "악기를 사러 온 사람들은 전문가가 아니면 악기에 대해 잘 모르는 경우가 많고, 가격도 정찰제가 아니어서 들쭉날쭉하다"면서 "'코스모스악기'란 간판을 보고 들어오는 고객들에게 전국 지점 어디서든 같은 값에 판매한다는 원칙을 고수해오고 있다"고 말했다.

민 회장은 1990년 법인 전환을 한 후 애프터서비스에도 적극적으로 투자했다. 현재 본사 뒤에 애프터서비스 센터 건물을 별도로 두고 20명의 전문 직원이 근무하고 있다. 민 회장은 "아무리 좋은 악기라도 파는 데만 급급하면 오래 가지 못한다"고 말했다.

실버세대를 잡기 위한 묘책은 뭘까. 민 회장은 "변치 않는 결론은 신용이지요. 여기서 사면 속지 않는다는 확신을 심어주는 것. 코스모스악기는 늘 그런 모습을 지킬 겁니다"라고 강조했다(중앙일보, 2017.3.22: B8).

고가의 악기를 구매하고자 하는 일반인의 입장은 뭘까. 아마 가장 중요한 것은 내가 지금 사고자 하는 이 악기의 가격표가 다른 곳에 비해 비싸지 않다는 것과 이 악기에 만약 문제가 발생하면 판매처에서 제대로 애프터서비스를 해 줄 수 있다는 믿음일 것이다. 다른 말로 하면, 판매자가 물건을 팔기만 하는 것이 아니라 구매자의 입장에서 물건을 바라볼 수 있어야 한다는 것이다. 민 회장이 강조하고 있는 신용, 판매 후 사후서비스 등은 비단 악기 판매에만 해당하는 것은 아니겠지만, 모든 거래에 기본이 되는 요소임이 분명하다.

서울 노고산동 연남서식당은 1953년 문을 열었다. 의자 없이 서서 먹는 고깃집 원조다. 이 집엔 의자 말고도 없는 게 많다. 밥과 찌개 같은 부대 메뉴가 없다. 메뉴는 소갈비뿐이다. 여기에 고추, 마늘, 고추장, 고기 찍어 먹는 소스만 내 놓는다. 그런데도 개점 시간인 낮 12시 전부터 식당 앞에 길게 줄이 선다. 다른 고깃집들이 첫 손님 받을 시간인 오후 6~7시쯤 고기가 동난다. 우리나라뿐만 아니라 일본·중국·싱가포르·홍콩·대만 등 아시아 관광객들 명소다.

이대현(76) 사장은 열두 살 때부터 이 식당에서 일했다. "1970년대엔 이 드럼통 하나에 3, 4팀이 들러붙어서 고기를 구워 먹었어요. 10여 명이 서로 남인데도 고기를 나눠 먹었죠. 참 정감 있고 참 장사 재밌었을 때죠."

"장사하는 사람들끼리 의리지. 저는 채소 장수든 고기 장수든 한 번 거래하면 오래해요. 나한테 장난치지 않는 이상 바꾸질 않지. 채소 시세를 알아보고 그러지도 않아요. 믿으니까."

—손해 볼 수도 있을 텐데요.

"내 인생철학이 '칠삼'이에요. 내 것이 10이라고 해도 7을 가지고 3을 상대방에게 줘야 된다는 겁니다. 가끔 갈비 몇 대 덜 먹었다고 속이고, 냉장고에서 몰래 소주 꺼내 먹는 손님 있어요. 알지만 모른 척해요. 그 정도는 손해봐도 좋다고 생각해요. 그래야 손님 기분 좋아서 다시 올 거 아녜요?"

—장사 비결이 이건가요.

"장사 잘 되는 비결은 딴 거 없어요. 첫째, 정직해라. 식당 하는 사람들이 욕먹는 게 캄푸라치(거짓)를 많이 해서 그래요. 행주 대신 소매로 슥 닦고 깨끗한 척하고 그러지 말라는 거지. 둘째, 혼자 오는 손님한테 잘하라. 식당가면 혼자 왔다고 저 구석에 앉게 해. 그러면 다신 안 오지. 그 사람한테 잘하면 얼마 있다가 여러 사람 데리고 와. 셋째, 사장이 손님 보는데 계산기에서 계산기 두드리지 말아라. 손님 정떨어져 요"(조선일보, 2017.4.1: B1－B2).

이대현 사장의 '칠삼' 인생철학은 따지되 따지지 않는 것이다. 바보같이 속는 것이 아니고 약간의 손실은 기꺼이 받아들이는 마음의 자세를 말하는 것이다. 더욱이 손님에게는 언제나 믿을 수 있는 상품을 내놓는다는 것이다. 어떻게 보면 너무 당연한 생활태도인지도 모른다. 하지만, 고객의 공감을 얻기 위해서는 머리(理)보다는 가슴(情)이 함께해야 한다는 것을 강조하는 것이다.

2 압축성장과 제로섬 기업문화

한국은 위기에 직면하게 되면 국가 전체적으로 똘똘 뭉쳐 위기를 극복하는 잠재력을 가진 나라로 잘 알려져 있다. 35년 간의 수탈형 식민지배와 3년 간의 참혹한 전쟁을 겪으면서도 그 어느 나라보다 빠른 속도로 경제성장을 이룩한 나라다. 인의(仁義)라는 유교적 가치를 중시하면서도 동시에 새로운 문물을 파격적으로 수용함으로써 세계 경제사에 새로운 이정표를 세웠다. 그런데 최근 한국은 정치 지도자들뿐만 아니라 기업 지도자들까지 사회적 신뢰를 잃어가고 있다.

우리나라는 대략 1960년대부터 대외지향적인 압축성장 메커니즘을 추진해 왔다. 해외시장에서 글로벌 다국적 기업과의 경쟁을 위해 대기업 중심의 불균형 성장전략을 채택해 왔다. 해외시장 개척과정에서 비약적인 성공을 거둔 것이 사실이지만, 부가가치 생산성과 기술력에서 중소기업들의 낙후성이 두드러졌다. 우리나라 중소기업은 업체 수에서 99%, 전체 고용에서 88% 정도를 차지하고 있지만, 중소기업의 비정규직 임금은 대기업 정규직 임금의 3분의 1에 불과할 정도로 취약하다. 소득 양극화와 구조화된 노사갈등은 깊은 사회적 분열현상(social dis-integration)으로 나타나고 있다(이부형 · 박용정, 2016; 안충영, 2017: 3).

최근 한국노동연구원의 연구결과(홍민기, 2017)에 의하면, 우리나라 소득 상위 1% 계층이 국민 전체에서 차지하는 비중은 2000년 9.0%에서 계속 증가하여 2015년에는 14.2%를 기록했다. 소득 상위 10% 계층의 소득비중 역시 2000년에는 36.4%였으나 2015년에는 48.5%로 지속적으로 증가해 역대 최고를 기록했다. 아태지역에서 한국이 가장 빠른 속도로 소득 양극화가 진행되고 있는 것이다(Dabla-Norris et al., 2015; 안충영, 2017: 3 재인용).

2016년 현대경제연구원과 매일경제신문이 우리나라 국민 1,009명을 대상으로 실시한 설문조사 결과(이상덕 외, 2016; 윤성주, 2017: 6-7 재인용)에 의하면, 우리나라의 경제성장과 사회의 발전을 이끌었던 두 축인 중산층과 계층이동성이 무너지고 있어 현 경제·사회구조에 대한 국민들의 불신이 매우 높게 나타나고 있다. 분열된 사회를 극복하고 사회적 통합을 강화하기 위한 전제조건에 대해 우리 국민들은 '기회의 균등'을 31.4%로 가장 중요하게 인식하고 있었다. 이어서 '시민의식 제고'가 23.6%, '법치주의 성립'이 19.9%, '경제적 약자 배려'가 15.4%, '차이를 인정하는 관용'이 9.7%로 나타났다.[4]

동아일보와 한국개발연구원(KDI)이 2016년 12월 전국 성인 1,000명에게 공동 설문한 결과를 50여 년 전인 1964년 12월 동아일보 조사결과에 대비해보면, 우리 국민들의 흥미로운 인식변화를 지각할 수 있다. 해당 자료에 따르면, 우리 국민이 취직·출세를 위해 가장 중요한 것으로 인식하고 있는 것은 1964년에는 실력(49%), 돈(26%), 혈연·지연·학연 등 인맥(18%)이었다. 그런데 2016년에는 혈연·지연·학연 등 인맥(36.8%), 실력(33.8%), 돈(28.5%)의 순으로 실력에 의해 성공할 수 있다는 믿음이 크게 약화되고 인맥을 가장 중요한 요인으로 지목했다. 이와 같은 결과는, 불공정 경쟁을 체감하고 우려하는 우리 국민들의 비중이 빠른 속도로 팽창하고 있기 때문이다(김성모·김지현, 2017.1.15: A1).

제로섬 기업문화는 기업성과를 관련 주체 간 제대로 나누지 못하는 상태를 지칭한다. 성과를 높여서 모두가 윈-윈(win-win)하는 것이 아니라, 협상력이 약한 실체를 압박해서 자신의 이익을 확장하는 행태를 비판하는 것이다. 이와 같은 과정에 대해 사활적 경쟁에 몰린 기업들의 필연적인 귀결이라는 비판도 있지만, 지속적인 동반성장 노력을 하는 기업문화 또한 존재하고 있으므로, 관련 논

4) 동일 항목에 대한 2011년 조사결과는 '기회균등'이 19.6%, '시민의식 제고'가 20.0%, '법치주의 정립'이 19.4%, '경제적 약자 배려'가 32.1%, '차이를 인정하는 관용'이 6.7%였다.

의를 검토할 필요가 있다.

> 미국 버몬트 주에 천연 아이스크림 만드는 회사 벤앤제리(Ben & Jerry's)는 그들만의 독특한 사업방식과 경영철학으로 유명하다. '기업은 사회 환원의 책임을 가진다'는 경영철학을 준수한다. 지마벤저라는 비영리단체와 손잡고 방황하는 청소년들에게 벤앤제리의 '스쿱 숍'에서 일할 수 있는 기회와 직업교육을 제공한다. 또한 지역경제와의 상호연결성을 중시한다. 벤앤제리는 동종 업계의 기업, 원료 공급자, 프랜차이즈, 직원들이 함께 잘살기 위해서 일한다. 전 세계에 독립적인 사업체들인 수많은 파트너 숍을 두고 있다. 다만 그들은 벤앤제리와 안전한 먹거리, 평화원칙, 친환경 등에 대한 가치를 공유한다. 벤앤제리는 개발도상국가들의 농부들이 공정한 대가를 받고 자신들도 친환경적인 원료를 확보하기 위하여 공정무역 운동에도 앞장선다. 경영자 벤은 "벤앤제리가 공익을 위해 사업을 하는 이유는 이것이 옳은 일이기 때문입니다. 우리의 광고전략이 아닙니다. 자본주의가 어떻게 될 수 있는가에 대한 다른 비전입니다"(KBS 사회적 자본 제작팀, 2011: 287－290).

협력업체와의 신뢰관계를 강조하는 독일 공기청정기 회사인 '벤타 에어워셔(Venta Airwasher)'의 알프레드 히츨러(A. Hitzler) 대표는 한 인터뷰(윤형준, 2014. 11.1: C2)에서,

> "저희 성공의 핵심 원천은 협력업체와의 끈끈한 관계입니다. 이 관계는 오랜 세월에 걸쳐 쌓아 왔습니다. 저희에게 협력업체는 가족과도 같아요. 따라서 그들의 수익을 보장해 주고 일거리를 지켜주는 것은 철칙입니다." 벤타 에어워셔는 중소기업 40여 곳을 두고 부품을 납품받는데, 모든 협력업체는 독일 본사 주변에 모여 있다. "중국에서 만들면 더 저렴한 가격으로 더 많은 제품을 만들지도 모릅니다. 그러나 우리는 이곳에서 협력업체와 함께 일하는 게 더 중요합니다. 그들과 함께 쌓은 노하우가 있거든요. 오랜 관계를 통해 저희는 서로 최대한의 성과를 내는 방법을 잘 알고 있습니다. 제조업체가 혼자서 모든 걸 다할 수 없습니다. 뛰어난 품질의 제품을 꾸준히 만들기 위해서는 이런 노하우를 100% 활용해야 합니다."

벤앤제리는 공익사업과 협력업체들과의 진정한 파트너십을 통해 소비자의 신

뢰를 쌓아간다. 벤타 에어워셔는 협력업체와의 의리와 신뢰관계를 통해 제품의 품질혁신을 이루어 간다. 대기업의 '갑(甲)'질 논란에 멍이 들고 사업을 접는 각박한 우리 사회의 중소기업 생태계와 큰 차이가 있는 것이다. 한병철(2012)은 최근 『피로사회(*Müdigkeitsgesellschaft*)』라는 저서에서 21세기의 사회를 성과사회로 규정한다. 병원, 정신병자 수용소, 감옥, 병영, 공장으로 이루어진 규율사회는 더 이상 오늘의 사회가 아니고, 피트니스 클럽, 오피스 빌딩, 은행, 공항, 쇼핑몰, 유전자 실험실로 이루어진 성과사회로 변모했다고 본다. 따라서 이 사회의 주민도 규율사회의 '복종적 주체'가 아니고 '성과주체'로 규정한다. 규율사회는 부정성의 사회로서 '~해서는 안된다'가 지배적인 조동사가 되는데 반해, 성과사회는 '뭐든지 할 수 있어(Yes, we can!)' 형의 무한정한 '할 수 있음'이 특징인 긍정성의 사회이다. 문제는 성과사회는 긍정성의 과잉상태로서 성과주체들은 타자의 강요가 없는 상태에서도 자발적으로 자기 자신을 착취하게 된다. 그들은 자신들이 완전히 소진될 때까지 자신을 착취한다. 따라서 그들은 자기 자신을 경영하는 기업가이고, 가해자인 동시에 피해자가 된다. 성과사회에 내재한 시스템의 폭력성에 의하여 성과주체들은 심리적 경색을 받게 되는데 그들은 이점을 인식하지 못한다. 오직 성과를 향한 압박 내지 성과주의의 명령이 자학성과 탈진 우울증을 초래하는 것이다. 모든 외적 강제에서 해방되었다고 믿는 긍정성의 사회는 스스로에게 폭력을 가하는 파괴적 자기 강제의 덫에 걸려드는 것이다. 아무것도 가능하지 않다는 우울한 개인의 한탄은 아무 것도 불가능하지 않다고 믿는 사회에서만 가능한 것임을 한병철(2012: 23-28, 103-104)은 꼬집는다.

정동선 소아청소년정신과 전문의는 "사교육 부작용이 가장 극단적으로 드러나는 것이 정신과를 찾는 아이들"이라면서 "아이가 이상하다고 찾아왔는데, 상담해보면 학부모가 학원 중독 등 (정신질환이) 심각한 경우도 많다"고 말했다.

건강보험공단에 따르면 전국의 미성년자 정신과 진료 환자 수는 16만 6,867명(2015년 기준)이다. 사교육 스트레스로 나타날 수 있는 가장 흔한 증상이 우울증인데, 이 증상으로 치료를 받은 학생은 2만 550명이었다. 서울시에서는 미성년자 우울증 환자의 38%가 학원이 밀집한 5개 구(區)에서 진료받은 것으로 나타났다.

통계청 2016 사회조사 결과에 의하면, 우리나라 청소년의 고민거리는 공부·학업

성적(32.8%), 진로・직업(28.9%), 외모(10.7%), 경제적 어려움(5.8%), 건강(4.8%), 용돈 부족(4.2%), 친구 문제(2.2%), 기타(가정환경, 이성교제, 학원폭력 등)(5.3%), 고민 없음(5.2%) 등이다.

학원 밀집지역에 학생 정신과 환자 많고, 사교육 스트레스가 평생의 트라우마로 남기도 한다. 성인인 된 후에 직장 부적응, 낮은 자존감, 우울 증상 등을 호소하기도 한다(김형원, 2017.4.3: A14).

얼마 전(2017년 상반기) 인기 KBS 드라마 중 하나인 '김과장'에 보면, 주인공이 오매불망 가고 싶어하는 이상향의 나라가 덴마크이다. 소위 정직하지 못한 작은 사기꾼인 김성룡 과장이 큰 불의에 정면 대결하는 장면들이 코믹하게 그려지는 드라마인데, 극 중 그 김 과장이 바르고 믿음이 있는 나라로 꼽고 있는 나라가 덴마크이다. 사실 덴마크에서는 길거리에 자물쇠를 채우지 않은 자전거를 흔히 볼 수 있고, 쇼핑이나 외식 중에 어린이들을 길가에서 놀도록 하는 것이 전혀 이상하지 않고, 리더스 다이제스트 사에서 1970년대와 1990년대 실시한 지갑회수실험에서도 대부분의 지갑들이 돌아오는 신뢰수준이 높은 나라이다. 경제협력개발기구(OECD, 2009)의 소득 10분위 배율(상위 10%/하위 10%)의 국제비교 자료에 의하면, 덴마크는 2.72이고 스웨덴은 2.79인데, 한국은 4.73이고 터키는 6.49이다. 우리 사회와 터키가 덴마크나 스웨덴에 비해 빈부격차가 심한 나라인 것이다.

제 3 절 사회적 자본과 개발정책

사회적 자본 이론은 우리 사회에 새로운 개발정책 모형을 제시해준다. 신고전파 개발이론은 시장 메커니즘이 제대로 작동하도록 정부의 간섭을 최소화하면 사회가 필요한 적정 개발수준이 저절로 달성될 수 있을 것이라고 본다. 반면에, 중상주의 이론은 시장 메커니즘의 한계를 직시하고 정부가 적극적인 산업정책으로 전략산업의 지정 및 육성을 떠맡을 때 장기적인 국가경쟁력 확보가 가능할 것이라고 주장한다. 그런데 기업과 정부가 경제가 건전하게 움직이도록 자신들의 역할을 제대로 수행하고 있지 못하다는, 기업과 정부에 대한 신뢰위기가 세계적인 우려사항으로 부각되고 있다. 기존의 경제개발 모형은 특히 사회적 측면에서 볼 때 이미 제대로 작동하고 있지 않다. 심화되는 경제사회적 격차와 불균형, 치명적인 도시 스모그 현상, 생태계를 위협하는 생물 다양성 훼손, 끊임없는 도시 확장, 제4차 산업혁명을 통한 일자리 없는 성장(jobless growth) 등 숱한 문제를 노정하고 있다. 시장과 정부가 이 사회를 구성하는 두 개의 원리인 것은 분명하다. 그러나 더 나은 세계를 향해서 기업과 정부가 무엇을 해야 하는지, 그리고 그들이 왜 존재하고 있는지에 대해 성찰이 필요한 시점에 와 있다. 새로운 형태의 사회적 계약을 통해서 시장과 정부의 역할을 보완할 필요가 있는 것이다. 지속가능한 성장(Sustainable Development Goals: SDGs)이라는 대원칙을 실현하기 위해, 사회적 관계의 재정립을 통한 사회적 정의 실현이 필요한 시점이다(이동원 · 정갑영 외, 2009).

1 뉴 노멀 현상

전 세계적으로 장기 저성장과 고실업, 소득 양극화와 고령화 현상 등으로 몸살을 앓고 있다. 제4차 산업혁명과 수확체증형 생산구조 등으로 인해 일자리 없는 성장과 소득 양극화가 구조화되고 있고, 저출산과 고령사회로의 움직임은 정책적 대응을 어렵게 하고 있다. 전통적으로 경제가 성장하면 빈곤이 감소하고 일자리가 늘어나며 동시에 중산층이 확대된다. 그런데 최근의 경제구조는 총량적 경제는 성장하더라도 일자리는 늘어나지 않고 중산층이 취약해지는 특이한 구조를 보여주고 있다. 더욱이 가족에 대한 기대나 가치변화 및 자녀 양육 등에 따르는 부담 등으로 저출산이 보편화되고 있고, 동시에 기본적 수요에 대한 사회복지 정책의 보편화 및 의학의 발전 등으로 기대수명이 지속적으로 늘어나고 있다.

저성장과 저고용의 현상이 특정 국가나 지역 또는 특정 시기에만 한정되어 나타나는 것이 아니라 보편적인 현상으로 귀결됨에 따라 장기 저성장 · 저고용

현상은 뉴 노멀(New Normal) 현상으로 부각되고 있다. 세계 금융위기 이후 고성장이 당연시되던 시대가 저물고 저성장 · 저금리 · 저물가에 고실업 · 공공부문 부채증가 · 규제강화 등이 고착화되는 새로운 시대로 이행하고 있다. 전 미국 연방준비제도이사회(Federal Reserve Board) 의장 벤 버냉키(B. S. Bernanke)가 강조했듯이 "미국의 기본 원리는 모든 개인들이 자신의 노력, 기술, 그리고 창의력을 바탕으로 성공할 수 있는 기회를 가져야 한다는 사상이다"(퍼트넘, 2016: 55 재인용). 제2차 세계대전 이후 반세기에 걸쳐 모든 삶의 영역에서 미국인들의 대략 3분의 2는 사실상 열심히 일하는 사람은 출세할 수 있다고 인식하고 있었지만, 현재는 새로운 세대의 지위 상승 기회에 대해 섬뜩할 정도의 비관주의가 팽배해 있다(퍼트넘, 2016: 56－57).

> 소득불평등은 2008~2009년의 대침체(Great Recession)의 즉각적인 여파에 의해 잠시 주춤했다. 하지만, 이후 몇 년 동안 최상층에서 나타난 부(富)의 증가 추세는 나머지 사회의 경기 침체와 악화로 인해 재개되었고 심지어 가속화되기 시작했다. 1920년부터 2012년에 이르기까지 미국 가정의 상위 1%의 실제 소득은 31% 상승한 반면, 하위 99%의 실제 소득은 거의 꿈적도 하지 않았다(0.5%보다도 적게 올랐다)(Saez, 2013; 퍼트넘, 2016: 58－59 재인용).

최근 우리 경제성장률은 2% 중반 정도로 세계 평균 경제성장률보다 낮다. 저금리와 우리 국민의 공격적인 부동산 투자성향으로 인해 가계부채는 1,400조 원이 넘고 있다. 향후 세계경제의 변화에 따라 금리인상이 현실화되면 우리나라 경제 전체를 흔들 수 있는 뇌관이 될 수 있는 상황이다. 여기에 청년실업자 수가 54만 명에 이르고 구직 포기자는 36만 명을 넘고 있다. 중소기업의 비정규직 임금은 대기업 정규직 임금의 37.4% 수준에 불과하고, 대기업 비정규직에 비해서도 70% 정도에 불과한 상태에 있다. 이러한 차별적인 임금구조와 구직난은 열심히 노력하게 되면 자신의 처지를 개선할 수 있을 것이라는 신분상승의 사다리를 훼손시킴으로써 '금수저, 은수저, 흙수저' 등의 계층분화의 신조어를 낳고 있다. 소득 양극화의 심화와 함께 구조화된 노사갈등은 사회적 분열(social disintegration)의 끝이 어디인지를 예측하기 어렵게 하고 있다(안충영, 2017: 3).

2 사회적 분열과 사회적 배제

1977년 개봉한 실베스타 스탈론(Sylvester Stallone) 주연의 영화 <록키(*Rocky*)>는 대한민국 장년층들의 뇌리에 깊게 각인되어 있는 영화다. 복싱이 인기 있는 스포츠였기도 했지만 쉽지 않은 현실을 넘어서고 싶었던 여러 사람들에게 다시 일어설 수 있다는 무엇을 전달해 주었기 때문이다. 록키의 무대는 한때 필라델피아 번영의 토대를 이루었다가 제재소, 무두질 공장, 조선소, 식품 가공 공장 등이 쇠퇴해가는 거친 백인 노동자 계급 지역인 켄싱턴(Kensington)이었다. 서로 도움을 주며 강한 사회관계망을 유지해왔던 지역이 1970년대 이후 다수의 일자리가 한꺼번에 사라지면서 버려진 공장들, 길거리 마약시장, 범죄에 감염된 공터 등으로 무너지는 곳이었다. 대도시 내의 불평등과 계급 차별 등으로, 일하지도 않고 학교에도 다니지 않는 '단절된 청년들(disconnected youth)'이 우글거리는 그런 음울한 공동체가 록키 발보아(Rocky Ballboa)와 아폴로 크리드(Apollo Creed) 사이의 혈전으로 표출되었던 곳이다(퍼트넘, 2016: 277－279).

비상시에 자동차 에어백이 저절로 터져 승객을 보호하듯이 우리 아이들이 위험에 처할 때 보호해 주고 조언해 줄 수 있는 믿음성 있는 성인들의 도움이 필요한 경우가 많다. 교육수준이 높고 부유한 부모들은 소위 마크 그라노베터(Mark Granovetter) 등 사회학자들이 '약한 연계성(weak ties)'이라고 부르는 것, 즉 다양한 사회분야의 지인들(정신과 의사, 교수, 경영인, 가족의 친구, 친구의 친구 등)과 흔히 광범위한 관계를 맺고 있다. 반면에, 사회경제적 위계에서 더 낮은 곳에 있는 사람들은 이러한 약한 연계성을 갖고 있지 못하거나 제한적이다(퍼트넘, 2016: 287).[5)]

사회적 분열로 인한 사회적 배제(social exclusion)는 사회적 포용과 상반되는 개념이다. 사회적 배제 상태는 사회구조적 문제 등으로 인하여 개인 또는 집단이

---

5) 퍼트넘(Putnam, 2016: 106－112)은 깨지기 쉬운 가족(fragile families)의 심각성을 강조한다. "1960년에는 미국에서 6%의 어린이들만이 한 명의 부모와 같이 살았다. 오늘날은 모든 아이들의 반 이상이 18세가 되기 전까지 한 부모 가정에서 시간을 보내게 될 것으로 예상된다"고 한다. 빈곤이 가정의 불안정성을 만들어 내고, 다음에는 가정의 불안정성이 빈곤을 만들어 내는 것이다.

사회, 정치, 문화 활동의 참여를 제한당하고 기본적 서비스에 대한 접근이 어려워진 경우를 일컫는다. 사회적 포용(social inclusiveness)이 여러 측면에서 사회적 약자의 사회적 참여를 향상시키는 과정이라면, 사회적 배제는 특정 개인이나 집단의 의지와 다르게 사회적 참여가 제한받게 되는 과정이라는 점에서 양자는 서로 상반되는 개념이다(배윤경 · 김상록, 2017: 31－32).

> 독일 사회학자인 크로나워(M. Kronauer)는 사회적 배제 유형을 여섯 가지 형태로 제시하고 있다. 첫째, '노동시장으로부터의 배제'인데 정규 고용으로의 진입이나 복귀가 영구적으로 봉쇄되어 있는 상황을 말한다. 둘째, '경제적 배제'인데 사람들이 정규적인 일자리를 통해서 자기 자신이나 가족을 부양할 능력을 상실한 상태를 일컫는다. 결과적으로, 국가의 복지혜택에 의존하거나 사회적으로 인정받지 못하는 형태의 소득에 의존해서 살아가는 것이 포함된다. 셋째, '문화적 배제'인데 사회적으로 인정받는 지배적인 행동패턴과 가치들에 따라 살아갈 가능성에서 차단되면서, 그 사회가 요구하는 기대에 따라 사는 것이 불가능하기 때문에 사회적 강제력에 직면해 있다는 것을 의미한다. 넷째, '사회적 고립에 의한 배제'인데 사회적 관계의 범위뿐만 아니라 사회적 관계의 질에 주목하는 것이다. 이때의 사회적 고립은 사회적 접촉을 줄이고 개인적으로 고립되는 현상과 자신처럼 불이익을 당하는 입장에 있는 동료집단과 차별적인 교제를 이루는 방식으로 나타나게 된다. 이러한 사회적 고립은 전자의 경우 정체성의 해체를 야기하고, 후자의 경우는 하위문화와의 동일시를 가져오는 현상을 보인다는 것이다. 다섯째, '공간적 배제'인데 배제된 자들이 특정 지역에 집중 거주하는 것을 의미하는 것으로 사회적 고립과 밀접하게 연관되어 있다. 그들이 사회적으로 제한적인 접촉범위를 갖는 것은 그들이 움직이는 공간이 제한되어 있는 것과 관련되고 있다는 것이다. 여섯째, '제도적 배제'인데 교육체제(학교, 자격취득 기관, 직업훈련소), 실업이나 빈곤을 다루는 기관, 공 · 사적 서비스기관(은행과 보험사 등)들로부터 차단되는 상황을 말한다. 이러한 사회적 배제의 형태는 그 사회 나름의 사회통합 방식에 따라 다르게 나타날 수 있다(최창현, 2014 재인용).

1970년대 이전의 켄싱턴은 끈끈하게 연결된 백인 노동자 계급의 마을이었다. 동네 사람들은 이웃들의 이름을 알고 있었고, 동네를 안전하고 깨끗하게 만들기 위해 함께했다. 하지만, 1970년대 이후 켄싱턴에서는 일자리가 사라지고, 가정이

풍비박산되고, 너도나도 다른 지역으로 떠나가고, 무엇보다 범죄와 마약의 증가로 공동체의 토대 자체가 파괴되어 버렸다. 범죄에 대한 공포가 만연하면서 사람들은 대부분 자기 일에만 신경쓴다. 범죄가 일어나도, 심지어 동네 아이들이 이웃집에 스프레이로 낙서를 해도 '이웃 지켜주기(neighborhood watch)'는 작동하지 않는다. 이웃과의 연대가 소용돌이치며 추락했고, 마약과 범죄가 주민들의 삶을 피폐하게 만들었다. 널리 퍼져 있는 공포 때문에 아무도 믿을 수 없게 되어버린 것이다(퍼트넘, 2016: 288－292).

재정자본이나 인적 자본과 마찬가지로 사회적 자본은 고르게 분포되어 있지 않다. 사회적 연결성 측면에서의 차이는 청소년들 간 기회격차를 불러온다. 많은 연구결과들은 교육을 더 잘 받은 미국인들이 보다 깊고 넓은 사회적 관계망을 가지고 있다는 것을 보여주고 있다. 미국의 경우, 지난 20년 동안 친척 관계망과 비친척 관계망 모두 움츠러들고 있지만 비친척 관계망의 감소가 더 커졌다. 미국인들의 사회적 관계망이 내부적으로 붕괴하고 있고, 소수의 더 밀접하고 동질적인 가족적인 유대관계로 구성되어 있다는 것이다. 문제는 이러한 관계망의 수축경향은 낮은 계급의 구성원들에게 큰 영향을 미친다. 사회계급 사이의 차이를 불평등하게 만들고, 궁극적으로 그 차이를 강화하는 것이다(퍼트넘, 2016: 299－304).

한국사회의 경우에도 사회·경제적 여건의 변화로 인해 중산층이 축소되고 있고 양극화가 심화되고 있다. 따라서 사회적 배제는 노숙자, 장애인, 사회 부적응자 등 일부 특수계층에 국한되지 않고 일반화되는 경향을 보여주고 있다. 특히, IMF 경제위기 이후 고용은 불안정해졌고 일부 중산층들은 비정규직 근로자 또는 영세 자영업자로 전락하게 되었다. 그 결과 2016년 8월 현재, 우리나라 임금 근로자 1,963만 명 중에서 임시직, 일용직, 계약직, 파견직 등 비정규직 근로자는 32.8%인 644만 명에 이른다. 이들 중 상당수는 일을 하고 있지만 가난을 면치 못하는 '근로 빈곤층' 또는 '신빈곤층'을 형성하고 있다. 사회 전체적으로는 더 풍요로워진 것이 분명한데 '신빈곤층'이 확대 형성되고 있는 것은 사회적 배제가 단순한 경제성장이나 소득확대로 달성되기 어렵다는 것을 시사한다(박인권, 2017: 20－21).

윤인진(2008)의 조사결과에 의하면, 우리 사회에서 가장 심각한 사회갈등의 원인은 소득 계층 간 분열(35.7%)이다. 그 외, 지역갈등(22.7%), 노사갈등(19.7%),

이념갈등(8.9%) 등의 순이다. 전영평 외(2005)의 조사결과에 의하면, 우리 사회는 계층별·이익집단별 무분별한 자기이익 추구의 병폐로 사회분열이 심화되고 있다. 사회적 분열이 심각한 사회에서 특정 집단에서의 지대 추구 행태가 가시적일 경우 자정적인 노력을 통한 사회통합이나 사회협력이 나타날 가능성은 극히 낮다.

2016년 12월 동아일보와 한국개발연구원(KDI)의 조사결과에 의하면, 양질의 일자리 증가에 가장 큰 걸림돌로 기득권 노조(27.6%)가 지적되었다. 그리고 열심히 일하면 계층이동이 가능하다고 생각하는가에 대한 물음에는 '그렇지 않다'라는 부정적 인식이 30대의 경우는 51.8%, 40대의 경우는 53.2%, 50대의 경우는 44.0%, 60대 이상의 경우는 34.3%로 30대와 40대의 경우는 '그렇다'는 긍정적 인식(25.4%와 23.9%)에 비해 두 배 이상 높았다. 60대 보다 30~40대가 계층이동성에 더 절망하고 있는 것이다. 기업경영성과 평가사이트 'CEO 스코어'에 따르면, 한국, 미국, 중국, 일본의 주식 부자 상위 40명을 분석한 결과 '상속형 부자' 비율에서 한국이 가장 높았다(62.5%). 미국과 일본은 상속형 부자 비율이 각각 25%, 30%에 그쳤고, 중국은 그 비율이 2.5%에 불과했다(동아일보, 2017.1.5: A3).

미국의 근린 지역사회 범죄연구의 선도적인 전문가인 로버트 샘슨(Robert Sampson)은 미국의 마을들은 아주 불평등하고, 이 불평등은 마을 주민들에게 강력한 영향력을 행사한다는 것을 보여주었다(퍼트넘, 2016: 312 재인용). 이웃 간의 협조에 바탕을 둔 사회적 결속과 비공식적인 사회 통제가—사회학자들이 집합적 효능성(collective efficacy)이라고 명명한—가난한 이웃들 사이에서는 더 낮게 나타난다는 것이다(퍼트넘, 2016: 313-314). 사회분열로 사라지는 긍정적 네트워크 효과에 대한 삼성경제연구소(이동원·정갑영 외, 2009: 119-121)의 흥미로운 분석결과가 있다. 이는 분열된 사회에서는 실제로 사회적 네트워크가 발달할수록 사회적 신뢰수준이 낮아지는지를 밝히기 위해서, 소득 불균등도를 기준으로 네트워크가 일반적 신뢰에 미치는 영향을 분석한 결과이다. 분석결과는 예상대로 네트워크가 잘 발달하고 단체 활동이 활발한 사회일수록 사회적 신뢰수준이 높게 나타났다. 하지만, 지니계수로 추정한 소득 불균등도가 심각한 사회에서는 네트워크의 효과가 거의 없는 것으로 나타났다.

[그림 10-1]은 지니계수의 중위값인 0.34를 기준으로 구분한 두 집단(각 30개 국가)의 네트워크가 사회적 신뢰에 미치는 영향을 나타낸 것이다. 각국의 네

트워크 수준과 세계가치관조사의 일반적 신뢰도를 활용한 것이며, 네트워크 수준은 종교 단체, 교육·예술·문화 단체, 스포츠·여가 단체 등 6개 단체에 대한 가입 비율로 측정한 것이다.6) 지니계수값이 0.34를 넘는 사회분열이 심각한 사회에서는 신뢰와 네트워크 간의 관계가 거의 무작위 분포에 가깝고 평균 신뢰도도 23.0%에 불과했다. 반면에, 지니계수값이 0.34에 못 미치는 소득 불균등도가 그렇게 높지 않은 안정적인 사회에서는 신뢰와 네트워크 간의 관계가 상당부분 우상향의 정의 관계를 보여주고 있고 평균 신뢰도 역시 30.9%로 7.9%p 높게 나타났다.

이 분석결과는 매우 흥미롭다. 왜냐하면, 퍼트넘 외(Putnam et al., 2000)는 사회적 네트워크가 활성화되면 일반적 신뢰의 기반이 형성될 수 있다고 보았는데,

그림 10-1 사회분열, 네트워크와 신뢰

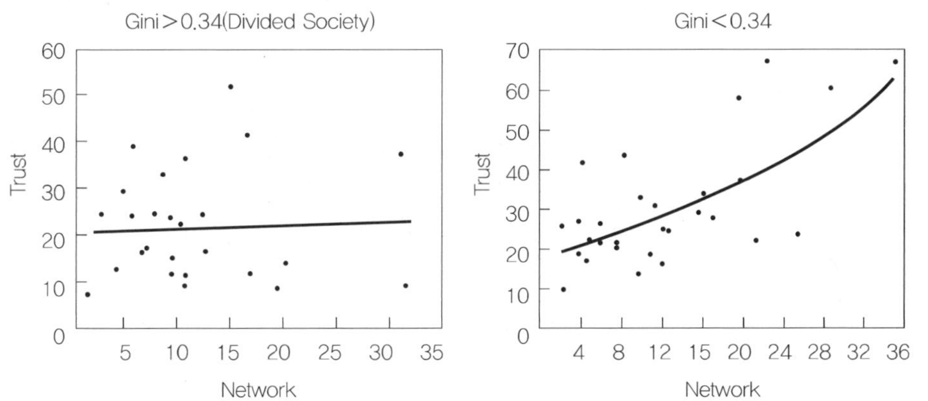

자료: 이동원 · 정갑영 외(2009: 119).
주: X축은 각국의 네트워크 수준, Y축은 일반적 신뢰도.

6) 세계가치관조사에서는 일반적 신뢰와 공적신뢰를 구분한다. 여기서 일반적 신뢰는 사회적 신뢰의 개념으로 보이고, 공적신뢰는 공공기관이나 제도에 대한 신뢰로 파악된다.

구 분	대 상
일반적 신뢰	대부분 사람, 가족, 친분, 타 종교, 외국인, 처음 만난 사람
공적신뢰	군, 교육, 언론, 노동조합, 경찰, 국회, 행정기관, 사회보험, 언론, 정당, 기업, 사법기관

자료: 이동원 · 정갑영 외(2009: 129).

사회분열이 심각한 사회에서는 사회적 네트워크를 활성화해도 일반적 신뢰기반이 형성되기 어렵다는 것을 보여주기 때문이다. 더욱이 낵(Knack, 2003)과 잭과 낵(Zak and Knack, 2001) 등의 분석결과는 사회분열이 심각한 사회에서는 단체활동 자체가 사회적 협력을 증진하는 것이 아니라 저해할 수 있다는 점을 밝히고 있으므로, 사회분열이 심각한 사회에서는 일반적 신뢰를 증진하는 과정에서 네트워크보다 법과 공적제도의 확립이 중요하다는 것을 시사한다. 우리 사회와 같이 혈연·학연·지연 등 폐쇄적 네트워크가 발달한 사회에서도 시급한 사회적 신뢰수준 제고과정에서 네트워크 활성화보다는 법과 공적제도에 우선 의존할 필요성이 있을 것으로 보인다. 다만, 나이트(Knight, 2001)의 지적처럼 지나친 법질서 의존은 오히려 신뢰형성을 방해한다는 연구결과도 제시되고 있으므로, 법과 공적제도에 대한 의존과 네트워크 형성 및 활성화를 순차적·단계적으로 적용하는 것도 고려할 수 있을 것으로 판단된다. 일반적 신뢰가 필요한 영역과 그 신뢰의 정도별로 네트워크와 법과 공적제도의 효과성 판별 분석 등이 필요할 것으로 판단된다.

> 우리 사회에서 왜 법질서가 제대로 준수되지 않는가에 대해 여러 주장들이 제기되고 있다. 첫째, 법질서 준수 의식 자체가 미흡하다. 과거 권위주의적인 독재정권들이 정부공권력을 정권연장과 민주화 운동에 대한 탄압수단으로 이용한 결과, 법을 어기는 행동을 정당화하는 관행이 아직 남아 있다. 둘째, 근대적 법체계 도입과정에서 비현실적이고 지키기 어려운 법과 규제가 양산되었다. 권위주의적인 통치목적을 위해 편의상 도입된 법과 규제가 많았다. 셋째, 국가가 법과 규칙을 공정하게 집행한다는 인식이 낮다. 법을 제대로 지키는 사람만 바보가 되거나 손해를 본다는 인식이 확산되었다. 넷째, 그 과정에서 법·제도의 틀을 벗어난 집단행동이나 비공식적 연고를 통해 이해관계를 해결하고자 하는 노력이 확산되게 되고 법·제도 자체가 무력화하게 되었다(이동원·정갑영 외, 2009: 20).

여기서 교통포용지수를 높여 사회적 배제 해소에 기여한 흥미로운 사례 하나를 검토해 보자. 관련 경험은 사회적 관계의 재정립을 통한 선진화 과정으로 볼 수 있다.

교통 불편을 해소하고 주민들의 삶의 질을 높이기 위해 전통적 개발정책 모형에서는 도로확장과 교통수단의 확대보급이 우선 고려될 수 있다. 그런데 훨씬 적은 재원으로 주민들의 실질적인 삶의 질을 높인 사례들이 최근 소개되고 있다. 전남 곡성(谷城)군은 전체 면적(약 547km^2) 중 72%가 산지이다. 2016년 5월 개봉한 영화 '곡성(哭聲)'으로 유명세를 타기 전에는 '물 맑은 섬진강'인 오지(奧地) 마을이다. 대중교통 사정도 열악해서 곡성군 죽곡면 신풍마을 주민들은 마을에서 20여km 떨어진 읍내 시장이나 병원에 다녀오려면 거리요금제에 따라 왕복 버스요금만 8,200원을 내야 했다. 그런데 2016년부터 군청이 예산을 확보해서 버스회사에 손실보전을 함으로써 버스 요금이 거리에 상관없이 편도 1,000원으로 고정되었다. 버스요금 1,000원은 관광객에도 동일하게 적용되면서 2016년 한해 곡성 주민과 관광객 83만 명이 할인요금 혜택을 누렸다. 군의 예산 부담은 2억 1,400만 원에 불과했다. '주민 맞춤형' 교통복지 정책의 성공사례이다(조선일보, 2016.12.30: A14).

3 포용적 성장과 사회적 자본

2017년 1월 '다보스 포럼'은 2030년까지 지속가능발전목표(Sustainable Development Goals)상의 주요 위험인자로 불평등과 양극화 현상을 지적했다(World Economic Forum, 2017: 12–21). 기존의 승자독식의 신자유주의 정책실패를 인지하고, 지속가능 시스템으로서 포용적 성장(inclusive growth)에 주목하고 있는 것이다.

'포용(inclusiveness)'은 성장과정에서 지속적인 경제성장과 사회문제 해결을 동시에 지향하는 것이다. 따라서 모든 경제주체가 성장의 과정에 참여할 뿐만 아니라 그 성과배분에서 기회의 균등이 보장되는 상황을 일컫는다. 차등적 성과배분이 자본주의 시장경제의 핵심적인 토대인 것은 분명하지만, 경쟁의 기회 자체가 균등하지 않으면 차등적 성과배분은 자본주의 시장경제 시스템의 동력원이 아니라 갈등과 파괴의 원천이 될 수 있다고 보는 것이다. 2015년 노벨경제학상 수상자인 앵거스 디턴(A. Deaton) 교수 역시 차등적 성과배분을 통한 경제사회적 격차가 어떤 임계점을 지나면 자본주의 경제시스템 자체를 흔들 수 있는 중요 갈등요인이 될 수 있음을 우려했다.

기회균등에 대한 우리 국민들의 관심이 매우 높아진 것은 최근 우리 사회에서의 금수저·흙수저 논란과 무관하지 않을 것으로 보인다. 문제는 우리 국민들이 '기회의 불평등' 사안에 대해 매우 민감하게 인식하고 있다는 것이다. 국제기구가 내린 포용적 성장의 다양한 정의는 다음과 같다(김수진, 2017: 38 재인용). 세계은행(World Bank, 2009)은 성장의 과정에서 빈곤계층의 시장과 자원에 대한 접근성 향상 및 고용기회 확장을 포용적 성장으로 정의한다. 경제협력개발기구(OECD, 2014)는 세계은행(World Bank)과 동일하게 성장과정에서 빈곤계층에게 균등한 기회와 혜택을 제공하는 것을 추구한다. 하지만, 정책대상이 빈곤계층에 한정되는 것이 아니고 전체 사회 구성원으로 확대된다. 뿐만 아니라, 포용적 성장의 다차원적 문제해결을 위해 포용적 성장과정에서 사회적·경제적·공간적 차원을 함께 고려할 필요가 있음을 강조했다. 아시아개발은행(ADB: Asian Development Bank, 2011)과 유엔개발계획(UNDP: United Nations Development Programme, 2011)은 일종의 양면전략으로 빈곤계층에게는 역량강화(empowerment)를 위한 프로그램 제공을 강조하고, 여타 사회 구성원들에게는 성장과정에서의 참여 보장을 강조했다.

일반적 규범으로서의 포용의 개념은 롤스(Rawls, 1971)의 차등원칙 등에 의거한 사회적 정의, 보편적 복지, 경제민주화, 소득불평등 해소를 통한 기회의 균등화 등을 포괄한다. 따라서 포용적 성장(inclusive growth)이란, 경제적 측면에서는 저소득층에 대한 소득, 고용 등 소득불평등 해소, 사회·복지 측면에서는 의료·교육 등 직·간접적, 물질적·비물질적 혜택의 배분, 공간 측면에서는 공공 서비스, 주거 등 배제와 격차 해소, 정치 측면에서는 참여와 소통이 강화된 거버넌스 구축 등을 의미한다(문정호, 2017: 17).

동일 맥락에서, 경제협력개발기구(OECD, 2014, 2017; 윤성주, 2017: 10 재인용)는 포용적 성장을 저소득층의 생산성 제고를 위한 정책, 규제 및 경쟁을 촉진하는 정책환경 조성, 지역상황을 반영한 정책 등을 지칭하고 있다. 저소득층의 생산성 제고와 함께 기회의 불평등을 완화하는 정책을 강조하고 있는 것이다. 따라서 포용적 성장의 핵심 개념은 다음과 같이 정리할 수 있을 것으로 보인다(윤성주, 2017: 8).

• 포용적 성장에서는 모든 경제주체들에게 경제성장에 기여할 수 있는 기회가 공평하게 부여되어야 한다[기회의 균등(equalizing opportunities)].
• 경제성장으로부터의 물질적·비물질적 혜택이 전 사회 구성원에 걸쳐 공평하게 분배되어야 한다.
• 정부는 시장에 개입하여 소득재분배, 노동시장, 보건의료, 교육, 환경 정책 등을 적절히 설계하여 지속적인 고용창출과 성장이 달성될 수 있도록 지원한다. 성장과실의 공평분배가 새로운 성장 동력으로 이용될 수 있도록 유도하는 역할을 한다.
• 정부는 제도적 지원에도 불구하고 빈곤을 벗어나지 못하는 자들에 대해서는 사회안전망(social safety net) 강화를 통해서 빈곤자들이 인간적 존엄성을 유지하며 살아갈 수 있도록 지원한다.

사회적 자본 이론은 저성장과 양극화의 그림자가 드리우는 현실 문제를 극복하기 위해서는 우리 사회에서 사회적 관계의 재정립이 필요하다는 점을 강조한다. 신뢰증진, 법질서 확립, 열린 네트워크 확대 등을 통해 사회적 관계의 선진화를 이루는 것이 21세기 한국의 새로운 개발정책 모형의 중심이 되어야 한다고 보는 것이다(이동원·정갑영 외, 2009: 193). 그런데 우리 사회와 같이 혈연, 학연, 지연 등의 폐쇄적 연고주의가 발달한 사회에서는 자발적인 네트워크 활동이 신뢰를 제고하는 효과가 미미한 것으로 알려져 있다. 짧은 조각조각 분열되어 신뢰의 반경이 짧은 사회에서는 각종 자발적 결사체의 구성원들이 특정 지역이나 학교 또는 계층에 한정되기 쉽기 때문이다. 폐쇄적 연줄에 토대한 정보네트워크나 자원네트워크는 그 폐쇄적 네트워크에 소속되지 못한 사람은 경쟁에서 소외되는 부작용을 낳게 된다. 따라서 우리 사회에서 자발적 네트워크를 통한 신뢰증진이 가능하기 위해서는 우선 폐쇄적 연고주의나 배타적 집단주의를 먼저 해결할 필요가 있다는 주장이 제기되고 있다(후쿠야마, 1996; 이동원·정갑영 외, 2009: 17).

한국은 대형기업과 고도로 집중화된 산업구조를 가지고 있다는 점에서 일본, 독일, 미국과 유사하다. 그렇지만 한국은 가족구조에 있어서 일본보다는 중국에 훨씬 더 가깝다. 한국에서 가족은 중국에서와 마찬가지로 중요한 위치를 점하고 있으며,

한국의 문화에는 외부인을 가족집단에 끌어들이는 일본식 메커니즘이 전혀 없다. 이렇게 보면 중국의 유형을 따라 한국에서도 소규모 가족기업들이 번창하고, 회사 형태의 큰 기업을 만들기가 어려워야만 한다.

한국경제의 이런 명백한 패러독스(paradox)에 대한 해답은 1960~1970년대에 정부 주도 개발전략으로서 거대 기업군을 의도적으로 육성했으며, 이를 통해 대만의 특징인 중소규모의 기업을 선호하는 문화적 성향을 극복했던 한국정부의 역할이다. 그러나 한국은 대기업과 일본 유형의 재벌(자이바츠)을 키우는 데는 성공했음에도 경영권 승계에서 작업현장의 인간관계에 이르기까지 기업경영의 본질에 있어서 다분히 중국식 난점에 봉착했다. 한국의 사례는 정부가 유능하고 단호한 의지를 가지고 있을 경우 해묵은 문화적 성향을 극복하고 산업구조를 바꿀 수 있다는 것을 보여준다(후쿠야마, 1996: 179).

라 포르타 외(La Porta et al., 1997)는 40개 국가를 대상으로 일반적 신뢰수준(대부분의 사람을 신뢰할 수 있다고 응답한 비율)이 높은 국가일수록 GNP에서 상위 20대 대기업 매출액 비중이 높은 것을 실증적으로 보여주었다. 다만, 한국의 경우 일반적 신뢰수준이 높지 않는 데도 불구하고 대기업의 매출액 비중이 높은데, 이는 대외지향적 경제구조에서 경쟁국인 미국의 다국적 기업들이나 일본의 재벌(系列)과 겨룰 수 있는 시스템을 구축하고자 하는 정부 의지의 반영으로 판단된다(후쿠야마, 1996).

잘못을 저지르기 쉬운 사람들로 이루어진 현실사회에서 다른 사람들의 신뢰를 확보할 수 있는 한 방안으로 법적 질서의 확립이 중요한 것은 분명하다. 그런데 퍼트넘(Putnam, 2009: 220)의 지적처럼, 각자 자기 잔디를 깎을 것인지, 주일학교 간식당번을 어떻게 정할 것인지 같은 가장 단순한 약속을 정하고 실행하는 데도 법률자문과 경찰이 필요하다면, 빈곤자들에 대한 배려나 빈곤자들을 위한 자원봉사를 이행하는 데도 법적 질서 확립이 필요하다면, 결국 거래비용이 상승해 서로에게 많은 도움을 주는 협력행위에서 생기는 이익을 다 갉아먹고 말게 된다. 마피아(Mafia)의 신뢰문제를 연구하는 감베타(Gambetta, 1988: 221)의 지적대로, “신뢰를 유지하는 데 무력사용에 높게 의존하는 사회는 다른 수단으로 신뢰가 유지되는 사회에 비해 비효율적이고 비용도 많이 들고 불쾌하다.”

제 4 절 국외의 경험에서 얻는 교훈

우리 사회의 낮은 신뢰수준이 불필요한 사회적 비용을 발생시키고, 경제효율성을 떨어뜨리고, 각종 사회문제를 야기한다는 주장이 지속적으로 제기되고 있다. 혈연, 학연, 지연 등의 폐쇄적 연고주의로 인한 사회갈등의 심화, 법·제도와 공공부문에 대한 뿌리 깊은 불신 등이 우리 사회 전체의 전향적인 진전에 중대한 걸림돌로 부각되고 있다(이동원·정갑영 외, 2009: 3).

글로벌 경제와 지식기반사회로의 이행과정에서 사회적 자본의 역할이 점점 더 확대되고 있는 것은 분명하다. 따라서 사회적 자본의 형성이 용이한 것은 아니지만, 우리 사회의 취약한 사회적 자본 수준을 감안한 현실적인 정책적 처방이 필요한 것으로 판단된다. 여기서는 사회적 자본 형성 및 확충과정에서 참고할 만한 다양한 국외 경험들을 정리한다. 이어서 제5절에서는 우리 사회의 취약한 사회적 자본 형성 및 확충 과정에서 고려해야 할 점들을 적시한다.

1 불타는 나폴리

사회적 네트워크와 자발적 단체의 활성화, 그리고 일반적 신뢰와 협력의 수준 간에는 정(正)의 관계를 이루고 있는 것으로 알려져 있다. 수평적 네트워크가 잘 발달되어 있을수록 서로 간에 정보유통이 활발하고 상대방에 대한 이해도가 높으며 공동과제에 대한 협력이 용이할 것이기 때문이다(퍼트넘 외, 2000). 세계가치관조사(World Values Survey) 데이터를 이용해서 낵(Knack, 2003)은 교육·예술·문화 단체, 봉사 단체, 청소년 단체, 스포츠·여가 단체 등 비공식적 단체의 가입비중이 높은 국가일수록 일반적 신뢰수준이 높은 것을 발견했다(이동원·정갑영 외, 2009: 110 재인용).

사회적 자본의 형성 관련 연구는 대부분 사회적 상호작용 수준과 법·제도 등 공적제도(formal institution)에 주목하고 있다. 자발적 네트워크 활동 수준이 사회적 자본 형성에 영향을 미치지만, 동시에 국가가 법 · 계약 등 공적제도를 효율적으로 집행함으로써 사회적 자본 형성에 긍정적 영향을 미친다는 것이다. 그렇다면 역으로 어떤 요인에 의해서 자발적 단체 활동이 용이하지 않거나, 또는 공적제도가 미비하거나 유효성이 떨어지게 되면 사회적 자본 형성이 용이하지 않게 되는 것이다. 그런데 공적제도가 미비하거나 유효성이 떨어지게 되면 그 빈 공간을 채우기 위해 중국의 관시(關係)나 남부 이탈리아의 마피아(Mafia) 등이 형성된다는 견해가 있다(Gambetta, 2000).

실제 스페인의 부르봉 왕조는 불신(distrust)을 남부 이탈리아를 지배하는 효과적인 도구로 사용한 것으로 알려져 있다. 특히, 나폴리와 시칠리아 지역의 분쟁과 대립을 효과적으로 사용함으로써 나폴리와 시칠리아 주민들은 법의 공정성에 깊은 불신을 가지게 되었고, 그들은 그들 나름대로 마피아를 정부를 대신해 법과 질서를 유지시킬 기관으로 받아들이게 되었다. 불공정하고 예측하기 어려운 법제도와 처벌체계는 상거래 계약(commercial contract) 자체가 어려울 뿐만 아니라 개인 간 협력 또한 용이하지 않기 때문이다. 이 경우, 힘과 권력이 있는 인물을 중심으로 조직을 형성하고 그 안에서 관계를 돈독히 하는 것이 경쟁에서 살아남고 자신의 사회적 위치를 지키는 방법이 된다(이동원 · 정갑영 외, 2009: 43－52; 퍼트넘 외, 2000: 273－308).

문제는 마피아는 사회에 만연한 불신을 조직 내부의 신뢰를 견고히 하는 데 이용하는 것이기 때문에 진정한 의미의 공공질서를 창출해 내는 것은 아니라는 것이다. 오히려 자신들과 이해관계가 있는 집단만 보호하고 경우에 따라서는 사회에 불신을 조장해서 자신들의 독점적 이익 창출과 보호에 활용함으로써, 사회 전체적으로는 비효율적인 경제 시스템을 만들어 내게 된다(이동원 · 정갑영 외, 2009: 52).

나폴리 주변의 시골 지역은 한때 '펠릭스(felix)'라는 이름으로 알려졌다. 라틴어로 '풍요로움', '행복'을 뜻하는 단어다. 이곳은 이탈리아에서 가장 비옥한 땅이었으며 지금도 그렇다. 하지만, 이 지역의 마피아 조직 카모라(Camorra)가 이 푸르고 비옥한 땅을 차지해 이탈리아 최대의 쓰레기장으로 만들었다. 부유한 북부 지방과 심지어 해외에서 배로 실어 나른 쓰레기가 곳곳에서 불에 탄다. 단테의 『신곡』 중 '지옥' 편을 연상시킨다. 이 지역은 이제 '불의 땅'으로 불리기 시작했다. 하지만, 포르투갈 탐험가 마젤란이 발견한 남미 최남단의 섬 티에라 델 푸에고('불의 땅'이라는 뜻으로 원주민들이 피워놓은 불을 보고 마젤란이 이름을 붙였다고 전해진다)와는 아무 상관이 없다. 이곳의 불길은 지저분하고 냄새가 지독하며 독성이 강하다. 더 많은 유해 폐기물을 들여놓을 자리를 마련하기 위해 불법 쓰레기 더미를 태우는 불길이다. ……

마피아는 이 지역 거의 모든 마을의 쓰레기 처리 컨소시엄에 침투했다. 그들은 쓰레기 처리에 높은 비용을 부과하고 조직에서 다루기 쉬운 근로자들을 고용한다. 이런 식으로 카모라는 합법적인 쓰레기 처리가 제대로 이루어지지 않도록 만든다. 그리고 불만에 찬 이탈리아인들이 카모라의 불법적인 쓰레기 수거와 처리 사업에 의존할 수밖에 없도록 만든다(Marchetti, 2014: 22-23).

실비아 마르세티(Silvia Marchetti) 기자가 '불의 땅'이 되어버린 나폴리 기사에서 강조하는 것은 '쓰레기는 돈'이라는 '환경마피아(eco-Mafia)'에 의해 정상적인 사회질서 메커니즘이 작동하지 않는 비관적인 상황의 존재이다. 상호신뢰와 협력의 부족이 어떤 결과로 귀결될 수 있는지에 대해, 팩덴(A. Pagden)은 18세기 나폴리 경제학자 제노베지(A. Genovesi)의 관찰을 통해 언급한다(퍼트넘 외, 2000: 286 재인용).

(제노베지가) 지적하고 있듯이 신뢰가 부족한 곳에서는 "계약에 대한 확실성이 존재할 수 없고 따라서 법도 힘을 발휘하지 못한다." 그러한 상태에 처한 사회는 실질적으로 "반(半) 야만의 상태로" 회귀하게 될 것이다. …… (제노베지가 살던 나폴리에서는) 채권과 심지어는 돈조차도 위조품이 많았기 때문에 자유롭게 유통되지 못하였다. 나폴리는 제노베지가 묘사하고 있듯이 왼손으로 동시에 돈을 받아야만 오른손으로 물건을 건네주는 야만의 상태에 처해 있었다.

이에 반해, 북부 이탈리아의 경우 사회적 신뢰의 존재로 인하여 다양한 분야에서 협력 메커니즘이 작동하게 되고 경제적 역동성과 정책의 이행성이 나타났다. 다만, 협력을 지속시키는 데 필요한 신뢰가 아무렇게나 형성되는 것은 아니고 타인의 행동양식에 대한 예측을 포함한다(퍼트넘 외, 2000: 287).

> 상대방이 무엇을 할 것이라고 말하기 때문에 당신이 그 사람을 신뢰하는 것이 아니다. 당신이 상대방의 성향과 가능한 선택, 그리고 그 결과, 그의 능력 등을 알고 있어서, 상대방이 당신이 원하는 선택을 할 것이라고 기대하기 때문에 상대방을 신뢰하는 것이다(Dasgupta, 1988: 50－51).

사회적 자본(신뢰, 규범, 네트워크 등)은 자기 강화적(self－reinforcing)이고 축적적(cumulative)이다. 선순환의 경우, 높은 수준의 협력, 신뢰, 호혜성, 시민적 참여와 집단적 복지가 주어지며, 시민적 공동체는 이러한 속성을 가지고 있다. 반면에, 비시민적 공동체에서는 이러한 속성이 나타나지 않는 것 역시 자기 강화적이다. 배반, 불신, 착취, 고립, 무질서, 침체 등이 악순환의 고리를 강화시키는 것이다. 이 경우, 나폴리 등의 남부 이탈리아에서 나타나는 '비도덕적 가족주의(amoral familism)'는 그 사회적 상황에서 살아남을 수 있는 합리적 전략이 될 수 있다. 이러한 악순환적 사회적 균형에 처한 행위자들은 보다 협력적인 선순환적 균형에 비해, 자신들의 처지가 더욱 나빠지고 있다는 것을 지각할 수 있지만, 보다 나은 균형상태에 도달하는 것은 개인의 능력 밖의 일일 수가 있다(퍼트넘 외, 2000: 296－297).

더욱이, 사회적 분열이 심한 사회에서는 자발적 단체 활동이 오히려 일반적 신뢰와 협력에 부정적으로 작용할 수 있다. 자발적 단체 활동이 퍼트넘(R. D. Putnam)이 강조하는 단순한 친목모임이나 문화나 여가활동이 아닌 경우, 그 활동은 대부분 조직 내부 구성원들의 특혜나 지대 추구(rent seeking) 목적으로 표출되기 때문이다.[7] 특히, 우리 사회와 같이 폐쇄적인 혈연, 학연, 지연 등의 연결고리로 다양한 단체 활동이 형성되어 있을 경우 그 단체 활동이 사회적 신뢰를 증진하는 기회가 되는 것이 아니라 사회 전체의 신뢰와 협력에 부정적인 결과를

7) 단체 결성의 목적이 자원봉사나 친목활동 등 모임자체에 있는 경우에는 퍼트넘(R. D. Putnam)의 주장과 같이 멤버들 간의 교류가 호혜성의 규범(norms of reciprocity)의 강화로 나타날 가능성이 높다. 하지만, 올슨(M. L. Olson)이 우려하는 것처럼, 단체결성의 목적이 멤버들의 직·간접적 이해관계 대변을 위해서라면 구성원들 간 신뢰와 상호규범이 그 단체 밖에까지 연결될 가능성이 낮아지게 되고, 단체들끼리 스스로의 이익을 보전하기 위해 여타 집단과 경쟁하게 되는 구도가 형성될 가능성이 높다. 물론 퍼트넘 그룹의 단체와 올슨 그룹의 단체들 사이의 중간 영역(설립 목적과 기능적 측면 등)에 입지하고 있는 단체들도 상당수 존재하게 될 것이다(이동원·정갑영 외, 2009: 53－60).

초래할 가능성이 높다(이동원 · 정갑영 외, 2009: 53–60). 동일 맥락에서, 낵(Knack, 2003)은 소득수준이나 직업, 민족 등의 기준에 의해 연합체가 형성될 경우 사회적 신뢰수준 제고가 아니라 연합체 구성원들끼리의 신뢰와 협력이 증진될 수 있음을 지적하고 있다.

2 협력과정과 정직의 눈

사람에게는 상을 바라는 심리와 벌을 두려워하는 심리가 공존한다고 한다. 따라서 오래전 정치 사상가들은 포상의 공정성과 행형의 엄정성을 국가경영의 요체로 강조했다. 포상의 공정성을 잃어버리게 되면 국가는 국민들의 자원과 능력을 국가경영에 제대로 동원할 수가 없다. 부국강병 노력의 고사로서 흔히 인용되는 '사목지신(徙木之信)'의 일화 역시 국가경영상의 정책 신뢰회복의 중요성을 강조하고 있는 것이다.

> 전국시대 진(秦)나라 효공을 도와 천하통일의 기초를 쌓은 재사인 상앙(商鞅)의 일화 중에 사목지신(徙木之信: 나무를 옮겨 신뢰를 얻는다)이 있다. 당시 진나라에서는 나라의 법령을 백성들이 신뢰하지 않았다. 남문 밖에다가 3장(丈)짜리 막대기를 하나 세워 놓고 이 막대기를 북문으로 옮기면 10금(金)을 준다고 방을 붙였지만 아무도 응하는 사람이 없었다. 여러 번 상금을 올려 나중에는 50금으로 올렸다. 어떤 사람이 힘든 일도 아니고 해서 속는 셈치고 옮겼다. 약속대로 50금을 하사한다. 그 이후로 사람들이 국법을 신뢰하게 되었다(신영복, 2015: 180).

최근 막스플랑크 진화인류학 연구소(MPI–EVA)에서 실시한 침팬지에 대한 흥미로운 한 실험결과를 보면, 침팬지는 상대가 도움이 필요한 경우에서도 잘 돕지 않는다. 상대 침팬지가 도움이 필요하다고 큰 소리로 외치고 강한 몸짓을 할 경우 한참 뒤에 도움을 제공한다. 그런데 다른 침팬지의 도움으로 예컨대, 바나나 다섯 송이를 얻은 침팬지는 도움을 준 침팬지에게 그 바나나 중 한 송이나 두 송이를 건네지 않고 자기 혼자 다 먹어버린다. 그런데 사람의 경우에는 대개 동일 상황이 발생하면 한 송이나 두 송이를 도움을 준 사람에게 건넨다. 인간은 상상력을 가지고 있어서 도움을 준 상대방에게 감사표시를 하는 것이 당연하고, 또 추후 유사상황이 발생했을 경우 다시 도움을 받기 위해서라도 감사표시가 유용하다는 것을 안다. 그래서 협력이 가능하게 된다(KBS 사회적 자본 제작팀, 2011: 259-264).

> 미 애리조나대 심리학자인 알랜 산페이(A. Sanfey) 교수와 엘러 경영대의 행동경제학자인 마틴 듀펜버그(M. Dufwenberg) 교수 공동 연구진은 인간이 다른 사람과 협력할지를 결정할 때의 뇌 상태를 기능성자기공명영상(fMRI)으로 찍었다. 연구진은 30명의 자원자에게 일종의 투자게임을 하도록 했다. 한 사람이 다른 사람을 믿고 돈을 맡긴다. 투자받는 사람은 그에게 더 많은 돈을 돌려 줄 수도 있고, 아니면 입을 싹 닦을 수도 있다. 지금까지는 투자자의 믿음에 부응해 돈을 돌려주는 협력 행위는 뇌의 보상 중추를 작동시킨다고 생각해 왔다. 즉, 협력을 하면 긍정적인 감정이 생긴다는 것이다. 하지만, 이번 실험에서 투자자의 바람에 협력을 한 사람들의 뇌에서는 부정적인 감정을 처리하는 부위가 작동하는 것으로 나타났다. 이를테면 분노와 혐오, 또는 고통이 닥칠 것을 예감하거나 사회에서 따돌림을 받는 경험과 같은 감정이다. 이에 비해 협력하지 않은 사람들의 뇌에서는 보상에 대한 기대감을 나타내는 영역이 작동했다. 연구진은 "인간은 자신의 경제적 이익을 극대화하려고도 하지만, 한편으로는 사회에서 따돌림을 당하는 것도 원하지 않는다"며 "강제조항이 아님에도 팁(tip)을 낼 때는 다른 사람의 기대를 저버려 생기는 죄책감을 느끼지 않기 위해서인 것"이라고 설명했다. …… 작은 집단에서는 협력이 쉽다. "네가 한 만큼 나도 하겠다"는 상호주의가 작동하기 때문이다. 그런데 익명성이 보장되는 큰 집단이라면 어떨까. 미 캘리포니아대(UCLA) 인류학자인 로버트 보이드(R. Boyd) 교수는 2010년 『사이언스(*Science*)』에 발표한 논문에서 "큰 집단에서의 협력은 징벌에 의해 유지된다"고 주장했다(이영완, 2011.5.17).

사람은 누군가 보고 있다고 생각하면 그렇지 않았을 경우에 비해서 보다 더 협력적으로 움직인다. 우선, 논리적으로 A와 B의 거래를 C와 D가 지켜보고 있다고 할 경우, A와 B가 장래에 C 또는 D와 어떤 거래관계가 예상되면 A와 B가 거래관계를 신뢰성있게 진행해 나갈 가능성이 높다는 것은 당연하다. 그것은 경제적 인간(Homo Economicus)의 가정과 잘 부합한다. 지금 당장의 행위가 미래의 이익과 연결되어 있다면, 지금 당장의 행위를 거래 상대방에게 신뢰성 있게 하는 것이 장래에 유리할 것이라는 것은 상상력 발휘를 통해 충분히 예상할 수 있기 때문이다. 그런데 여기서의 '정직의 눈' 논의는 좀 다른 것이다. 영국 뉴캐슬 대학 신경과학 연구팀에서 실제 사람이 아니고 '사람의 눈' 사진을 붙여놔도 무인가게에서 사람들은 보다 신뢰성있게 행위한다는 것이다(KBS 사회적 자본 제작팀, 2017: 91-93). 이와 같은 결과는 죄책감과 징벌이 협력을 이끈다는 연구결과와 배치되는 것은 아니고 보완적인 연구결과로 보인다. 사람들의 협력과 신뢰의 수준이 어떤 경우에 더 높아지는지를 보여주는 것으로 정책적 활용의 여지가 높은 발견이다.

사람이 '나눔의 존재'이자 협력의 당사자가 될 수 있는 것은 인간의 뇌는 생각보다 모르는 사람을 쉽게 신뢰하고 호의에는 호의로 답하고자 하는 성향을 갖고 있기 때문이라는 연구결과들 또한 최근 다수 발표되고 있다. 반복적인 신뢰게임의 결과나 독일 막스플랑크 진화인류학 연구소(MPI-EVA)에서의 어린아이들의 행동연구결과들은 인간이 순전히 이기적인 존재도 아니고, 호모 이코노미쿠스적인 행태로만 설명할 수 없는 존재임을 되풀이해서 보여주고 있다. 오히려 아직 사회화되지 않은 18개월 유아를 대상으로 글을 쓰다 바닥에 떨어뜨린 펜 실험을 한 토마셀로(M. Tomasello) 박사의 연구결과[『*Why We Cooperate*』(2009)]에 따르면 협력이 사람의 본성이라고까지 볼 수 있다.

> 성장과정 초기에 무차별적으로 나타나던 이타성이 사회화를 거치면서 점점 상대에 따라 차별적으로 나타나는 상호성의 형태를 띠게 되며, 이 과정을 통해 아이들은 사회적 규범을 내재화하기 시작한다(KBS 사회적 자본 제작팀, 2011: 263 재인용).

3 터키 알라니아 어장

자원의 경제성을 장기적으로 보장하기 위해 천연자원 사용을 어떻게 제한할 것인가에 대해 중앙정부 규제, 사유화, 관련 당사자 자기규제 등이 제시되고 있다. '공유(共有)의 문제'를 다루는 영향력 있는 기존 논의 세 가지는 하딘(Hardin, 1968)의 공유재의 비극(the tragedy of the commons) 논의, 죄수의 딜레마 게임 논의, 올슨(Olson, 1965)의 집합적 행동의 논리(the logic of collective action) 등이다. 문제는 위의 세 논의 모두 '자신들의 자원을 무자비하게 파괴해가는 과정'에 갇혀 있는 한심한 개인들에 대한 비관적 현실인식이다(오스트롬, 2010: 21-33).

여기서는 공유자원 문제에서 중앙집권화나 사유화와는 다른 대안이 될 수 있는 자치적 공유재 관리제도의 경험으로 터키 알라니아 어장에 대한 오스트롬(Ostrom, 2010: 49-54)의 사례연구를 정리한다. 알라니아 근해의 어장은 영세어장으로 1백여 명 어민들이 여러 종류의 어망을 사용하면서 개인별로 두세 척의 어선을 가지고 고기를 잡는다. 어민의 절반은 지역 생산자 조합에 소속되어 있다. 1970년대 초반만 하더라도 알라니아 어장은 무절제한 이용으로 어민들 사이에 적대감, 때때로 폭력적 갈등이 생겨났고, 보다 좋은 조업지점을 차지하기 위한 경쟁 때문에 조업 비용 증대와 함께 잠재적 어획량에 대한 불확실성 수준이 매우 높았다. 1970년대 초반 알라니아 지역 조합원들은 현지 어민들에게 조업구역을 배정하는 새로운 운영체제를 실험하기 시작했다. 10년이 넘는 시행착오 끝에 알라니아 근해 어민들은 나름대로의 규칙을 만들고 이용할 수 있게 되었다(Berkes, 1986: 73-74).

이 시스템은 우선 가장 좋은 위치에서 고기잡이 할 수 있는 기회를 각 어선에 동등하게 부여한다. 이 시스템은 조업위치 간의 간격을 충분히 설정하여 각 조업위치에서의 산출량을 최적화한다. 또한 이 시스템은 좋은 조업위치를 물색하고 차지하기 위한 싸움이나 감시에 자원이 낭비되지 않는다. 과잉조업의 징후는 발견되지 않았다. 조업위치를 적은 목록은 각 어민의 확인을 거쳐, 한 해 동안 시장이나 지역경찰이 보관한다. 조업구역은 윤번제이므로 시스템의 원활한 작동 및 운영을 위한 감시 및 집행은 어민들 자신들에 의해 이루어진다. 조업위치가 좋은 어부는 특별한 사정이 없는 한 동이 트자마자 좋은 위치에서 조업하고자 할 것이므로 규칙을 위반하는 어부는 당연히 발각되게 되어 있다. 해당 어부와 관련 어부 모두가 부당하게 권리가 침해되는 어부를 지지할 것이므로 규칙위반 문제가 소소하게 발생한다 하더라도 어부들의 동네 찻집 모임에서 통제가 이루어진다.

알라니아 어민들이 발전시킨 시스템은 사적 소유권 시스템도 아니고 중앙집권화 시스템도 아니다. 국가의 법이 지역조합에 지역문제를 다룰 관할권을 부여하고, 조합간부들은 이 법령을 근거로 어민들이 자체적인 규칙을 만드는 과정에서 조력자 역할을 정당화할 수 있다. 만약에, 중앙정부의 관리들이 관련 규칙을 만들고자 했다면 정교한 규칙체계를 만들어 내기가 용이하지 않았을 것이다. 광범위한 현장 경험없이 상세한 구역도를 작성하기가 사실상 불가능하기 때문이다. 알라니아는 참여 구성 어민 스스로에 의해 규칙이 고안되고 수정되었을 뿐만 아니라, 규칙의 원활한 이행을 위한 감시 및 집행 역시 그들 스스로가 맡아서 하는 자치적 공유재 관리제도의 좋은 예를 보여준 것이다.

알라니아 어장 관리경험은 다수의 사람들이 한정된 자원을 사용할 때 직면하는 공유(共有)의 문제로부터 헤어날 길이 없다는 주장과 상반된 이론적·경험적 대안을 제시한다. 그렇다면, 공유의 딜레마 족쇄를 풀어 헤친 사람들과 그렇지 못한 사람들 간에 어떤 차이가 있는지가 중요하다. 이러한 차이의 원인에 대해서 오스트롬(Ostrom, 2010: 53−54)은 집단 내재적 요인과 집단 외재적 요인으로 나누어 설명한다. 집단 내재적 요인으로서는 우선 참여 구성원들 간 의사소통 역량이 결여 내지 미흡할 수 있다. 서로 신뢰감을 쌓아갈 방도가 마땅치 않거나 공동의 미래를 개척할 의식이 결여될 수도 있다. 반면에, 현재의 상황으로부터 이익을 얻고 있는 기득권자들이 게임의 규칙을 변화시키고자 하는 상대적 약자들의 시도를 방해했기 때문일 수도 있다. 물론 이런 경우 상대적 약자 그룹들이 현실적인 논리나 틀을 깨고 나아가기 위해서는 외부의 도움이 필요할 수 있다. 집단 외재적 요인으로서는 우선 참여 구성원들이 제도적 구조를 변화시킬 수 있는 자율권을 결여하고 있는 상태에서 외재적 권위에 의해 건설적 변화의 시도 자체가 봉쇄될 수 있다. 이때 외부의 권위체는 공유재의 딜레마에 기인하는 문제점에 무관심하거나 심지어 이로부터 이익을 취하고 있는지도 모른다. 또는 외생적 변화의 급속한 흐름에 휩쓸려서, 당사자들이 상황을 개선하기 위한 구조 조정을 시도하기 위한 충분한 시간적 여유를 가지고 있지 못할 수도 있다. 또 어떤 집단들은 중앙정부의 정책으로 인한 잘못된 인센티브 시스템 때문에 어려움을 겪을 수도 있다.

4 공유경제

최근 공유(共有)경제(sharing economy)가 새롭게 주목받고 있다. 공유경제는 공유(共有)라는 단어에서 특정 자산을 함께 나누어 쓰는 것을, 경제(經濟)라는 단어에서 대가를 지불하고 이용하는 것을 함축하고 있다. 특정 자산을 함께 나누어 쓰는 공유관계에서 과거에는 그 관계가 주로 A와 B의 공유관계, 즉 공급자와 수요자 간에 직선적인 관계였다. 또는 중간에 거래를 매개하는 중개자(C)가 있다면, 공급자(A)와 수요자(B), 그리고 중개자(C)가 존재하는 삼각형 구도(A－C－B)가 거의 대부분이었다. 그런데 현재와 미래의 공유관계는 대개 무수히 많은 공급자(A_1, A_2, A_3, … A_n)와 무수히 많은 수요자(B_1, B_2, B_3, … B_n)의 낱낱의 선호를 특정 중개자(platform)가 연결시켜주는 새로운 형태로 나타날 것이다. 가운데가 오목하게 붙은 유리관처럼 유리관의 한쪽 끝에는 엄청난 수의 수요자가 존재하고 있고, 반대쪽 끝에는 엄청난 수의 공급자가 존재하고 있는데, 그 가운데 점에 해당하는 중개자를 통해서 그 엄청난 수의 수요자와 공급자의 선호가 반영되고 맺어지는 기회가 주어지는 형태이다. 여유 자산이 있는 공급자의 존재, 그 여유 자산을 필요로 하는 수요자의 존재, 여유 자산을 매개로 공급자와 수요자를 연결해주는 중개플랫폼의 존재가 현대 공유경제의 핵심적인 구성요소이다.

과거에도 자신이 쓰고 남는 자산을 다른 사람과 나누어 쓰고 그 관리비나 생산비의 부담을 덜거나 또는 수익을 창출하는 경우가 흔히 있었다. 자신이 사용하지 않는 방을 부동산을 통해 세를 놓거나 자신이 직접 경작하기 곤란한 토지를 이웃에게 빌려주고, 수확기에 수확물의 일부를 받는 경우는 공유경제에 해당한다. 그런데 왜 새삼스럽게 우리는 최근 공유경제에 이렇게 주목하게 된 것일까? 무엇보다도 기술적인 측면에서 공유경제의 보편대규모화가 가능해 졌기 때문이다. 그 외, 경제적인 측면과 문화적인 측면에서도 공유경제에 대한 일반적 수용성이 높아졌기 때문이다.

"반짝이는 아이디어는 다이아몬드 보다 더 가치가 있다"는 것을 가장 극명하게 보여주는 새로운 기업으로 에어비앤비와 우버가 있다. 에어비앤비(AirBnB)는 숙박시설을 하나도 소유하지 않고도 남의 빈집이나 남는 방을 고객에게 연결해

주는 방식으로 현재 기업 가치가 300억 달러에 달해 글로벌 호텔체인인 힐튼을 추월했다. 우버(UBER) 역시 남의 유휴 차량과 여유 시간을 잠재 고객에게 연결해주는 중개서비스로 현재 기업 가치가 800억 달러에 달해 유서 깊은 자동차 회사인 제너럴모터스(GM)를 넘어섰다(김민정 · 이화령, 2017.1.23: B11).

에어비앤비의 기업 가치를 7년 만에 255억 달러로 키운 네이선 블레차르지크(Nathan Blecharczyk), 에어비앤비 공동설립자겸 최고기술책임자(CTO)는 "모르는 사람은 아직 만나지 않은 친구"로 규정한다. 에어 베드(Air Bed)와 아침 식사(Breakfast)를 합쳐 에어비앤비(AirBnB)로 사명을 정하고 투자자를 찾아간 그에게 현실의 벽이 높았음을 다음과 같이 술회했다. "저희 사업안을 듣고 창업 멘토가 처음 한 말은 말도 안 된다는 뉘앙스였습니다. '설마 그게 다는 아니겠지요? 다음 아이디어를 들어보고 싶군요.' 우리가 만난 전문가, 투자자, 업계 관계자 모두 빈 방 공유 사업을 '정신 나간 일'이라고 평가했습니다." 창업 컨설턴트들은 숙박공유 사업의 가능성을 읽지 못했다. 상담에 나선 사람들은 '모르는 사람을 옆방에 재우고 마음이 편할 것 같은가', '안전을 어떻게 보장할 것인가', '범죄에 악용될 수 있다' 등의 이유를 들어 반대했다. 그런데 2009년과 함께 시장이 변했다. 경기침체로 생활고에 몰린 사람들이 에어비앤비 호스트로 나서고 이용자들도 늘었다. 이들의 입소문과 추천이 사업에 긍정적인 영향을 미치기 시작했다(조용탁, 2015.11.30: 48−50).

> 유투브, 구글, 아마존, 페이스북, 알리바바를 비롯해 요즘 잘 나간다는 기업 상당수는 플랫폼 비즈니스로 매출을 거두고 있다. 시장조사업체 애플리코는 2040년엔 S&P 500 기업 매출 절반이 플랫폼 비즈니스에서 나올 거라 추산한다. 국내에서도 플랫폼 기업은 눈에 띄는 성장세를 보이고 있다. 카카오와 네이버 등이 이를 증명한다. 지난 2012년 4,534억 원이었던 카카오 매출은 지난해(2016년) 1조 4,642억 원까지 성장했다. 시가총액도 약 9조 5,000억 원에 달한다. 네이버 역시 같은 기간 매출이 1조 7,987억 원에서 4조 226억 원으로 뛰었으며, 시가총액은 25조 원이 넘는다(김병수 · 김기진, 2017: 54).

에어비앤비와 우버는 기본적으로 "사회의 여유자산을 필요한 사람에게 연결해주는 서비스 기업"이다.[8] 기존의 비즈니스 시스템이 간과하고 있었던 A의 여유자산을 필요로 하는 B에게 기존의 비즈니스 시스템보다 저렴하고 효율적으로 연결해주는 것이다. 여기서 A는 그 나름의 수익을 얻고 B는 보다 효율적인 서비스를 얻게 되며, 중개자인 C 역시 그 나름의 수익을 확보하게 되는 구조이다. 이와 같은 새로운 거래 시스템을 함께 나누어 쓰는 과정에서 이익을 창출한다는 측면에서 공유(共有)경제(sharing economy)라 부르고, 그 과정에서 거래를 복합적으로 중개해준다는 측면에서 에어비앤비와 우버 같은 중개업체를 플랫폼(platform)의 형태로 규정한다. 따라서 사용하지 않는 자산을 나누어 쓴다 하더라도 전혀 수익을 창출하지 않는 무료 서비스, 무료 대여 형태는 여기서 말하는 공유경제가 아니다. 출장 중에 친구 집에서 무료로 기거하는 것은 자신의 사회적 자본을 활용하는 것이지 여기서의 공유경제의 형태는 아니다.

공유경제는 사회적으로 유휴자산을 활용한다는 측면에서 공익성이 있다. 뿐만 아니라, 공유경제 참여자들(제공자, 사용자, 중개자)은 나름대로 수익 내지 효용을 얻는다. 인터넷 서비스의 비약적인 발전으로 글로벌한 차원에서 제공자-중개자-사용자의 거래 시스템이 신속·정확·저렴하게 작동하면서, 맞춤형 서비스 내지 특이 서비스 연결이 가능해 졌다. 그런데 공유경제 시스템 역시 그림자가 있다. 호텔의 경우 서비스가 사실상 표준화되어 있어 소비자들은 이용 전에도 대략적인 효용성을 미리 짐작할 수 있다. 하지만, 개인의 여유 공간은 각각 천차만별일 수 있고, 특히 서비스의 안전성 측면에서는 보장하기가 쉽지 않다. 스페인 마드리드에서 에어비앤비 숙소를 이용하다가 집주인에게 성폭행을 당했다는 사례보고는 문제점이 무엇인지를 분명하게 보여준다. 집주인 역시 이용객들이 집을 엉망으로 만들 수 있다는 의구심을 가질 수 있다. 정작 보수문제가 발생했을 시 보수비용을 어떻게 확보할 수 있을지도 여의치 않다. 그 외, 숙소나 차량의 경우 기존 업자들이 당연히 존재하고 있는데 그들은 불공정 경쟁의 우려를 제기할 수 있다. 규제의 수준이 다르고 세금 납부 등에서 기존 업자들은 불리하다고 항변할 수 있기 때문이다. 새로운 제도의 채택 및 수용과정에서 공익증진과

---

8) 여기서의 자산은 숙소나 차량 등 물질적인 자산에 한정될 필요는 없다. 유휴(遊休)한 상태로 존재하고, 대가를 치르고 이용하고자 하는 수요자가 있고, 그 자산을 제공자와 사용자에게 연결해줄 실체만 있다면 재능일 수도 있고, 금융일 수도 있고, 토지나 공간일 수도 있다.

함께 사익의 부당한 침해가 발생하지 않도록 제도의 설계 면에서 세심한 주의가 필요한 것이다(김민정 · 이화령, 2017.1.23: B11).

표 10-1 공유경제의 주요 분야

	숙 박	차 량	금 융	공 간	재 능
공유자산	빈집 남는 집	유휴 차량 여유 시간	여유자금	유휴 공간 유휴 매장	여유 시간 노동력 지적자산
대표 플랫폼	AirBnB Onefinestay 코자자 비앤비히어로	Uber Turo GetAround 티클 쏘카 그린카	Lending Club Zopa Kickstarter 와디즈 팝펀딩 8퍼센트 테라펀딩	LiquidSpace Peerspace 엔스페이스 마이샵온샵 공유독서실 모두의 주차장	TaskRabbit Upwork 위즈돔

자료: 허정연(2015: 41); 김민정 · 이화령(2017.1.23: B11).

공유경제와 지역사회가 공유자산을 활용하는 것은 다르다. 공유경제는 여유자산이 있는 공급자(제공자), 그 여유자산을 필요로 하는 수요자(사용자), 그 여유자산을 매개로 공급자와 수요자를 연결하는 중개플랫폼(중개자)의 존재가 핵심적인 구성요소이다. 지역사회가 공유자산을 활용하는 것은 '공유(共有)의 문제'가 있는 공유자원(common-property resources)의 경제성을 장기적으로 보장하기 위해 중앙정부 규제나 사유화가 아닌 관련 당사자 자기규제 방식 등에 의존하는 것이다. 스위스 퇴르벨(Törbel) 마을 등이 좋은 사례가 된다. 해발 3,000m 지점의 작은 스위스 마을 퇴르벨(Törbel)은 15세기 무렵부터 마을 공동 목초지를 운영해 왔다. 마을 인구는 대략 520명 정도이며 마을은 길 하나를 두고 위아래로 나뉘어져 있다. 길 위쪽인 마을 전체 면적의 절반 정도가 모두 마을 공유지다. 공유지는 모두 모스 알펜, 베픽 알펜, 스퇴르베델르 등의 3개의 공유지로 구성되어 있다. 모스 알펜에는 약 130여 마리, 베픽 알펜에는 약 100마리의 소가 있고, 스퇴르베델르에는 약 350마리의 양들이 있다.

여기는 1517년에 작성된 퇴르벨 마을의 공유지 관리문서가 있으며, 그 내용은 현재의 규정과 거의 유사하다. 규정에는 "여름철 초지에 내보낼 수 있는 소의 수는 겨울철에 자신이 사육할 수 있는 소의 수 만큼만 허용된다"는 등의 공유지를 이용할 수 있는 가축 수, 풀을 뜯을 수 있는 범위, 가축이 산에 올라오고 내려가야 하는 시기, 목초지 청소와 우물 관리에 대한 조항 등도 있다. 수백 년의 사용기간 동안 규약의 세부 조항은 조금씩 수정되었지만 수정되기 위해서는 일일이 주민들의 승낙을 받아야만 한다. 규약의 준수와 목초지 관리 등을 위해 목초지 위원회가 있으며 가축 소유주들이 돌아가며 위원회를 맡는다. 1년에 한번 소를 알프스 산으로 데리고 올라가는 날에는 마을 축제가 성대하게 열린다. 소싸움 등 빅 이벤트로 외부 관광객 등을 포함하여 매년 3~4천 명의 관객들이 모인다. 목초지의 관리가 주민 전체의 이해관계와 직결되어 있기 때문에 가축 수는 너무 많지도 적지도 않게 수백 년 동안 성공적으로 관리되어 왔다(KBS 사회적 자본 제작팀, 2011: 276－280).

제5절 한국의 사회적 자본 확충을 위한 3대 방향

니체(F. W. Nietzsche)는 『우상의 황혼(*The Twilight of Idols*)』에서 인간은 보는 것을 배워야 하고, 생각하는 것을 배워야 하며, 말하고 쓰는 것을 배워야 한다고 했다. 보는 것을 배운다는 것은 정신성을 갖추기 위한 최초의 예비 교육이며, 깊고 사색적인 주의의 능력을 갖출 수 있게 한다. 특정 자극이나 충동에 즉각 반응하고 그대로 따르는 것을 일종의 병이자 몰락 내지 탈진으로 규정한 니체는 볼 줄 알고 생각할 줄 아는 삶, 즉 사색적 삶의 부활을 강조한 것이다(한병철, 2012: 47－54 재인용). 기계적인 어리석음이 아니라 중단하고 돌아보는 능력에 의하여, 기존 상황을 중단시키고 새로운 상황이 시작될 수 있다는 것이다. 우리 사회에서 사회적 자본의 확충이 필요하다는 점에 대해서는 크게 의문이 없다. 하지만, 사회적 자본의 확충이 어떻게 진전되어 나가야 할 것인가에 대해서는 통일된 의견이 정리되어 있지 못하다. 기존 상황에 대한 깊이 있는 반성 내지 현재에 대한 총체적인 의문제기로써 변화를 유도해 가야 할 것이다.

삼성경제연구소(이동원 · 정갑영 외, 2009: 219–236)에서는 우리 사회의 사회적 자본 확충과정에서 법질서 준수 인센티브 증진, 비현실적인 법과 규제의 정비, 공정하고 효율적인 법집행, 시민 · 리더십 교육, 열린 네트워크를 향한 노력, 합리적 소통으로 사회갈등 해결, 공동체 의식 함양 등의 7개 사항을 강조하고 있다. 현대경제연구소(2014)에서는 우리 사회의 사회적 자본 확충과정에서 무엇보다도 공동체 의식 회복의 중요성을 강조하고 있다. 우리나라의 경우 사회적 자본 구성요소 중 공동체 내의 타인에 대한 신뢰, 배려 등이 특히 낮게 나타나고 있고, 휴지 줍기 등 기본적인 질서의식의 결여도 공동체 의식의 회복을 통해 가능할 것이라고 인식하고 있기 때문이다. 여기서는 법과 공적제도에 초점을 맞추고 사회적 상호작용의 여건 조성을 중시하는 접근방식으로 크게 공적신뢰의 회복, 열린 네트워크로의 이행, 공동체 정신의 함양 등을 제시하고 검토하고자 한다.

1 공적신뢰의 회복

사회변화는 '거대 담론'보다는 생활환경 속에서의 '작은 변화'에서 시작될 수 있다. 결과로서의 큰 변화에 얽매이지 말고 작고 소소한 '작은 단초'를 제어함으로써 자연스럽게 큰 변화를 일구어 낼 수 있다는 논지다. 1993년 뉴욕시 시장에 당선된 검사출신 줄리아니(R. Giuliani)는 '깨진 유리창(Broken Windows)' 이론을 응용해서 당선 직후 사실 경범죄 형태인 지하철 무임승차, 노상 방뇨, 불법 주정차, 공공장소 음주 등을 강력히 단속한 후 뉴욕시 전체 범죄율이 지속적으로 하락하고 중산층 교외화(suburbanization)의 부작용에 시달리던 뉴욕시를 되살리는데 결정적으로 기여하게 된다. 경범죄를 방치하지 않음으로써 중범죄율도 떨어뜨리고 교외거주 중산층의 역(逆)교외화 효과를 발생시킨 것이다.

파리시가 담배꽁초 투기, 개똥 방치, 노상방뇨 등 파리 거리의 고질적 문제를 바로잡기 위해 2016년 9월 12일부터 DPSP라는 이름의 '무례단속반'을 배치했다. 파리방문객들의 눈살을 찌푸리게 하는 반(反)사회적 · 반문화적 행위를 시 차원에서 적극

> 단속한다는 것이다. 프랑스 경제지 <레제코(*Le Echo*)>는 "파리시 환경 미화원이 1년 간 길에서 수거하는 담배꽁초는 약 350톤에 달한다"고 밝혔다.
>
> 이번에 활동을 시작한 파리시 무례단속반 요원 1,900명은 경찰봉과 최루가스 스프레이를 갖춘 채 시내 곳곳을 돌아다니며 담배꽁초 투기, 노상방뇨, 개똥 방치, 소란행위 등을 단속한다. 기존에 있던 1,000여 명 규모의 예방·보호대를 두 배 가까운 규모로 확대한 것이다. 또 야간과 주말에는 320명의 신속대응팀 요원이 활동한다. 이를 위해 파리시는 연간 1,000만 유로(약 123억 원)의 예산을 투입하기로 했다. 단속요원 숫자가 부족하다는 지적에 따라 인원을 추가로 늘리는 방안도 검토하기로 했다. 무례단속반 활동 소식은 즉각 효과를 내고 있다. 쓰레기통에 담배꽁초를 버리는 흡연인구가 늘고 있는 것이다. 시민 루이베(37) 씨는 "잘못하면 과태료 68유로(약 8만 4,000원)를 내야 한다"며 "습관처럼 담배꽁초를 버리지 않도록 신경을 쓰고 있다"고 말했다. 대학생 모비(22) 씨도 "아름답고 깨끗한 도시를 만들자는 취지에 동감한다"며 "길에 쓰레기를 버리지 않을 것"이라고 했다. 물론 무례단속반이 파리의 자유로운 분위기를 해친다는 반대 목소리 또한 만만치 않다(최연진, 2016.9.24: A14).

교통신호위반이나 무단횡단, 광고지 무단살포, 쓰레기 불법투기 등 생활 속의 법질서 무시 내지 위반행위는 '법을 지키는 사람만 바보'로 만들고 관련 위반 행위를 보다 광범위하게 확산시킬 수 있다. 소소한 생활 질서 위반자들은 '뭐, 이만 일로 처벌'이냐 식으로 불만을 표출할 수 있지만, 그 위반행위를 묵인 내지 방치하면 그 위반행위가 그 자체로 끝나는 것이 아니고 확산되고 심지어 새로운 위반행위를 만들어 낼 수 있다는 것이 '깨진 유리창' 이론의 요점이다. 관련 내용에 대한 실험적 입증결과들 역시 최근 행동경제학자들을 중심으로 다수 나오고 있다. 그런데 그와 같은 처벌 내지 단속이 일회성이나 이벤트성으로 진행될 경우 오히려 공적신뢰 회복에 장애가 될 수 있음도 제기되고 있다.

2014년 기준 서울시민의 공공기관에 대한 신뢰도의 평균값은 10점 만점에 5.08점으로 가족에 대한 평균 신뢰도 8.90점에 비해 3.72점, 이웃에 대한 평균 신뢰도 5.54점에 비해 0.46점 더 낮게 나타났다. 공공기관을 신뢰하는 응답비율은 32.8%, 불신과 보통의 비율이 각각 28.5%, 38.7%였다. 연령별 추이는 10대에서 30대까지는 공공기관에 대한 신뢰도가 떨어지다 40대부터 반등하여 60대 이상에서 가장 높게 나타났다. 학력별로는 중학교 이하를 정점으로 대졸 이하까지 공공기관에 대한 신뢰도가 계속 낮아지다가 대학원 이상에서 다시 반등하는 모습을 보여주었다(서울연구원, 2016: 106－107).

현대경제연구원(2014)의 최근 조사자료에 의하면, 우리나라 국민들은 사적인 친목단체 참여수준은 낮은 편은 아니지만, 공적 공동체 내지 준공적 공동체 참여수준은 매우 낮은 것으로 보인다. 자발적으로 참여하는 모임이나 참여단체에 대한 조사결과를 보면, 동창회나 향우회 같은 학연 · 지연 단체 참여율은 34.1%, 운동이나 취미 등 친목 공동체는 32.1%인데 반해, 정당 등 정치단체 참여율은 1.6%, 시민단체 참여율은 2.4%에 불과하다. 결과적으로, 공적 내지 준공적 공동체의 참여율 확대나 활성화를 통한 공적신뢰 회복은 상당한 시간이 필요할 것임을 쉽게 알 수 있다. 오히려 법적 규제나 외적 통제장치의 강화 등을 통한 공적신뢰 회복방안이 현실적으로 보다 가능한 방안임을 짐작할 수 있다. 그런데 우리 국민들은 타인의 어려움에는 무심하더라도 국가적 위기 상황에는 적극적으로 참여할 의향을 보여주고 있다. 우리 국민 10명 중 7명 정도는 우리나라 사람들이 타인의 어려움에 돕고자하는 참여수준이 낮다고 인식하고 있었지만, IMF 관리체제와 같은 국가적 위기상황에 직면하게 되면 국가를 위해 행동으로 참여하고자 하는 생각이 많다고 응답한 경우가 58.3%로 적은 편이라는 의견인 41.7%보다 상당히 높게 나타났다.

법집행 과정에서의 공정성 측면도 우리 사회에서의 법 질서 준수에 적지 않은 영향을 미치는 것으로 알려져 있다. '유전무죄 무전유죄(有錢無罪 無錢有罪)'라는 냉소적 어휘가 돌아다니는 것은 우리 사법제도에서의 종합적이고 객관적인 양형 기준의 결여, 전관예우 등 불법적인 관행에 기인하는바 적지 않다. 이주형(2007)의 연구에 따르면, 우리 양형제는 판사의 재량이 높음에 따라 유사 범죄라도 재판부에 따라 양형 차이가 심하게 나타날 수 있고 불공정성 시비가 언제라도 나타날 수 있다. 민주화 투쟁의 문화적 유산도 있겠지만 경찰공권력 경시현상 또한 우려할 수준이다. 심지어 음주 측정 거부 및 도주, 주취자 행패, 경찰관 폭행 및 경찰기물 파손 등도 나타나고 있다(이효민 · 최영록, 2008; 이동원 · 정갑영 외, 2009: 224－227 재인용). 사회 각 부문에서 공권력 존중의 규범이 정착될 수 있도록 노력해가야 함을 알 수 있다. 우리 사회에 이중 잣대가 있다는 비판이 있다. 자신이나 나에 가까운 사람에 대한 평가는 후한 반면 내가 모르는 남에 대한 평가는 박한, 서로서로 남 탓하면서 법 질서를 지키지 않는 나쁜 균형(bad equilibrium)의 딜레마 상태에 있는 것이다.

현실과 동떨어진 법적 규제는 역설적으로 범법의식을 양산하는 것으로 알려져 있다. 도로교통법이나 세법, 각종 사업의 인·허가를 둘러싼 법적 규제가 지나쳐서 현실에서 법과 규정을 모두 지키면서 살아가는 것이 거의 불가능할 뿐만 아니라 위반자를 색출해서 단속하는 것도 용이하지 않다. 오죽하면 지하철이나 철도 사업장에서 '준법투쟁'이 노동운동의 수단으로 활용되는지에 대해서 되돌아볼 필요가 있다. 결국 일관성 없는 일회성 단속 형태로 나타나고, 현실에서 관련 법적 규정을 지키기 어려운 사람들은 뇌물이나 청탁 등 부정적인 방법을 동원해서 자신의 목표를 달성하고자 하게 된다는 것이다. 편법적인 수단을 동원하는 것이 규정을 제대로 지켜가는 것보다 훨씬 수월한 상황은 나쁜 균형의 딜레마를 고착시키는 것이다. 반드시 지켜야 할 규제 위주로 규제 리스트를 정리하고, 일단 규제 대상이 되면 관련 행위를 엄격하게 제재하는 관행을 정착시켜 가야 한다(이동원·정갑영 외, 2009: 208−223). 그런 과정을 통해서 공적기관의 신뢰도가 높아지고 공공부문의 부패 수준을 줄이며 국민과 기업의 일상적인 규범 준수 수준을 제고하는 것이다.

무인 농산물 판매 스토리나 무인 커피나 스낵류 판매 성공 스토리들이 이미 다수 있다. 관련 성공사례들을 매스미디어들이 적절하게 홍보하면 유소년이나 청소년들의 규범 준수율을 높이고, 이는 다시 성인들에게도 파급될 수 있을 것으로 판단된다. 거리의 청결이나 치안문제 해결과정에서 공공기관이 주민이나 시민단체의 자원봉사 활동을 적절하게 활용하는 것 역시 다양한 긍정적 효과를 발생시킬 수 있을 것으로 기대된다. 종합적이고 객관적인 양형 제도의 정비, 전관예우 등 부패관행이 뿌리를 내릴 수 없도록 제도적 장치와 문화적 규범의 정착이 필요하다. 이런 과정을 통하여 사회적 자본이 확충되는 것이다.

2 열린 네트워크로의 이행

인간의 인식과 행태 변화는 어려운 것으로 알려져 있다. 신영복은 '완고한 것'이라는 표현을 통해서 인식과 행태 변화의 어려움을 지적한바 있다. 그럼에도 불구하고, 어린 시절의 교육은 인식과 행태 변화의 가능성을 제고하는 것으로 알려져 있다. 남과의 약속을 잘 지키고 생활예절을 준수하여 서로 믿고 행동하는 공동체 문화를 형성하는 것은 그저 그렇게 얻어지는 것은 아니라는 것이다.

미국의 경우, 산업화와 도시화의 부작용으로 일컬어지는 빈부격차, 범죄, 부패 등의 사회문제가 19세기 후반에서 20세기 초반 인종 갈등 문제와 함께 엮여서 심각하게 제기되자 다양한 형태의 혁신운동(The Progressive Movement)이 도시계획 및 개발과정에서 강조되었다. 그 중, 퍼트넘(Putnam, 2009) 등이 강조한 인보관 운동(Settlement Movement)의 과정과 결과는 대단히 흥미롭다. 원래 인보관 운동은 혁신운동의 일환으로 중산층 자제들이 도시빈민인 이민자들에게 영어와 기본적인 시민교육을 제공하는 것이었다. 그런데 점차 활동영역이 이슈 토론, 직업 교육, 위생, 보육 등의 서비스로 확대된다. 인보관 운동은 1889년 시카고의 헐하우스(Hull House)를 시작으로 1910년에는 전국 400여 개 인보관이 설치될 정도로 유행하면서 가난한 이민자들의 삶의 질을 향상시키고 사회갈등 해소에 기여하게 된다. 그런데 아이러니컬하게 인보관 운동의 진정한 수혜자는 가난한 도시빈민층이 아니라 그 당시 그 봉사활동에 참여한 젊은이라는 점이 지적되고 있다. 인보관에서 봉사활동을 한 젊은이들 중 상당수가 이후 미국의 정치·경제·사회 등 각 영역에서 주목받는 리더로 성장한 것이다. 그와 같은 봉사활동에 자발적으로 참여하는 젊은이들이 원래 높은 이상과 실천 의지를 가지고 있었을 수도 있지만, 높은 이상과 현실을 봉사활동을 통해 결합하고 키워간 것은 분명한 것으로 보인다(이동원·정갑영 외, 2009: 227－229).

성공과 계층의 이동성이 '실력'보다는 '연줄'에 달려 있다고 생각하는 사람들이 많아질수록 그 사회의 안정성과 성장성이 흔들리게 된다. 따라서 사회의 다양한 구성주체들 간 단절된 네트워크를 국가적 차원에서 통합하기 위한 노력이 필요하다. 분절되어 따로따로 기능하는 네트워크를 상호연결할 수 있는 방안모색이 필요한 것이다. 기업 간의 관계도 비용절감과 이익창출 위주의 거래관계에 그치는 것이 아니라 협업을 통한 혁신적 기술개발로 이어질 수 있도록 계층적 · 폐쇄적 관계에서 수평적 · 개방적 상생적 협력체계로 이행할 수 있도록 지원할 필요가 있다(이동원 · 정갑영 외, 2009: 230－231). 클러스터 개발전략, 지역혁신환경(milieu) 전략, 지역혁신전략 등을 정부가 꾸준히 추진해갈 필요가 있다. 정부의 역할 자체가 '규제자'에서 다양한 분야에서의 다양한 수요를 깁고 연결해가는 '연결조정자'로 이행하고 있는 것이다.

존스(Jones, 2017)는 『기득권층(*The Establishment*)』이라는 저서에서 유년 시절의 네트워크로부터 영국 기업 · 관료 카르텔과 기득권층 형성이 시작된다는 점을 강조한다. 사립학교와 옥스브리지(옥스퍼드＋케임브리지) 출신의 끼리끼리 네트워크를 기득권으로 본다. 그것은 정치인 카르텔, 언론, 경찰, 기업 임원, 재벌, 그리고 미국에 종속적인 외교 관료, 그리고 이들을 호위하며 이데올로기를 만들어내는 이념적 경호부대(Outriders)까지 촘촘하게 이어져 있는 네트워크다. 이것은 전형적인 폐쇄적 네트워크로서 사회 전체에 상당한 부작용을 초래하게 된다. 이에 반해, 열린 네트워크는 지역, 직업, 소득계층, 이해집단들 간에 단절된 네트워크를 상위 차원인 국가적 차원에서 연결하고 통합하는 것이다. 정책형성 및 집행과정에서 이해관계자들 간 소통을 강화함으로써 불필요한 사회갈등을 최소화하는 것도 열린 네트워크 형성과정에서 중요하다. 최근 사회네트워크서비스(SNS)의 영향력이 지속적으로 확대되고 있으므로, 관련 방식을 대국민 소통과정에서 활용할 수 있다. SNS 등을 이용해서 정부가 정확한 정보를 지속적으로 신속하게 제공하게 되면 국민들의 오해나 억측을 줄여갈 수 있을 것이다.

저성장과 양극화의 그림자가 드리우는 현실문제를 극복하고 사회통합을 이룩해 가는 과정에서 우리 국민들은 열린 네트워크형의 '기회의 균등'에 주목하고 있다. 2016년 현대경제연구원과 매일경제신문에서 우리나라 국민 1,009명을 대상으로 실시한 설문조사결과(http://news.mk.co.kr/newsRead.php?no＝658770&year＝2016; 윤성주, 2017: 6－7 재인용)에 의하면, 압축성장과정에서 우리 경제를 이끌었던 두 축인 중산층과 계층이동성이 무너지고 있으며, 현 사회구조에 대한 국민들의 불신의 정도가 높게 나타나고 있다. 이렇게 분열된 사회를 극복하고 사회통합을 이루어가기 위한 전제조건으로 '기회의 균등(31.4%)'을 가장 중요한 요소로 인식하고 있었다.

3 공동체 정신의 함양

퍼트넘(Putnam, 2009: 670-674)은 오늘날 대부분의 미국인은 막연하고 불안한 단절감을 느끼고 있음을 지적하며, 지난 수십 년 간 미국사회에서 공동체의 퇴조는 아무 일 없는 듯 조용히 진행되어 왔음을 강조했다. 우리들은 보다 시민정신에 투철하며, 보다 신뢰성있고, 사회 구성원을 보다 집합적으로 배려하는 공동체에 살고 싶다고 누군가 물으면 이야기하겠지만, 정작 현실에서는 "아무도 문제로 생각하지 않는 문제"로 공동체의 피륙이 낡고 해져버렸다는 것이다. 특정 개인이 아무리 활력 넘치는 공동체를 원한다고 해도 특정 개인 혼자만으로는 그 목표를 이룰 수 없음은 자명하다. 참석자가 혼자인 모임은 모임일 수 없으며, 자기 자신만 회원인 클럽은 클럽이 아닌 것이다.

사회적 자본은 기본적으로 서로 협력하고 신뢰하는 공동체 정신에서 형성된다. 개별 구성원이 서로 반목하고, 핵심 가치를 공유하지 못하는 집단에서는 사회적 자본이 형성되기 어렵다. 그와 같은 집단에서는 부분적으로 구성원들 간 신뢰가 존재한다하더라도 폐쇄적인 네트워크로 귀결되며 소수집단들만의 신뢰로 귀착하게 되고 사회 전체의 발전으로 나아가지 못한다. 따라서 바람직한 사회적 자본을 형성하기 위해서는 우리 사회의 각 계층과 집단, 조직에서 상호신뢰하고 협력하는 공동체 의식 내지 공동체 문화를 형성해 나가야 한다. 그래서 궁극적으로 소규모의 폐쇄적인 네트워크를 넘어서는 개방적이고 협력적인 네트워크를 형성해가는 것이다(이동원 · 정갑영 외, 2009: 233-234).

문명사회에서 구성원의 자유를 침해하는 그 어떤 권력의 행사도 정당화될 수 없다고 강조한 영국의 정치철학자 존 스튜어트 밀(J. S. Mill)은 그의 대표적 저술인 『자유론(*On Liberty*)』에서 공동체 정신의 중요성을 다음과 같이 강조하고 있다.

"다른 사람에게 도움이 되는 이런저런 일들, 이를테면 법정 증언이라든가 자신이 속한 사회의 이익을 위해 필요한 공동방위나 공동작업의 일정 부분을 감당하는 일 등을 해야 한다. 그리고 이웃을 위험에서 구해주고 자기 방어 능력이 없는 사람을 악용하지 못하게 간섭하는 등, 자선의 손길을 내미는 일을 회피해서는 안 된다. 마땅히 해야 할 이런 일들을 하지 않는 개인에 대해 사회가 책임을 묻는 것은 당연하다. 또 살다보면 어떤 행동을 하는 것은 물론이고, 하지 않음으로써 남에게 피해를 줄 수도 있다. 어느 경우든 그 피해에 대해 책임을 질 수밖에 없다. 그러나 후자의 경우 훨씬 신중하게 그 책임을 물어야 한다. 누구든 다른 사람에게 피해를 주었을 때 그 일에 책임을 지는 것은 당연하다. 그러나 다른 사람이 피해를 입지 않도록 미리 막지 못했다고 책임을 추궁하는 것은 상대적으로 예외적인 일이 되지 않으면 안 된다"(밀, 2015: 35).

토크빌(A. de Tocqueville) 역시 그의 저서 『미국의 민주주의(*Democracy in America*)』에서 사람들은 서로 주고받는 협력행위를 통해 공공생활에 필요한 기본 지식을 쉽게 학습하게 되고 이해능력이 개발됨을 지적한다.

한 사람을 그 사람만의 울타리에서 끄집어내 국가의 운명에 관심을 갖도록 만들기는 어렵다. 국가의 운명이 자신의 처지에 어떤 영향을 미칠지 확실히 이해하지 못하기 때문이다. 그러나 그 사람이 소유한 땅 끝을 가로지르는 도로 건설 계획이 제안되면, 그는 작은 공공의 업무와 자신의 가장 큰 개인적 이익 사이에 연관이 있다는 것을 단번에 알아차릴 것이다. 그리고 누가 보여주지 않아도 스스로 일반 이익과 개인 이익을 하나로 묶는 밀접한 연계관계를 발견할 것이다(퍼트넘, 2009: 556-557 재인용).

웨스트브룩(R. Westbrook) 또한 "지역의 사람들이 직접 대면하는 결사체에서만 공중(the public)의 구성원들은 자기 동료와의 대화에 참여할 수 있고, 그러한 대화는 공중의 형성과 조직화에 결정적으로 중요하다"고 보았다(퍼트넘, 2009: 557-558 재인용). 자발적 결사체는 민주주의의 학교로서 공공생활에 필요한 습관과 참여 · 신뢰 · 호혜와 같은 공공정신을 키우는 데 기여할 수 있다. 시민은 참여 네트워크 속에서 협력의 습관과 공공생활에 필요한 기본 지식을 쉽게 학습할 수 있다.

존 스튜어트 밀(J. S. Mill)은 또한 사람들의 공공업무 참여 여부가 그 사람들의 성품을 결정하게 된다고 보았다. 그는 『대의정부론(*Considerations on Representative Government*)』에서 시민들이 공공업무 참여 경험이 없을 경우,

> "그 어떤 집합적 이익, 다른 사람들과 함께 실현하는 그 어떤 목적에 대해서도 생각하지 않는다. 자신이 그들과 경쟁한다고만 생각하며 어느 정도는 타인의 이익을 희생시켜서라도 자기 이익만 내세운다. …… 그에게 이웃은 동료나 협력자가 아니다. 그는 공통의 이익을 위한 그 어떤 공동 작업에도 참여하지 않기 때문에 이웃은 경쟁자일 뿐"이라고 인식한다.
>
> 이와 달리 공공업무에 참여 경험을 통해서 시민들은 "자기 이익이 아니라 여러 사람들의 이익을 중요시하도록 …… 요구받는다. 서로의 주장이 충돌할 경우에는 자신의 개별적 특수성과는 다른 규칙을 따르도록 요구받는다. …… 그는 공중의 한 사람으로 스스로를 느끼게 되며, 공중의 이익이 되는 것은 무엇이든 자신에게도 이익이 된다고 느끼게 된다"(퍼트넘, 2009: 557 재인용).

퍼트넘(Putnam, 2009)은 미국 공동체의 사회적 자본이 20세기 후반부터 빠르게 감소하고 있다고 주장하며, 미국인들의 단체활동 참여가 감소하고 있는 현상에 주목했다. 대부분의 사회활동에서 미국인들은 더 이상 모이려 애쓰지 않게 되었다고 하며, 늘어난 TV 시청(25%), 맞벌이 가족(10%), 세대교체(제2차 세계대전 세대의 죽음)(30~40%)을 들고 있다. 영상매체의 엄청난 영향력과 맞벌이 가족의 보편화는 사회적 자본을 유지하기 위한 사회적 상호작용 관계에 대한 기회비용이 사실상 높아진 것이다. 퍼트넘(Putnam, 2009)은 사회적 자본 측정과정에서 핵심변수로 공동체 단체생활, 공공업무 참여, 공동체 자원봉사활동, 일상적 사교활동, 그리고 사회적 신뢰를 들고 있다.

브렘과 란(Brehm and Rahn, 1997)은 1972~1994년 미국 종합사회조사(General Social Survey)를 이용해 개인적 수준 사회적 자본의 원인과 결과를 분석했다. 분석결과에 따르면, 시민사회 참여(단체가입률)와 일반적 신뢰수준 간에 밀접한 정(正)의 연관성이 있었다. 즉, 커뮤니티에 적극적으로 참여하는 사람일수록 타인에 대한 신뢰수준이 높았고, 타인에 대한 신뢰수준이 높은 사람일수록 정부기

표 10-2 사회적 자본 지수

구 분	구성요소
공동체 단체 생활	• 지역사회단체의 위원으로 봉사(%) • 클럽이나 단체의 간부로 활동(%) • 인구 천 명당 시민사회단체 수 • 클럽 미팅에 평균 참석자 • 단체 회원의 평균수
공공업무 참여	• 대통령 선거 투표율 • 지역사회나 학교업무 공공회의 참석(%)
공동체 자원봉사활동	• 인구 천 명당 비영리단체의 수 • 공동체 프로젝트에 동참횟수 • 자원봉사 활동에 참여
일상적 사교활동	• 친구방문에 많은 시간 할애에 동의 • 집에서 손님이나 친구와 여가를 즐긴 횟수
사회적 신뢰	• 대부분의 사람을 신뢰할 수 있다고 응답 • 대부분의 사람이 정직하다고 응답

자료: 퍼트넘(Putnam, 2009: 481).

관에 대한 신뢰수준 또한 높게 나타났다. 다만, 단체참여의 경우 기회비용에 민감하게 반응했다. 즉, 집에서 TV 시청 시간이 길거나 돌봐야 할 미취학 자녀수가 많을수록 각종 단체 참여에 따르는 비용이 높게 나타났다. 범죄나 인종차별 등 개인의 부정적 경험과 실업률이나 소득 불균형 등 지역사회의 특성이 개인의 신뢰도에 영향을 미쳤다.

포괄적 호혜성이 높은 사회가 좋은 사회인 것은 분명하다. 한 사회의 포괄적 호혜성이 높게 나타나기 위해서는 무엇보다도 그 구성원들 간에 공동체 정신에 토대한 공동체 문화가 존재해야 한다. 우리 사회의 공동체 의식 회복방안으로 현대경제연구원(2014: 8-10)은 경쟁이 아닌 협력교육의 필요성, 물질이 아닌 사람 중심의 캠페인 실시, 세대 간 · 집단 간 갈등해결을 위한 다양한 의사소통 자리 마련, 다문화 · 다종교 등의 공동체 참여의 기회 확대 등을 지적하고 있다.

공동체 문화를 조성하는 과정에서 삼성경제연구소(이동원 · 정갑영 외, 2009: 234-236)는 다음 네 가지를 강조한다. 첫째, 개방성과 상호협력의 원칙이다. 공동체 내부의 상호협력을 촉진하기 위해서는 공동체의 모든 구성원들이 열린 네트워크를 체감할 수 있어야 한다. 개인의 독립성을 중시하는 아파트 주거형태는 공동체 문화 형성에 장애요소로 부각되므로, 그 부정적인 요소를 대체할 수 있는 다른 방안의 모색이 필요하다.

둘째, 공동체 문화가 나의 삶에 도움이 된다는 인식의 전환이 필요하다. 교육과정에서 역사문화 자산에 대한 현장탐방 등을 통한 지역사회 공동체에 대한 이해 증진과 자발적인 협력유도 과정 등은 의미 있는 노력일 가능성이 있다.

셋째, 지역사회 기업들의 참여가 중요하다. 로컬 기업들의 지역사회 참여(Community Involvement: CI)는 기업의 사회적 책임(Corporate Social Responsibility: CSR) 수행과 함께 효율적인 친 기업문화 형성에 기여할 수 있다. 부산 해운대구에서 실시하고 있는 '어르신일자리문화센터' 운영경험은 지역사회 기업들의 적극적인 기여가 기대되는 영역이다. 2015년 3개소를 시작으로 2016년 4개소를 추가해 2017년 초 현재 7개소에서 모두 360여 명의 노인들이 일하고 있다. 참여자는 70대가 65%, 60대가 26%, 80대 이상이 9%를 차지한다. 참여자를 대상으로 해운대구에서 실시한 설문조사 결과에 의하면, 하루 3시간 근무시간에 대해서는 85% 이상이 만족한다고 응답했고, 급여에 대해서도 39%가 적당하다고 응답해 만족도가 괜찮은 편인 것을 알 수 있다. 참여이유는 '친구를 사귀고 여가생활 활용'이 40%로 가장 높았고, '용돈 마련(35%)', '생활비 마련(22%)' 등이었다. 고령화 사회에서 노인들을 공익적 활동에 참여시킴으로써 경제적 활동 이상의 복합적 수요를 충족시켜가고 있는 것이다(해운대신문, 2017.4.1: 6).

넷째, 정치와 행정 중심의 지역사회가 생활과 문화, 상호협력의 가치를 중시하는 삶의 공간으로 변화될 필요가 있다. 우리 사회는 급속한 도시화와 산업화 과정에서 지역사회 나름의 공동체 문화가 빠른 속도로 사라지고 있다. 글로벌 경제라는 원심력과 함께 지방화라는 구심력이 동시에 요청되고 있지만, 생활과 문화 중심의 지역사회 공동체는 형성되지 못하고 있는 것이다.

제 6 절 맺음말

이제까지의 학습은 기본적으로 정답을 배우고 그 모범 답을 토대로 응용의 여지를 찾아가는 것이었다. 그런데 21세기의 현실은 배워야 할 정답이 갑자기 너무 많아져서, 모범 답을 정리하고 연계하며 숙성시키는 과정이 대부분의 사람들에게는 사실상 불가능해 져 버렸다. 더욱이 이전에는 길을 찾는 사람에게 먼저 길을 가본 사람이 그 길에 대한 정보(모범 답)를 알려주는 기회가 있어 그 정보(모범 답)만 잘 축적하고 있어도 유능한 사람, 역량 있는 전문가가 될 수 있었다. 하지만, 이제 우리에게 단순 정보 축적은 사실상 별로 가치 있는 투자 행동이 아닌 시대로 이행하고 있다. 이제는 길을 아는 사람이 아니라 길을 제대로 잘 찾는 사람에게 길 찾는 방법을 배우는 것이 학습의 요체가 되고 있다. 알려지지 않은 길을 찾아가야 하는 시대에 접어들고 있는 것이다. 그렇다면 누구도 정답을 모르는 시대에 과연 정답은 무엇이고 어떻게 찾아가야 할까. 물론 여기의 정답은 삶의 지향점 내지 가치를 말하는 것은 아니다. 보다 엄밀하게 말해서, 그 삶의 지향점 내지 가치에 이르는 방법 내지 여정을 말하는 것이다. 삶의 질적 수준 제고, 인간다운 삶, 포괄적 호혜성이 높은 사회 등은 우리 삶의 지향점 내지 가치로 계속 존재하는 것이다. 그 여정에서 내가, 그리고 우리가 어떻게 해야 하는가가 그 정답들이다. 따라서 그 정답은 내가, 그리고 우리가 현재 무엇을 소유하고 있는가가 아니고, 내가, 그리고 우리가 삶의 행로에서 누구와 무슨 관계를 어떻게 형성하고 있는가에 대한 것이다.

우리 일상에서 관계 맺기가 얼마나 중요한지, 어떻게 맺어가야 하는지, 그 결과가 어떤 과실을 우리에게 가져다주는지를 생텍쥐베리(A. De Saint－Exupéry)는 그의 대표작 『어린 왕자(*Le Petit Prince*)』에서 여우와 어린 왕자와의 대화를 통해 우회적으로 보여준다. 여우에게 어린 왕자가 “관계를 맺는다고?”라고 묻자, 여우는 “그래, 지금 너는 나에게 수많은 아이와 다름없는 작은 소년에 지나지 않아. 난 네가 필요하지 않고, 물론 너도 내가 필요하지 않지. 나도 너에게 수많은 여우 중 하나에 지나지 않으니까. 하지만, 네가 나를 길들인다면 우리는 서로 필요한 존재가 되는 거야. 나한테 너라는 존재는 세상에 하나 밖에 없는 사람이 되는 거고, 너한테 나는 세상에 하나밖에 없는 여우가 되는 거니까." 나는 빵을 먹지 않기 때문에 밀밭은 나에게 관심 밖이야. 하지만, "아름다운 황금빛 머리카락을 지닌 네가 나를 길들인다면 밀밭은 내게 아주 근사한 광경으로 보일거야. 밀밭이 황금물결을 이룰 때 네가 기억날 테니까. 그러면 나는 밀밭을 스쳐 지나는 바람소리마저도 사랑하게 될 거야"라고 답한다. 어린 왕자가 여우에게 어떻게 하면 길들일(관계 맺기) 수 있을지에 대해 물어보자, 여우는 "인내심이 필요해. 일단은 나와 좀 떨어진 풀밭에 앉아. 내가 하는 것처럼 이렇게. 내가 너를 살짝 곁눈질로 쳐다보면 너는 아무 말도 하지 않고 그대로 있어. 말은 수많은 오해의 원인이 되거든. 하지만, 하루하루 시간이 지날 때 마다 넌 내게 조금씩 다가오게 될 거야"라고 답한다.

여우와 어린 왕자를 등장시킨 동화 같은 소설이지만 여기서 생텍쥐베리는 '관계 맺기'의 중요성과 그 과정, 그리고 그 관계에서 우리가 무엇을 얻을 수 있는지를 잘 표현하고 있다. 우리 사회는 내·외적 도전 속에서도 엄청나게 빠른 속도로 경제성장을 일구어냈고 과학기술 혁신의 중심지로 부상했을 뿐만 아니라 정치적 민주화까지 단숨에 이루어냈다. 그 과정에서 다소 기형적인 사회경제적 구조도 드러났고 사회적 관계의 기본적인 자산인 네트워크, 규범, 신뢰성의 손상도 나타났다. 아마 어느 민족보다 '여백의 미'를 중시했던 우리나라 사람들이 선형적이고 단기적인 이익추구에 몰두하는 부정적인 모습과 연고주의를 통한 법의 무력화 등 바람직하지 않은 행태를 보여주었다. 왜 우리가 이 시점에 사회적 자본 확충 노력이 절실한지를 보여주는 증거들인 것이다.

여기서는 우리 사회의 사회적 자본 현황을 개관하고 사회적 자본을 확충하기 위한 방향모색을 위해, 한국사회에서의 신뢰수준에 중요한 영향을 미친 사건 내지 계기, 사회적 자본과 개발정책, 국외의 경험에서 얻는 교훈, 그리고 한국의 사회적 자본 확충을 위한 주요 방향 등을 검토하였다. "어려울 때 기댈 사람이 없다"는 우리 사회의 음울한 현실을 가장 잘 설명해 줄 수 있는 대표적 요인으로 여기서는 일제 강점기와 6·25 전쟁, 그리고 압축성장과 제로섬 기업문화를 적시했다. 사회적 자본 이론이 신고전파 개발이론이나 중상주의 개발이론과 다른 새로운 개발정책모형으로 부각될 수 있을지에 대해 뉴 노멀 현상, 사회적 분열과 사회적 배제의 문제, 그리고 포용적 성장과 사회적 자본의 역할측면을 살펴보았다. 사회적 자본의 확충이 사회적 발전과 어떻게 연결되어 있는지에 대해 대표적인 유관 해외사례들을 이용하여 검토했다. 예컨대, 사회적 자본이 사실상 붕괴되어 있는 불타는 나폴리 사례, 어떤 경우에 사람이 협력하는지에 대한 '정직의 눈' 실험결과, 자치적 공유재 관리경험의 예로서 터키 알라니아 어장 경험, 공유자산 이용과 구별이 필요한 공유경제 사례 등이다. 끝으로, 우리 사회에서 사회적 자본 확충을 위한 3대 방향으로써 공적신뢰의 회복, 열린 네트워크로의 이행, 그리고 공동체 정신의 함양을 적시하고 논의하였다.

참고문헌

김민정 · 이화령(2017.1.23). 남는 방, 노는 차 함께 쓰는 공유경제… 기존 사업자와 마찰 '그림자'도. 조선일보. B11.

김병수 · 김기진(2017). 연결 · 공유 · 확장… 혁신 비즈니스가 뜬다. 『매경이코노미』, 9. 27~10.10. 1927호.

김성모 · 김지현(2017.1.5). 60대보다 비관적인 2030… "노오력해도 계층상승 불가." 동아일보. A3.

김수진(2017). OECD 공간적 포용정책동향. 『국토』, 4: 37-42.

김형원(2017.4.3). 우울증 부르는 사교육 스트레스… 정신과 찾는 학생들. 조선일보. A14.

동아일보(2017.1.5). A3.

Marchetti, S.(2014). SEE NAPLES AND CHOKE TO DEATH('불의 땅'이 돼 버린 나폴리, 정경희 역). 『뉴스위크 한국판』. 1.27(1111).

문정호(2017). '포용적 국토' 철학과 정책제언. 『국토』, 4: 14-19.

밀, 존 S.(2015). 『자유론(서병훈 역. 원저 *On Liberty* by J. S. Mill)』. 책세상.

박은호(2015.8.12). 조선일보.

박인권(2017). 포용도시를 향한 도전과 정책과제. 『국토』, 4: 20-25.

박희봉(2016). 사회자본과 지역발전. 『대구경북연구원 세미나자료』. 2016.10.24.

배윤경 · 김상록(2017). '교통포용지수'를 활용한 사회적 배제 최소화방안. 『국토』, 4: 31-36.

생텍쥐베리(2017). 『어린왕자(베스트랜스 역. 원저 *Le Petit Prince* by Antoine De Saint-Exupery. 1943)』. 미르북 컴퍼니.

서울연구원(2016). 『한 눈에 보는 서울』. 서울특별시.
신영복(2015). 『담론』. 돌베개.
신상목(2017.11.24). 한국의 정(情), 일본의 와(和), 중국의 관시(關係). 조선일보.
심묘탁 · 박세미(2017.9.28). “나 하나쯤이야”… 조직커지면 ‘무임승차’ 꼭 생겨요. 조선일보, A32.
안충영(2017). 새로운 가치관으로써 ‘포용’의 개념과 정책방향. 『국토』, 4: 2−4.
오스트롬, 엘리너(2010). 『공유의 비극을 넘어(윤홍근 · 안도경 역. *Governing The Commons* by E. Ostrom. 1990)』. 알에이치코리아.
윤두섭 · 오승은(2007). 사회적 자본이 지방정부 외부역량에 미치는 영향−성남시 사례를 중심으로−. 『행정논총』, 45(1): 389−412.
윤성주(2017). ‘포용적 성장’의 개념 및 연구동향. 『국토』, 4: 6−13.
유인진(2008). 한국인의 갈등의식과 갈등조정방식. 『2008 KDI 공개정책토론회』. 12월 15일. 한국개발연구원.
윤형준(2014.11.1). “협력업체와의 의리가 우리 경쟁력… 그들의 수익 지켜주는 게 철칙.” 조선일보. C2.
이동원 · 박준 · 강민형 · 채승병 · 최홍(2009). 사회적 자본 확충을 위한 정책과제. 삼성경제연구소. *CEO Information*, 722: 1−21.
이동원 · 정갑영 외(2009). 『제3의 자본』. 삼성경제연구소.
이부형 · 박용정(2017). 사회적 갈등의 경제적 효과 추정과 시사점. 『경제주평』. 16−45. 현대경제연구원.
이상덕 · 전정홍 · 정의현 외(2016). 부러진 사다리 · 무너진 중산층… “빵보다는 기회를 달라.” 매일경제.
이영완(2011.5.17). 따돌림 · 죄책감 두려워서… 인간은 협력한다. 조선일보.
이재열(2015.8.12). 마음의 여유를 잃은 시대… 孝 내세우던 신사협정은 깨졌다. 조선일보.
이주형(2007). 우리나라 양형 관행의 일반적 문제점. 대법원 양형위원회 검토자료.
이효민 · 최영록(2008). 경찰공권력 실추에 대한 포스트모더니즘적 접근. 『한국콘텐츠학회논문지』, 8(3): 197−204.
전영평 외(2005). 사회갈등에 관한 국민의식 및 정책수요 조사. 『협동연구총서 05−02−05』. 경제 · 인문사회연구회.
조선일보(2016.12.30). 곡성군 죽곡면 신풍마을. A14.
______(2017.4.1). 연남서식당. B1−B2.
조용탁(2015.11.30). 모르는 사람은 아직 만나지 않은 친구. 『이코노미스트』, 1312: 48−51.

존스, 오언(2017). 『기득권층(조은혜 역. *The Establishment* by O. Jones)』. 북인더갭.
중앙일보(2017.3.22). 코스모스 악기.
최연진(2016.9.24). 꽁초 던지려던 불(佛)청년, '무례단속반' 자전거 뜨자 멈칫. 조선일보. A14.
최창현(2014). 『행정학전자사전』.
KBS 사회적 자본 제작팀(2011). 『사회적 자본』. 문예춘추사.
토마셀로, M.(2011). 『이기적 원숭이와 이타적 인간: 인간은 왜 협력하는가(허준석 역. 원저 *Why We Cooperate* by M. Tomasello, 2009)』. 이음.
토크빌, A.(1997/1835). 『미국의 민주주의 II(임효선 · 박지동 역. 원저 *Democracy in America* by A. de Tocqueville)』. 한길사.
퍼트넘, 로버트 D.(2009). 「나 홀로 볼링—사회적 커뮤니티의 붕괴와 소생(정승현 역. 원저. *Bowling Alone: The Collapse and Revival of American Community* by R. D. Putnam. 2000)」. 페이퍼로드.
______(2016). 『우리 아이들—빈부격차는 어떻게 미래 세대를 파괴하는가(정태식 역. 원저 *Our Kids—The American Dream in Crisis* by Robert D. Putnam. 2015)』. 페이퍼로드.
퍼트넘, 로버트 D. 외(2000). 「사회적 자본과 민주주의(안청시 외 역. 원저. *Making Democracy Work—Civic Traditions in Modern Italy* by R. D. Putnam. 1993)」. 박영사.
한병철(2012). 『피로사회 *MÜDIGKEITSGESELLSCHAFT*, 김태환 역』 문학과지성사.
해운대신문(2017). 2017.4.1: 6.
허정연(2015.11.30). 카 셰어링부터 소모임까지 실생활에서 꿈틀. 『이코노미스트』, 1312.
현대경제연구원(2014). 『한국 사회자본, 나를 넘어 공동체로』. 14(27)(통권 578호). 7월 30일.
홍민기(2017). 2015년까지의 최상위소득비중. 『노동리뷰』, 143: 81—93.
후쿠야마, 프랜시스(1996). 「트러스트(구승회 역. 원저 *Trust* by F. Fukuyama. 1995)』. 한국경제신문사.

ADB(2011). *Framework of Inclusive Growth Indicators*. Manila: ADB.
Berkes, F.(1986). Marine Inshore Fishery Management in Turkey. *Proceedings of the Conference on Common Property Resource Managements*. 63—83. National Research Council, Washington, D.C.: National Academy Press.
Brehm, J. and Rahn, W.(1997). Individual—Level Evidence for the Causes and Consequences of Social Capital. *The American Journal of Political Science*,

41(3): 999－1023.

Dabla－Norris, E., Kochhar, K., Suphaphiphat, N., Ricka, F., and Tsounta, E.(2015). *Causes and Consequences of Income Inequality: A Global Perspective.* Washington, D.C.: IMF. IMF Staff Discussion Note 2015－No.15/13.

Dasgupta, P.(1988). Trust as a Commodity. In D. Gambetta(ed.). *Trust: Making and Breaking Cooperative Relations.* 49－72. London: Basil Blackwell.

Gambetta, D.(1988). Can We Trust Trust? In D. Gambetta(ed.) *Trust: Making and Breaking Cooperative Relations.* Oxford: University of Oxford Press.

Hardin, G.(1968). The tragedy of the commons. *Science*, 162: 1243－1248.

Hardin, R.(1992). The Street－Level Epistemology of Trust. *Analyse & Kritik*, 14: 152－176.

Knack, S.(2003). Groups, Growth and Trust: A Cross－Country Evidence on the Olson and Putnam Hypotheses. *Public Choice*, 117: 341－355.

Knight, J.(2001). Social Norms and the Rule of Law: Fostering Trust in a Socially－Diverse Society. In C. Karen(ed.). *Trust in Society.* 354－373. New York: Russel Sage Foundation.

Knoke, D.(1990). *Political Networks: The Structural Perspective.* N.Y.: Cambridge University Press.

Landry, R., Amara, N. and Lamari, M.(2002). Does Social Capital Determine Innovation? To what extent? *Technological Forecasting and Social Change*, 69: 681－701.

La Porta, R. et al.(1997). Trust in Large Organizations. *The American Economic Review.* Papers and Proceedings of the Hundred and Fourth Annual Meeting of the American Ecnomic Association. 333－338.

Mill, J. S.(2001/1861). *Representative Government.* Kitchener: Batoche Books.

Nahapiet, J. and Ghoshal, S.(1998). Social Capital, Intellectual Capital, and the Organizational Advantage. *Academy of Management Review*, 23(2): 242－265.

OECD(2014). *Report on the OECD Framework for inclusive growth.* Paris: OECD.

Olson, M.(1965). *The Logic of Collective Action. Public Goods and the Theory of Groups.* Cambridge: Harvard University Press.

Ostrom, E.(1990). *Governing the Commons: The Evolution of Institutions for Collective Action.* N.Y.: Cambridge University Press.

Ostrom, E. and Ahn, T. K.(2007). The Meaning of Social Capital and Its Link to Collective Action. W07－19. Workshop in Political Theory and Policy Analysis. Indiana University. 1－34.

Pagden, A.(1988). The Destruction of Trust and its Economic Consequences in the Case of Eighteen−century Naples. In D. Gambetta(ed.). *Trust*. 136−138. Oxford: Blackwell.

PIU(2002). *Social Capital: A Discussion Paper*. London: Cabinet Office, Performance and Innovation Unit.

Portes, A.(1998). Social capital: its origins and applications in modern sociology. *Annual Review of Sociology*, 24: 1−24.

PRI(Policy Research Initiative)(2005). *Social Capital as a Public Policy Tool*. Project Report. Canada.

Rawls, J.(1971). *A Theory of Justice*. Cambridge: Harvard University Press.

Saez, E.(2013). Striking it Richer: The Evolution of Top Incomes in the United States. *Econometrics Laboratory Working Paper*, Sept., 3. http://eml.berkeley.edu/~saez−UStopincomes−2012.pdf

Sebenius, J.(1983). Negotiation Arithmetic: Adding and Subtracting Issues and Parties. *International Organization*, 37: 281−316.

UNDP(2011). *Poverty in Focus: Dimensions of inclusive growth*. Brasilia: UNDP.

Wolf, C. Jr.(1990). *Markets or Governments*. Cambridge: The MIT Press.

Woolcock, M.(2001). The Place of Social Capital in Understanding Social and Economic Outcomes. *Isuma: Canadian Journal of Political Research*, 2(1): 1−17.

World Bank(2009). *What is inclusive growth?* Washington, DC: World Bank.

World Economic Forum(2017). *Global Risks Report 2017*. Geneva: World Economic Forum.

Zak, P. and Knack, S.(2001). Trust and Growth. *The Economic Journal*, 111: 295−321.

후 기

'액티브 시니어'가 마케팅의 신조어가 되고 있다. 해외여행 절반이 50대 이상이고, 이들을 위한 배낭·자유 여행 상품이 쏟아지고 있다. ○○투어는 40~50대 여성들을 위한 2박 3일짜리 홍콩여행 상품인 '퀸즈데이 홍콩'을 운영 중인데, 가격은 손에 잡히는 50만 원대부터 시작한다. '남편, 자녀를 뚝 떼어 놓고 마음 맞는 친구들과 함께하는 여행'을 메인 콘셉트로 전 일정 특급호텔에서 묵는 여유로운 일정이다. 1955~1963년 태어난 베이비부머들의 맏형 격인 1955년생이 이미 환갑을 지냈고, 베이비부머들 중 가장 인구층이 두터운 1958년 개띠들이 이제 60대이다. 58년 개띠들의 경우 학창시절 자전거 두 대 있는 집이 많지 않았을 텐데, 어느 순간 승용차를 가가호호 때로는 두세 대씩 몰고 다니는 마이카족의 일원이 되었다. 어려웠지만, 대부분 팽창사회의 수혜자였고 자신감이 충만한 세대였다. 아파트를 사면 아파트값이 올라 주었고, 부모세대보다 자신들의 학력수준이 전반적으로 상승하여 부모들을 리딩할 수 있는 세대였다. 동시에 자녀들의 학력수준 역시 자신들보다 높아져서 부모로서 무언가를 했다는 뿌듯한 성취감도 느낄 수 있었다. 국가 전체적으로는 1986년부터 3년 연속 국제무역수지에서 70억~100억 달러 가량 연속 흑자를 기록했다. 1894년 갑오경장 이래 처음으로 국제무역에서 흑자를 그것도 연속으로 기록한 것이다. 결과적으로, 근대적인 산업자본의 대규모 축적과 함께 근로자들의 임금이 눈에 띄게 올랐고 집값도 큰 폭으로 뛰었고 개개인의 자신감도 함께 상승했다.

베이비부머들의 맏형들이 직장생활을 3~4년 정도 한 시점이었던 1986년에 아시안게임, 1988년에는 말 많던 '88 서울올림픽을 개최하게 된다. 한국은 이제 더 이상 고립무원의 '고요한 아침의 나라'가 아니고 개방적인 국제사회의 일원으로서 국제무대에 분명하게 등장하게 된다. 그런데 갑자기라는 표현이 부적절할지 모르지만, 정말 어느 날 갑자기 국내정치에서도 대변혁이 일어나서 권위주의적인 군사독재정부가 몰락하고 민주정치 질서가 새롭게 시작되었다. 지금은 당연한 것이 당연하게 도래한 것으로 흔히 이야기하지만, 그 당시의 국내정치질서는 한치 앞을 내다보기 어려울 정도로 불투명하고 혼돈의 시기였다. 분명한 것은 국제무역의 호조로 인한 국내경제의 팽창으로 베이비부머들에게 괜찮은 일자리가 많이 주어졌고 임금수준도 껑충 뛰었고 삶에 대한 자신감도 높아졌다는 것이다. 또한 이들이 결혼 적령기가 되고 가정을 꾸려감에 따라 새로운 주택형태였던 아파트에 대한 수요가 폭발적으로 증가하게 된다. 더욱이 팽창한 국가의 재정여력에 따라 도로와 교량 등 공공인프라에 대한 투자가 전국적으로 확장됨으로써 국내경제는 전체적으로 선순환성 팽창을 맞이하게 된다. 결과적으로, 이 시기는 기업과 개인의 약간 무리한 투자가 큰 결실을 가져다주는 팽창사회의 전형적인 특징들을 한꺼번에 겪게 된다.

한 세대를 대략 30년으로 보면 이제는 에코(echo) 베이비부머 시대이다. 베이비부머들의 자녀들이 다시 부모가 되었고 또 되고 있다. 그 사이 베이비부머들은 나름대로 열심히 살았고, 앞으로 앞으로 달려 왔다. 그런데 그 사이 사회는 후기산업사회 내지 지식기반사회로 이행하면서 수확체증경제, 일자리 없는 성장(jobless growth), 저성장경제 등의 특징을 드러내고 있다. 지식기반경제가 저성장 경제로 바로 연결되는 것은 아니겠지만, 수확체증 메커니즘과 일자리 없는 성장구조는 경제에서 양극화를 불가피하게 하고 산업사회의 팽창적 산업구조를 부분적으로 와해시키게 된다. 몇 년 전 로렌스 서머스(Lawrence Summers) 전 미국 재무장관의 주장처럼, 가계 부채가 쌓이고 부의 불평등이 커지면서 소비가 감소하고 성장이 아주 더뎌지는 '뉴 노멀(new normal)' 시대가 온 것이다. 특정 국가의 문제나 특정 산업정책의 오류로 인한 것이라기보다는 산업구조나 경제 패러다임 자체가 변화한 것이다. 그 와중에 베이비부머들은 부모 세대가 자신들에게 베풀었던 것처럼 열심히 일하고 자식들을 교육시켰다. 그런데 그들이 경제일선에서 은퇴할 무렵에 돌아보니 자식들은 자신들만큼의 안정적인 일자리를 잡기가 쉽지 않다는 불편한 현실에 직면하게 된 것이다.

산업구조의 변화로 인해 괜찮은 일자리 자체가 사실상 정체 내지 축소된 것이 주요 원인이다. 130년 이상의 기업역사를 갖고 있던 필름계의 최강자 코닥이 디지털카메라로의 기술변화를 제대로 인지하지 못해서 2012년 부도가 날 때 근로자 수는 14만 5,000명에 달했다. 하지만, 같은 해 10억 달러에 페이스북(Facebook)에 인수된 SNS(소셜네트워킹서비스) 기업인 인스타그램(Instagram)의 근로자 수는 고작 13명에 불과했다. 2016년 7월 승부사 손정의(일본명 손 마사요시)의 소프트뱅크가 반도체설계회사인 암(ARM)을 35조 원(234억 파운드)에 인수했는데 직원 수는 4,200명 정도에 불과했다. 더욱이 우리의 경우는 대학교육의 보편화로 모두가 '버섯의 지붕'이라고 할 수 있는 대기업과 공직 일변도의 폼 나고 깔끔한 일자리 취업을 희망함에 따라 취업시장 자체가 더욱 협소해져 버렸다. 몇 년 전(2011.5.17) 조선일보와 인터뷰한 UNESCAP(유엔아시아태평양경제이사회) 피터 반 래어(Peter Van Laere) 소장은 현재의 청년실업과 고령화 사회로의 이행 문제점을 간결하게 지적했다. "한국의 사회구조는 마치 '버섯'같아요. 젊은이들 사이에서 버섯 지붕(대기업 입사)에만 올라가려는 쏠림 현상이 심각합니다." 그는 "젊은이들이 삼성 같은 대기업 입사만 꿈꾸는 것은 문제가 있다"며, "고용 없는 성장을 하다 보니 한정된 일자리를 두고 너도나도 석·박사 학위를 따려고 하지만 이들은 결국 직무 만족도가 떨어지게 될 것"이라고 우려했다. 또한 그는 한국의 고령화 추세를 지적하며 "한국에서 65세 이상 인구는 2005년까지만 해도 10%가 채 안 되었지만 2025년에는 전체 인구의 20%까지 증가할 것이며, 따라서 고령화 사회에서 어떻게 생존할 것인가에 관심의 초점을 맞추어야 할 것임"을 강조했다. 그는 "이를 위해 나이 든 사람들을 지역사회에서 고립시킬 것이 아니라 일본처럼 어떻게 조화시켜 나갈지를 고민해야 함"을 강조한 적이 있다.

그런데 문제를 너무 크게 잡거나 또는 특수한 부분에만 렌즈를 갖다 대는 것은 대개 문제해결에 아무런 도움이 되지 못하거나 또는 잘못된 정보를 전달할 수 있다. '모든 게 다 문제다'식의 접근은 문제포착에 도움이 되지 않을 뿐만 아니라 점진적인 개선노력의 중요성을 간과할 수 있기 때문이다. 진화심리학자들의 연구결과에 따르면 우리 인간은 진화과정 중에 생존을 위해서 자신과 자신에게 직·간접적으로 연결된 집단이 도저히 해결할 수 없는 문제는 눈을 감거나(스위치 오프) 고개를 돌리도록 프로그램되어 있다고 한다. 그리고 특수한 부분에만 렌즈의 초점을 맞추는 경우는 사실은 별 문제가 아닌데도 '문제를 위한 문제'를 만들어 낼 수 있기 때문이다. 우리나라 최고의 해양휴양지인 부산 해운대의 경우 한여름 최고 인파의 수가 하루 백만 명을 넘어선다. 저녁에 보면 해수욕객들이 버리고 간 쓰레기들이 장난이 아니다. 그런데 호주 시드니의 유명한 해변인 본다이 비치(Bondi Beach)의 경우 최고 인파의 수가 하루 2~3만 명에 불과하다. 양 해변의 관리 상태와 해수욕객들의 시민적 품성을 해변에 흩어진 저녁 쓰레기의 양으로 평가할 수 있을까? 최고 시즌 중 해운대 해변의 경우 그날 백사장을 찾았던 백 명 중 한 명만 쓰레기 하나씩 버리고 떠나면 저녁에 그곳에는 만 개의 쓰레기가 나뒹굴 수 있다. 따라서 우리가 어떤 것을 심각한 문제로 인식하고 그에 대한 현실적 대처방안을 고민해보기 위해서는, 그 문제가 우선 어느 정도 범위가 있어야 하고, 또한 보편성이 있어야 한다.

가족과의 유대가 어느 나라보다도 강한 사회, 그래도 어려운 처지에 빠졌을 때 믿을 것은 가족밖에 없다는 사회가 한국사회이다. 그래서 서로 간의 '기대의 불일치'가 크고 부작용도 만만치 않다. 벌써 20여 년 전 프랜시스 후쿠야마(Francis Fukuyama)는 『신뢰: 사회도덕과 번영의 창조(*Trust: The Social Virtues and the Creation of Prosperity*)』라는 저서에서 한국인의 특별한 가족집착 현상에 주목하고 한국사회는 '신뢰의 반경'이 좁다는 평을 했다. 신뢰의 반경이 좁기 때문에 공적인 기관은 물론이고 잘 모르는 남을 믿지 못하기 때문에 기업의 규모도 대기업 형태보다는 중소기업 형태가 발전할 가능성이 높다는 것이다. 경영권도 능력보다 아들, 딸, 며느리, 사위 등 혈연적 고리를 중심으로 이양되고 있는 현실을 꼬집었다. 다만, 한국에서 삼성, 현대, LG 등 대기업 시스템이 발전한 것은 대외지향적인 박정희 정권의 정책적 영향에 기인한다고 보았다.

세계가치관조사(World Values Survey 2005) 결과를 보면, 한국인들은 99% 이상이 가족을 신뢰하지만 처음 만난 사람에 대해서는 13%만이 신뢰한다고 응답하고 있다. 물론 어느 나라 사람이든 모르는 사람보다 가족을 신뢰한다. 다만, 한국의 경우에는 그 차이가 너무 크다. 처음 만난 사람이라도 보통 이상 믿는다는 정도가 OECD 12개국 평균치는 33.9%인데 한국은 13.4%이다. 가족에 대해서 보통 이상 믿는다는 정도는 OECD 12개국 평균치는 86.9%인데 반해 한국은 99.3%였다. 처음 만난 사람과 가족 간의 신뢰간격 차이가 한국은 85.9%인데 OECD 12개국 평균치는 53.0%였다. 그 몇 년 전 동일조사기관에서 실시한 한국의 사회기관별 신뢰도 조사결과 역시 흥미롭다. 국회에 대한 신뢰도는 10.1%에 불과하고, 정부 신뢰도 28.8%, 경찰 신뢰도 48.9%, 군 신뢰도 62.2%, 언론 신뢰도 64.7%로 나타났다. 국회와 정부에 대한 신뢰도가 외국에 비해 전반적으로 낮았고, 특히 국회에 대한 신뢰도 10.1%는 조사대상국 71개국 중 최하위였다. 국회입법조사처가 2015년 OECD 사회통합지표를 분석한 결과 우리의 경우 사회통합지표 항목 11개 중 '사회적 관계'를 나타내는 항목이 특히 저조했다. 사회통합지표는 교육, 일자리, 개인 안전, 일과 삶의 균형, 삶의 만족, 사회적 관계 등 11개 항목의 점수를 단순 평균한 수치인데, 우리나라는 교육(8.0점), 일자리(7.7점), 개인적 안전(7.6점) 등에서는 비교적 양호한 점수를 받았는데, 삶의 만족(3.3점), 사회적 관계(0.2점) 등 항목에서는 매우 낮은 점수를 기록했다. '사회적 관계' 항목은 전문조사기관인 갤럽이 각국 15세 이상 남녀 1,000명에게 '어려움에 빠졌을 때 기댈 가족 · 친구 · 동료가 있는지'를 문의한 것이다. OECD의 지적처럼, "삶의 질이 주변 사람들의 지원에 크게 의존하고, 사회적 네트워크가 강하면 구직 기회도 높아지고 건강상태도 좋아진다"면, 우리는 이제까지의 '더 많이 더 빨리' 생산을 통한 생산성 제고노력보다 취약한 사회적 관계 개선을 통해 여타 OECD 국가들에 비해 상대적으로 우리 삶의 질을 더 높여 갈 수 있는 것이다.

베이비부머 세대가 겪었던 '팽창사회의 논리'가 여러 측면에서 흔들리고 있고, 상당부분 붕괴되고 있는 것은 분명하다. 보다 많은 생산, 보다 높은 소득, 보다 많은 소비를 통해서 우리 모두의 '삶의 질'을 높여가는 것이 사실상 여의치 않다면 어떻게 해야 하는가? 깨끗한 도심거리, 서로 배려하는 통행 질서, 길거리의 얘들을 서로 돌봐주는 암묵적 약속 등의 상호결속력과 규범을 다진다면, 우리는 지금 가지고 있는 것만으로도 더 행복해질 수 있지 않을까? 오스트롬과 안(Ostrom and Ahn, 2007)의 지적처럼 '공유(共有)의 비극'을 넘어 집합적 행동의 문제를 풀어가는 데 사회적 자본이 열쇠가 될 수 있지 않을까 하는 생각에서 이 책이 집필된 것임을 밝힌다.

찾아보기

ㄱ

강요된 파트너십(imposed partnerships) 23
거래되지 않는 상호의존관계 166
결사의 자유 189
경로의존성 31, 158
고든(H. S. Gordon) 76, 77, 78
공동거버넌스(co-goverance) 23, 194
공동체 문화 396
공생산(coproduction) 23, 194
공유(共有)경제(sharing economy) 382
공유재의 비극 49, 50, 76, 77, 90
공통이익(common interest) 73, 77
과잉동조(overconformity) 145, 160
교량적 사회적 자본 53, 156, 180, 263, 286, 295
교량적 연계(bridging ties) 24
구조적 구멍(structural hole) 148
규율사회 359
그라노베터(M. Granovetter) 21, 117, 301
근접성(proximity) 215
기능적 고착성(functional lock-in) 159
기능적 공동체 55, 216, 283
기능적 공동체 가설 195
기든스(A. Giddens) 20
기회격차(opportunity gap) 346

ㄴ

내재적 사회적 자본(internal social capital: ISC) 259
네트워크 폐쇄 133, 154
네트워크 폐쇄와 집합적 눈가림 54
노스(D. C. North) 31
뉴 노멀 현상 361

ㄷ

대구 담장허물기 사업 221
도둑정치(kleptocracy) 352
도시 공동체 215
도시재생 214
뒤르켕(E. Durkheim) 121

ㄹ

린(M. Lin) 21, 45, 110
링겔만(M. Ringelman) 129

링겔만 효과 129

ㅁ

마을정원 사업 224
무례단속반 387
무임승차 75, 81, 210
밀(J. S. Mill) 131

ㅂ

배제의 자유 189
베버(M. Weber) 148
벤틀리(A. Bentley) 71, 72
보편적인 이기성(universal selfishness) 78
부르디외(P. Bourdieu) 21, 43, 109, 259
부패 132, 190, 198
블레어(T. Blair) 22
비도덕적 가족주의(amoral familism) 376
비숍(I. B. Bishop) 352

ㅅ

사목지신(徙木之信) 377
사회적 경제(social economy) 26
사회적 근접성 210, 216, 218
사회적 배제 19, 21, 24, 34, 189, 363
사회적 배제 유형 364
사회적 분열(social disintegration) 362
사회적 연계(social ties) 21
사회적 자본 영향평가(social capital impact assessment) 34
사회적 자본의 결정인자 263
사회적 자본의 다차원성 277
사회적 자본의 원천 52
사회적 자본의 유형 53
사회적 자본의 종류 180
사회적 자본의 지표 273-277
사회적 자본의 형태 263
사회적 해체(social disorganization) 114
생활밀착형 공공공간 246, 249
생활인프라 213, 248
성과사회 359
시민적 참여의 네트워크 200
신뢰의 반경(radius of trust) 347

ㅇ

애로우(K. Arrow) 85
약한 연계(weak ties) 54, 153, 156, 301
역선택(adverse selection) 89, 119
연계적 사회적 자본 181
열위의 결핍모형(a deficit-model of disadvantage) 33
오자사(小ざさ)의 장인정신 87
온정적 돌봄 휴가(compassionate care leave) 27
올바르게 이해된 자기 이익(self-interest rightly understood) 58
올슨(M. L. Olson) 34, 78
완결형 사회적 네트워크(closure of social networks) 113
외재적 사회적 자본(external social capital: ESC) 259
용도지역지구제(zoning) 212
울콕(M. Woolcock) 30, 109
울프(C. Wolf, Jr.) 47
인보관 운동(Settlement Movement) 391
인식적 고착성(cognitive lock-in) 159
인식적(cognitive) 근접성 216
인연적 사회적 자본 53, 156, 180, 263, 286, 295

일시적 간호위탁(respite care) 27
입지의 역설(the location paradox) 149

ㅈ

전통적 집합적 행동 이론 71
정당보상(just compensation) 212
정치적 고착성(political lock-in) 159
제도적(institutional) 근접성 216
제로섬 기업문화 357
제1세대 집합적 행동 이론 50, 59, 75
제2세대 집합적 행동 이론 80, 89
조직적(organizational) 근접성 216
죄수의 딜레마 게임 59, 71, 91, 182, 265
지리적(geographical) 근접성 216
지역혁신체계 146, 149
진화적 게임이론 80
짐멜(G. Gimmel) 72
집단 귀속(group affiliation) 72
집단사고 135, 157
집합적 자원(collective resources) 21
집합적 행동 47, 178
집합적 행동 문제 58
집합적 행동의 딜레마 48, 49, 90
집합적 행동의 문제 182
집합적 행동의 편익 81
집합적 행동 이론 70
집합적 효능성(collective efficacy) 366
집합체 소유 자본(collectivity-owned capital) 276

ㅊ

참여적 거버넌스 24, 194
최후통첩게임 50

ㅋ

콜먼(J. S. Coleman) 32, 43, 55, 109, 259, 283

ㅌ

테일러(M. Taylor) 58
토크빌(A. de Tocqueville) 58, 129, 182, 394
트루먼(D. B. Truman) 71
특정적 호혜성 56, 181, 182, 190
팃포탯(tit-for-tat) 전략 94

ㅍ

파당의 해악(mischiefs of faction) 48
퍼트넘(R. D. Putnam) 33, 43, 129, 258-260, 295, 304, 395
포괄적 호혜성 56, 181, 190, 201, 396
포용적 성장(inclusive growth) 369
표준적 비협력 게임이론 80
풍요의 역설 346

ㅎ

하딘(G. Hardin) 76, 77, 78
학교금연훈련 28
할페른(D. Halpern) 30
합리적 선택이론 259
행태적 이론 80
협력네트워크 26, 27
호혜성의 규범(norm of reciprocity) 33
홉스(T. Hobbs) 97
후쿠야마(F. Fukuyama) 32, 55, 120, 139
흄(D. Hume) 57

박종화(朴鍾和)

경남 밀양 출생으로 경북대학교에서 행정학을 전공한 뒤 미국 럿거스대(Rutgers University) 도시계획 및 도시정책개발학과에서 개발전략연구로 박사학위(Ph.D.)를 취득했다. 1998년 싱가포르국립대(NUS) 건물 및 부동산학부에서 펠로우십 교수로 강의했으며, 2007년에는 미국 윌리엄스대(Williams College) 경제학부에서 연구교수를 역임했다. 2009년에는 한국정부학회 회장을 맡았으며 현재 경북대학교 행정학부 교수로 재직 중이다.

도시 및 지역개발 과정에서 사회적 자본의 정책적 적용성 분석에 관심을 가지고 있으며, 그간에 『현대입지론』(2008, 대한민국학술원 우수학술도서), 『갈등관리론』(2008), 『도시경영론』(2009), 『지식도시론』(2011, 대한민국학술원 우수학술도서), 『지역개발론』(2016, 3인 공저), 『도시행정론』(2018, 3인 공저) 등 여러 권의 책을 썼다.

집합적 행동논리와 사회적 자본 담론

펴낸날 제1판 제1쇄 2018년 8월 20일
지은이 박종화
펴낸이 임춘환
펴낸곳 도서출판 대영문화사
주소 서울특별시 용산구 청파로 61길 5(청파동 1가) 제일빌딩 2층 (㊁04308)
등록 1975년 12월 26일 제3-16호
전화 (02)716-3883, (02)714-3062
팩스 (02)703-3839
홈페이지 http://www.dymbook.co.kr

ISBN 978-89-7644-711-1
값 25,000원

한국연구재단 2015~2018 출판지원 저술
이 저서는 2015년 정부(교육부)의 재원으로 한국연구재단의 지원을 받아 수행된 연구임 (NRF-2015S1A6A4A01009515).